김구림, 끝장과 앞장의 예술

김종목 지음

책머리에

일러두기

—

미술·음악·영화·
미디어 작품명은〈 〉,
전시와 행사명은《 》,
단행본·정기간행물은
『 』, 논문·기사·시 등 개별
문헌은「 」로 표기했습니다.

—

작품 및 기사 이미지의
게재를 허락해 주신 분들께
감사드립니다.
김구림
국립현대미술관
경향신문
서울신문
『SPACE空間』

—

신문 및 잡지 기사 이미지는
김구림 작가 소장본을
사용하였으나, 화질과
보존 상태 등의 문제로
판독이 불가능한 경우는
신문사에게 제공받은
이미지를 수록했습니다.
김구림 작가가 제공한
기사의 출처가 불분명하여
부득이하게 허가를 구하지
못한 경우, 연락이 닿는
대로 절차를 밟고 사용료를
지불하겠습니다.

"육사를 가라. 미대는 전망이 어둡다."

중학교 때 미술 선생이 해 준 조언이다. "그림을 잘 그린다."는 칭찬을 듣고 "미대에 가고 싶다."고 했더니 가난한 동네 학교로 발령받은 선생은 이런 말도 했다. "학원도 다니려면 돈도 많이 든다." 집안 사정을 떠올리며 '군인의 길'을 잠시 고민했던 기억이 난다. '전두환 각하'가 지배하던 시절 이야기다. 고등학교 때까지 수업 시간 말고 미술을 제대로 접한 일은 없다. 그림 보는 건 늘 좋아했다. 대형 서점에서 르누아르 화집 같은 걸 보며 가난한 대학생의 시름을 달래곤 했다. 신문사에 입사하고 사회부나 정치부 같은 스트레이트 부서에서 주로 일했다. 저녁 때 회사로 들어오면 틈틈이 문화부로 찾아가 책상에 놓인 미술 잡지나 도록을 훑어보곤 했다. 작가에 관해서나 미술사를 배우려 하진 않았다. 미술 기사를 찾아 읽은 것도 아니다. 화사하고 예쁜 그림들을 눈으로 즐기는 정도였다. 입사 10년 차인 2009년 문화부로 왔다. 이듬해 미술을 맡았다.

2010년 1월 문화부장 유인화가 "대단한 작가"라며 김구림의 전시를 취재하라고 지시했다. 서울 연희동 CSP111 아트스페이스에서 열린 김구림의 특별 초대전 《음양》이었다. '김구림? 한국에도 전위예술이?'

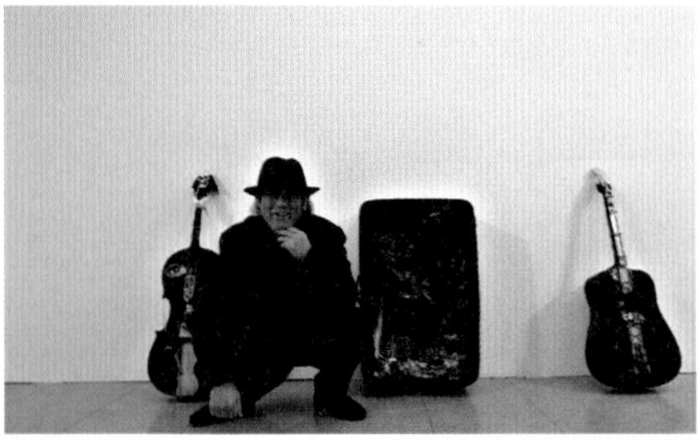

《음양》(CSP111 아트스페이스, 2010. 1. 11~2. 12.) 전시장에서.

내게는 여전히 '미술=예쁜 그림=르누아르'인 상태였다. 무지하고 무식했기에 자극받았다. 1960~1970년대 군사독재와 개발 드라이브 시대에 캔버스와 전시장 밖을 뛰쳐나간 전위예술에 바로 매료됐다. 당시 문화계 사건·사고 보도의 한 축을 담당한, 『주간경향』과 『선데이서울』 같은 주간지 지면을 종종 장식하던 예술가였다는 점도 매력적이었다. 좌충우돌하며 시대를 앞서 나간 김구림을 두고 경쾌한 드라마를 만들어도 될 법했다. 말도 작품도 거침없었다. 온갖 잡동사니를 덕지덕지 붙여 놓은 콜라주 작품 등 1990년대 이후의 파격은 동시대 젊은 작가의 실험 정신을 뛰어넘는 듯했다.(→) '명성의 시대'에 안주하지 않은 채 강박적일 정도로 변화를 강조하던 모습이 계속 떠올랐다. 무작정 책을 쓰자고 마음먹었다. 미술사나 미술이론보다 '사회성'에 초점을 맞추면 내 무지와 무식은 가릴 듯했다. 주말이면 김구림이 사는 평창동을 찾았다. 그가 개최하거나 참여한 크고 작은 전시회를 보러 다녔다. 미술책도 이것저것 들춰 봤다. 그 와중에 사진 하나가 계속 머릿속을 맴돌았다. 1970년 국립현대미술관으로 사용되던 경복궁미술관에서 열린 《제10회 한국미술협회전》(1970. 7. 31.~8. 19.) 중 김구림이 발표한 퍼포먼스 〈도道〉를 촬영한 사진이다.(→→) 김구림이 서른다섯 살 때다. 인터뷰 사전 자료 조사 때 나무둥치에 가부좌를 튼 〈도〉를 보며 피식 웃음이 나왔다. 박정희 정권이 시민들을 '조국 근대화'에 동원하던 시절, 저런 '짓'을 한 사람이 있다니, 그저 신기했다.

지금은 우습지도, 신기하지도 않다. 저 과거 사진엔 '지금 김구림'도

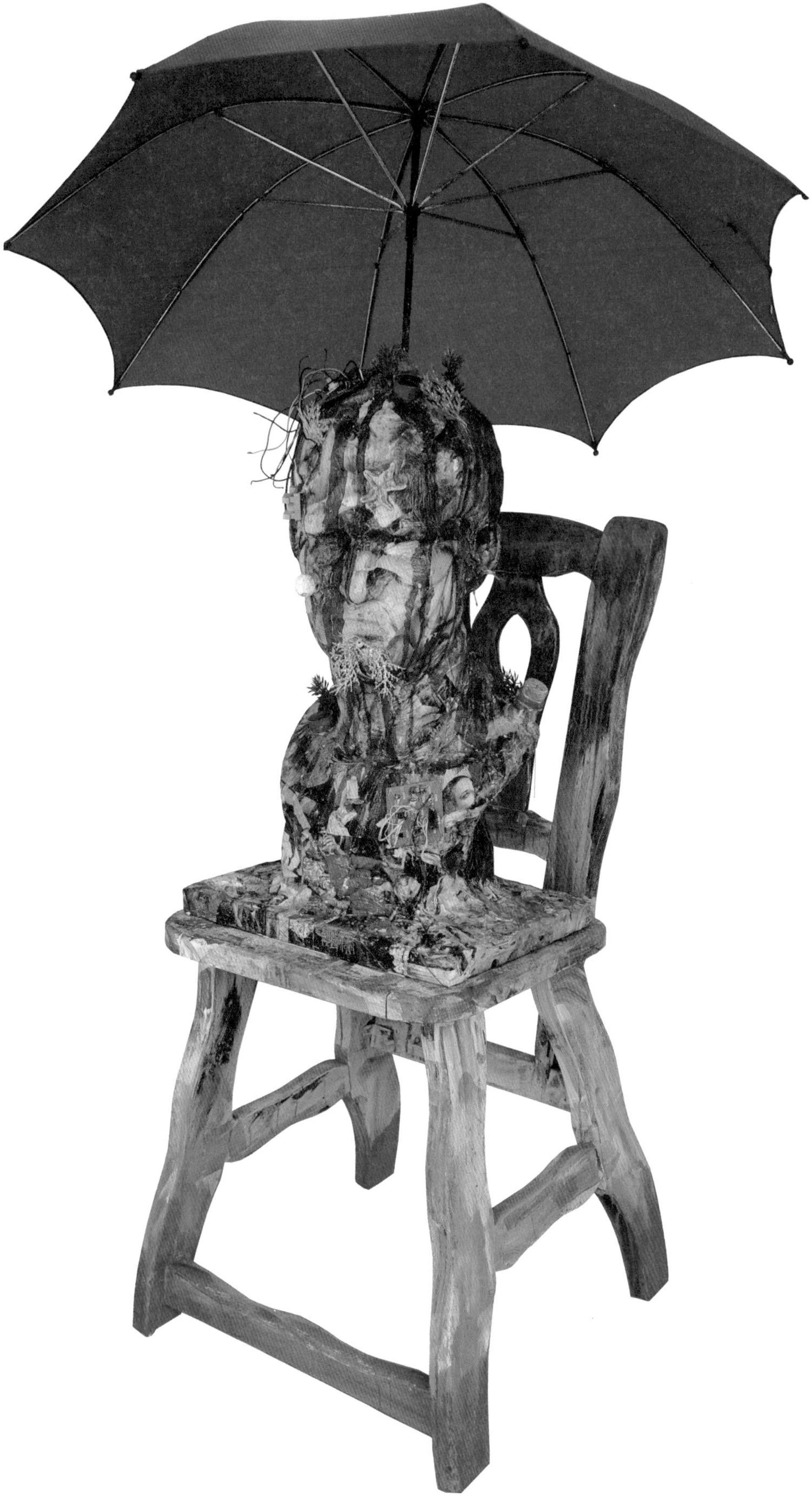

〈음과 양Yin and Yang 10-S108〉, 혼합매체, 140×86×86cm, 2010.

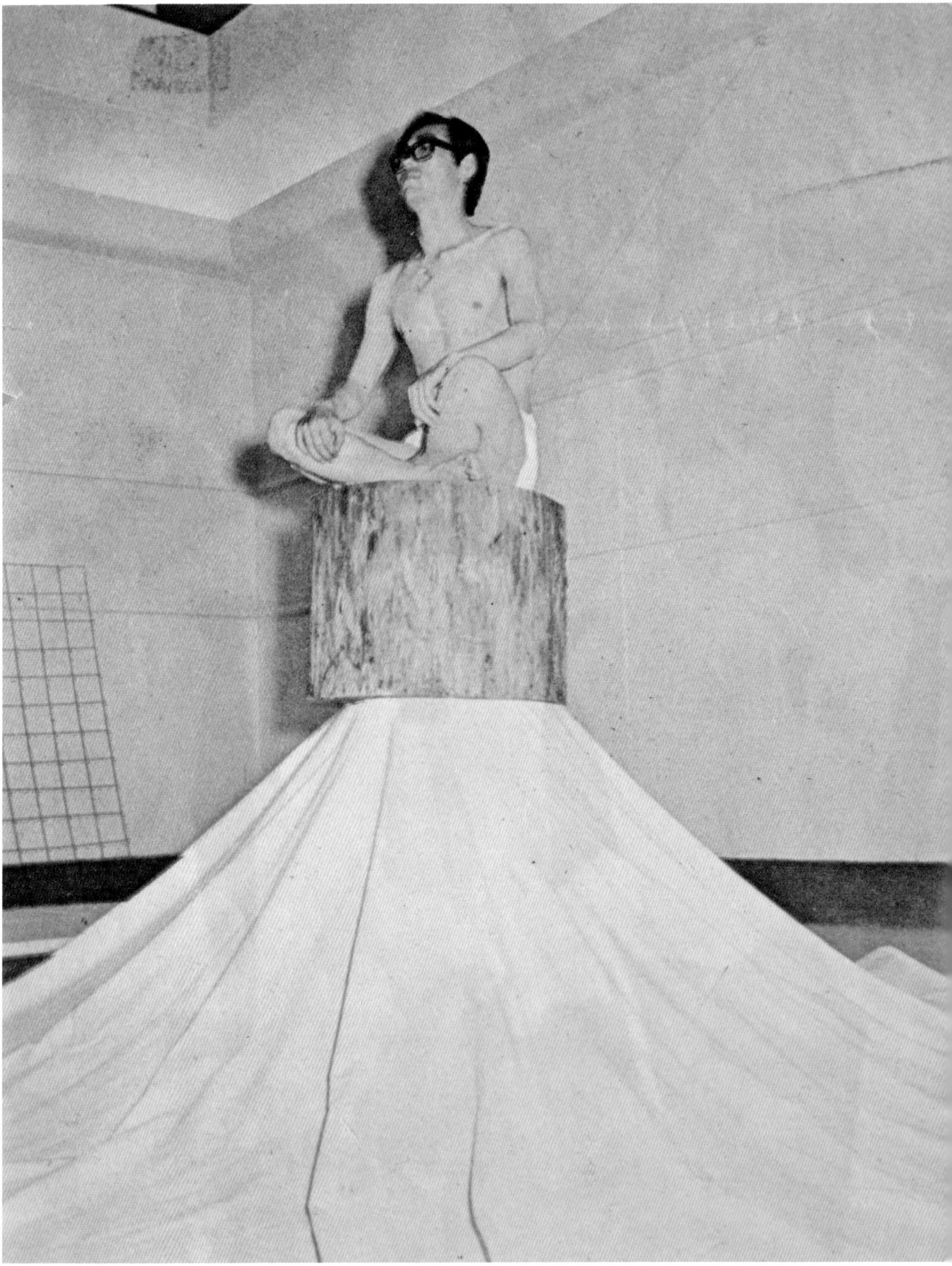

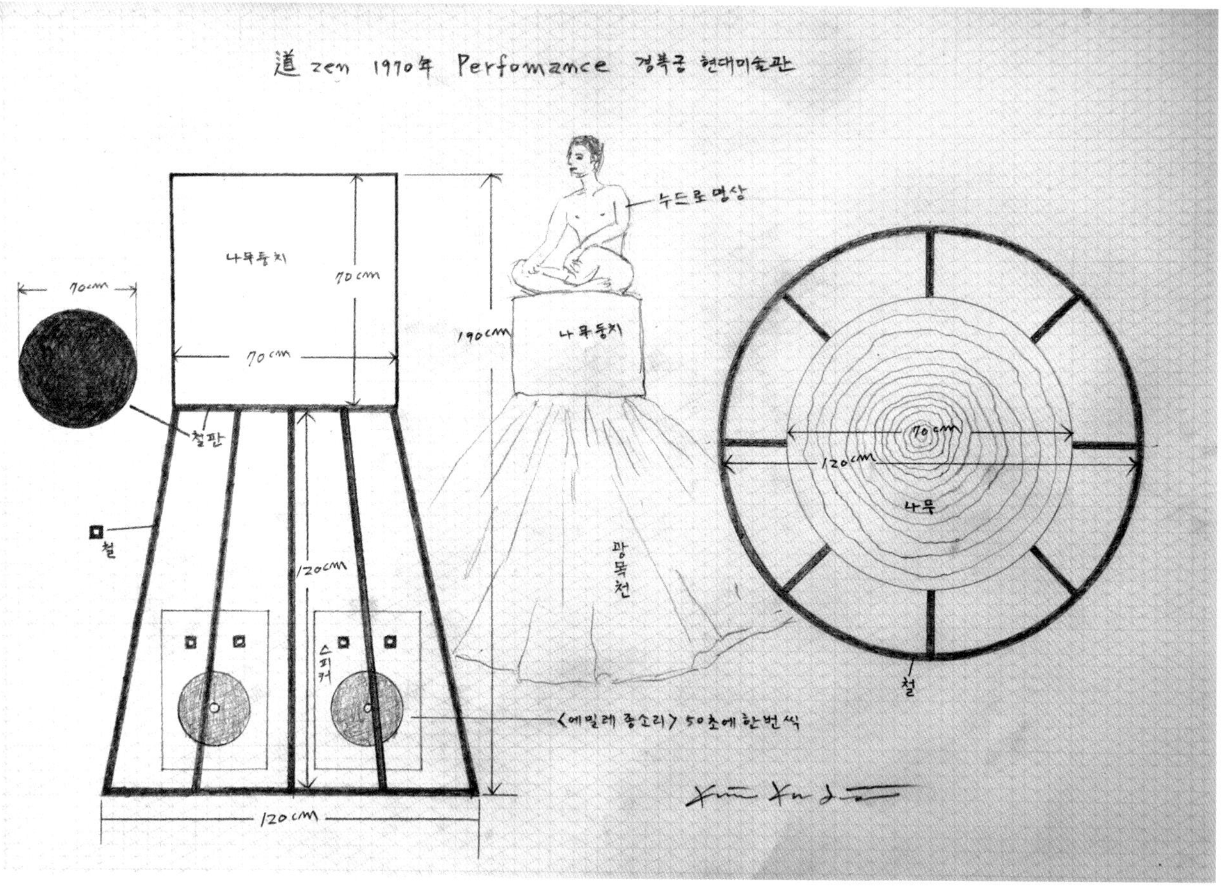

〈도Zen〉
퍼포먼스를
촬영한 디지털
프린트, 《제10회
한국미술협회전》
상연, 1970.

〈도〉를 위한 이미지
드로잉.

들어 있다. 52년 전, 앙상한 상반신에 깊게 팬 쇄골을 드러내며 흰 팬티만 걸치곤 좌선의 퍼포먼스를 벌이는 저 사내에게서 '천상천하 유아독존'의 자존감과 세상을 향한 투쟁의 기운을 느낀다. 그 자존감과 투쟁은 이후로도 이어졌다. 캔버스를, 미술관을, 갤러리를 벗어난 미술은 인정받지 못하던 시절이다. 주류 화단은 해프닝이나 퍼포먼스를 배척했다. '환쟁이'란 말이 남아 있던 시절, 대중도 그를 이해하지 못했다. 미술은 벽에 걸린 '부착물'이자 '장식물'이어야 했다. 가부좌를 튼 저곳은 당대의 집회 현장 같다. 풍경화나 단색조의 추상화만 미술로 대접받던 시절, 김구림은 '캔버스 밖'에서 비쩍 마른 온몸을 들이밀고 새로운 미술이 "지금 여기 한국에도 있다!"라고 외치는 듯하다. 광대나 미친놈이라는 조롱과 비아냥을 감수해야 하는 일이었다.

저 인정투쟁의 현장에서 지독한 외로움도 엿보곤 한다. 1960~1970년대 학연과 지연으로 굴러가던 주류 화단은 김구림을 무시하거나 비웃었다. 탄탄한 미술 이론과 기획력도 소용없었다. 홍익미대도 서울미대 출신도 아니었다. 정규 교육을 제대로 마치지도 못했다. 역설적으로 저 퍼포먼스 현장은 김구림이 마땅히 버텨야 할 곳이었다. 달리 갈 데가 없었다. 요즘 말로 '악플'이라도 달려야 했다. 남들과 달라야 했고, 튀어야 했다. 가부좌를 튼 저 장소는 김구림의 야망, 욕망, 치기, 예술정신이 난마처럼 얽힌 공간이다. 기존 관념·제도와 불화하는 일을 마다치 않은 김구림의 반골정신을 상징하는 공간이기도 하다. 저 가부좌를 틀었을 때 독재정권은 예술을 선전 도구로 여겼다. 정권은 낮엔 장발을 단속하고, 밤엔 통행을 막았다. 그해, 1970년은 김지하가 「오적」을 발표하고, 전태일이 분신한 해다.

엄혹한 시절 김구림은 금기의 숫자 4를 넣어 '제4집단'을 만들었다. '제4집단'을 이끌며 '기성문화의 장례' 퍼포먼스를 시도하다 경찰에 붙잡혀 한동안 감시당한 '불온한' 인물이었다.(→→) 이후 김구림의 아방가르드는 한동안 위축되고, 거세됐다. 가부좌를 튼 둥치는 다시 잘려 나갔다. 내가 취재를 맡은 2010년 《음양》전에서 알게 된 사실을 하나 더 말해야겠다. 여러 언론이 이 전시를 다루었지만, 김구림은 당시 한 점도 팔지 못했다. 대학 졸업을 앞둔 예비 작가들이 국립현대미술관과 조선일보 아트페어에서 수백·수천만 원에 팔려 나간 게 그 얼마 전이었다. '팔리지 않는 아방가르드'는 내게 사건이었다. 전위미술 거장의 작품은 왜 한 점도 팔리지 않았을까. 김구림은 '미술시장'을 지배하는 '시장미술'의 관심 밖에 놓인 작가였다. '미술관 작가'(미술관에서 초대하여 전시를 여는 작가)라는 자부심은 '팔리지 않는 작가'라는 절망으로 이어졌다. 오랫동안 '생계' 문제에도 시달렸다. 그는 시장미술에 단호했다. 타협하지 않았다. 꺼림칙한 해골 이미지를 뺀 오브제 작품을 만들어 달라는 컬렉터 요청을 거부했다. 옥션이니 최고가 갱신이니 떠들썩하던 당시, '팔릴 만한 게 뭔지 알면서도 만들지 않는 아방가르드'가 내게는 매력적이었다.

'미술시장'과 '시장미술'이라는 표현은 심상용, 『시장미술의 탄생—글로벌 아트마켓 성장과 예술의 몰락』, 아트북스, 2010에서 빌려 왔다.

공부할수록 나 같은 문외한이 감당할 작가가 아닌 듯해 줄곧 후회했다. 하지만 끝내 손을 놓지는 못했다. 미숙하나마 작품 세계를 더 알리고 싶었다. 변방에서 비주류 정신으로 시장미술에 저항한, '지금-여기'에서도 유효한 편린이나마 남기려고 마음먹었다. 나름의 미학적 관점을 세우고, 미술사적 조망을 곁들여 김구림과 한국현대미술을 씨줄과 날줄로 엮어 내려던, 치기 어린 욕망은 걷어 냈다. 대신 저널리즘 방식을 적용했다. 당대의 사건 보도와 인터뷰, 비평과 논평, 인터뷰로 김구림을 드러내기로 했다. '나는 너무 많은 첨단의 노래를 불러왔다'. 2000년부터 최근까지 김구림의 작품 세계를 관통하는 말이다. 박래부는 한국일보 기자 시절인 1991년 3월 김구림 인터뷰 기사를 내며 김수영의 「서시」의 첫 구절 "나는 너무나 많은 첨단의 노래만을 불러왔다."를 인용했다. "김구림 씨의 화력 30여 년은 늘 첨단으로 다가가기 위한 숨 가쁜 질주였다고 말할 수 있다."고 했다. 책 제목으로 하고 싶었지만 저작권 비용이 예산을 벗어나 쓰지 못했다. 대안을 고민하다가 무리의 선두에 '앞장' 선 김구림의 전위前衛를 떠올렸다. 김구림은 막다른 상태에서도 '끝장' 보듯 전위에 매진했다. '김구림, 끝장과 앞장의 예술'로 정했다.

「해프닝 정보 관 메고 예술하니 경관이 웃기지마－즉결로 직행한 즉흥파 예술인들」, 『선데이서울』 3권 34호, 1970년 8월 23일.

棺메고 藝術

即决로

든 꽃관을, 鄭燦昇 崔영식씨 등이 태극기를 들고 따랐다.

이들이 50m 간격을 유지하는 것은 「데모」대로 오인 받을까를 염려해서였다.

행렬「코스」는 사직공원에서 독립문 서대문을 거쳐 광화문 시청앞 명동 남대문 용산 제1한강교밑 백사장의 순서.

『이게 도대체 뭔가?』 공원에 놀러왔던 사람들의 놀란 시선을 받으며 하오 12시20분께 「제4집단」의 역사적(?)인 행렬은 첫 발을 내디뎠다.

행렬이 광화문 앞에 이르는 동안 지나던 사람들은 하나같이 놀란 눈이 된다.

『아니 저게 뭐야?』

누구나 한마디씩 내뱉는 소리다.

鄭江子양이 국제극장앞을 통과할 즈음 마침 극장에선 영화가 끝나 사람들이 밀려나올 때였다.

『아니 이거 미친 여자 아냐?』 광화문 파출소에서 순경이 뛰어나와 관을 들고 오는 孫日光씨와 鄭燦昇씨에게 다가왔다.

『여보, 이게 뭐요?』

『국립묘지에 헌화하러 갑니다』

그대로 걸어나가며 대답하는 孫씨.

『아니 헌화할 꽃이 뭐 저래?』

아무래도 순경은 이상하다는 눈치. 급히 남대문 경찰서로 비상전화. 이러는 사이 행렬은 국회앞을 지나 태평로 파출소 앞에 다다르자 기다리고 있던 순경이 한사람 한사람 파출소 안으로 모셔들인다.

경관이 발로 棺 건드리자 作品 함부로 다룬다 항의

『당신들 도대체 뭐 하는 사람들이요?』

『우리 예술하는 사람들입니다』

『무슨 예술?』

『해프닝』

『해프닝이 뭐요?』

『즉흥예술이라는 겁니다』

『이 흰 기하고 관은?』

『이 기는 우리 「배지」고 이 관은 우리 작품입니다』

얘기를 듣던 경찰관 한사람이,

『이게 뭐, 작품이야?』

발로 관을 구석으로 밀어넣는다. 화가 발끈 난 鄭江子양―

『여보세요, 남의 작품 어디다 함부로 발길질을?』

『내 원참! 이런게 작품이라니 웃기지마쇼』

경찰관은 시끄럽다는 눈치. 대강 물은 다음 경찰관, 남대문서로 연락. 곧 J형사가 들이닥친다.

『도대체 이 관은 어디로 가져다 뭘 하겠다는 거요?』

『한강에 나가 불에 태워 묻고 오려고 그럽니다』

『그럼 차에 싣고가지 이게 뭐요?』

『차를 미처 준비 못해서 그냥…』

『이것도 예술이오?』

『그렇습니다』

『하였든 당신네들 도로교통법 위반이니까 우선 본서로 갑시다』

하오 2시5분 경찰 「트럭」위에 오른 이들 9명은 한강 아닌 남대문 경찰서로 직행, 이름은? 나이는? 하고 조서를 받는 몸이 되었다.

이래서 모처럼 한번 크게 벌이려던 이들의 행사는 좌절, 보호실에서 하룻밤을 새우고 이튿날 즉결 재판소로 넘어가 앞으로 자중하라는 훈계를 듣고 물러나오게 된 것.

이래서 광복 25돌 기념 「해프닝」은 싱겁게 끝난 셈이다.

…니 警官이 웃기재마!

해프닝 情報

…한 即興派 藝術人들

스물다섯번째 광복절인 8월15일 한낮, 태극기와 백기 그리고 꽃관(棺)을 들고 「문화의 독립」을 외치며 漢江으로 향하던 「가칭 제4집단」소속 9명의 장발족들은 도로교통법위반으로 한강 아닌 즉결재판소로 행렬의 「코스」가 빗나갔는데—。

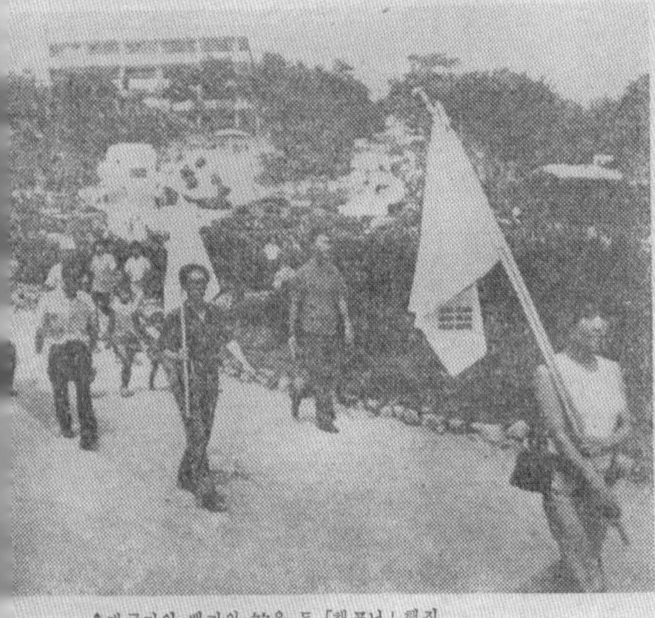

↑태극기와 백기와 棺을 든 「해프닝」 행진。

한국문화의 독립을 선언

기성 예술인 장례한다고

『인간을 본연으로 되돌아가게하고 순수한 한국문화의 독립과 적극적인 사회참여』를 그 이념으로 한다는 몇몇 젊은 전위예술인들이 모여「가칭 제4집단」을 결성하기는 지난 6월20일。

그동안 심심찮게 화제를 불러 일으켜 오던 이들이 이번엔 광복 25돌을 맞아 「한국문화의 독립」을 선언하고 「기성문화예술 내지는 그릇된 기존 체제」에 대한 장례식을 서울 사직공원에서 가졌다。

상오11시 정각 제일 먼저 공원에 들어선 사람은 홍일점 「팬털룬」차림의 鄭江子양(28)ㅡ。

『오늘 우리는 직접 참여로서 모든 체제를 통합한다는 제4집단 규약 3조를 실천해 보이기 위해서입니다。우리는 반항하는 겁니다。흔히 나를 옷잘 벗는 여자라고 말하는데 벗는다、입는다 하는건 그리 신경 쓸게 아닙니다。내 작품은 남기는게 아니고 체험케 하는겁니다。감상을 요구하는 시대는 이미 지났어요』

체험예술(?)을 위해서 발가벗는게 문제가 될게 뭐냐고 반문이다。11시20분께 통령 金丘林、총령 鄭燦昇、포령 方저거、의령 孫日光 나으리들(?)께서 관(棺)과 태극기 백기등을 지게꾼에게 지워가지고 등장。

꽃장식 棺보고 "이게뭐요"

경관이 본서에 급히 연락

『오늘 우리는 고질화된 기성체제에 대한 고발과 낡은 사상에서 헤어나지 못하는 문화인들을 장사지내기 위해 모인겁니다』

대낮에 관은 뭐냐는 물음에 대한 方저거씨의 대답이다。

식은 李栗谷선생의 동상아래서 方저거씨의 사회로 시

모순을 종식 시키며…」라는 선언낭독을 끝으로「낡은 사상에서 헤어나지 못하는 문화인들을 매장하기 위해」장지인 제1한강교 아래 백사장을 향해 행렬은 시작되었다。

「제4집단」의 무체(無體)사상과 순수화합을 뜻한다는 집단의 상징인 백기를 든 金丘

"전기 작가들은 매우 특수한 방식으로 그들의 주인공에게 고착되어 있다." 프로이트는 레오나르도 다빈치에 관한 논문을 쓰면서 이렇게 말했다고 한다. 프로이트 평전을 쓴 피터 게이는 이 말을 소개하며 "프로이트가 보기에 전기 작가들이 애초에 어떤 주인공을 선택하는 것은 그 인물에게 강한 애정을 느꼈기 때문이다. 따라서 그들의 작업은 거의 틀림없이 이상화 작업이 될 수밖에 없다."라고 평가했다. 나는 전기 작가도, 이 책은 평전도 아니다. 김구림을 연구 대상으로 삼은 건 미술에 관한 무지에서 비롯된 호기심에 더하여, 이후 수년간 인간관계를 맺으며 쌓인 '개인적이고 감정적인 이유', 즉 애정 때문이다. 책을 두고 편향과 편애라는 비판이 나온다면, 그 비판을 감당하려 한다. 프로이트는 이런 말도 했다. "전기 작가가 되는 사람은 거짓말, 은폐, 위선, 윤색이라는 죄, 심지어 자신의 이해 부족을 감추는 죄까지 짓습니다." 그는 "(전기 작가가 그 대상의) 인간적 약점이나 불완전성의 자취를 용납하지 않는다."고 봤다. 이 말을 내게 적용할 수는 없다. 그의 '인간적 약점이나 불완전의 흔적'을 걷어 내려고 하지 않았다. 나와 다른 평가나 해석, 비판의 여지가 있는 부분은 그 출처와 인용을 남기려고 했다. 그럼에도 윤색과 미화의 혐의가 남는다면 이 또한 감당해야 할 일이다.

피터 게이, 『프로이트1 – 정신의 지도를 그리다 1856~1915』, 정영목 옮김, 교양인, 2010, 16쪽.

미술 문외한이란 한계, 타고난 게으름 때문에 미약한 책으로 남은 것 같다. 그저 김구림에 관한 소박한 참고 자료로 보태지길 바라는 마음이다. 김구림은 빈번한 인터뷰와 이를 책으로 묶는 작업을 흔쾌히 허락했다. 소중한 시간을 많이 내주었다. 책에 나온 자료 대부분은 김구림이 제공한 것이다. 더디고 무딘 책 작업을 헤아려 줬다. 되레 내게 밥벌이와 책 쓰기를 병행하며 고생한다고 미안해했다. 김구림 선생님께 고마운 마음을 전한다. 이 책은 그저 묻힐 뻔했다. 책의 '편집이란 무엇인가'를 새삼 일깨워 준 연립서가에게도 감사의 말을 전한다.

책머리에 4

1부 꽃 그림을 그리느니 붓을 놓겠다 18
평창동 사는 가난한 화가 20
시장에 반反하다 – 상품이 아니니까 안 팔려도 좋아요 32
공장형 미술 반대! 40
권위주의와 맞짱 뜬 파이터 48

2부 사건의 나날들, 사건의 조직자 64
제1호, 그 이름의 무게 – 전위영화, 누드영화, 보디페인팅 66
편지는 유물이 될 것이다 – 〈매스미디어의 유물〉 92
단단히 미친 짓 – 〈현상에서 흔적으로: 불과 잔디에 의한 이벤트〉 102
파괴와 소멸, 변주와 창조 – 〈현상에서 흔적으로〉 120
찢어진 콘돔, 육교에 매단 풍선 132
제4집단 – 전위미술의 정점과 좌절 144

3부 "잘 알지도 못하면서" 164
전통의 부정이 단절은 아니다 – 형식의 파괴, 형식의 탄생 168
새로운 실험의 나날들(1) – 설치, 비디오 아트, 복제되지 않는 판화 202
(2) – 회화성의 거부 252
음악, 시, 연극, 춤과 놀다 264
'있음'과 '없음'은 더불어 존재한다(1) – 뉴욕에서 발견한 음과 양 278
(2) – 3분할 화면의 시도 292
평면과 입체의 결합 306
우리를 둘러싸고 있는 불가사의한 세계 – 다시 한국에서 318

나가며 334

부록 김구림 + 김종길 대담 342
김구림 연보 384
찾아보기 390

1부

꽃
그림을
그리느니
붓을
놓겠다

평창동 사는 가난한 화가

2012년 8월 말 태풍 볼라벤이 북상하던 어느 날 비바람이 세차게 불었다. 김구림에게 안부 전화를 걸었다. 부인이 전화를 대신 받더니 김구림이 장흥 작업실에 갔다는 소식을 전했다. 걱정스럽지만 어쩔 수 없다는 투다. 태풍 예보를 듣고 차를 몰고 장흥으로 가 직접 지붕에 올라갔다고 했다. 수십만 원이면 되는 수리비를 아끼려고 말이다. 김구림은 가난하다. 이름난 원로 작가를 가난하다고 하면 다들 고개를 갸우뚱한다. 그는 고급 주택이 모인 평창동에 산다. 여러 여성지와 인테리어 잡지가 김구림의 집을 소개했다. '주거의 지정학'으로 보건대, 김구림은 가난과 멀어 보인다. 김구림의 '가난'은 절대 빈곤과 상대 빈곤이 합쳐진 것이다. 그는 한때 실제로 궁핍했다.

2000년 7월 미국에서 가족과 함께 귀국했을 때다. 그해 10월 문예진흥원 미술관(현재의 아르코미술관)에서 전람회가 열렸다. 여러 신문이 '거장 돌아오다' 같은 제목을 뽑아 귀국 소식을 알렸다. 그때 준비해 온 돈은 8,000만 원. 네 식구가 살 "전셋집도 못 구할 정도"였다고 한다. 노심초사하던 김구림은 마침 "물 한잔 얻어먹을" 겸

평창동 토탈미술관에 들렀다. 현대미술을 전문으로 했던 한국 최초의 사립 미술관인 토탈미술관을 지은 건축가이자 토탈디자인을 경영하던 문신규와는 안면이 있었다. 집을 못 구해 쩔쩔매는 사정을 듣고서 문신규는 토탈미술관 근처 어느 주택 앞으로 데려갔다. 그러더니 느닷없이 "이 집 어떤가요?" 하고 물었다. 김구림은 심상하게 "좋군요. 그런데 수중에 8,000만 원밖에 없어요." 하고 대답했다.

문신규는 당시 1억 5,000만 원에 전세를 내줬는데, 임차인이 전세 만기가 돼 나갈 때라고 했다. 그러면서 말했다. "사시면서 조금씩 갚으십시오." 김구림은 그때 문 회장에게 미국에서 가져온 오디오도 주고 은행에서 융자도 받고 해서 수년에 걸쳐 전세금을 맞춰 줬다고 한다. 몇 년 뒤 문신규가 개인 사정을 전하며 김구림에게 집을 팔겠다고 했다.

> **돈 한 푼 없는 신세에서 또 집이 생기게 되었죠. 미국에 사는 처제에게도 돈을 빌리고, 또 은행에서 돈을 빌려 집값을 다 털어 냈어요.**

김구림의 '경제적 부족함'은 여러 이유 때문이다. 그중 하나는 전 부인과의 불화다.

> **팔리지도 않는 이상한 그림을 그리고 미친 짓거리 같은 퍼포먼스나 하며 겨우 대학 강사로 나가면서 푼돈이나 챙기고 있을 때였죠. 당시 아내와 말다툼이 잦았는데, 어느 날 이촌동 아파트 문 자물쇠를 바꿨더라고요. 친구 집에서 시간을 보내다 저녁 무렵 집 앞에서 다시 문을 두드렸더니 큰 소리로 '집을 나가라'고 외치더군요.**

김구림은 친구 집과 여관방을 전전했다. 화단에선 '김구림이 바람이 나 마누라를 버리고 집을 나갔다'는 소문이 나돌았다. 김구림은 1984년에 미국으로 떠났는데, 전 부인과의 불편했던 관계도 김구림의 미국행을 결정하는 데 한몫했다.

**미국에서 체류하는 동안 이혼 소송을 걸어왔어요.
거지 신세로 이혼하게 된 것이죠.**

김구림은 이 시기를 가장 참담한 시기로 꼽는다. 작품 만들고, 전시하는 게 업인 작가에게 출품 기회가 사라졌기 때문이다. 김구림이 더 아쉬워한 건 이혼 와중에 영화 콘티, 무용 안무와 실험 음악을 위한 악보, 외국에서 구한 각종 자료를 잃어버린 일이다.

귀국 후 그는 한동안 동력을 찾지 못했다.

기가 막혔어요. 수입도 없죠. 그림도 안 팔리죠. '평창동 화백'이라지만, '땟거리'가 없을 때도 있었어요. 아이들은 어리지, 미국에서 재혼한 아내는 내 얼굴만 쳐다보지, 돈 구할 데는 없지….

하루하루 절박했다. 2002년 한일 월드컵 개막전(5월 31일)이 열리기 며칠 전, 비가 내리던 어느 날이었다. 집 근처에 가나아트센터 회장 이호재가 살았다. 김구림은 비빌 데가 여기밖에 없다고 마음먹었다. 이호재가 집 앞을 지나 출근하던 걸 몇 차례 본 일을 떠올렸다. 이호재의 출근 시간대에 맞춰 우산을 받쳐 들고 나가 길목에서 기다렸다.

골목 어귀에서 차를 타고 오더라고요. 우산으로 차를 막았어요. '미안하지만 내 이야기 좀 들어줬으면 좋겠다' 하고 지하 작업실로 데려갔어요. '다른 거 묻지 마시고 어려운 지경이니 도와주시오. 작품 한 점이라도 사 주면 좋겠소'라고 했더니 이 회장이 두 점을 고르더니, '사람을 보내겠습니다'라고 하더라고요. 조금 있다가 직원이 와서 그림을 싣고 갔어요.

이날 오후 이호재의 전화를 받고 사무실로 가서 쇼핑백에 담긴 현찰을 받아 왔다고 한다. 이호재와는 인연이 있다. 김구림이 1970년대 판화 공방을 열었을 때, 고려화랑 직원이던 그가 판화를 가지러 온 적이 있다고 한다.

그 일 때문인지 나를 어려워하더라고요. 저도 참 내키지 않는 일이었지만, 어쩌겠어요. 쌀 한 톨이라도 사야 했으니까. 눈물겨운 사연이 많아요.

김구림과 이호재의 인연은 아이로니컬하다. '갑을의 역전' 같은 걸 볼 수 있다. 이호재는 스물아홉 때 가나화랑을 창업하기 전 고려화랑에서 4년을 일했다. 고객을 직접 방문해 판로를 개척했다. ☜ 그림 팔러 갔다가 문전박대당하기 일쑤였는데, 재계 인명록을 동네별로 정리해 길모퉁이에서 '회장님'을 기다리며 그림을 한두 점씩 팔았다고 한다. 그 예전 잘나가던 화가가 수십 년 뒤 지금은 성공한 그 옛 화랑 직원의 출근길 모퉁이에서 옷자락을 붙잡고는 그림을 두 점 팔아 '땟거리'의 고비를 넘긴 것이다. 김구림은 이후에도 종종 경제적 어려움에 빠졌다. 급할 때면 아내가 미국에서 급전을 빌려 왔다.

「김서령이 쓰는 이 사람의 삶, 이호재 가나아트센터 회장, "살아서 100만 달러 받는 화가 다섯은 있어야 하는데…"」, 『신동아』 2007년 10월호.

김구림은 나를 만날 때면

작품이 안 팔려, 돈이 없어 죽겠어.

라고 한탄하듯 이야기했다. '땟거리'를 걱정하는 일은 없어졌지만, 빚은 제법 있다. 없는 돈에 큰아이를 영국으로 유학까지 보냈다. 다행히 전액 장학금을 받아 큰 시름을 덜었지만, 이래저래 돈에 쪼들렸다. 한국에서 작가가 제 입으로 "작품이 안 팔린다."라고 말하는 것은 '팔리지 않는 작가'를 더욱더 자초하는 꼴이다. 웬만해서는 작가가 그런 말을 하지 않는다. 기자들이 작가에게 직접 그림 값을 묻는 것도 금기다. 갤러리스트들에게 귀동냥으로 듣곤 하는데, 그 액수마저 정확하지 않다. 실제 얼마에 거래됐는지는 판 사람과 산 사람만 안다. 100호짜리가 1억 원이라고 하면, 거래가는 몇천만 원일 수 있다. 작가의 명성이 경매가와 직결되는 문제라서 실제 판매가는커녕 할인 여부는 더더욱 말하지 않는다. 갤러리들은 미술시장에서 작품 가격을 유지하는 데 사활을 건다. 소속 작가의 가격을 유지하려고 갤러리가 옥션에서 비싼 값에 매입하는 일은 새삼스러운 비밀도 아니다.

김구림이 ‘고가의 그림’에 반감을 품은 이유도 여기 있다. 그는 작품 시세가 ‘짜고 치는 고스톱’처럼 만들어졌다고 본다. ‘작품 값’에 절대적인 가치를 부여하지 않는다. 그의 전위미술 작품은 ‘사진’이나 ‘구전’으로밖에 남을 수 없는, 물질의 소멸을 전제로 한 것이 많다. 애초 사고팔 수 없는 작품들이다. 김구림이 미술시장의 속성과 작품 가격의 비밀이랄 것도 없는 비밀을 모를 리 없다. 그러다 보니 김구림과 거래를 튼(김구림은 어느 갤러리에도 전속되어 있지 않다) 어느 갤러리 사장은 “그러면 더 안 팔리니까 제발 작품이 안 팔린다는 소리를 하지 마시라.”고 읍소한다. 김구림은 개의치 않는다. 그에게 “안 팔리는 건 안 팔리는 것일 뿐”이다. 그는 남을 속이지도, 자신을 꾸미지도 못한다. 그저 육하원칙과 사실관계가 중요하다.

경제적 사정으로 김구림은 2012년 초 평창동 집을 내놓는다. 집을 팔아 오피스텔로 옮기려고 했다. 강남의 소형 아파트 시세 정도로 내놨다. 여러 사람이 보러 왔지만 가격이 안 맞아 팔지 못했다. 부동산 경기가 불황이었다. 집도 낡아 수리할 데가 많았다. 팔려던 가격에 판다손 치더라도 오피스텔을 구하고, 장흥의 작업실을 옮기기에는 턱없이 부족했다. 그러다 작품이 조금씩 팔리기 시작했다. 예기치 않은 ‘도난’ 사건 덕분이다. ‘도난’과 같은 스캔들은 작품의 가치를 올린다. 심리학자 다리안 리더는 어느 미술품 도난 사건에 관한 글에서 “그리하여 누구도 납치당한 이 숙녀분의 이미지를 피해 갈 수 없었다. 뉴스 영화에도, 초콜릿 상자에도, 우편엽서에도, 그리고 간판에도 등장하게 되었다.”☜라고 했다. ‘숙녀분’이란 바로 레오나르도 다빈치의 〈모나리자〉를 가리킨다. 역사상 가장 유명한 이 미술품 도난 사건은 1911년 8월 21일 프랑스 루브르미술관에서 벌어졌다. 이미 세계에서 가장 유명한 예술품 중 하나였지만 이 사건으로 〈모나리자〉의 명성은 더욱 확고해졌다.

다리안 리더, 『모나리자 훔치기』, 박소현 옮김, 새물결, 2010, 18쪽.

‘모나리자’에 비할 바는 아니지만, 김구림은 2012년 4월 25일 장흥 작업실 2층에 보관 중이던 작품 20여 점을 도둑맞았다. 도둑은 미술시장에서 가장 잘 팔리는 크기(40호, 100×80cm)의 그림 위주로

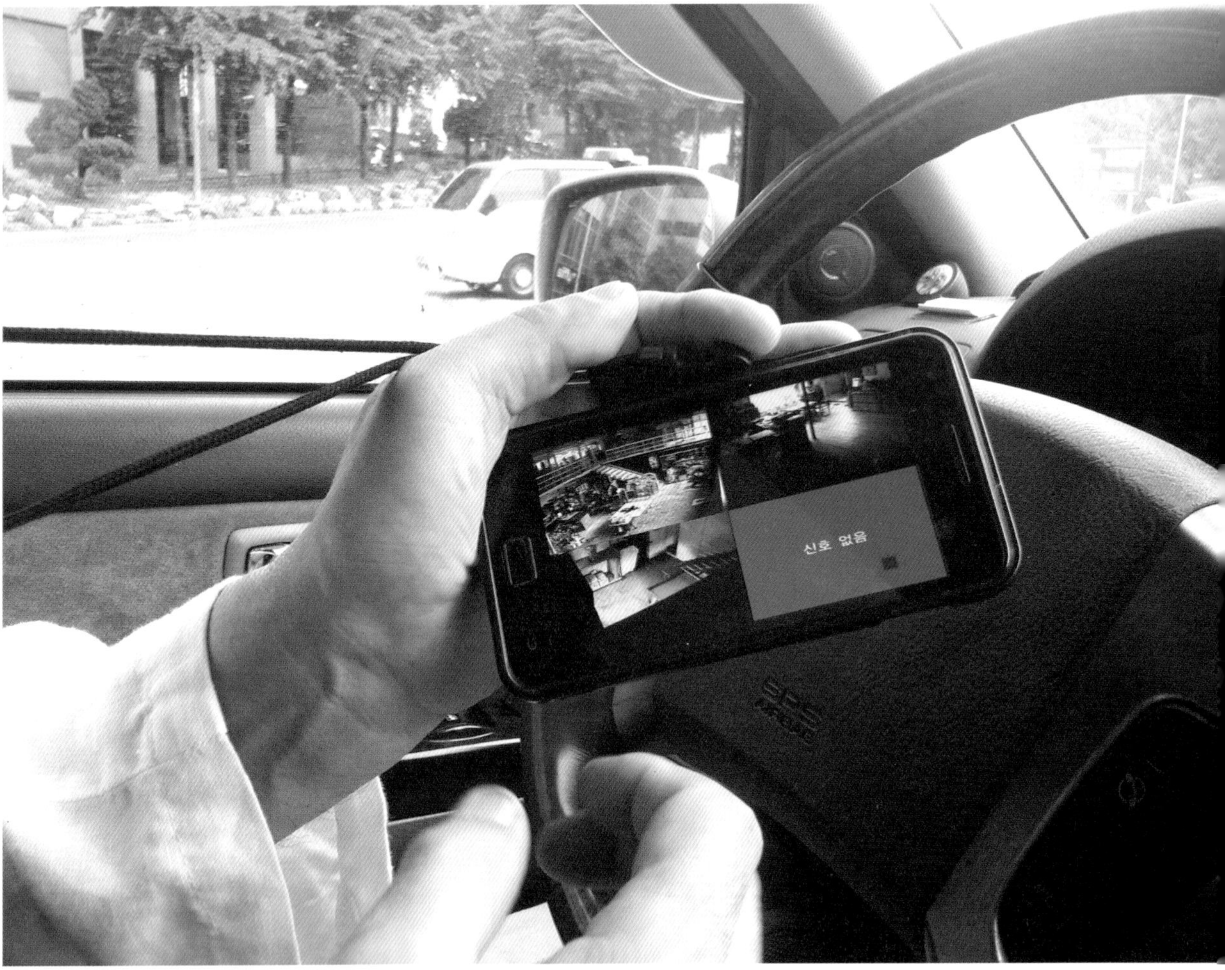

장흥 작업실 CCTV 화면을 보여주는 김구림(2012년 7월 13일, 촬영 김종목).

빼갔다. 여러 언론이 '김구림 도난 사건'을 다뤘다. 미술 기사를 거의 다루지 않는 공중파 방송(SBS 8시 뉴스, 「그림만 도려내고, 흔적도 없다…김구림 작품 도난」, 2011. 4. 26.)에서도 '화제의 사건'으로 보도했다. 도난 사건 이후로 김구림의 그림을 문의하고, 사가는 이들이 생겨났다. 외국에 사는 지인들도 안부 전화를 걸어오고, 몇몇 갤러리에서는 전시 제의를 해 왔다. '도난 사건'은 작가의 명성을 높이고, 원본의 아우라도 강화한다. 그래서일까. 김구림은 사건 이후 미술계 어느 인사에게서 "어느 기자가 '자작극 아니냐'고 의심하더라."는 말을 전해 듣기도 했다. 자작극이라는 오해와 억측을 부를 정도로 그는 '안 팔리는 작가'였다.

김구림은 도난 사건 이후 장흥 작업실에 CCTV를 추가하고, 자신의 스마트폰으로 CCTV를 들여다볼 수 있는 프로그램을 깔았다. 도난 사건이 나고 얼마 안 돼 강남 어느 갤러리에서 우연히 만난 김구림은 이제 작업실 밖에서도 감시할 수 있게 됐다며 뿌듯해했다. 정동 경향신문사로 돌아가는 길에 같은 방향이라 얻어 탄 차에서 김구림이 스마트폰으로 영상을 보여 주던 장면을 촬영했다. 그 사진은 지금도 가지고 있다.(←)

오 헨리는 "예술가에게 돈은 육감"이라고 말했다. 오감이 다 살아 있어도 이 여섯 번째 감각, 즉 돈에 대한 민감한 감각이 없으면 작업을 수행하기 힘들다는 뜻이다. 김구림은 돈에 관한 '육감'을 스스로 거세했다. 자신이 선택한 가난이었다. '육감의 부재'를 김구림다운 방법으로 메워 나갔다. 그 방법 중 하나가 폐자재 오브제 활용이다. 〈음과 양〉 시리즈에서는 연한이 다한 마네킹과 고물 컴퓨터의 부품을 소재로 사용했다.(→/→→) 현대 문명이 낳은 '쓰레기 오브제'는 궁핍의 상징이면서 예술적 영감의 원천이었다. 김구림은 폐품을 구하려 고물상이나 중고용품점을 전전했다. 길 가다 버린 물건이 눈에 띄면 차에 옮겨 싣기도 했다. 그는

죽은 쓰레기가 내 손을 거치면 다시 살아난다.

라고 말했다. 돈이 없어 고른 재료지만, 돈을 벌려고 만든 작품은 아니다. 미술시장에선 오브제 작품이나 조각은 잘 팔리지 않는다.

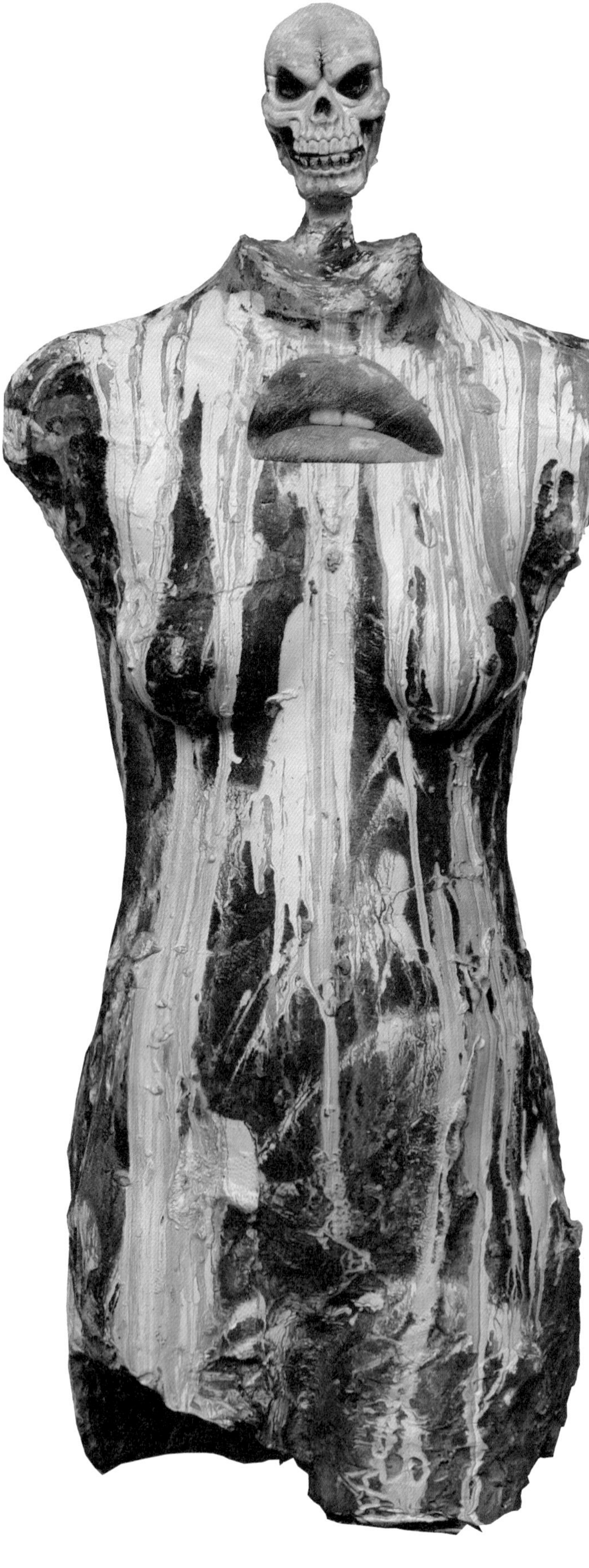

〈음과 양Yin and Yang 11-S35〉, 혼합매체, 95×45×23cm, 2011.

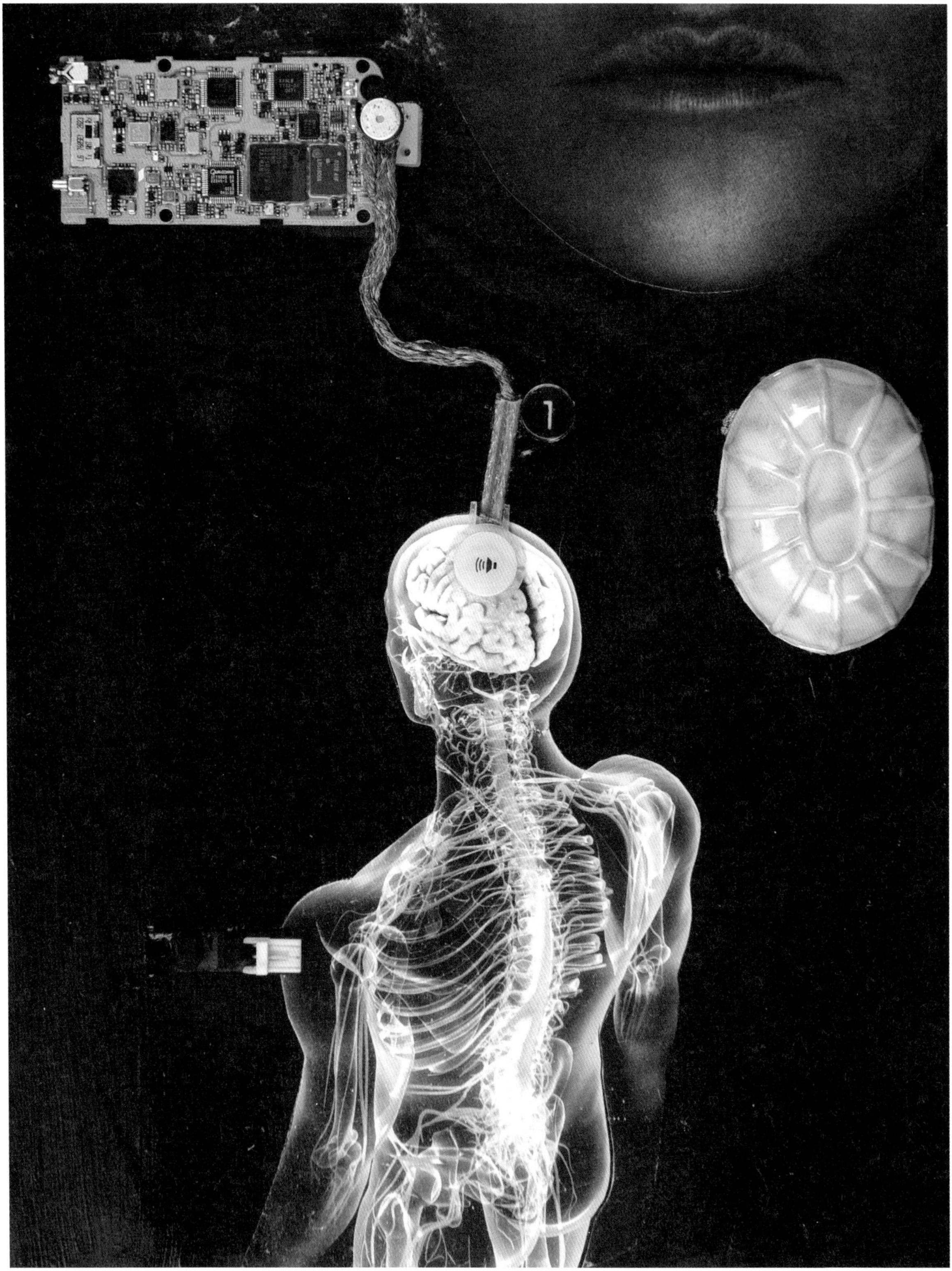

〈음과 양Yin and Yang 10-S24〉, 혼합매체, 30×23cm, 2010.

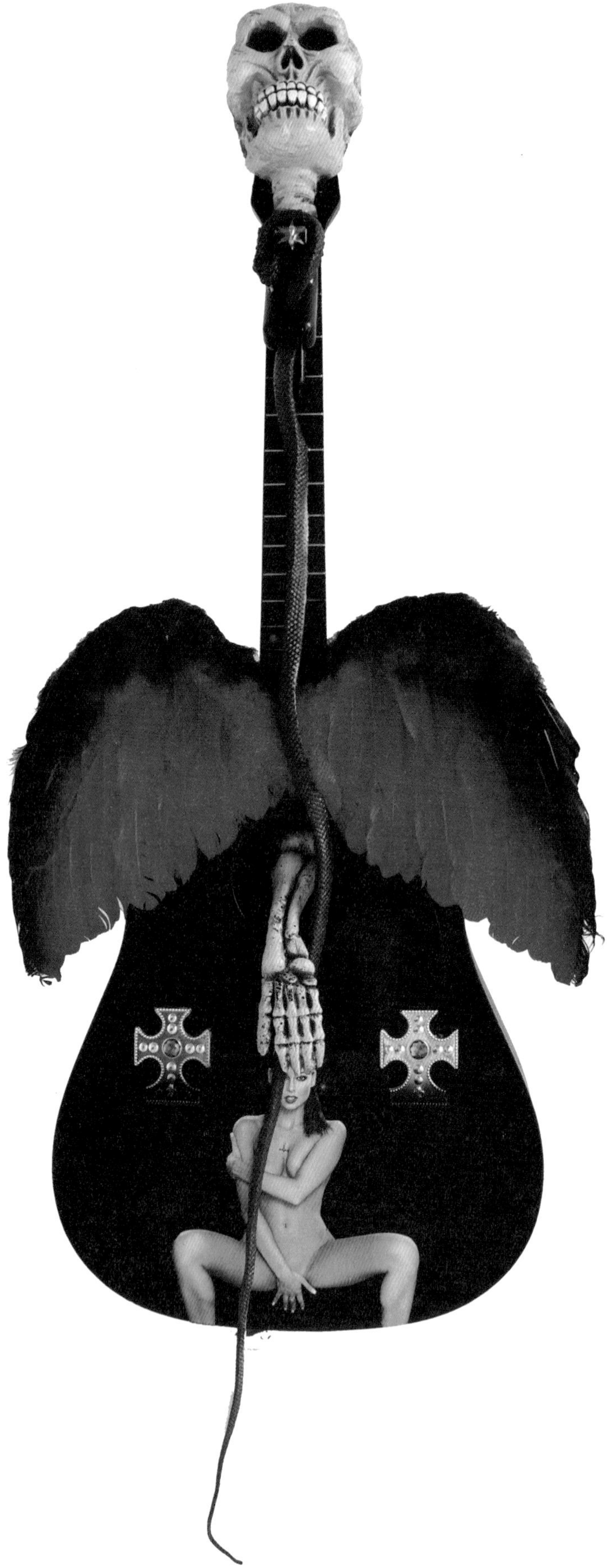

〈음과 양Yin and Yang 11-S1〉, 혼합매체, 125×12×50cm, 2011.

공간 제약 때문이다. 이런 이유로 거실 벽에 붙이는 '회화'가 여전히 미술시장의 주력 상품이다. 김구림은 그 사실을 알면서도 오브제나 설치 작업에 집중했다.

〈음과 양〉 시리즈 중엔 흠집 난 중고 첼로, 기타, 바이올린을 오브제로 만든 것들이 있다. 김구림은 이 작품에 '해골' 모양의 작은 오브제를 붙이곤 한다. 피로 물든 천사의 날개, 뱀, 포르노 캡처 사진으로 뒤범벅된 작품도 제작했다.(←) 악기를 오브제로 한 김구림의 작품은 소구력이 조금은 있다고 한다. 그리 크지 않은 데다가 악기가 주는 친숙함 때문이다. 김구림과 거래하는 한 갤러리 대표가 이런 말을 한 적이 있다. "손님들이 바이올린을 보곤 작품에 관심을 가져요. 그러다 해골을 확인하고 기겁을 하죠." 그는 김구림에게 여러 차례 '이쁜 오브제'로 바꿔 달라고 부탁했다. 김구림은 비싼 값에 작품을 팔고 싶은 마음이 있으면서도 그 간절한 바람을 제대로 들어주지 않았다. 1970~1980년대 그나마 팔려 나간 평면 작품(회화)을 다시 해 달라는 주문도 여러 차례 받았다. 그 역시 응하지 않았다. 시도 자체를 하지 않은 건 아니다. 한때 몇 점을 만들다가 너무 괴로워 폐기했다. '장식품' 미술을 혐오하는 성정 때문이었다.

김구림이 가장 좋아하는 작가는 반 고흐Vincent van Gogh다. 종종 자신을 고흐에 대입한다. 잘 팔리지 않는 작가라는 자괴감을 투사한다. 생전 한 점만 팔았다는 고흐는 죽어서 작품 값이 뛰었다. 김구림에게도 후대의 평판뿐만 아니라 작품 값으로도 위대한 작가로 자리매김되고 싶다는 욕망이 있다. 그는 세속적이지도, 타협적이지도 않지만, 죽어서라도 시장에서 제값을 받으면 좋겠다는 말을 감추지 않는다.

시장에 반反하다

상품이 아니니까 안 팔려도 좋아요

2009년 여름 옛 기무사 건물을 활용한 국립현대미술관 서울관의 첫 개막전은《아시아프ASYAAF: 아시아대학생·청년작가미술축제》였다. 미술대학 학부생 작품은 100만 원, 대학원생 작품은 300만 원 이하로 팔았다. 2010년 초 어느 미술대학 졸업 작품전의 부제는 '솔드아웃SOLD OUT'이었다. 학생들이 학교 밖을 나서기도 전에 '팔리는 작가'에 목을 매게 만드는 구조가 드러낸 현상이다. 『시장미술의 탄생』의 저자 심상용은 당시 『경향신문』과의 인터뷰에서 이렇게 말했다.

"공립이건 민간이건 아트페어에 떨어지면 학생들이 울고불고 난리죠. 팔리느냐 안 팔리느냐는 게 젊은 작가들한테 심각하게 회자합니다. 미국 미술대학에서는 학생들에게 '작업에만 몰두하라'는 뜻을 주기 위해 대학 졸업 전에 갤러리스트들이 못 오게 합니다."

「시장의 늪에 빠져 예술정신 실종」, 『경향신문』 2010년 3월 17일.

대학을 졸업하면? 주식 용어를 빌려 '블루칩 작가'라는 말까지 썼다. 한국 미술시장은 작가의 가치가 시장의 교환가치로 결정되는 곳이 되어 버렸다. '아트페어용 작가'라는 말도 나왔다. 외국의 아트페어나 경매의 '판매액'과 '판매량'이 작가의 '몸값'을 결정하는 것이다. 심상용은 과도하게 시장화된 미술을 '시장미술Market Art'이란 말로 규정하면서 '시장의 예술화' 대신 '예술의 시장화'가 맹렬한 기세로 추진되는 국내외의 현대미술을 비판적으로 조명한다. 진실·소명·노동·관계 같은 예술의 성취는 하찮은 것으로 여기고, 더는 당대와의 불화를 자처하지 않는, 시장미술에 대한 비판이었다. 2010년대만 이런 게 아니었다. 2020년대에 들어와서 시장미술 즉 예술의 시장화는 더 맹렬해졌다. 나는 2021년 미술을 결산하는 기사를 쓰면서 첫 문단을 이렇게 시작했다.

「2021 미술·문화재 결산—이건희 기증관, NFT 시장… 예술을 지배한 돈, 돈, 돈」, 『경향신문』 2021년 12월 28일.

"올해 미술·문화재 부문의 이슈는 '이건희 컬렉션과 기증관', 'NFT 미술시장', '미술시장 호황'이다. (…) 이 3대 이슈를 연결하는 열쇠 말은 '시장미술의 지배', '상업화', '공공성 부재'다. 미술 작품과 문화재의 가치를 '돈'으로 따지는 추세가 가속화된 해다."

미술을 둘러싸고 오가는 이야기들이란 오로지 관람객 수와 판매액이 전부인 것 같았다. 기사는 이렇게 이어 갔다.

"NFT(Non-fungible Token·대체불가토큰)는 2021년 7월 간송미술관의 훈민정음 해례본(국보)을 NFT로 팔면서 불거졌다. 국보를 투자 목적으로 NFT화해 사용하는 게 맞느냐는 비판이 나왔다. 10월 13~17일 열린 키아프 서울 2021(KIAF·제20회 한국국제아트페어)은 판매액·관람객 기록을 경신했다. 8만 8,000여 명의 관람객이 방문했고, 650억 원의 판매액을 기록했다. 역대 최고 판매, 최다 관람객 수다. 이 지표 이면엔 미술시장이 "예술품이 '영끌'이나 '주식', '코인' 같은, 투자를 목적으로 하는 영역으로 편입"(심상용)된 의미도 있다. 미술평론가 홍경한은 이런 말을 했다. "온통 '돈' 이야기만 한다. 미술계 소식란을 채우는 건 그저 경매, NFT, 아트페어뿐이다. 미학적 소통이나 작품성이 어떤지는 언급 없이 '어떤 그림이 얼마 팔렸다'와 '어떤 그림을 얼마에 샀다'는 게 전부다. 그 속엔 미술이 없다."
어느 유명 화가는 "내 작품을 사면 큰돈을 벌 것"이라며 자기 작품들을 두고 비트코인과 자기 이름을 붙인 '○○코인'이란 조어를 남겼다. '이건희 컬렉션'을 두고도 '돈, 돈, 돈'이 나왔다. "이 방에 있는 그림 다 팔면 이 (국립현대미술관) 서울관 한 두세 채 지을 수 있을 겁니다. 여기 아주, 허허, 대단한 방입니다." 국립현대미술관 관장 윤범모가 지난 10월 7일 이건희 컬렉션 전을 찾은 여야 국회의원들 앞에서 한 말이다.
이건희 컬렉션 활용과 기증관 건립 추진 과정에서 드러난 건 '시민 참여 배제'와 '공공성 부재'다. 문화체육관광부는 지난 7월 7일 '이건희 기증관' 건립 계획을 공개한 지 4개월 뒤인 11월 10일 해당 용지로 서울 송현동이 결정됐다고 발표했다. 이 과정에서 시민사회가 요구한 공청회를 한 번도 열지 않았다. 관변 성향의 위원회를 만들어 일사천리로 진행했다. 문체부는 '이건희 기증관 건립 졸속 추진 반대 시민사회단체모임'의 위원회 회의록 정보 공개 요청도 거부했다. (…) 미술관·박물관 노동자들과 청년 미술인들의 고통은 뒤로 밀려났다. 7월 20일 국립중앙박물관 앞에선 비정규 노동자들이 "이건희 명품 전시 뒤에는 9년을 일해도 최저임금인 비정규 노동자들의 눈물이 있습니다."라는 문구를 인쇄한 A4 용지를 들고 1인 시위를 이어 갔다. 그해 4월엔 재단법인 광주비엔날레 노동자들이 당시 김선정 대표이사의 폭언과 갑질을 고발했다. 국공립 미술관의 전시는 젠더와 LGBTQ, 노동 같은 이 시대의 문제를 제대로 담지 못했다. 부조리한 현실 고발도, 예술의 사회적 가치도 찾기 어려웠다."

김구림은 심상용이 정의한 '시장미술'의 문제를 일찌감치 제기한 작가였다. 1977년 그는 다음과 같은 발언을 했다. '주부' 대신 요즘 '갤러리'와 '컬렉터'에 대입해도 무리가 없는 글이다.

> **나는 요즘 화랑을 찾아다니는 주부들과 대화를 하면서 커다란 벽을 느낄 때가 많다. 작가의 심혈을 기울인 작품 앞에서 하는 말이란 고작 '이 그림을 사 두면 돈을 벌 수 있을까요' 또는 '호당 가격이 얼마인가요'다. (…) 독서가 정신수양의 밑거름이란 것은 두말할 나위가 없다. 나는 여성들에게 다독을 권하고 싶다. 다독을 통해 흥미 있는**

부분을 찾아내고 또 예술을 전반적으로 이해할 수 있으리라 생각한다.

김구림, 「여성들에게 주는 독서 충고」, 『중앙일보』 1977년 9월 29일.

요즘말로 '맨스플레인mansplain'으로 읽힐 수도 있다. 다만 43년 전(2020년 기준) 당시 시대상을 아울러 봐야 할 듯하다. 충고의 대상을 '여성'에 한정했다기보다는, '신흥 중산층, 부유층 구매자'로 보는 게 좋을 듯하다. 이 글을 쓴 1977년은 한국이 수출 100억 달러를 돌파한 해다. 한 가지 덧붙이자면, 이명박이 29세의 나이로 현대건설 사장 자리에 오른 해이기도 하다. 미술시장은 1970년대 초 기지개를 켜기 시작해 1975~1976년 중동 건설 붐 같은 경제 성장을 배경으로 확장일로에 들어섰다. 아파트 건설은 작품을 걸 '거실'이 늘어난 것을 의미했다. 구매력 있는 중산층이 생겨나고, 은행들이 미술 작품을 구매하기 시작한 것도 1970년대 중후반이다.

김구림의 기고는 이런 현실을 배경으로 나왔다. 1950년 후반 작품 활동을 할 때부터 '팔릴 만한 그림'에 도통 관심 없던 그만이 할 수 있는 말이었다. 미술시장의 과열과 타락상을 예감했다. 60년 가까이 그 소신을 지켜 왔다. 이런 소신을 2011년 8월 23일 방영된 KBS 시사기획 〈검은 돈, 미술을 사다〉 편에서 다시 확인했다. 이 프로그램은 미술품이 비자금 통로로 악용되는 현실을 고발하며 서미갤러리의 〈행복한 눈물〉 사건* 같은 문제를 짚었다. 대형 갤러리가 경매 회사를 실질적으로 소유한 현실 문제도 비판적으로 다뤘다. 어느 중소 갤러리 대표는 이런 말을 했다. "갤러리 전속 작가를 두 달에 한 번씩 옥션에 올리고 높은 가격에 낙찰을 시켜서 가격을 형성하면 구매자들이 자기 권리를 잃어버리는 거예요. 선택할 수 있는 권리를…." 이 프로그램은 "한국 아방가르드 창시자 백남준과 함께 작업한"이라는 수식어를 달아 김구림을 다음과 같이 소개했다.
"한국 미술사에서 확실한 자리매김을 하고 있는 작가지만, 그의 작품은 미술관 소장용으로 가끔 나갈 뿐 미술시장에서 환영받지 못하고 있다. 김 작가의 무겁고 전위적인 작품은 밝고 예쁜 장식용 그림을 선호하는 국내 취향과 어울리지 않기 때문이다."

* 로이 리히텐슈타인의 〈행복한 눈물〉은 2008년 삼성 특검 때 비자금이 투입됐다는 의혹이 나왔던 작품이다. 김용철 변호사가 공개한 미술작품 구입 리스트에 올랐다. 작품 가격은 당시 89억 원가량으로 추정됐다. '재벌가 미술상'으로 불리는 홍송원 서미갤러리 대표가 〈행복한 눈물〉 등을 해외 경매시장에서 낙찰받아 당시 홍라희 리움미술관장에게 넘긴 의혹을 받았다. 삼성 측은 "〈행복한 눈물〉도

서미갤러리가 ‘구입하라’고 권유해 하루 이틀 정도 집에 걸어 뒀다가 홍 관장이 마음에 들지 않아 다시 돌려보냈다”, “미술품 구입 자금도 비자금이 아니라 개인 돈”이라며 비자금 구입 의혹을 부인했다. 검찰은 이후 홍 관장을 무혐의 처분했다. 2011년 홍송원 대표는 홍 관장을 상대로 그림 값 50억 원을 달라는 소송을 냈다가 취하하기도 했다.

김구림은 이 프로그램에서 평소 소신을 직설적인 언어로 밝힌다.

> **밥 세끼만 먹고 내가 하고 싶은 것은 내 작품만 열심히 할 수 있는 거 그것밖에 없습니다. 팔리든 안 팔리든 다음 문제고, 상품이 아니니까요.**

“김구림 작가는 요즘도 왕성한 작품 활동을 하고 있다. 잘 팔리지도 않는 그림을 열심히 그리는 이유는 무엇일까?”라는 내레이션 뒤에는 김구림의 다음과 같은 음성이 들려왔다.

> **나는 예술 작품을 만드는 거니까. 상품 같으면 하나라도 빨리 팔리고 많이 팔리는 게 좋지. 그러니까 상품이 아니니까 안 팔려도 좋아요. 작품은 좋아하는 사람이 가져야 한다 이거예요.**

김구림은 이 프로그램에서 후속 세대 미술인을 걱정하며 화랑을 비판했다.

> **도망가듯 해외로 떠나거나 돈이 없어 순수미술을 포기하는 젊은 작가들 모습이 안타까울 뿐입니다. 화랑 책임이 커요. 작가들을 발굴하면서 키워야 하거든요. 돈은 그다음 문제죠. 먼저 키워 놓고 돈을 빼먹어야죠.**

상업 화랑뿐 아니라 미술관들도 외국 유명작가의 작품을 대관 전시하는 블록버스터에만 몰입한다. 2020년대에 들어 몰입의 강도는 더해졌다. 국내 작가들 회고전이나 단체전은 종종 하지만, 젊은 신진 작가 발굴에는 인색한 편이다. “돈이 없어 순수미술을 포기하는 젊은 작가들”에게 안타까움을 느끼는 김구림의 심정은 이런 현실 때문이다. 김구림은 이 프로그램 PD와 인터뷰할 때 미술시장 문제를 적나라하게 까발렸는데, 편집이 많이 됐다고 아쉬워했다. 김구림은 나와의 인터뷰에서도 ‘시장미술’ 즉 ‘시장화된 미술’이 지닌 극단의 상업성을 두고 벼린 비판을 여러 차례 하곤 했다.

일본의 구사마 야요이草間彌生**는 루이뷔통 가지고 작품을 만들고, 제프 쿤스**Jeff Koons**도 풍선 작품 같은 걸 하는데, 유행인 것 같아요. 컬렉터 찰스 사치**Charles Saatchi**는 작품 값 조작 같은 걸 하면서 데이미언 허스트**Damien Hirst **값이나 올리고 말이죠. 허스트의 상어 작품만 해도 그래요. 제목이 뭐였죠?* 호주에서 잡은 상어를 사치한테 팔았는데, 다 상해서 난리가 나고요. 나중에 다시 만들고요. 미국과 서구에서 유행하는 작품엔 깊이가 없어요. 상업성을 중시하는 게 참 묘한 풍조예요. 현대미술이 상업적 풍조에 휘말리고 있어요. 한국도 젊은 작가들이 신**新**팝아트니 해서 많이들 하고 있죠. 그렇지만, 이런 경향이 오래 지속하리라곤 안 봐요. 결국은 어느 시기에 가서 이런 미술은 허물어지고, 더 깊이 있고 철학도 있는 작품 경향으로 가리라고 보고 있어요.**

*〈살아 있는 자의 마음속에 있는 죽음의 육체적 불가능성〉

김구림은 데이미언 허스트를 비판하면서 미국 LA에 있을 때 시도한 작품 이야기도 들려주며 자조했다.

데이미언 허스트가 꿈도 못 꿀 때, 그냥 생선으로 그런 장난을 한 적이 있었죠. 생선을 굳혀서 투명 비닐 같은 거로 싸는 콘셉트였는데, 썩는 냄새 때문에 포기했어요. 보관할 방법이 없더라고요. 방부제를 처리해도 안 되고. 그러니까 허스트보다 먼저 한 거야. 미친놈 지랄이었지. 너무 앞선 거지.

2014년 구제역 파동이 일었을 때는 새 작품 구상에 대한 흥분 때문에 고조된 목소리로 내게 전화했다. 정부 방역 지침 때문에 이루진 못했지만 당시 살처분당해 파묻힌 돼지와 주변 흙으로 설치 작품을 만들고 싶다고 했다. "사회부에서 일하니 절차 같은 걸 알아봐 달라."고 부탁했다. 현장에 접근조차 힘들어 작품을 만들지는 못했다. 2021년 송성진이 구제역 매몰지의 흙으로 빚은 돼지 작품을 내놓았을 때(《미술원, 우리와 우리 사이》, 국립현대미술관 청주),

나는 김구림과의 통화를 떠올렸다.
그는 첨단을 달리는 문제의식과 열정에 자족하며 살진 못했다.
'잘 팔리는' 동년배 원로나 후배의 작품들을 두고 격정에 사로잡혀
비난, 비판할 때가 많았다.

남을 잡아먹고, 속이려고만 들어. 나는 물질에 더 욕심이 안 생겨. 화단도 썩었어. 이상한 거 띄워서 팔아먹고. 죽으면 그만인 거 돈이 어떻다는 건가. 이 짧은 인생을 그렇게 살아야 하나 회의가 든다니까. 난 부잣집 아들로 태어났지만 커선 부자로 살아 보질 못했어. 내가 할 일에만 열중할 뿐이야. 남, 특히 엉터리 평론가 의식하지 말고 좋은 작품 하는 데만 신경 쓰라고 젊은 작가들한테 말하고 싶어.

김구림이 피해의식에 사로잡혀 모두를 적으로 돌려세워 놓고 욕만 하는 것은 아니다. 그는 선배 세대의 여러 화가를 존경하고, 후배 세대의 좋은 작가를 향한 애정을 갖고 있다. 김구림이 분노하는 것은 비싼 가격의 장식 미술과 양심 없이 모방하는 문제다. 앤디 워홀Andy Warhol, 리히텐슈타인Roy Lichtenstein의 아류가 넘쳐난다고 했다.
김구림이 상업미술을 온전히 부정하는 건 아니다. 앞서 말했듯이, 그는 이왕이면 제값에 자기 작품이 팔리길 바란다는 점에서 여느 작가와 다르지 않다. 다만, '팔리는 상품'을 위해서 타협하지 않았다는 게 다른 점일 것이다. 그라고 왜 팔리지 않는 상황에 대해 걱정이 없겠는가.
1998년 잡지 『시민과 변호사』 1월호에 「송사유감訟事遺憾」이라는 제목으로 기고한 글에서 이렇게 말했다.☜

김구림, 「그림이 있는 에세이 訟事遺憾」, 『시민과 변호사』 통권48호, 1998년 1월, 17쪽.

황금이 멀쩡하게 사람들을 마구 망가뜨리는 사회 풍토 속에서 안 팔리는 그림만을 그려 대는 나 같은 환쟁이가 제대로 대접받을 수 있을지 불안하다.

이 불안은 2020년대 들어 미술시장의 호황 속에서 작품이 팔려 나갈 때까지 지속됐다.

공장형
미술
반대!

변화와 일관성은 언제나 작가 앞에 가로놓인 문제이다. "미학적 변혁의 시기에 자신의 화법을 고집했던 사실주의의 거장." 에드워드 호퍼Edward Hopper의 전기 국내판 띠지는 위와 같은 문구로 호퍼를 수식한다.☜ 추상미술과 팝아트 등이 새로운 주류로 떠오르던 시기에 사실주의를 일관되게 추구했던 그의 작품 세계를 강조하는 말이다. 유명 화가들은 색감과 스타일이 다소 변해도 대체로 일관성을 유지한다. 르네상스 이후 근대 회화에 이르기까지 '화법' 혹은 '화풍'으로 표현되는 말은 화가들에게 있어 일종의 지문 같은 것이다. 그러니까 어떤 작품을 보면, 누구의 작품인지 또 누구의 영향을 받았는지 짐작하는 일은 어렵지 않다는 말이다. 화풍은 곧 작가의 정체성인 셈이다.

게일 레빈, 『에드워드 호퍼 – 빛을 그린 사실주의 화가』, 최일성 옮김, 을유문화사, 2012.

반면 끊임없이 변화를 추구한 화가도 있다. 파블로 피카소Pablo Picasso가 대표 격이다. 피카소는 장미시대와 청색시대엔 우수에 깃든 사실주의적 묘사에 뛰어났다. 1905년 작품 〈파이프를 든 소년〉이 그 예이다. 하지만 불과 1~2년이 흐른 뒤 〈아비뇽의 아가씨들〉로 입체주의의 문을 연다. 그 이후로도 신고전주의, 초현실주의적 작품으로 변화무쌍함을 자랑했다. 조각과 도자에도 손을 댔으며 1943년 제작으로 추정되는 〈황소머리〉는 자전거 안장과 핸들 한 쌍을 기발하게 조합한 작품이었다. 김구림이 가장 존경하는 작가 중 하나가 바로 피카소다. 김구림은 자신의 변모와 변화에 관해 이야기할 때 꼭 피카소의 예를 든다. 변화 시도의 횟수만큼은 김구림도 피카소 못지않다.

김구림의 화력畵歷을 들춰 보자. 변화로 점철된 시간이다. 1950년대 후반 초기 작품은 앵포르멜Informel 계통의 반半추상이었다. 곧 작품 영역을 '캔버스 밖으로' 확장한다. 보디페인팅과 대지미술, 설치와 이벤트, 비디오아트, 조각, 퍼포먼스를 거쳐 1990년대 다시 반추상 계열로 돌아왔는데, 와중에 자수 작품까지 내놓았다. 오브제와 그림이라도 재료는 다양하다. 비닐에서 컴퓨터 칩까지 안 써 본 재료가 없을 정도다. 주제는 자연과 가족으로 시작해 전쟁, 기아, 현대문명의 폐해를 꼬집는가 하면, 불교의 선禪 같은 종교 문제까지 끌어왔다. 김구림은 다양한 재료와 여러 주제를 실력 문제로 여긴다. 그는 "실력 있는 작가란 어떤 재료로든 자신의 작품을 표현할 수 있어야 한다."고 여러 차례 말했다. '변모'와 '변화'를 두고도 뚜렷한 소신이 있다.

작가들이 변모하고 싶어도 쌓아 올린 게 무너질까 겁내며 하던 거로 그냥 가요. 저는 겁 안 나요. 전 쉽게 못 갑니다. 내일 굶어 개골창에 처박혀도 작품만은 내 양심대로, 내 하고 싶은 대로 할 겁니다.

2010년 1월 나와의 첫 인터뷰 때 한 말이다. 그는 종종 흥분한 어조로 이 소신을 밝히곤 했다. 변화와 변모에 관한 강한 소신은 '잘 안 팔리는 작가'나 상업 화랑의 홀대와도 울분과도 관련되어 있다. 미술평론가 김남수가 '화랑과 정체성'에 관한 일화를 전한 적이 있다. 그는 2015년 남산골 한옥마을에서 열린 김구림, 성능경, 이건용 3인의 《동거동락》전 팸플릿에 쓴 「작가와의 대화」에서 "한번은 화랑에서 관객이 김구림의 작품을 구매하려 하자, 화랑 주인이 이를 만류한 적이 있었다. 화랑

주인은 김구림에 대해 '그 작가는 정체성이 없는 사람이니, 그런 작품은 못쓴다'고 혹평을 했다."라고 썼다. 김구림만의 '대표적인 재료'나 '기법'이 없다는 점 즉 '정체성이 없다'는 비판을 두고 전한 일화다.

김구림은 되레 '정체성' 즉 20대에 '뜬' 그림과 화법을 수십 년간 고집하는 작가들을 경멸한다. 김구림의 말에는 '비슷비슷한 그림을 그리며 계속 잘나가는' 동년배 작가와 이들을 뒷받침하는 상업화랑에 대한 분노 같은 것이 서려 있다.

1960~70년대에 했던 작품으로 자기 세계를 이뤘다 하고, 그걸 평생 해요. 선이면 선, 점이면 점 그거 하나만 가지고 평생을 한다고요. 내가 보기엔 똑같은 걸 그린 건데, 선이니 점이니 깊어졌니 하며 계속 다 팔아요. 1960~70년대 생각을 죽을 때까지 이어 가는데, 그걸로 나온 게 진정한 작품인가요? 전 아니라고 봐요. 세월이 흐르고 세상이 다 변하잖아요. 그때 흑백 TV였는데, 지금 스마트 TV가 나오고 있어요. 그때와 지금의 사고방식은 달라야죠. 사고가 변모하면, 작품도 그에 따라 변모해야 하는 겁니다.

김구림은 한국과 홍콩 경매에서 꽤 잘 팔리는 화가를 예로 들며 이렇게 말했다.

그 작가가 수십 년째 하는 게 있어. 대중들은 그 기법만 보고 '잘 그렸다', '신기하다', '어떻게 저렇게 묘사할까' 그러는데 '장난'이에요. 그거 화실에서 나온 게 아니라 공장에서 나온 거야. 조수들이 다 해요. 여기저기 한번 핀 갖고 잡아 놓고, 크고 작은 거 배치해 놓으면 조수들이 바로 그 자리에서 다 만들어 줘. 다 똑같아. 같은 작가라도 다 같은 게 나올 수는 없거든. 울분이 있으면 울분이 들어가야 하거든. 슬플 때, 울분이 치솟을 때 붓 터치가 달리 나오기 마련인데, 맨날 똑같은 것만 나와요. 공장이에요 공장. 펼쳐 보면, 빈껍데기야. 혼이 들어 있어야지. 제가 가장

중요하게 생각하는 거예요. 난 안 팔려도 좋아. 내 혼을 돈으로 팔기 싫습니다. 얍삽하기 싫어요. 죽 한 끼 먹어도 맘이 편해야 인생이지. 그런 데서 진정한 예술이 나올까?

'공장형' 그림은 나도 목격한 적이 있다. 어느 레지던시에 입주한 유명 화가 작업실을 우연히 스쳐 지나다 20대로 보이는 청년이 대형 캔버스에 붓질하는 것을 봤다. 그 청년이 스승의 작업실에서 자기 그림을, 그것도 대형 캔버스에 그릴 일은 없을 터다. '저건 뭐지?' 설치미술이나 개념미술이야 그렇다 쳐도, 조수가 캔버스에 붓질을 하는 걸 본 충격(?)은 오래갔다. 당시 미술계 인사한테 물어봤더니, 현대미술에선 흔한 일이라고 했다. 굳이 나쁘게만 볼 것도 아니고, 알 만한 사람은 다 아는 일이라고도 했다. 이후 '조영남 대작 사건'에서 이 문제가 공론화됐다. 아놀드 하우저는 『문학과 예술의 사회사』에서 이렇게 썼다.

"초기 르네상스의 예술가의 아틀리에에는 수공업자 조합이나 길드의 작업장이 지녔던 공동체 의식에 의해 운영됐다. 말하자면 예술품은 독자성과 특성을 강조하거나 외부 요소를 일체 배격하는 어떤 한 개인의 표현이 아니었다. 처음부터 일이 끝날 때까지 혼자서만 작품을 완성하고자 하고 제자와 조수 들과는 도저히 같이 일할 수 없다는 생각은 미켈란젤로에 와서야 비로소 두드러지게 나타나는데, 이 점에서도 미켈란젤로는 최초의 현대적 예술가인 셈이다."

아놀드 하우저, 『문학과 예술의 사회사 2』(개정판), 반성완·백낙청 옮김, 창비, 1999, 77쪽.

'현대적 예술가'는 당연히 현대의 상식이자 표준이어야 한다. 하지만 지금 이 시기 몇몇 한국 예술가들은 '르네상스 때 예술가의 아틀리에나 길드의 작업장'으로 되돌아간 셈이다. '공동체 의식'을 위한 것으로 보이지는 않는다. 현대미술 개념에 따라 조수를 쓴다고들 하지만, 유명 회화 작가들은 이젤 앞에서 '혼자서만 작품을 완성'하는 이미지를 대중에게 퍼뜨린다. 김구림은 혼자 작업한다. 사람 부릴 돈이 없어서기도 하지만, 조수를 둬도 캔버스나 오브제를 맡길 일은 없을 것이다. 도록용 사진도 직접 찍는다. 촬영을 맡길 돈이 부족하기도 하지만, 자기 일은 직접 해야 직성이 풀리기 때문이다. 간혹 한두 점 팔리면, 그 돈으로 작품 재료를 산다.

'나 홀로 작업'을 두고 그는 이렇게 말했다.

> **물감 개고, 캔버스 와꾸(틀) 치고 하는 거 내가 다 합니다. 그걸 경험하지 않는다면, 화면에, 작품 속에 혼이 안 박혀요. 작품에 혼을 잡아넣을 수가 없다니까. 하나부터 열까지 자기 몸을 송두리째 잡아넣어야 하거든요. 그렇게 해야 진정한 작품이 나오지. 잘나가는, 잘 팔리는 그 사람들? 내 작품하고는 달라.**

혼자 일하지만, 고립되지 않는다. 변화의 잣대가 '시대'다.

> **지금을 반영한 작품을 내야죠. 그 당시 생각이 지금 작품에도 나오면 매너리즘에 빠진 겁니다. 작가가 거짓말을 하고 앉은 거죠. 유달리 우리나라는 그런 작가가 대단한 작가로 되어 있어요. 그런 사람 작품들만 잘 팔리고요. 미국이나 유럽에서 태어났으면 존재도 없을 거예요.**

김구림은 '시대'를 파악하려고 애를 쓴다. 공중파 8시, 9시 뉴스는 빠짐없이 본다. 국제 뉴스도 빼놓지 않는다. 2000년대 중반 〈음과 양〉 시리즈 중에는 기아에 시달리는 아프리카 아이들을 주제로 그린 작품도 있다. 호기심 많은 이 '원로 작가'는 한때 〈화성인 바이러스〉(tvN, 2009년 3월~2013년 11월 방송) 같은 방송 프로그램도 즐겨 봤다. 미술계 동향도 열심히 살핀다. 시간 날 때마다 국립현대미술관이나 서울시립미술관의 주요 전시나 삼청동이나 청담동의 갤러리에 전시를 보러 다닌다. 국제 미술의 흐름도 관심사다.

김구림은 수십 년간 같은 작품 기조를 이어 온 한국 작가들이 '일관성 있는' 작가로 대접받는 현실을 비판한다. 그러면서 외국 작가들의 '변화'에는 관대하거나 높이 평가하는 분위기를 두고 이런 말을 한 적이 있다.

프랭크 스텔라 Frank Stella **같은 작가를 보세요. 테헤란로 포스코센터 빌딩 앞에 있는 〈아마벨**Amabel**〉이란 작품으로 유명한 사람이죠. 왜 '고철 덩어리'라고 비난받았던 작품이요. 스텔라의 초기 작품은 미니멀리즘이었어요. 지금 보면 초기 때랑 전혀 다른 작품을 하고 있죠. 데이미언 허스트도 보세요. 〈천 년〉**(1989)**은 소의 사체에서 구더기가 생겨 변화하고, 파리가 소머리 위의 전기충격기에 감전되는 과정을 담은 작품입니다. 〈신의 사랑을 위하여〉**(2007)**는 다이아몬드로 해골을 만든 거죠. 〈죽음의 춤〉**(2000~2002)**은 알록달록한 알약을 오브제로 만든 작품이에요. 이 사람들의 작품은 일관성이 있나요?**

권위주의와 맞짱 뜬 파이터

상업미술과의 대립은 곧 권위주의와의 싸움이었다. 김구림은 아방가르드한 자신의 미술을 순수예술로, 상업미술을 권위예술로 규정한 적이 있다. 1970년 4월 22일자 『주간경향』의 기사 「강둑에 불 지르고 '이것이 예술이다' 전위화가 김구림은 정상인가」에서 기자와의 문답은 주목할 게 많다.(→) 기성 화단에 대한 도전 의식이나 권위 타파 같은 '김구림 정신'이 잘 드러난다. 1970년 4월 11일 오전 11시 한양대 앞 살곶이 다리 동쪽 100미터 부근 강둑에서 대지미술 '불과 잔디에 의한 이벤트' 〈현상에서 흔적으로〉를 발표하고 진행한 인터뷰다.

그러나 화단에선 전혀 무관심하고 있는데.

우리나라뿐만 아니라 외국에도 전위예술가는 조소와 비난 속에서 외로움을 면치 못하고 있다. 가난하고 고독한 작업이라고 모두 외면한다면 순수예술은 영원히 권위예술 속에 묻혀 버리고 말 것이다.

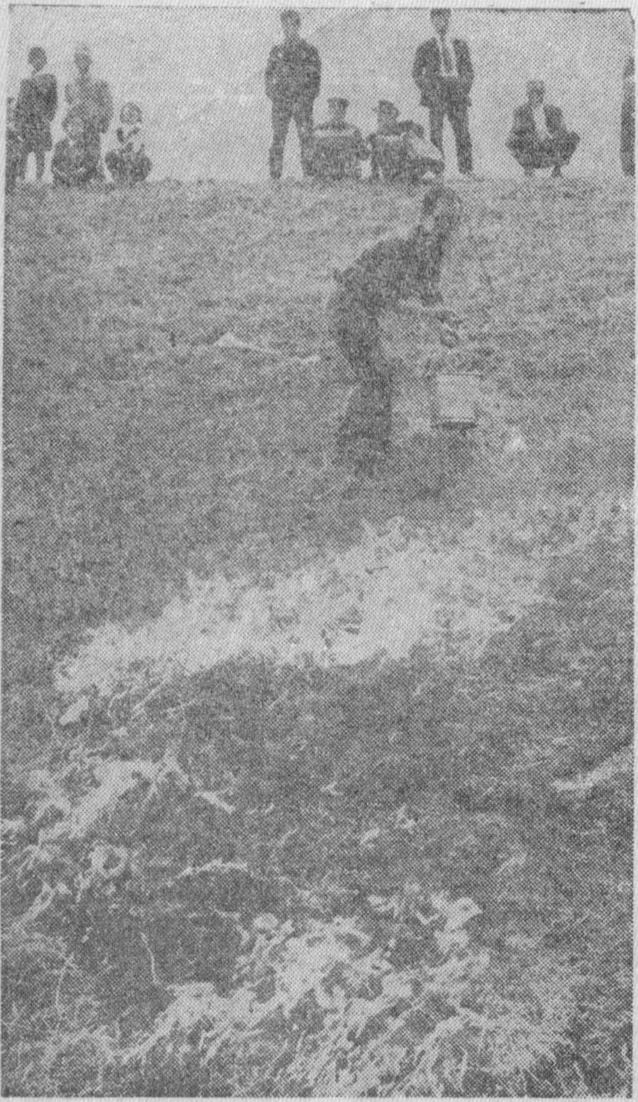

不可能藝術의 일부라는 한국최초의 大地藝術「現象에서 痕跡」으로 작품현장。

강둑에 불

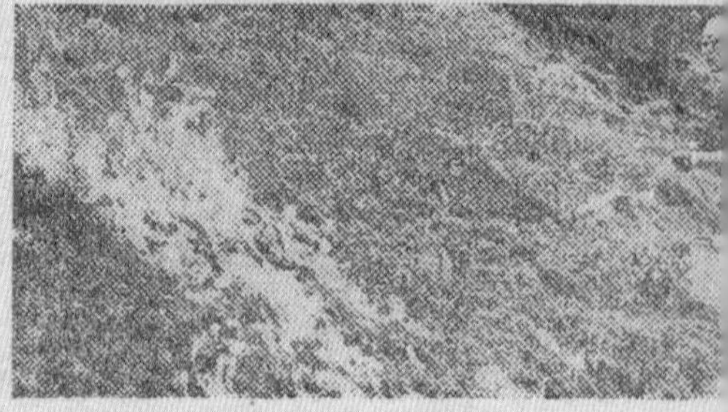

물통에 담겨진 석유를 畵筆인양 손으로 잔
뿌리는 金丘林씨。

에 가입하겠는가?」

—그럼 당신은 무엇인가?

「예술의 「장르」의식을 파괴하려는 전위작가다。나의 화실은 건물이나 우주같은 넓은 공간이다。이러한공간은 나의 화실인 동시에 모든사람의 화랑이라고 생각한다」

—그럼 파괴를 사랑하는가?

만 그자체의 창조된의미를갖는다」

—자기 세계를 합리화하려는 궤변이 아닌가?

「궤변이라고 생각하는것도 물론 관객의 자유다。그러나 역설적으로 파괴 그 자체가 또 다른 하나의 창조의 가능성을 의미할수 있다」

파괴통한 美라며 "宇宙공간이 내화실이다"

—그러면 지금까지의 예술가가 모두 오류를 범하고있단 말인가?

「보통 오류가 아니다。예술에 기여하기 위해서 어떤 사물을 만들어 창조한다는 생각은 예술가로선 큰 오해요 착오다」

—그럼, 사물을 만들지 않고 창조가 가능하다는 뜻인가?

「만약 한 예술가가 여러 물체를 만들기 위해 시간의 대부분을 소비한다면 그는 그 작품에서 그이념 전부를 추출하는 시간을 갖지못한다。진정한 예술가는 물체나 사고를 떠난 존재세계의 표정을 읽을줄 알아야한다」

—대지예술도 그럼 사고를 떠난 파괴의 일부분인가?

「모두 불가능 예술이라고 생각한 대지예술이지만 우린 파괴를 통해서 화랑을 떠난 훌륭한예술행위를 보여주었다。이미 시각예술의

것도 아니며 조각의 주변을 도는것도 아니다」

—대지예술을 한 마디로집약하면?

「무한 공간으로 확장됨으로써 손(手)의 사고에 의할수 없는 새로운 예술방법이다」

—돈은 얼마나 들었는가?

「경비까지 전부합쳐서 2만원쯤들었다」

—돈이 아깝다는 생각이 들지않는가?

「그런생각 해본적이 없다。돈생각하면서 어떻게 순수한 예술을 만들겠는가?」

—혹시 직장생활 해본적이 있는가?

「작품에 방해가 되어서 3개월전에 그만두었다」

집시같은 생활

—실례지만 생활은 어떻게…?

「집시같은 생활이다。주로 동생신세를 많이진다」

—결혼은 했는가?

「아직 안했다」

—이런 전위작업을 언제까지 할 작정인가?

「예술에도 무슨 시한성이 있는가?내가 하고 싶을때까지하겠다」

—혹시 병원에 가서 정신감정을받아본적이 있는가?

「미친사람이 볼때에는 정상적인사람이 오히려 이상하게 보이지 않는가?」

현실파의 직접적인 대결에서 조형(造形)의 마당을 자연속으로 끌어넌 金丘林의 위대한(?)대지예술도 서너명의 동네 개구장이가 지켜보는 가운데 두시간만에 쓸쓸하게 막을 내렸다。

「강둑에 불 지르고 '이것이 예술이다' 전위화가 김구림은 정상인가」, 『주간경향』 3권 73호, 1970년 4월 22일.

지르고 '이것이 藝術이다,'

전위화가 金丘林은 正常인가?

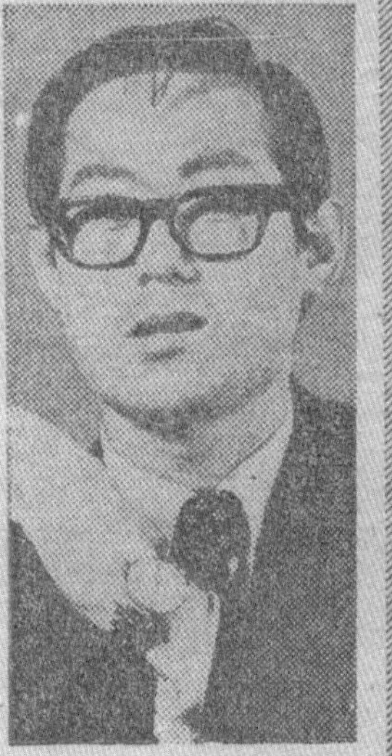

고독한 作業이지만 안할수가 없다는 畫壇의 문제아 前衛狂인 金丘林씨。

한국화단의 문제아(?) 金丘林(35)은 또 하나의 쇼킹한 前衛예술을 발표했다。 이름하여 不可能예술의 일부라는 大地예술의 한국최초 개봉인 「現象에서 痕跡」이란 작품。 강둑에 불을 지르고 예술이라고 큰소리치는 「金丘林의 불과 잔디에 의한 이벤트」를 소개하면—。

밀폐된 캔버스나 화랑을 떠난 전위화가 金丘林은 그의 예술적인 무대를 자연속으로 파고든다。

일정한 규격이나 틀에 얽매인 미술판에서 과감히 뛰쳐나온그는 하나의 아이디어 맨으로서의 예술가가 아닌 행동적인 전위광(前衛狂)이다。

전위만을 사랑하는 끈질긴 金丘林의 고독한 작업은 우리나라에선 최초의 몇가지 실험적인 예술작업을 내놓았다。

스크린 대신 오브제를 사용한 전위영화에, 엘렉트릭 아트, 에어 아트, 바디 페인팅, 그리고 심지어는 연극에까지 그의 전위적인 집념은 식을줄 모른다。

얼핏보면 쇼의 냄새가 풍기는 金丘林의 전위예술은 그무대가 제한이 없는 자연이라는점에서 퍽 편리하다。

지난 11일상오11시부터 뚝섬근방의 살곶이다리옆 강둑에서 보여준 한국 최초의 대지예술「現象에서 痕跡」이란 작품역시 무대는 캔버스가 아닌 땅이었다。

얼핏보기엔 쇼넘새
샤쓰에 불이붙는 寸劇도

60도의 경사진 강둑에서 빨강T샤쓰에 외제파랑색 작업복을입은 金丘林이 불을 지름으로써 「불과 잔디에 의한 이벤트」는 시작 했다。

1백m의 길이에 한 변이 22m정도되는 정삼각형 다섯개를 선으로그어놓고 하나씩 건너서 불을 지르고 있었다。 물통에 담겨진 석유를 연신 뿌려가며 잔디를 태우는 불꽃이 시커멓게 피어오르자 동네 개구장이꼬마들이 신나는 구경거리인줄알고 휘

그러나 너무 엄숙한(?) 분위기에 눌려 더 이상 뛰어가지 못하고 둑위에서 멍하니 입만 벌리고 불구경을 하고있었다。

순경은 어이없는 웃음

또한 현장에서 1백m떨어진 파출소의순경이 허겁지겁 달려왔다가 예술이란말을듣고 허허웃으면서 그냥되돌아가고 말았다。 잠깐 헛눈을판사이에 金丘林의바지끝에 불이댕겨서 그

에있던친구 鄭燦昇이 재빨리 모래를 엎지름으로써 간신히 위기를면했다。

하마터면 대지예술아닌 신체예술을 할뻔했다고 주위에선 폭소가 터졌다。 손바닥에 몇군데의 화상을 입은 金丘林은 타버린 잔디위에 쭐썩 주저 앉아서 담배에 불을 붙였다。

—무엇때문에 이렇게 힘든 작업을 하는가?

「고생을 안하고도 작품을하는 길이 있지만 전 예술인의 밑거름이 되고자 내 스스로가 원해서 하는 것이다」

—그러나 화단에선 전혀 무관심하고 있는데。

「우리나라 뿐만 아니라 외국에도 전위 예술가는 조소와 비난 속에서 외로움을 면치 못하고있다。 가난하고 고독한 작업 이라고 모두 외면 한다면 순수예술은 영원히 권위예술속에 묻혀버리고 말것이다」

—권위예술이란 어떤것인가?

「단체 만들기 좋아하는 아이디어맨에 불과한 기성의 모든 장식예술가를 가리 킨다。 작가가 정치적인곳에 관심을 가지면 순수한 예술이 나오지않는다」

철저한 「藝總」해산론자

1970. 4. 22

ꆜ 권위예술이란 어떤 것인가?

단체 만들기 좋아하는 아이디어맨에 불과한 기성의 모든 장식예술가를 가리킨다. 작가가 정치적인 곳에 관심을 가지면 순수한 예술은 나오지 않는다.

ꆜ 그럼 '미협'에도 가입 안 했는가?

물론이다. 철저한 예총 해산론자가 어떻게 섹트(sect, 분파 – 인용자) **의식이 강한 단체에 가입하겠는가.**

ꆜ 그럼 당신은 무엇인가?

예술의 장르 의식을 파괴하려는 전위 작가다. 나의 화실은 지구나 우주 같은 넓은 공간이다.

그냥 툭 내놓은 의견은 아니다. 『주간경향』과 인터뷰를 하기 3년 전인 1967년의 문제의식도 비슷하다. 김구림이 내게 보여 준 건 그해 「제16회 국전평 방향감각도 없는 작품의식」이라는 제목의 기사 스크랩(일시와 매체는 나와 있지 않다)이다. 김구림은 미술평론가 김강석과 대담하면서 이렇게 말했다.

국전은 노대가의 양로원이나 학생들의 등용문 정도로 타락해 버렸으니까요. 대통령상은 어떻습니까. 녹색과 백색의 배합으로 그린 것으로 필치와 처리법 배치 등은 능숙한 것 같지만 시대감각을 이만저만 무시한 낡은 표현양식인 것 같아요.

미술이라고 하면 국전이라고 할 만큼 인식되고 있지 않습니까. 그것은 매스컴에서 책임이 있는 것 같아요.

김구림은 그해 다른 언론에도 「목적 없는 되풀이의 연속 – 잡음투성이의 16회 국전」이라는 평을 기고했다. 김구림이 국전과 미협, 예총을 향해 펼친 비판은 당대 미술 제도를 향한 무거운 문제의식의 발로였다. 미협은 미술가들의 통합 조직이었던 한국미술협회를 말한다.

미술가 조직은 한국전쟁 발발 직후 반공 이념 함양과 단일대오 결속을 위해 결성된 대한미술협회에서 시작된다. 1955년 5월 대한미술협회 위원장 경선 중 일어난 불법 행위를 문제 삼아 만든 한국미술가협회도 이념적 측면에서는 '반공'에서 자유롭지 않았다. 두 단체는 1961년 한국미술협회로 통합되어 현재까지 이어지고 있다. 미술사학자 최열은 미술협회와 그 상급 기관인 한국예술문화단체총연합회(예총)가 반공 이념과 권력을 수호하는 구실을 했으며, 이 행태가 대한민국예술원 및 국전이라는 제도를 통해 강화되었다고 보았다. 즉 미술 제도가 이권 거래와 파벌 다툼의 우위를 담보해 주었다는 것이다. 이러한 미술 제도는 결국 5·16 쿠데타를 계기로 '반공병영문화체제'와 일치해 가며 걸어갔다. ☜

최열, 『한국근현대미술사학』, 청년사, 2010.

김구림의 아방가르드는 '반공병영문화체제에 일치하는 미술제도화'에 맞서는 것으로 볼 수 있다. 그는 평론가로서 여러 글과 말로 국전 같은 관변 미술을 앞장서서 비판하기도 했지만 무엇보다 '작품'으로 제도화의 벽에 맞선 작가였다. 김구림은 '언론'이라는 더 큰 싸움터로까지 진출하여 파이터의 기질을 보여 준 드문 작가였다. 요즘은 언론의 부당한 횡포를 두고 문제를 제기할 수 있는 언론중재위원회 같은 제도가 마련됐다. 시민의식도 높아져 무작정 참는 일은 많이 없어졌다. 언론 보도를 두고 소송을 제기하는 일도 많다. 1960~1990년대 상황은 달랐다. 언론은 권력을 등에 업고 무소불위의 힘을 자랑했다. 문화예술계 인사가 언론과 요즘 말로 '맞짱 뜨기'란 쉽지 않은 일이었다. 게다가 단순히 오보에 관한 '이의 제기'가 아니었다. 김구림은 언론사의 '평가'에 '시비'를 걸었다. 김구림이 1981년 『동아일보』와 벌인 싸움은 미술사적 의미가 큰 사건이었다.

1981년 『동아일보』는 국립현대미술관에서 《제3회 동아국제판화비엔날레》(8. 1~8. 10.)를 개최하면서 김구림을 초대작가로 선정했다. 1970년대 일본에서 판화를 공부한 김구림은 그곳에서도 실험적인 판화 작품으로 이름을 날렸다. 그랬기에 한국을 대표하는 판화 작가로 선정한 것이다. 김구림이 출품한 작품은 〈정물 A〉와 〈정물 B〉였다. 〈정물 B〉는 조직으로 짜인 꽃모양 형태가

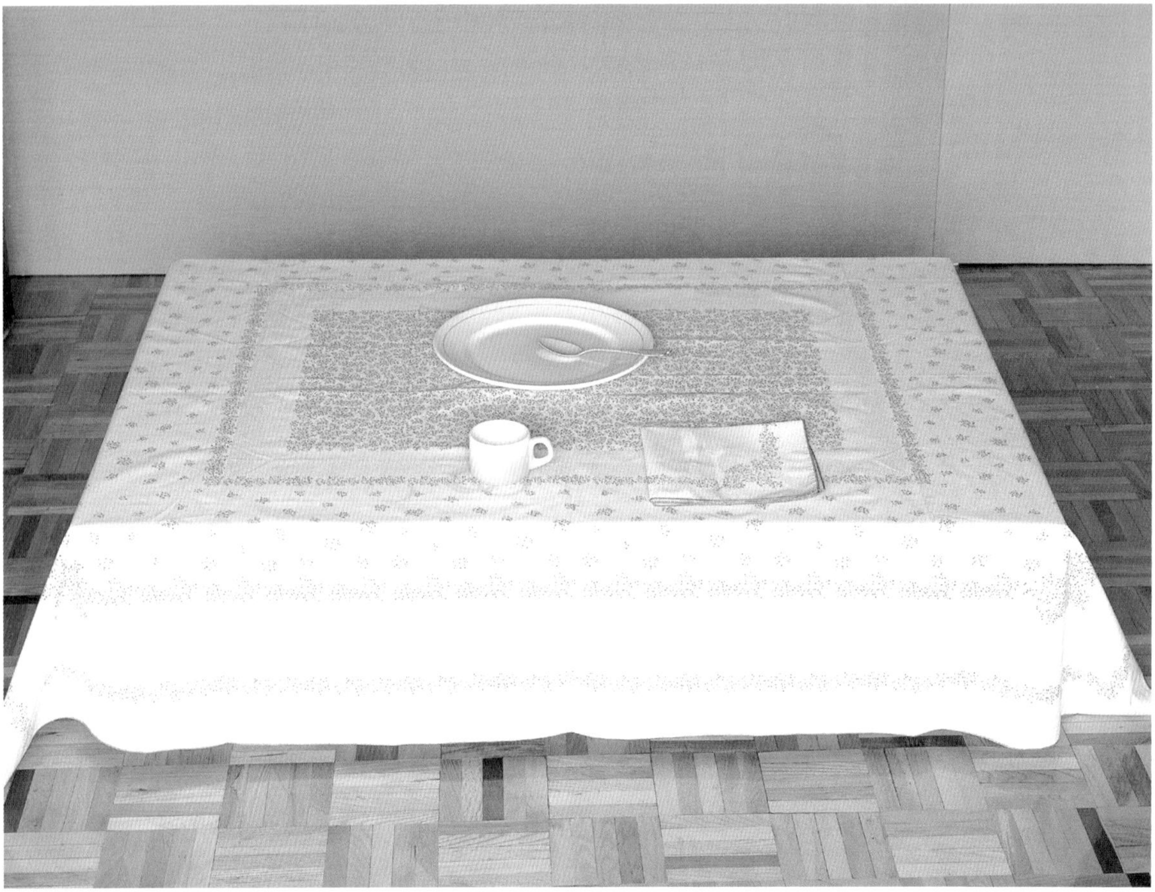

〈정물Still life A〉,
테이블보 위에
실크스크린,
탁자, 컵, 냅킨,
가변사이즈, 1981.

나타난 테이블보 위에 유리컵의 그늘을 스텐실 판화기법으로 만든 형태로 뜨고 도려낸 부분에만 분무기로 처리한 것이고, 〈정물 A〉는 테이블보 위에 실크스크린 판화 기법을 이용해 잎사귀 무늬를 찍고 그 위에 쟁반과 커피 잔, 냅킨을 얹은 것이다.(←) 비슷한 작품이 1974년 《제9회 도쿄국제판화비엔날레》에 출품돼 그랑프리 후보로 논의된 적도 있다.(→ 243쪽)

갑자기 비엔날레 운영위원들은 회의를 거쳐 전시 거부를 통보했다. 전승된 전통적인 양식을 통해 판화 관중을 확보한다는 비엔날레의 취지에 어긋난다는 이유였다. 김구림의 작품은 급진적이며 실험성이 농후해 받아들일 수 없었던 것이다. 김구림은 우선 『동아일보』가 아닌 다른 언론사에 기고를 보내 주최 측을 비판했다. 그가 강조한 건 '표현의 자유'와 '예술의 변모'에 관한 소신이었다. 『조선일보』에 기고한 「전시 취소는 관례 무시」(1970. 7. 16.)에서는 주최 측의 불합리한 점을 조목조목 따졌다. 초대에 응한 출품작에 대해서는 여하를 막론하고 전시되는 것이 국제적 관례라면서 비엔날레의 출품작 의도에 대해서 사전에 아무 연락을 받지 못했고, 출품작 규정에도 구체적인 내용이 없다고 항의했다. 이어서

> **어느 시대이건 모든 작가에게는 새로운 표현의 자유가 주어져 있는 것이며, 그 창작 활동에 특수한 반국가적인 저해 요소가 없는 이상 아무도 막을 수 없는 것이다. 나는 이번 사태가 출품 규정에도 없는 법을 즉흥적으로 만들어 한 개인의 창작 의욕을 위축시키고 더 나아가 앞으로 성장해 가는 후배들에게까지 새로운 표현의 자유를 막는 결과를 빚게 되지 않을까 걱정스러운 것**

이라고 말했다. 다음 날 『경향신문』에 보낸 기고에서는 작가의 변모에 관한 소신을 이렇게 밝혔다.(245쪽 참고)

> **어떠한 예술작품도 시대에 따라 변할 수도 있고 작가마다 주의 주장이 다를 수는 얼마든지 있으며 그러한 변모 속에 발전되고 예술의 역사는 이루어진다. 나는 나의 작품의 우열을 떠나서 새로운 판화 작품임을 자부하며 출품했고,**

언제나 나의 예술작품을 새로움을 모색하는 작업의 소산으로 알고 있다.

「파문 일으킨 새로운 시도, '내 작품은 틀림없는 판화'」, 『경향신문』 1981년 7월 17일.

김구림의 비판과 항의는 미술계의 굵직한 이슈로 떠올랐고 논쟁으로도 번졌다. 우선 비엔날레 운영위원인 미술평론가 유준상은 "김구림은 전승적인 판화 기법에 있어서도 독보적인 기량을 보여 주는 작가임은 주지하는 대로"라고 인정하면서도 전시 거부의 여러 이유를 들며 반론을 개진했다. 즉 급진적인 실험 추세는 맞지 않고, 김구림이 사전 협의 없이 결과를 통고해 물의를 빚었으며, 판화 작품에 복제성이 없어 기본 방침과 어긋난다고 했다. 그는 "판화를 에디셔널(복제성)한 예술 형식으로, 그리고 물질적 지식 형태 등으로 제한했다."라고도 했다.

「동아비엔날레는 전승 양식 추구」, 『경향신문』 1970년 7월 20일.

김구림의 작품에 '복제성이 없다'는 말은 '에디션'을 만들 수 없다는 뜻과도 같다. 더 쉽게 말하면, 여러 장 찍어 팔 수 없다는 의미다. 김구림의 이 판화는 '유일무이한 판화'였다. 김구림이 1974년 일본의 도쿄국제판화 비엔날레에서도 의도했던, '복제성'을 부정하는 판화라는 새로운 개념이 전시의 가장 큰 걸림돌로 작용했다. '복제할 수 없는(에디션 번호를 매길 수 없는)' 판화는 김구림만의 독창적인 아이디어였다. 유준상의 반론은 기존의 권위, 경향, 관습, 제도를 타파하려 했던 김구림의 태도를 역으로 보여 준다.

당시 홍익대학교 교수였던 박서보가 유준상의 반론 이틀 뒤인 7월 23일 『경향신문』에 「실험 거부는 현대성 외면한 처사」라는 글을 실어 김구림을 옹호했다. 박서보는 비엔날레 규정을 어겼다는 유준상의 말은 개인 견해일 뿐이고, 판화를 다루는 국제전에서는 입체적인 작품도 많다고 반박했다. 그가 반론 끝에 한 말은 "이 시점에서 마르셀 뒤샹의 변기를 되새겨 보게 되는 까닭은 웬일일까?"였다. 김구림의 전위미술은 항상 도전을 받았다. 대중은 조롱했고, 주류 화단은 냉대했다. 새로운 개념과 변모도 표적이 됐다. 김구림은 때로는 적극적으로 반론하고, 때로는 소송도 불사했다. 결국 《동아국제판화비엔날레》 사태 때는 법원에 전시 중단을 요청하는 '가처분 신청'까지 냈다. 신문은 당시의 상황을 이렇게 전한다.

“화가 김구림 씨는 24일 서울 민사지방법원에 비엔날레 개최 정지 가처분신청을 내 버린 것이다. 그는 가처분신청서에서

작품에 대한 모욕은 자신에 대한 살인 이상으로 참기 어려운 것

이라며

만일 작품을 비엔날레에 전시하지 않고 회기가 지나 버린다면 치명적인 명예훼손으로 이를 회복할 수 있는 방법이 없으므로 전시회 개최 정지 신청을 냈다

고 밝혔다.”☜

「국제판화전 정지 가처분 신청」, 『조선일보』 1961년 7월 25일.

김구림은 법원이 가처분을 인용하리라고 기대하지는 않았다. 그는

당시 언론사 파워가 막강했기 때문에 알게 모르게 기각되지 않았을까?

라고 생각했다고 한다. 다만 가처분 신청을 낸 효과는 있었다. 『동아일보』 담당 부장이 집으로 찾아와 사과해 소송을 일단락 지었다고 한다. 김구림이 『동아일보』와만 싸운 것은 아니다. 앞서 1970년 한국일보사가 주최한 전시회에 초대작으로 경복궁미술관 건물을 광목으로 둘러싸는 설치미술 〈현상에서 흔적으로〉를 냈다가 바로 철거당했다.(→) 김구림은 그때도 언론 기고 등을 통해 주최 측의 부당한 처사를 비판했다. 김구림은 작품을 두고 타협하지 않았다. 갤러리나 미술관뿐 아니라 언론에 대해서도 마찬가지였다. 다만, 요즘 말로 ‘관종’이 벌이는 일들과는 거리가 멀다. 김구림은 자신의 예술에 태클을 거는 권위주의에 맞서 자존심을 걸고 물러서지 않았고 그 과정에서 자신이 ‘사건화’되는 것을 마다하지 않았다. 제2부에서 다룰 내용은 예술적 ‘사건’을 기획하는 ‘사건의 조직자’ 김구림의 이야기다.

랄놋字 신고온 美術作品들

경복궁 미술관에 이변이 일어났다. 온통 전시장 바닥이 거울로 덮이는가 하면 천장에 2,000개의 고무풍선, 그런가하면 방 한가운데엔 얼음 덩어리들이 쌓여져 냉방(?)역할. 그러나 이것들이 실내장식이 아니라 어엿한 예술작품이라는데 이변의 뜻이 있다.

「한국미술대상전」작품반입에서 있었던 일— 그러나 「작품이다」「아니다」의 시비가 벌어져 일반 관객의 감상(?)은 불가능한 운명에 놓일듯. 〈기사참조〉

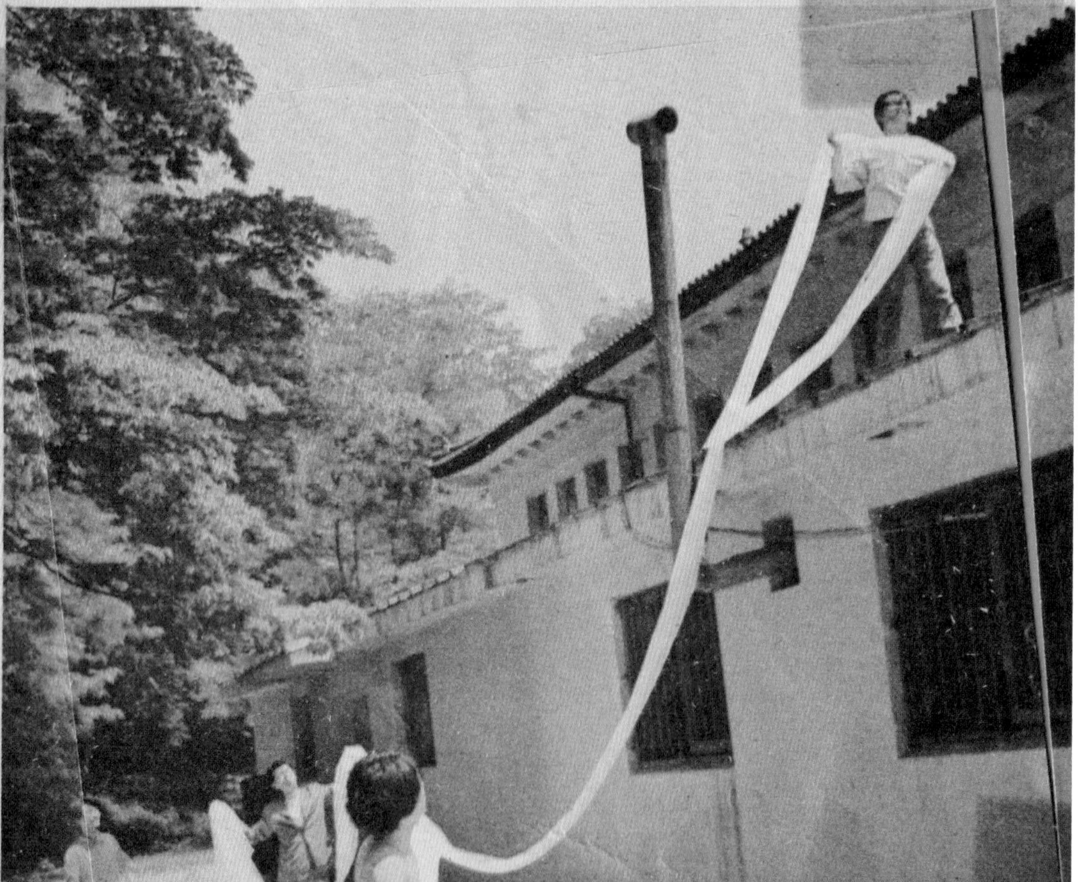

⇧국립현대미술관 전체에 흰띠를 두르고, 이것도 「작품」. 작가(?)金丘林씨는 一金 9백만원整을 정가로 내붙이고.

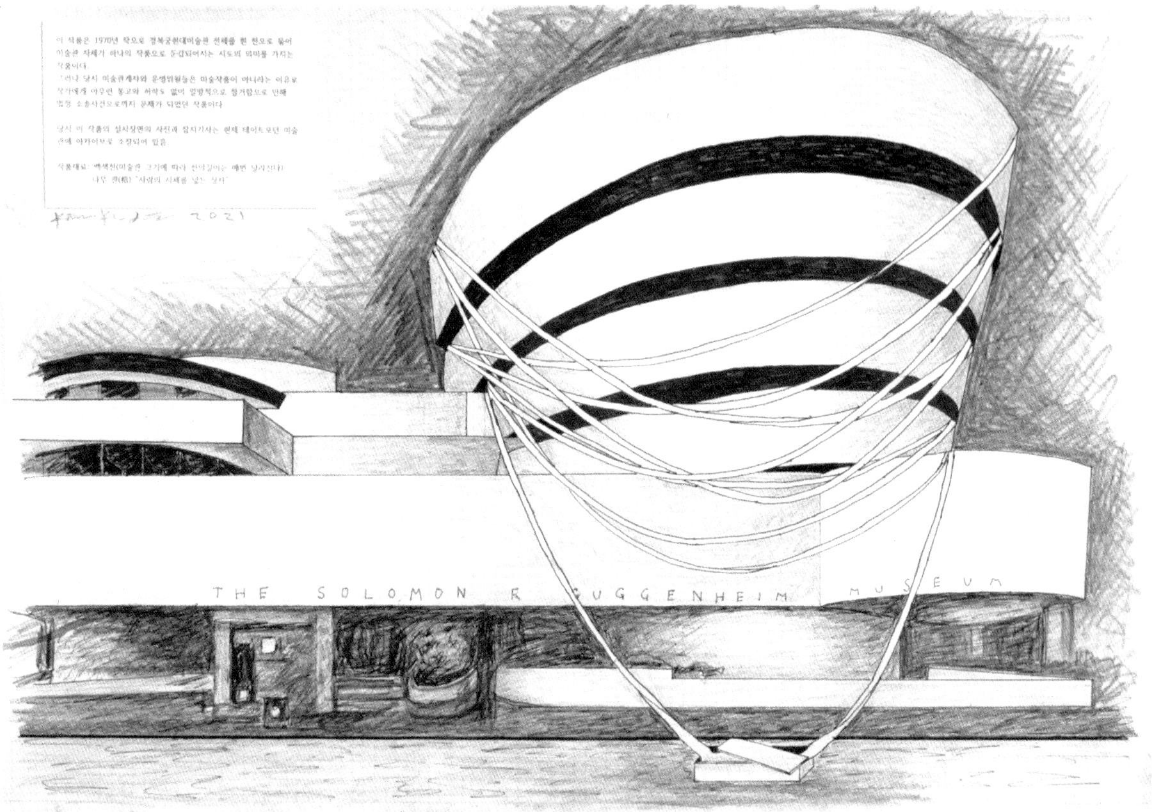

현재 잡지 기사 사진으로만 남은 〈현상에서 흔적으로 From Phenomenon to Traces〉 설치 장면(1970년 6월 9일).

〈구겐하임을 위한 현상에서 흔적으로 From Phenomenon to Traces for the Guggenheim〉, 종이에 연필, 29.7×42cm, 2021.

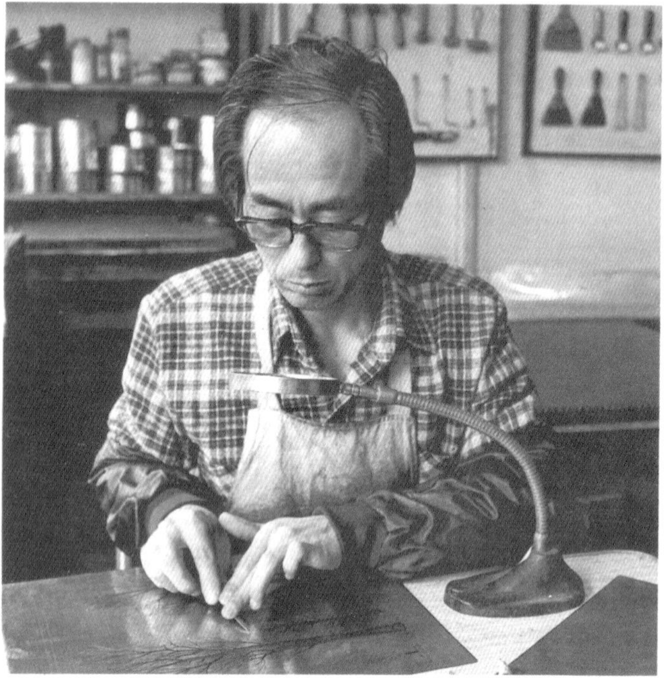

신들려 산다

화가

김구림

1936년 경북 상주에서 태어나 대구에서 성장했다.
1958년 대구에서 유화로 첫 개인전을 열어 화단에 등장했다.
활발한 작품활동으로 국내외 개인전을 18회 열었으며,
주로 초대작가로 활약하고 있다.
현재 중앙대학교에 강의를 나가고 있다.

사진/염문종
글/이은숙

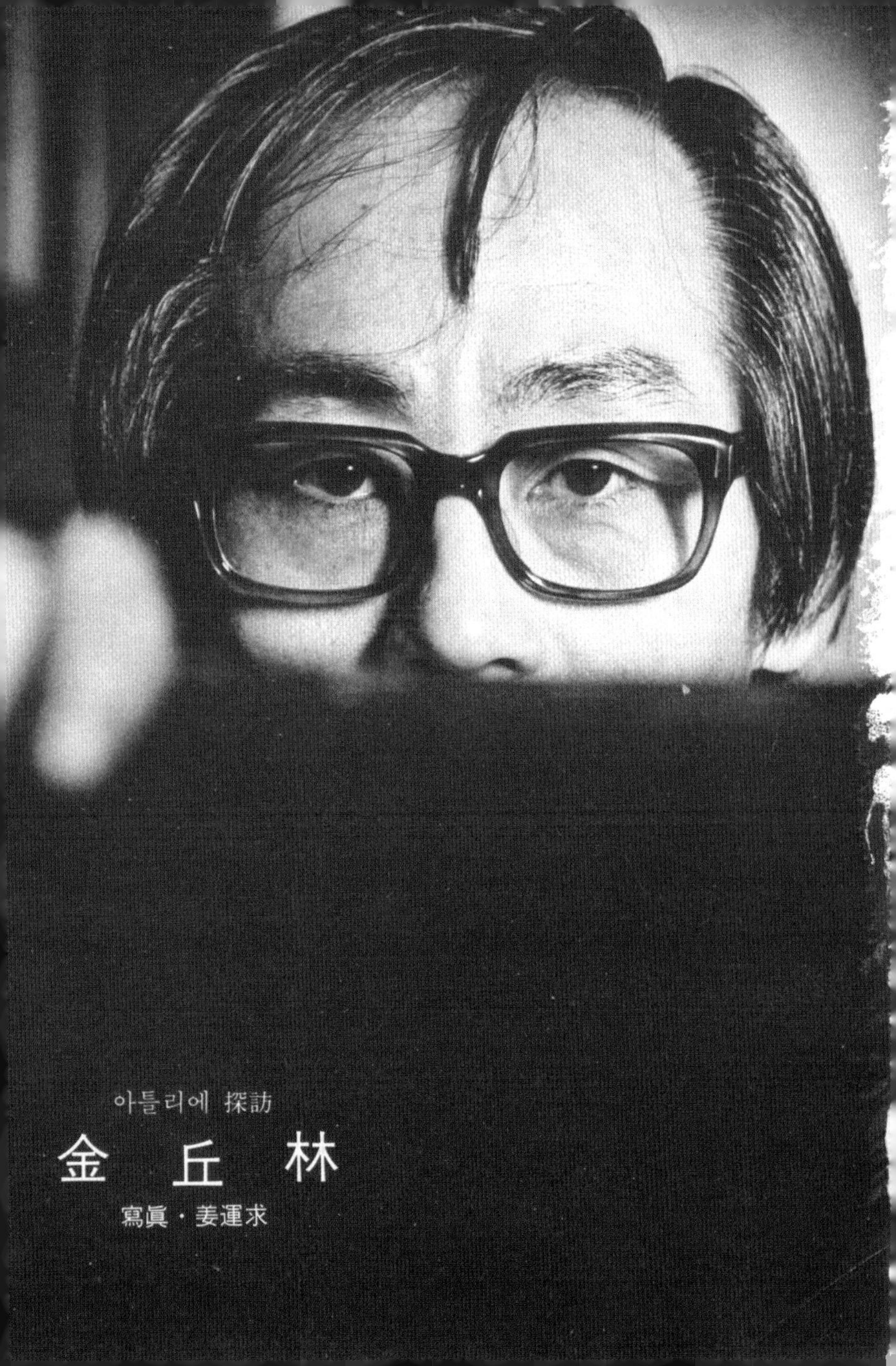

아틀리에 探訪

金 丘 林

寫眞・姜運求

藝

版画家

金 丘 林 씨

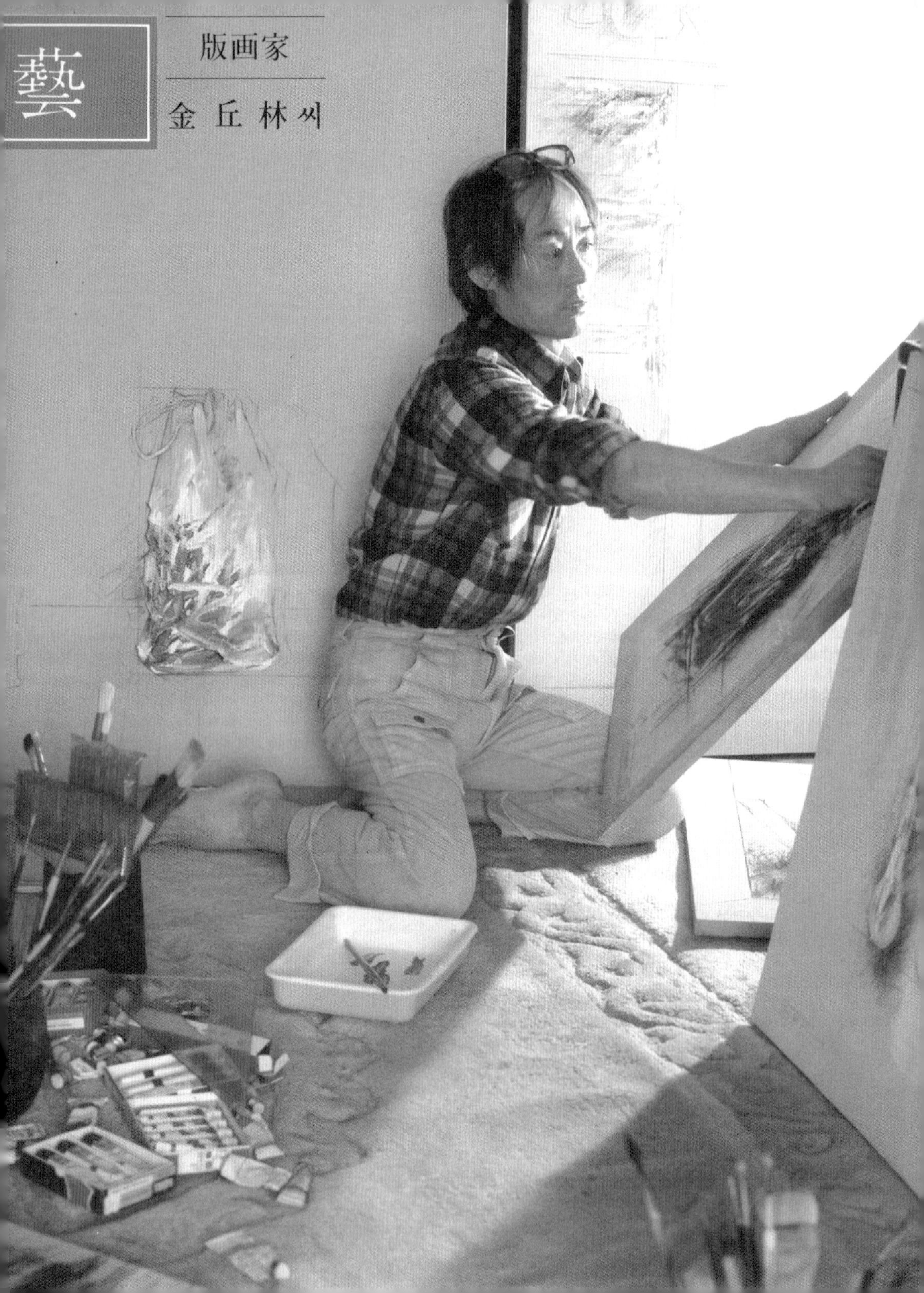

畵家들의 스포츠秘技 공개

경주용 오토바이

金丘林(44·판화가)

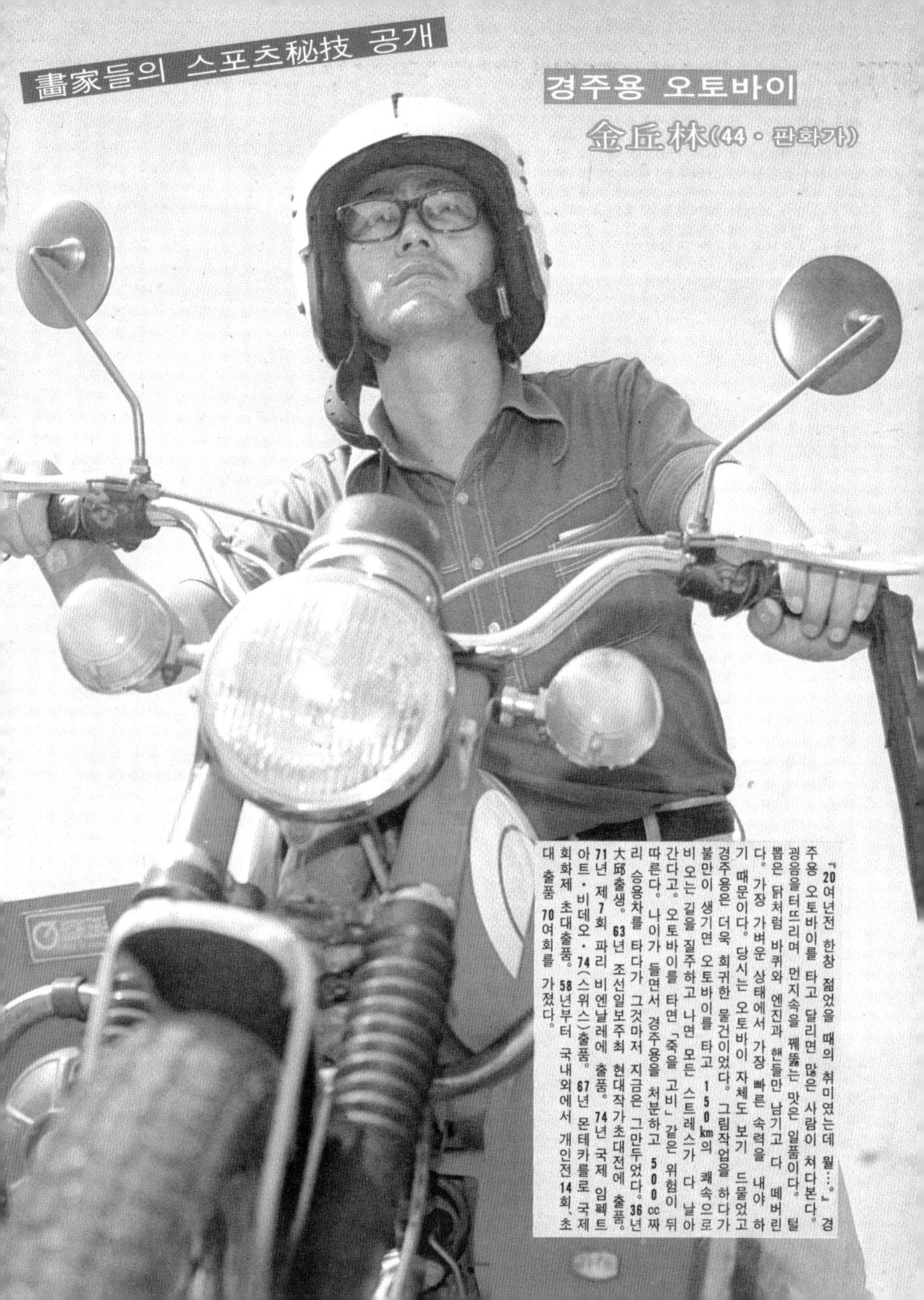

『20여년전 한창 젊었을 때의 취미였는데 뭘…。』 경주용 오토바이를 타고 달리면 많은 사람이 쳐다본다。 굉음을 터뜨리며 먼지속을 꿰뚫는 맛은 일품이다。 털 뽑은 닭처럼 바퀴와 엔진과 핸들만 남기고 다 떼버린다。 가장 가벼운 상태에서 가장 빠른 속력을 내야 하기 때문이다。 당시는 오토바이 자체도 보기 드물었고 경주용은 더욱 희귀한 물건이었다。 그림작업을 하다가 불만이 생기면 오토바이를 타고 150㎞의 쾌속으로 비오는 길을 질주하고 나면 모든 스트레스가 다 날아간다고。 오토바이를 타면 「죽을 고비」 같은 위험이 뒤따른다。 나이가 들면서 경주용을 처분하고 500cc짜리 승용차를 타다가 그것마저 지금은 그만두었다。 36년 大邱출생。 63년 조선일보주최 현대작가초대전에 출품。 71년 제7회 파리 비엔날레에 출품。 74년 국제 임펙트 아트·비데오·74(스위스)출품。 67년 몬테카를로 국제회화제 초대출품。 58년부터 국내외에서 개인전14회、초대 출품 70여회를 가졌다。

2부

사건의
나날들,
사건의
조직자

제1호, 그 이름의 무게

전위영화, 누드영화, 보디페인팅

김구림은 1969년 섬유회사인 유영산업의 기획실장으로 일했다. 해외로 란제리 등을 수출하기 위한 홍보 영상과 극장에 내걸 CF 제작을 맡았다. 회사 동료들에게 그는 괴짜로 통했다. 주간지

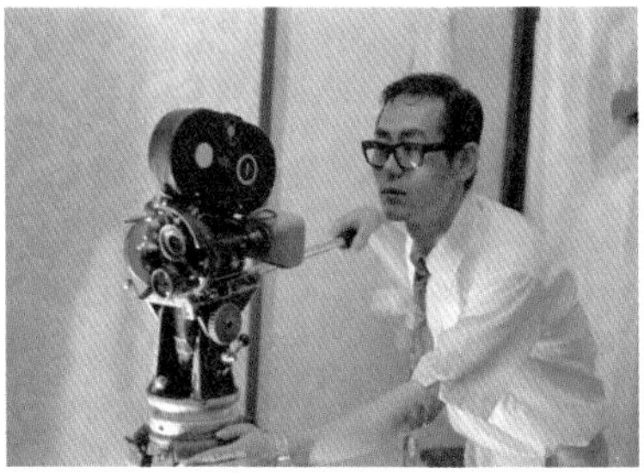

유영산업 기획실장 당시 CF 촬영 중인 김구림.

보도 등을 통해 김구림을 알게 된 동료들은 "미술 하다가 사람이 이상해졌다."고 수군거렸다. 그들이 보기엔 김구림의 미술은 미술도 아니었다. 그들에게 미술은 붓과 물감으로 캔버스에 그리는 행위이자 결과물이었고, 마땅히 '벽에 걸어야 하는 사물'이었다. 김구림은 동료들 시선에 크게 개의치 않았다. 다만 작품 때문에 평일에 결근하는 일이 잦아졌다. 정찬승 등 훗날 '제4집단' 멤버가 될 이들과 어울릴 때다. 결국 자꾸 결근하는 것이 미안해 사표를 썼다. 김구림의 업무 능력을

높이 평가했던 사장은 상무를 보내 사표를 반려했지만 김구림은 회사로 돌아가지 않았다. 작품에 집중하고 싶었다. 회사는 자신의 예술을 속박하는 구속체였다. 앞으로 굶어 죽어도 직장은 안 가진다, 예술에만 정진하겠다고 각오했다.

섬유회사를 그만두고는 당시 중학동 한국일보사 부근 지인 집으로 들어갔다. 영화감독도 해 보고 싶었다. 여러 친구 집을 전전하고, 밥을 얻어먹으며 작품 구상을 마쳤다. 여기저기서 제작비를 융통했다. 난데없이 영화를 만들려고 한 건 아니다. 집안이 극장을 운영했기에 어려서부터 영화와 친숙했다. 섬유회사에 다닐 때 틈틈이 영화 이론도 공부했다. 영화는 혼자 할 수 없다는 게 걸림돌이었다. 연기자와 촬영감독, 각본가를 둬야 했다. 자기만의 예술을 추구하던 김구림은 공동 작업에 부담을 느꼈다. 해외 진출을 꿈꾼 그는 '번역'된 영화가 온전히 자기의 작품 세계를 보여 줄 수 없다는 걱정을 '미리' 한 것이다. 작가 세계를 온전히 구현할 매개는 미술뿐이었다.

'영화'에 대한 꿈을 완전히 접지는 못했다. 〈문명, 여자, 돈〉(8mm 필름)은 촬영까지 들어갔다. 하지만 주연 배우가 갑자기 종적을 감추면서 작품을 접어야 했다. 다시 찍은 것이 한국 최초의 전위(실험)영화로 기록된 〈1/24초의 의미〉다.(→→) 주류 화단과 긴장, 갈등하던 김구림은 한국 영화계에도 칼끝을 벼렸다. 이 영화로 한국 영화계의 상업주의 경향에 균열을 내려고 했다. 1960년대 말은 한국 영화의 황금기였다. 한국 영화는 1969년 1억 7,300만 명의 관객 동원을 기록했다. 놀랍게도 이 기록은 2012년 들어서야 깨졌다. 이해 상반기에 〈내시〉, 〈속 미워도 다시 한번〉, 〈벽 속의 여자〉, 〈이조 여인 잔혹사〉, 〈팔도 사나이〉, 〈이층집 새댁〉, 〈마곡의 결투〉 같은 영화가 '톱 10' 순위에 올랐다.☜ 김구림은 실험영화, 전위영화로 상업주의를 흔들려고 했다. 로맨스와 멜로, 스릴러와 액션 위주의 영화판에 새 개념의 영화를 제시했다. 그에게 영화란 '필름으로 조작되는 스토리' 중심의 오락이 아니었다.

영화는 환경예술의 한 부분이지 영화 자체만으로 예술이 성립할 수 없다

정종화, 「르네상스, 검열 그리고 이만희-영화 이만희의 〈휴일〉」, 『영화천국』 59, https://www.kmdb.or.kr/story/177/3651

며 자신의 영화를 ‘시각예술’이자 ‘환경예술’로 규정했다. 아직 환경예술에 생태학 접근법이 반영되기 전의 일이다. 당시 김구림은 ‘농촌부터 도시까지 모든 풍경과 환경을 고려하고, 사회적이고 정치적인 맥락까지 고려하는 예술’로 환경예술Environmental art의 방법론을 적용했다.

김구림은 1969년 『주간경향』과의 인터뷰에서 이 영화는

현대인의 기계화한 생활에서 방향 감각을 상실한 인간의 부재

가 주제라고 했다. ☞

「누드 영화 만든 한국의 해프닝파」, 『주간경향』 2권 24호, 1969년 5월 4일.

(영화의) **궁극적인 목적은 인간을 변화시킬 만한 큰 사건이 없는 현대의 무표정한 시민들에게 생의 자극을 주자는 것**

이라고도 말했다. 제목은

구태여 붙일 필요가 없다.

며 정하지 않았다. 시나리오는 (1) 달리는 차내에서 본 고가도로 난간에 매달린 페인트 통 (2) 60개의 플래시 컷 (3) 고장난 샤워기 (4) 거울에 하품하는 자기를 응시하는 남자 (5) 피어오르는 연기로 구성했다. 실제 작품은 시나리오를 거의 반영했다. 몇 가지 수정됐는데, 예를 들어 샤워기는 시나리오와 달리 정상 작동한다. 김구림은 이 작품 속에 ‘일상성’과 ‘시간성’에 관한 문제의식을 담았다. 〈1/24초의 의미〉는 1초에 필름 24컷이 돌아가는 영화의 기본적인 특징에서 따왔다. 24컷 중 1컷은 사실상 움직이지 않는 한 순간과도 같다. 바로 그 ‘순간’에 ‘의미’를 부여한 제목이다.(→→→)

김구림은 순간적이고 연속적인 짧은 이미지 컷에

한국전쟁 이후 계속된 침체와 궁핍 속에서 청년들의 권태, 방황을 담아내고 싶었다.

라고 말했다. 정찬승이 거울을 보며 하품하는 장면이 권태를 상징하는 유명한 이미지가 됐다.(→) 김구림이 포착한 당시 서울의 ‘순간’들은 국립영상제작소(현 한국정책방송원)가 1945~1994년 제작한 극장 상영용 뉴스 〈대한늬우스(대한뉴스)〉와 대비해 볼 수 있다. 고가도로나 빌딩 건설 장면은 한국 발전상을 선전하려는 〈대한늬우스〉도 종종

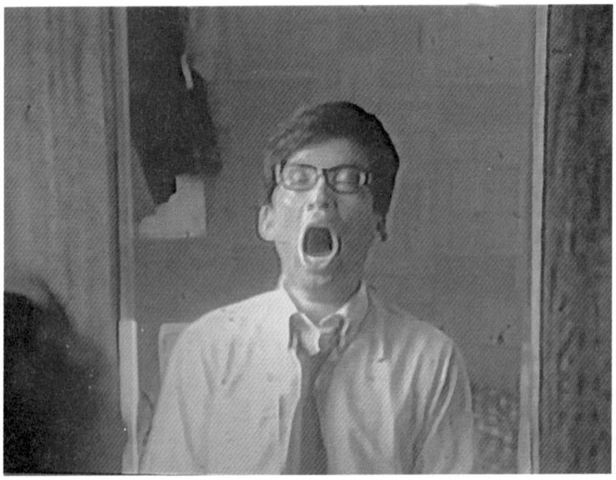
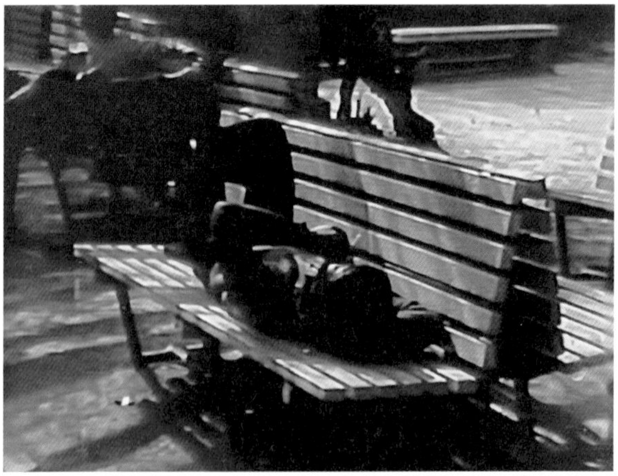
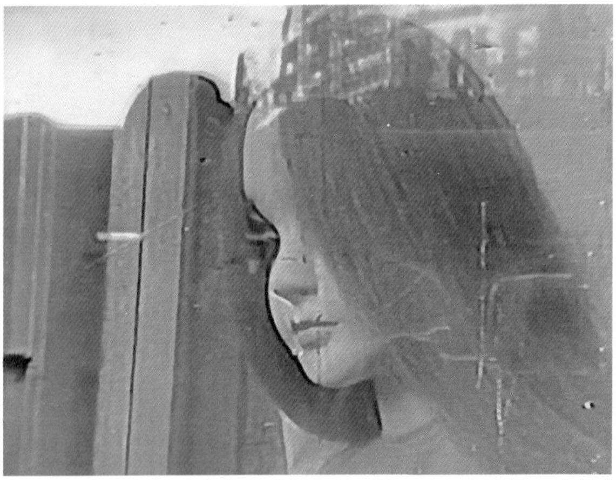
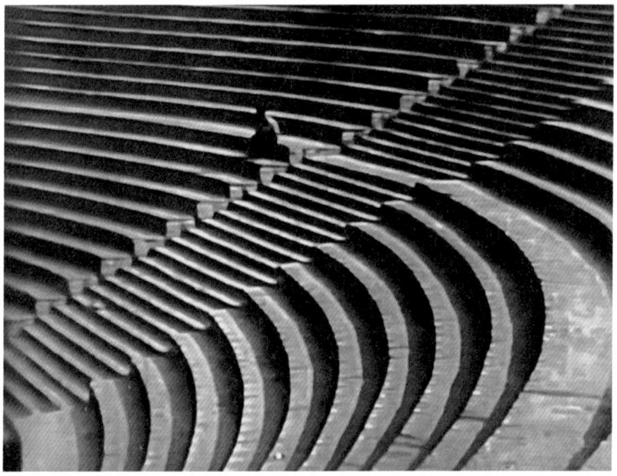
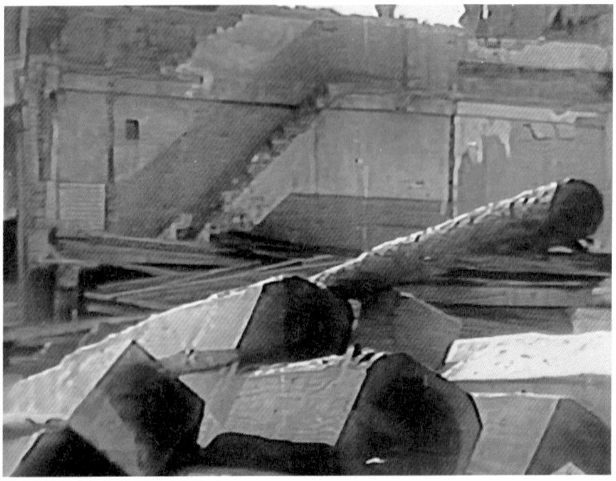
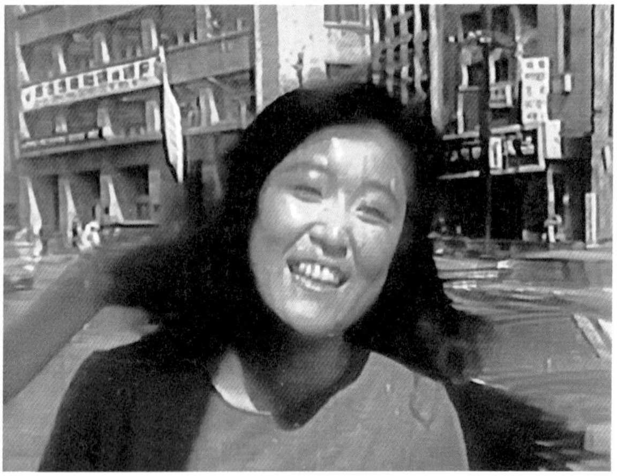
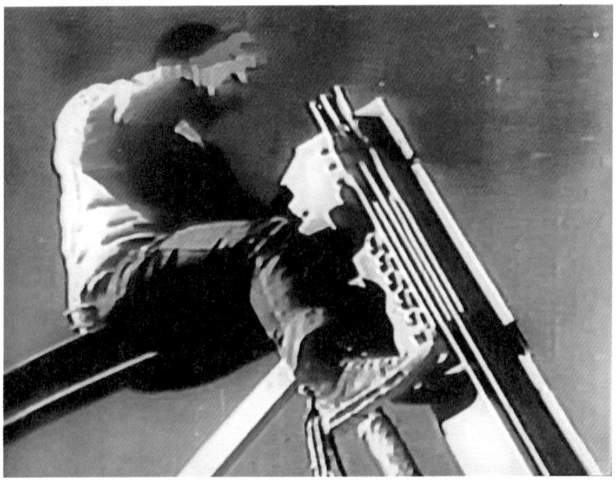
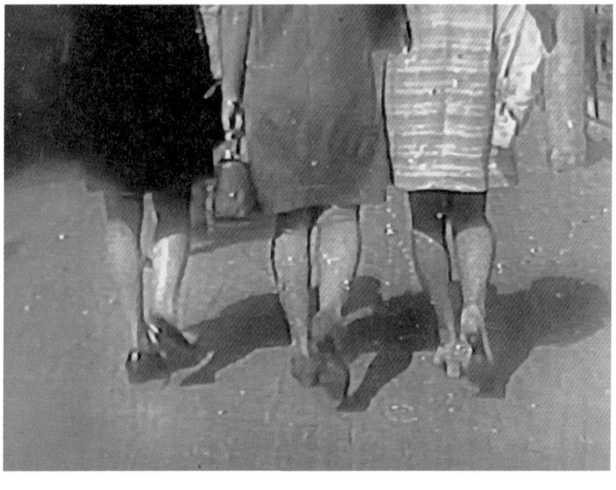

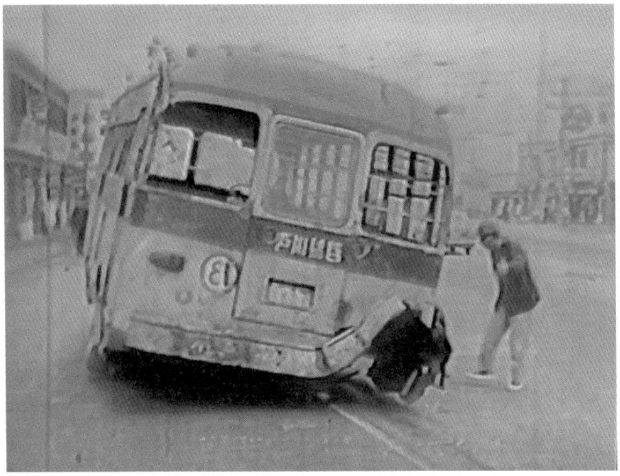

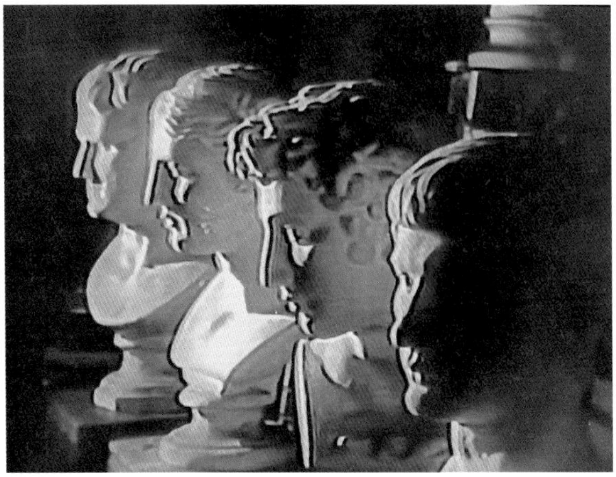

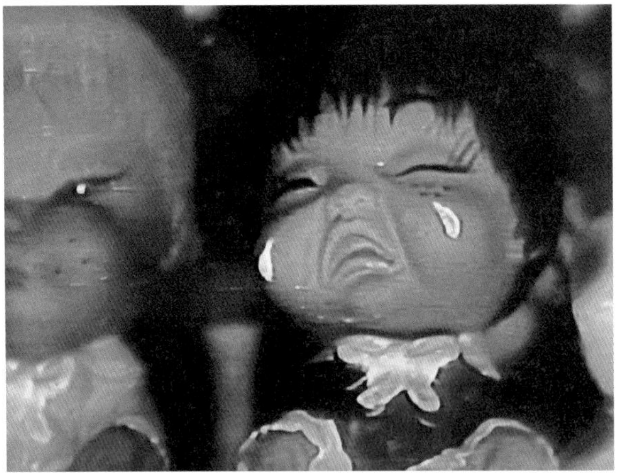

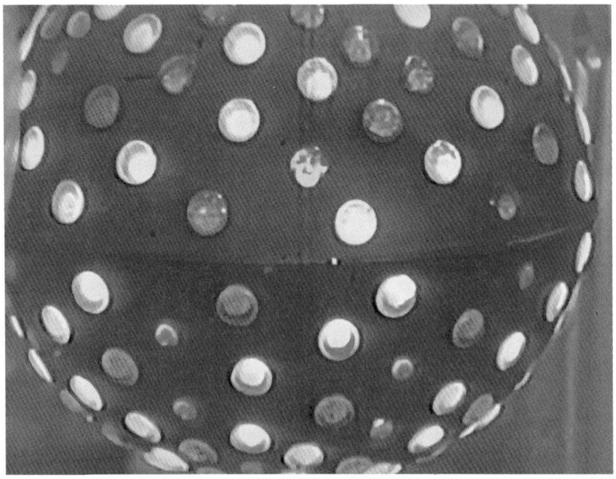

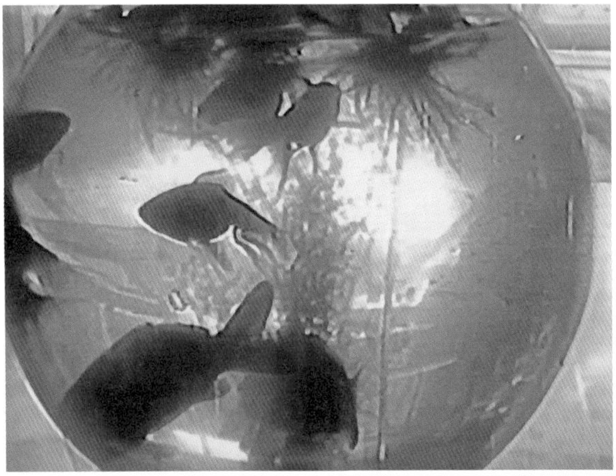

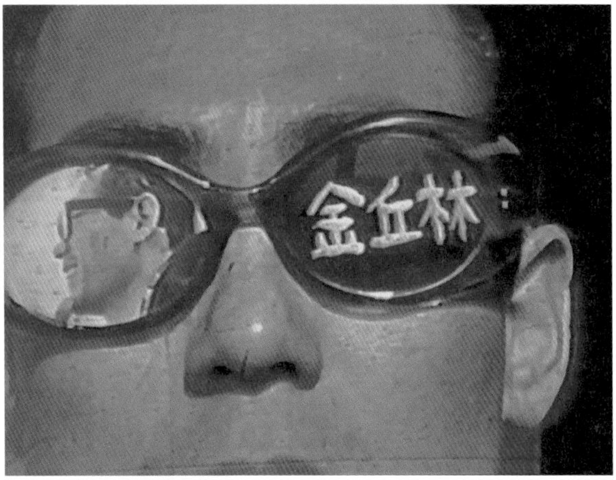

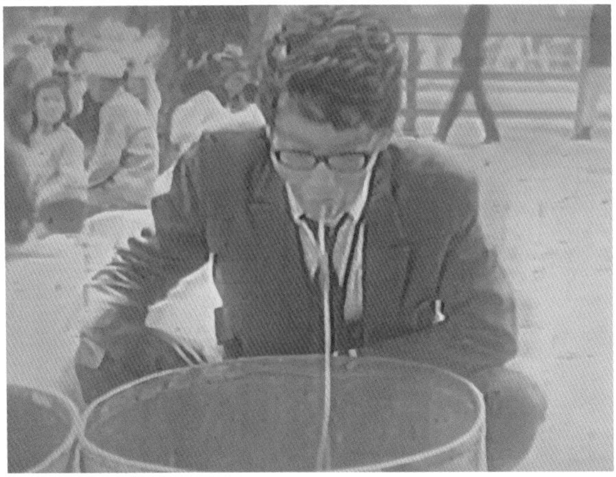

〈1/24초의 의미The Meaning of 1/24 Second〉, 16mm 필름, 10분, 1969.

순간적인 의미 살려
作品題目도 "1/24초의 의미"로

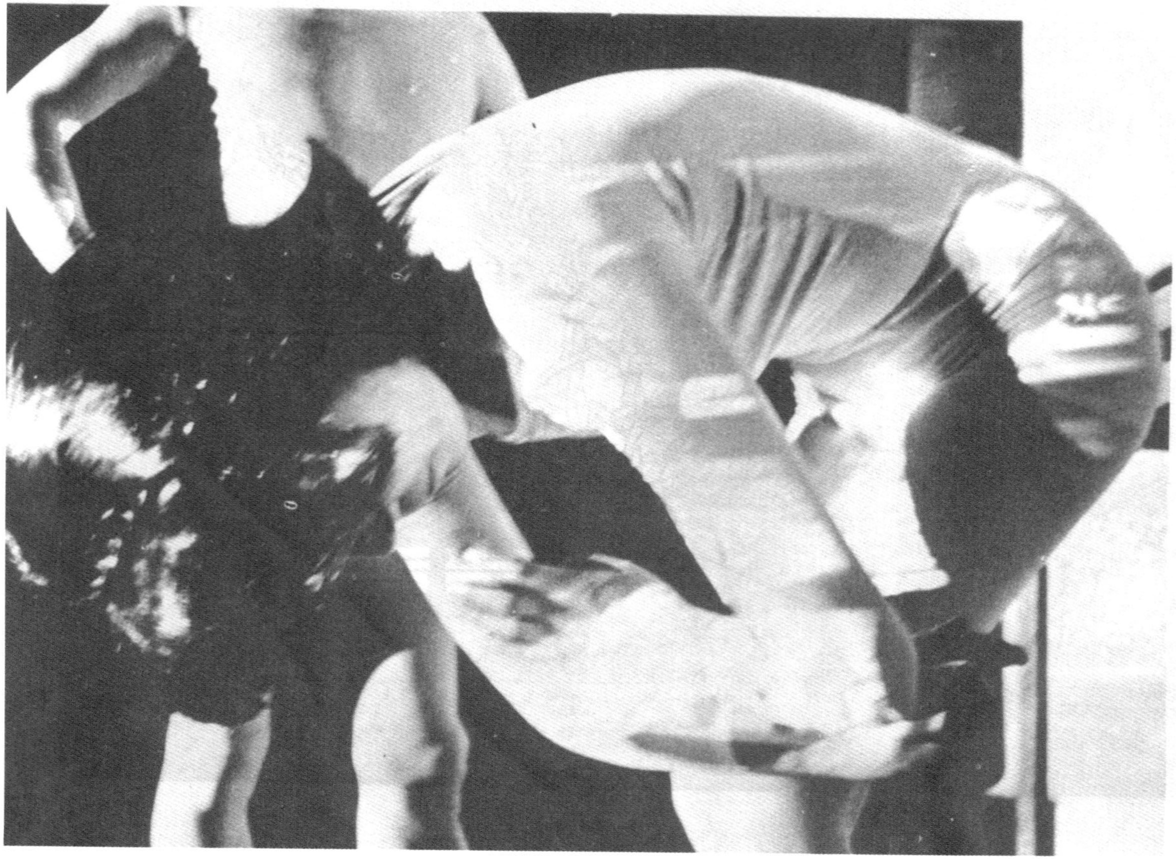

극장이란 무대에 구애받지 않는다고 주장하는 이들의 무대는 환경의 특성에 맞추어 효과를 낼 수 있기때문이란다. 이들은 다방, 길, 안방등 아무데서고 상연, 연출할 수 있는 점이 전위의 특성이라고 말한다.

화면도 케짝에 흰 종이를 붙여서 凹凸을 만들고, 천정, 좌우에도 흰 종이로 화면을 만든다. 이 사면의 화면에 한대의 영사기가 비치는 영상과 4대의 환등기가 비치는 영상이 나타난다.

줄거리는 물론 없다. 배우도 없다. 다만 무희가 등장하여 약간의 움직임을 영상앞 무대에서 동작할 뿐이다. 그러나 리허설에는 한명의 무희도 없다.

『타이쓰만 입고 등장하면 시집을 못간다고 아무도 나오려 하지 않읍니다.』라는 관계자의 말이다.

『무희가 아무도 없어서 내가 나와 있는 것입니다.』 무용의 「舞」字도 모르는 전위의 홍일점 정강자양의 타이쓰를 입고 무대에 선 변이다.

끝내 무희들이 출연해 주지 않는다면 자기들이라도 타이쓰를 입고 무대에 서겠다는 것인데 상연을 하루 앞두고 그렇게 모든 일이 무계획하게 진전되는 것도 전위의 특성이라니 다시한번 어리둥절 해질뿐이었다.

외국에서는 히피족들에 의해 大学祭등에서 시도된 바 있었으나 지금의 그것은 결코 그들의 모방이 아니라고 김구림감독은 말한다.

『인공위성이 달을 정복할만큼 시간과 공간의 축소로 매스콤의 혜택을 받고 있기때문에 모방이란 있을 수가 없지요. 그들이 시도했다고 할지라도 우리는 그것을 우리의 감정과 視眼에 맞도록 하니까요.』 모방이란 말은 전위의 권위를 말살시킨다는 뜻에서 이토록 구구한 변명이 이들 總合芸術의 아방가르드族에겐 필요한 것인가 보다.

다뤘다. 김구림의 〈1/24초의 의미〉도 서울이라는 도시 생성 현장을 드러낸다. 빌딩 이미지 다음에 쇠파이프나, 바위 무더기 같은 건축 재료를 보여 준다. 기계나 공장 같은 '공업 국가 한국'의 이미지다. 김구림 작품의 맥락과 재현은 〈대한늬우스〉와 달리 어둡고 급진적이다. 침체와 궁핍 같은, 당시 정권으로서는 숨기고 가리고 싶은 이미지를 거침없이 드러낸다. 취객인지, 거지인지 알 수 없는 길바닥에서 쓰러져 자는 이의 모습을 넣은 게 대표적이다. 고가도로에서 본 빌딩과 빌딩 사이 판잣집이 들어 있다. 살인 현장 바닥의 흥건한 핏자국 같은 이미지도 플래시 컷으로 지나간다.
나중에 나올 〈음과 양〉 시리즈의 실마리도 확인할 수 있다. 신축 빌딩과 무너진 폐건물이 '대비'된다. 밝고 활기찬 사람들을 비추다가 양어깨에 큰 짐을 힘겹게 들쳐 메고 홀로 지나가는 사람으로 넘어간다.

야시장에서 떠돌던 '포르노' 필름을 잘라 한 컷 넣기도 했다. 원래는 실제 섹스신도 넣으려다가 "촬영상 난점" 때문에 포기했다. 김구림이 요구하는 신체 노출 수위를 감당할 여배우가 없었다. 처음은 나체였다. 그 뒤 타이즈로 수위를 낮췄지만, 여러 여배우가 고사했다. 당시 '관계자'라는 사람이 이런 말을 했다. "타이쓰(타이즈)만 입고 등장하면 시집을 못 간다고 아무도 나오려 하지 않습니다." 김구림은 당시 더 충격적인 장면도 넣었다. 망치로 쥐를 내리치거나 생선 토막을 비추는 장면, 토하는 장면도 명멸하는 이미지 컷으로 삽입했다. 김구림은 정찬승에게 약을 먹여서 토하게 했다고 한다. 이 작품을 두고도 "미쳤느냐?"는 이야기가 나왔다. 이런 반응에 익숙했던 김구림은 이렇게 말했다.

「순간적인 의미 살려 작품제목도 1/24초의 의미로」, 1969년 7월(매체 불명).

이런 영화를 보고 관객이 영화를 만든 사람더러 미친 사람이라고 욕을 해도 물론 관객이 느낄 수 있는 자유에 속한다.

히피 영화를 모방한 게 아니냐는 말도 나왔다. 김구림은 이렇게 응수했다.

인공위성이 달을 정복할 만큼 시간과 공간의 축소로 매스컴의 혜택을 받고 있기 때문에 모방이란 있을 수가 없지요. 그들이 시도했다고 할지라도 우리는 그것을 우리의 감정에 맞도록 해야 하니까요.

당시 미디어는 “전위영화가 드디어 한국에도 나타났다!”처럼 최초를 강조하는 제목을 달아 뉴스를 냈다. 어느 언론은 ‘미친 짓’이라는 평가와 함께, 「김구림은 자천타천의 괴짜인 동시에 문제아」라는 제목도 붙였다. 촬영과 편집 모두 고난의 연속이었다. 제작비는 턱없이 부족했고, 김구림은 출연료를 아끼려고 동료인 정찬승에게 주연을 맡겼다. 실내 장면은 남산 자락의 여관 하숙방(현 ‘남산로2가 49-24번지’)에서 촬영했다.(→/→→) 편집도 이곳에서 진행했다.

「전위영화의 폭풍이 한국에도」라는 제목의 기사가 한 영화 잡지에 실렸어요.(→→→) 힘 있는 영화인 여럿이 기사를 보고 화가 났겠죠. 충무로 영화계 사람들에게 협조를 못 하게 했어요. 충무로 한 편집 업체에 필름을 가져가니 ‘이거 해 주면 망한다’고 하는 거예요. 영화인들이 전위예술 한다는 놈이 영화를 만든다고 하니까 긴장한 거죠. 기분도 나쁘고. 다른 데 가져가도 못 해 주겠다는 거예요.

정체 모를 이들에게 린치도 당했다.

어느 여름날이었는데, 충무로에서 저녁을 먹고 카페에서 차 한 잔 하고 남산 하숙방으로 올라가고 있었죠. 그때 느닷없이 청년 몇 명이 달라붙어 마구 패는 거예요. “이놈의 새끼 건방지게 전위영화 한답시고, 영화계에 뛰어들어? 이런 놈은 맛 좀 봐야 해.” 얻어맞고 1주일 동안 앓아 누웠어요. 그 당시 영화사들이 충무로에 있었는데, 깡패들이 많았죠. 날 팬 놈들이 누군지 지금도 모르겠어요. 영화계에 있거나, 사주 받았거나 했겠죠. 어쨌건 충무로 편집 기사 모두가 못 해 주겠다는 거예요. “김 선생 전위영화 하는 거

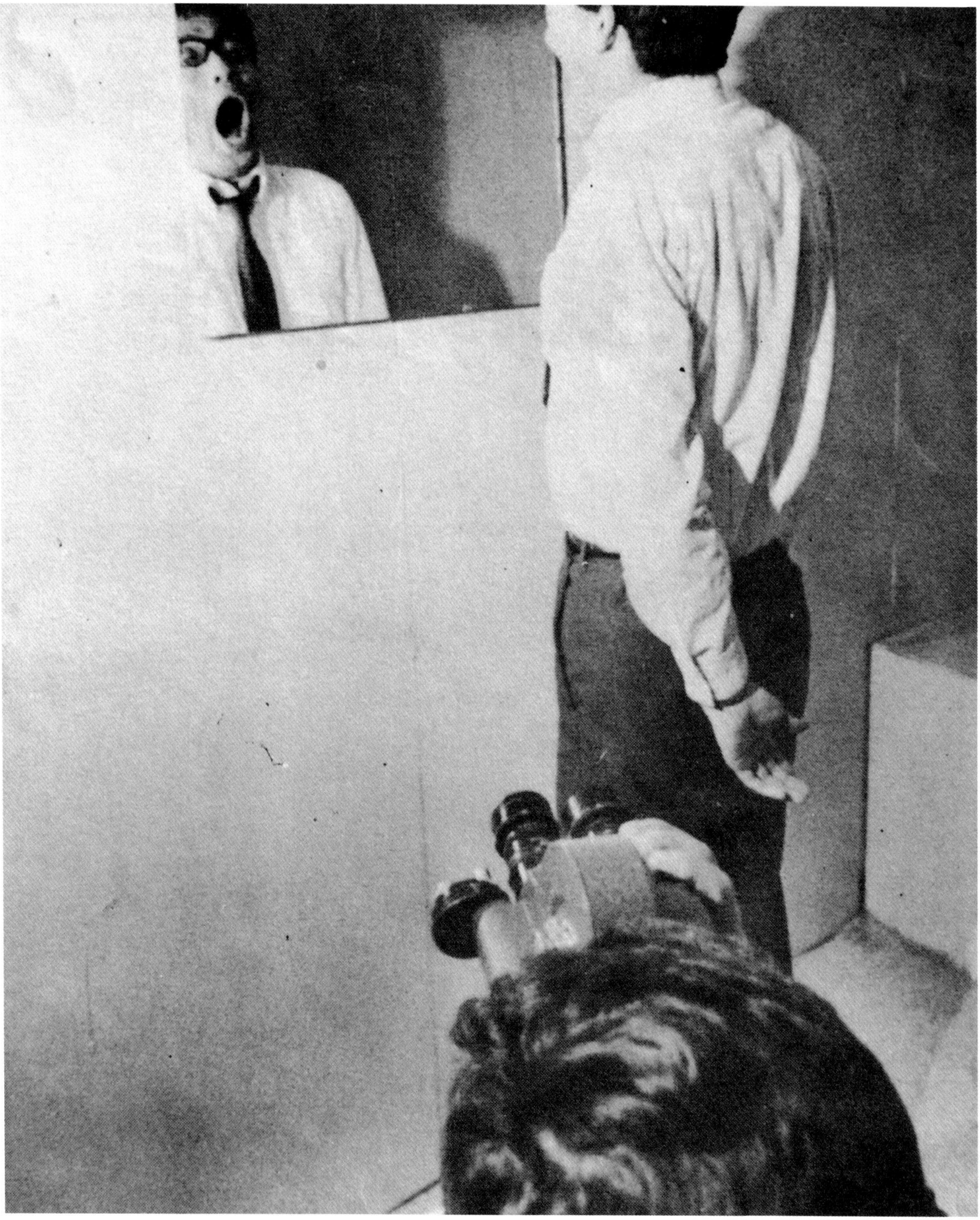

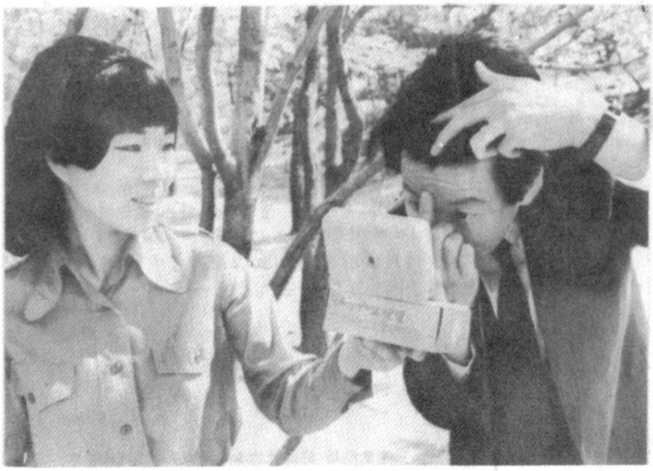

1969

권태, 권태만큼 인간을 지배하는 감성도 없으렸다.
정찬승군이 무료한 인간의 권태를 표현하고 있다.

② 촬영현장. 김구림씨가 연출하는데 따라 스탶들은 분주히 움직이며 영상을 만든다.

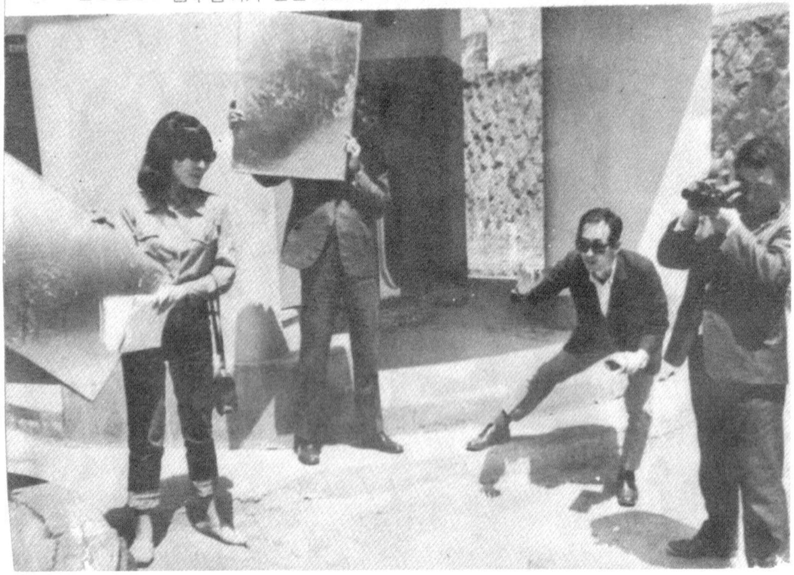

前衛映画

제목은『無題』!

—— 젊은 '前衛美術家'들이 제작 ——

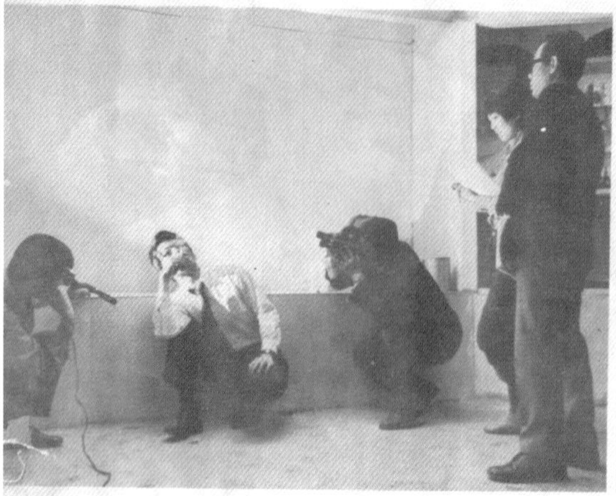

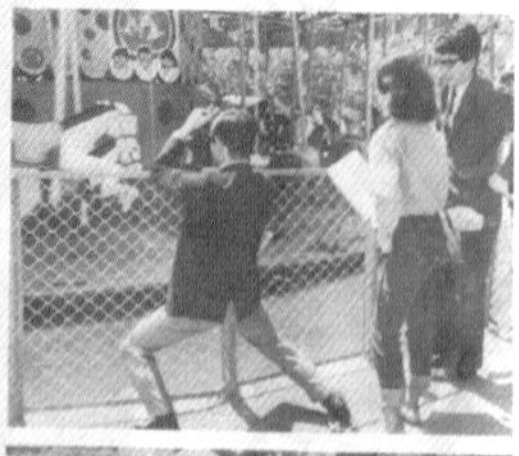

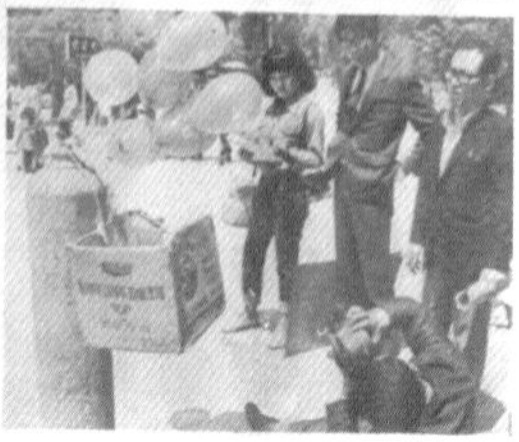

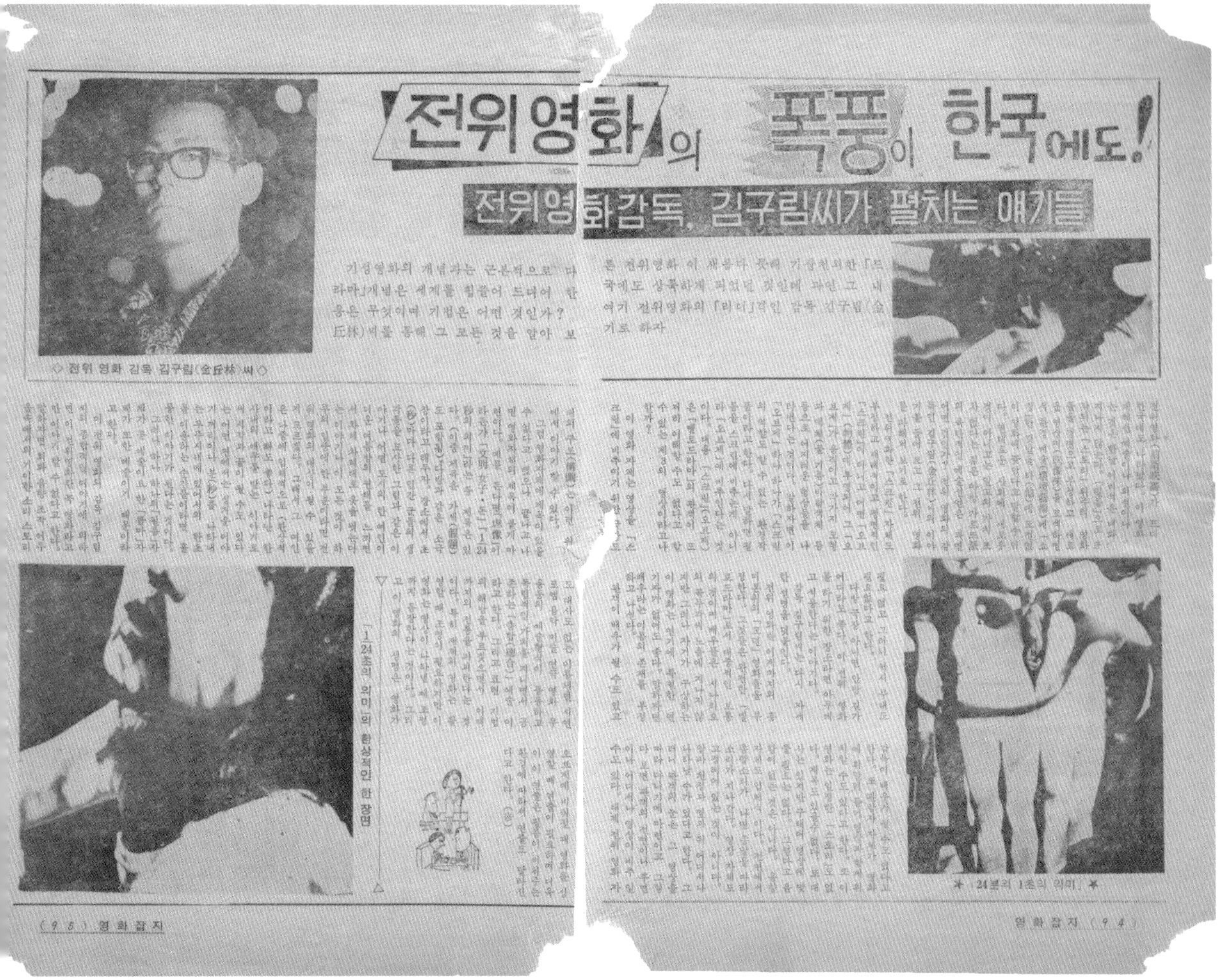

전위영화의 폭풍이 한국에도!

전위영화감독, 김구림씨가 펼치는 얘기들

기성영화의 개념과는 근본적으로 「드라마」개념은 세계를 휩쓸어 드디어 한국에도 상륙하게 되었던 것인데 과연 그 내용은 무엇이며 기법은 어떤 것인가? 여기 전위영화의 「리더」격인 감독 김구림(金丘林)씨를 통해 그 모든 것을 알아 보기로 하자

◇ 전위 영화 감독 김구림(金丘林)씨 ◇

「1/24초의 의미」의 환상적인 한 장면

★ 「24분의 1초의 의미」 ★

(95) 영화잡지

영화잡지 (94)

「전위영화의 폭풍이 한국에도 – 전위영화 감독 김구림 씨가 펼치는 얘기들」, 『영화잡지』 1969년(호수 불명).

다 소문났다. 영화계에서 반발이 심하다. 감독들이 와서 편집 도와주면 다 때려 부수겠다고 했다."라는 말도 했어요. 아는 편집실 사장한테 통사정 했죠. 제 소원 좀 들어달라고. 그 양반이 "둘만 아는 비밀로 하자."면서 편집 장비를 빌려줬어요.

김구림은 금세 편집 기술을 배웠다. 그는 기계를 좋아한다. 2000년대 후반 스마트폰이 나오자마자 구입했다. 여든이 넘은 나이에도 스마트폰 촬영, 이메일 전송, 인터넷 검색, 문서 편집까지 거의 모든 기능을 사용할 줄 안다. 김구림은 여관 하숙방에 편집기를 놔두고, 벽을 스크린 삼아 영상 작업을 했다. 가위로 필름을 자르고, 약품을 바르기를 반복했다. 며칠 밤을 새웠다. 편집 작업을 하다 필름 1초에 24컷이 돌아간다는 의미의 제목을 떠올렸다.

김구림은 이 영화를 발표하려던 날을 '아폴로호가 달에 착륙하던 날'이라고 기억했다. 1969년 7월 21일이다. 장소는 서울 태평로 아카데미 극장 내 아카데미 음악실이었다. 지금 코리아나 호텔 자리다. 미술계 인사들에게 초대장(→)을 보냈지만 아폴로호가 발목을 잡았다. 초대권을 받은 사람들 중 대부분이 달 착륙을 보느라고 발표장에 오지 않았다. 지인 하나는 달 착륙 날을 발표일로 잡았다고 역정을 냈다.

발표 장소를 여기저기 알아봤는데 마땅한 곳이 없었어요. 아카데미 음악실에서 이 날짜만 빌려줄 수 있다고 했죠. 아폴로호가 달 착륙하는 날인 줄은 까맣게 몰랐어요.

하지만 역사적인 한국 최초의 실험영화가 이날 발표되지 못한 까닭은 아폴로호 때문도 손님이 안 와서도 아니었다. 필름 문제 때문이었다. 막상 영화를 상영하려니 영사기에서 필름이 끊어진 것이다.

이날 〈1/24초의 의미〉를 '발표했다'는 몇몇 기록을 두고 김구림은 사실이 아니라고 했다. 하지만 1969년 7월 21일은 또 다른 의미에서 한국 전위미술의 역사적인 날이었다. 바로 〈무제〉를 발표한 것이다.

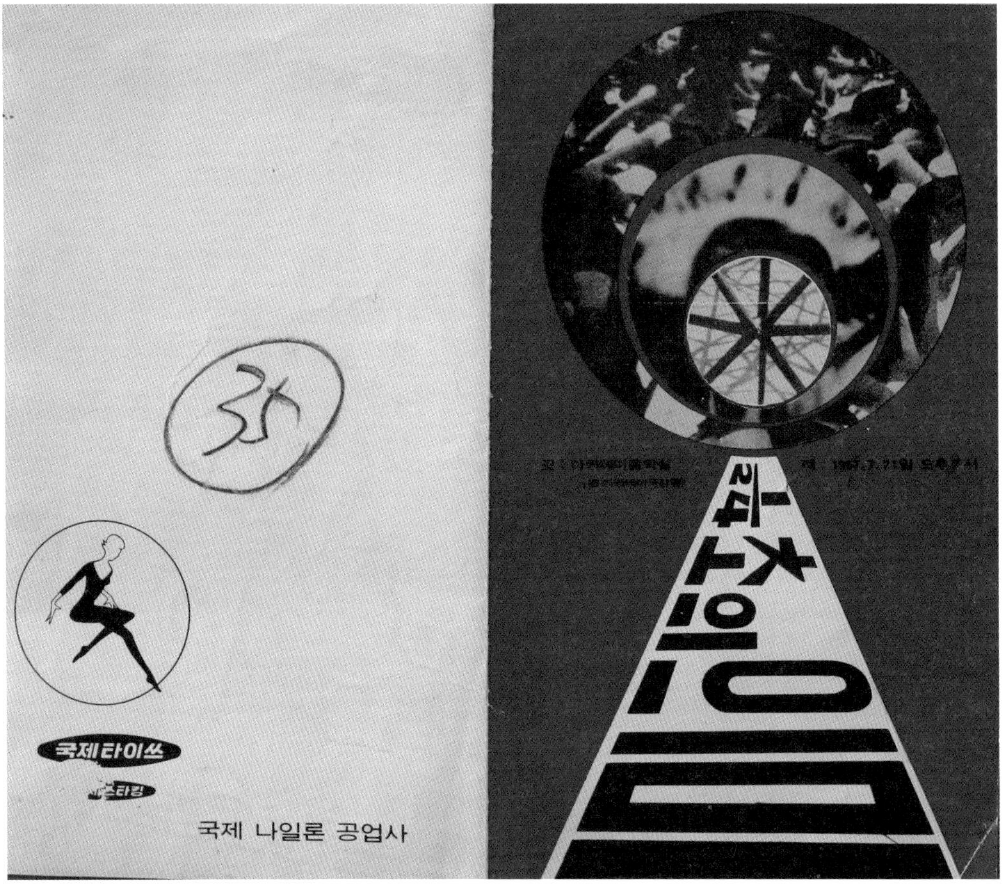

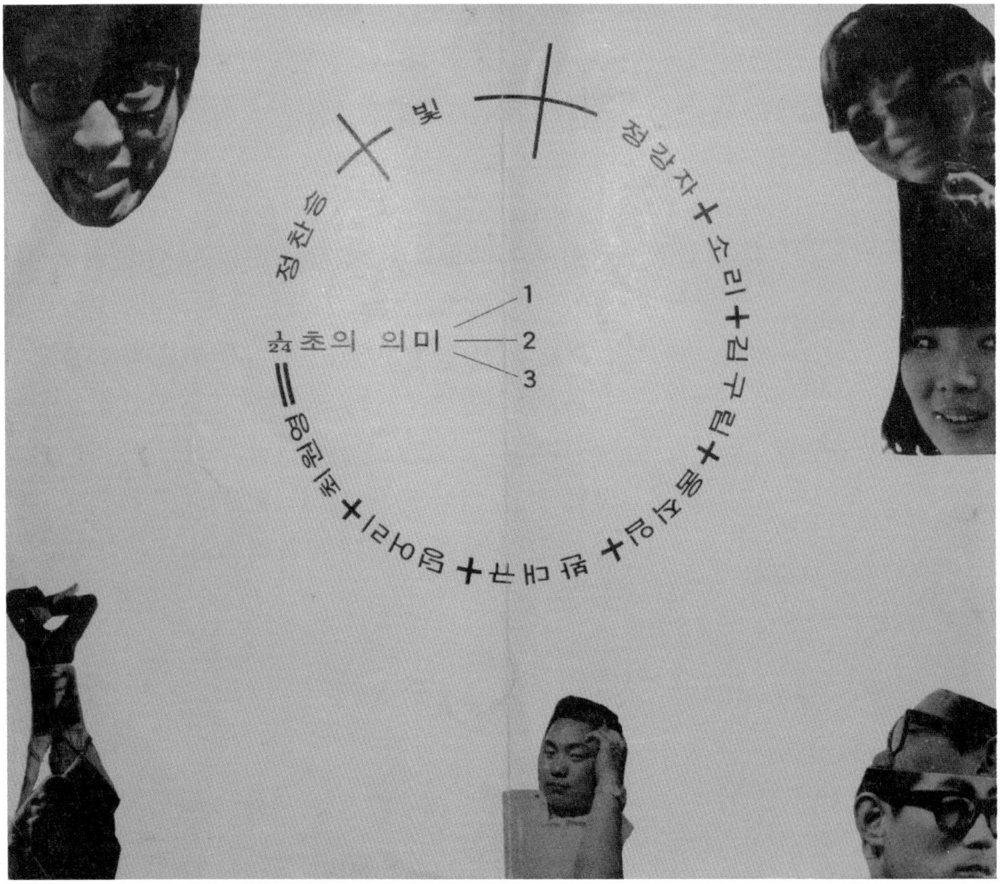

〈1/24초의 의미〉 상영 초대장(앞면, 뒷면), 1969

김구림은 〈1/24초의 의미〉 상영 실패를 대비해 플랜 B를 준비했다. 슬라이드 300장과 프로젝터 3대, 흰 타이즈 10벌을 준비해서 가져갔다. 열 사람이 흰 타이즈를 입고 무대에 서기로 했지만 회원들이 나오지 않아 정강자와 함께 두 사람만 무대에서 퍼포먼스를 벌였다.

혹시나 해서 가져온 거죠. 영상과 퍼포먼스를 결합한 작품입니다. 내가 흰 타이즈를 입고, 정강자한테도 입으라고 하고, 정찬승에게는 프로젝터를 돌리라고 했어요. 전위영화는 발표하지 못했어요. 그날은 〈무제〉를 발표하고 마무리된 겁니다.

〈무제〉의 스크린은 천장, 바닥, 벽이었다. 이미 촬영한 이미지를 실제 공간에 '상영'했다. 〈무제〉는 곧 영화이자 추상 콜라주였다.(→) 감각적인 3차원의 이미지를 두고 "보기만을 강요당한 관람 형식에서 천장과 바닥의 경계가 사라지며 공간의 모든 것이 스크린이면서 관람객이 될 수 있는" 플럭서스Fluxus의 인터미디어 개념으로 해석하기도 한다.☜ 〈무제〉의 발상은 지금 봐도 놀랍다. 발표자와 관람자의 몸까지도 스크린으로 만들었다. 김구림은 늘 '캔버스 밖으로'를 추구한 화가였는데, 영화감독을 하면서도 '스크린 밖으로'를 구현한 것이다. 관람객 유도 내지 참여형의 영상 설치 작품들을 보면 김구림의 〈무제〉가 떠오르곤 한다. 김구림은 『대구일보』와의 인터뷰에서 또 다른 영화 〈문명, 여자, 돈〉의 구상을 밝혔다.

신진, 「김구림의 작업에 있어서의 오브제와 일상의 의미」, 국민대학교대학원 미술학과 석사학위 논문, 2009, 26쪽.

지금 세계적으로 붐을 일으켜 20대의 마음을 사로잡고 있는 반항적 실험영화 언더그라운드 시네마와는 다른 현대인이 가지는 제반 속성 이를테면 섹스의 범람에서 오는 나태와 퇴폐, 황금만능 사상으로 인한 속렬한('졸렬한'의 오타인 듯 – 인용자) **인간의 비개인성, 쾌락과 향락으로 타산되는 이성 간의 애정 등을 전위적인 영상으로 담아 보자는 것이 이 작품이 노리는 최대의 목적이죠.**☜

「영화감독에 나선 전위작가 김구림 씨」, 『대구일보』 1969년 1월 5일.

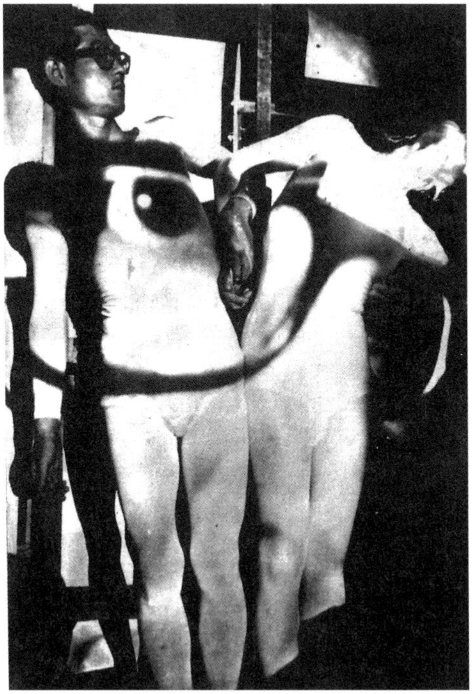
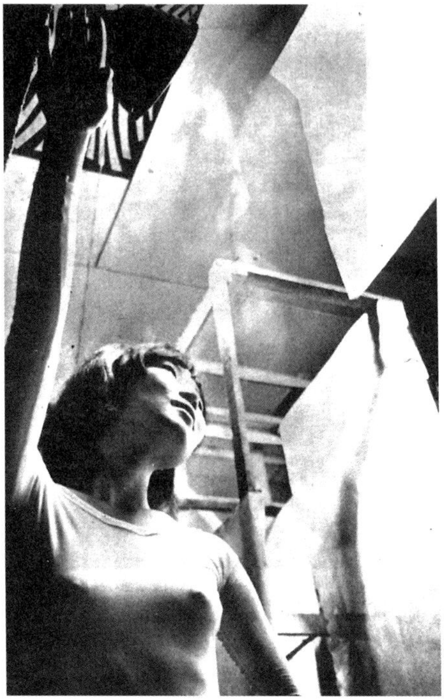
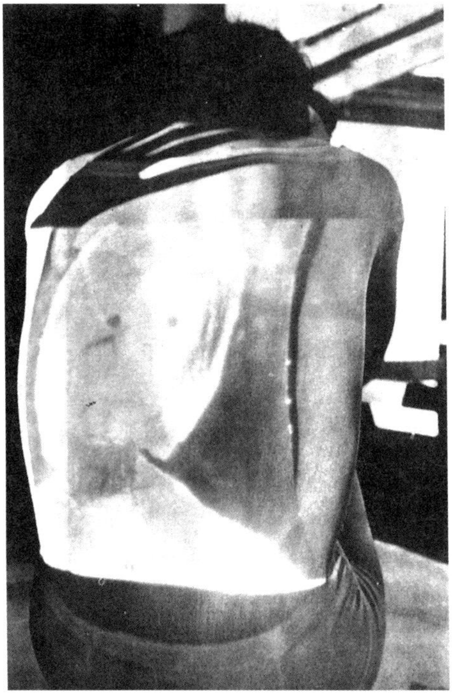
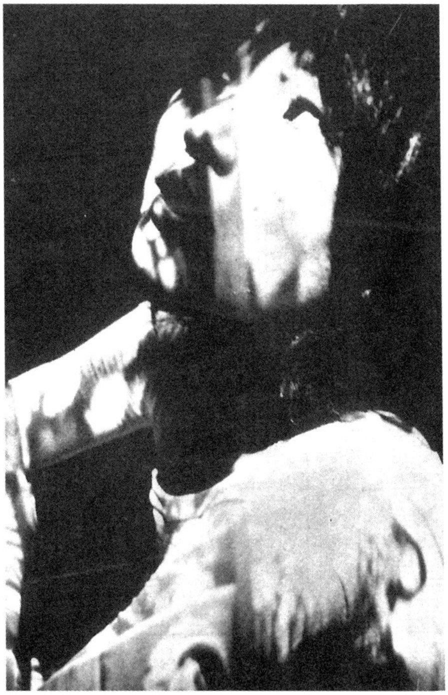

「1급 정보 하늘 아래 처음 본 국산 전위영화 – 흰 옷 입은 여체를 스크린 삼아」, 『선데이서울』 2권 38호, 1969년 6월 15일.

트」칠을 하는 「페인터」. 고가 도로 밑에서 「클로즈·업」된 남자 얼굴. 뭔가 쾅 떨어지는

상영중 기상천외의 사건
그건 와서보면 알거라고

촬영 「테크닉」의 예를 들어 보자. 피사체인 남자가 서 있다. 「카메라」는 처음에 「클로즈·업」된 남자의 얼굴을 잡는다. 뭔가 탁 떨어지고 「카메라」가 조금 물러나면서(즉 관객으로서는 화면이 조금 멀어지면서) 남자의 목부분까지 나온다. 이런 식으로 7「커트」를 계속. 「커트」와 「커트」 사이에 뭔가 툭 떨어지는 대신 7째 「커트」부터 계란이 탁 떨어져 박살. 다음에 「컵」, 「토마토」등이 떨어지고 남자의 전신이 발끝까지 드러나면 20「커트」가 끝나는 셈. 여기서는 파괴를 나타냈단다. 다음 20「커트」는 逆方向. 전신에서

▲「신」5 「앵글」만 달리한 1·2·3과 같은 내용.

점차 얼굴만 남게 되고 마침내 얼굴은 사라진다. 이게 완성을 뜻한다고.

위의 5장면은 1·2·3부로 나뉜다. 그러니까 「필름」에 담은 5「신」이 3부로 나뉘어 상영된다.

▲제1부

막막한 사막 위에 거대한 눈동자가 있다. 만들어 놓은 이 눈동자는 대체로 흰 빛이어서 「스크린」의 기능을 한다.

이 눈동자 위에 「필름」에 담은 日常事가 투영된다.

사막 효과는 조명에 의해서. 내가 눈동자를 통해서 느끼는 사물을 타인의 눈에 투영해보았다는 것. 큰 눈동자 주위에는 작은 눈동자들이 고정돼 있다. 그리고 작은 눈

흰옷

하

흰타이츠 입은 여자20명
그들 몸위에 필름을 비쳐

▲제2부

面과 線을 나타내는 배경.

이 배경은 울타리나 테두리 또는 구속을 나타낸다. 흰「타이츠」를 입은 목이 없는 여자 20명이 무대위에 등장.

기가 통하게 되어 있어서 눈동자 마다 전류가 빛같이 흐른다.

사막 효과를 냈던 조명이 꺼지고 사막은 밤 속에 빠진다 (즉 관중은 사막을 볼 수 없다).

영화는 계속되고.

밤 사막이 낮사막으로 되면서 무대 위에는 상상도 못할 기상천외의 사건이 일어난다. 이 기상천외의 사건은 비밀. 『와서 보면』 알 것이란다.

두 줄로 서서 고정된다. 이번엔 이것이 「스크린」의 기능을 맡는다. 이 흰「타이츠」의 여체 위에 「신」들이 투사된다.

머리가 나타나고 꿈틀거리기 시작한다.

약동한다. 영상은 계속 투영되고. 20명의 여자는 넘어지고 쓰러지면서 배경이었던 面과 線들을 붙잡는다. 이건 울에서 못벗어나는 것을 뜻한다고.

▲제3부

「클라이맥스」. 바위 덩어리 같은 각종 형태들이 쌓이고 널려 있다. 인생의 험함을 나타낸 것. 이 검은 형태속에서 기묘한 소리가 들린다. 움찔거리기 시작하고 목이 나오고 전신이 나온다. 인간이 나온 것이다. 헤맨다. 덩어리들, 와르르 무너진다.

1부의 음향효과는 남자의 넋두리. 저 계집애 한번 데리고 잤으면… 에이 더러운 새끼…×이나 넜으면 등. 이런 넋두리의 계속. 2부도 꼭 같은 음향인데 「볼륨」만 틀리다. 각종 음향을 「믹스」한 녹음기를 틀어놓는다. 3부는 출연자의 괴음. 幕―.

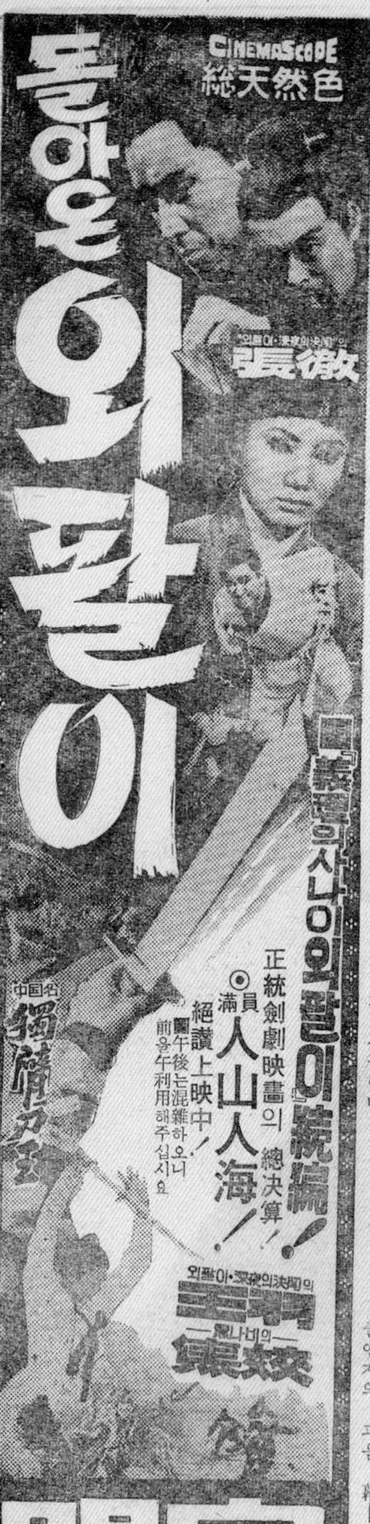

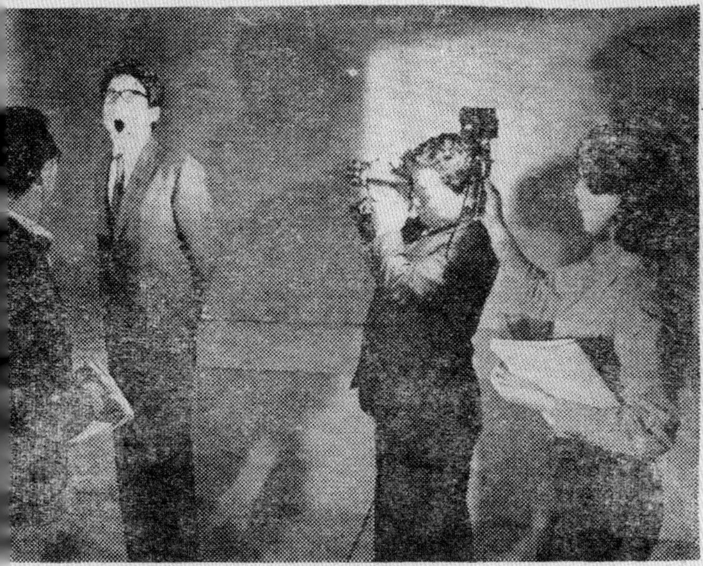

『24분의 1초의 의미』를 제작하는 「멤버」들。 이들은 모두가 출자자이며 배우이기도 하다。

흔한 말로 전위영화라고 할 만한 영화가 최초로 시도、만들어졌다。 곧 공개예정。 제목은 『24분의 1초의 의미』。 상영시간 30분에 무대위의 회화·음향조작과 어둠속에서 기이한 소리를 들어야 하는 시간등을 보태면 약 60분。 「스토리」도 대사도 재래식 「스크린」도 없는 이를테면 「시네·포엠」。 음악、미술、연극、영화 등의 예술형식이 동등하고 독립적인 가치를 지니면서 공존하는 「총합」(종합이 아니라)예술이란다。 「표현기법의 해방」을 부르짖는 이 사람들의 『24분의 1초…』의 성패는 막이 내린 뒤에 따져 볼 일。 우선 紙上감상을 해보자。

는 女体를 스크린 삼아

래 처음 볼 國産 前衛映畵

1級情報

5명모여 주머니돈 털어 제작겸 출연한 10분짜리

인습적인 영화기법과 상식 이하의 영화내용을 깨뜨리고 「네오·시네마」에의 야심을 몇 명이 모으기 시작한 것은 작년 8월。 구체적인 계획과 제작에 착수한 것은 12월。 金靜一(조감독 당시 10분짜리 「시나리오」를 맡음) 林仲雄(전우「시네·클럽」회장·시나리오) 金玄文(촬영기사)등과 미술에 鄭燦昇、姜國鎭、鄭江子、金丘林등이 모였다。

『無題』라는 제목에 金靜一 연출。 기계문명과 「섹스」와 돈을 연결하면서 파헤쳐본 것。 특기할 만한 건 여주인공이 全裸로 나오고 그걸 남자가 지독하게 애무하는가 하면 권태스런 여자의 행위를 대담하게 그렸다。 상체를 비틀거나 남자의 머리털을 비트는 식의 비유법으로。 그러나 촬영한 「필름」이 못쓰게 되고 약간의 의견충돌로 흐지부지。 지난 4월에 다시 모인 「멤버」가 崔元瑛(각본)、金丘林(연출)、鄭燦昇(미술·출연)、鄭江子(미술·출연)、潘大圭(촬영)등 5명。

우선 각자 1만5천원씩 주머니돈을 털어서 촬영을 끝냈다。 5「신」으로 나뉘어 졌는데 60개의 「플래시·커트」로 되어있는 1「신」은 2분。 모두 3백개의 「플래시·커트」(5신)가 10분만에 지나가 버린다。

日常事를 1초씩 끊어서 필름에 담아 빠른속도로

아침에서 밤에 이르기 까지 우리가 겪는 日常事들이 1초씩 탁 탁 탁 끊기며 빨리 지나간다。

▲「신」1 달리는 차에서 본 고가도로 난간。 60개의 「플래시·커트」에는 사람이 걷는 것、교통순경、뛰거나 서 있는 것 등 각종 일상적인 일들이 담긴다。 하품하는 남자의 얼굴

르는 연기。「샤워」(고속촬영)。 흑백 사이에 간간이 「컬러」가 들어간다。

▲「신」2 「신」1과 같은 내용이나 「앵글」이 다르다。

▲「신」3 역시 「앵글」을 달리한 같은 장면들。

▲「신」4 이 부분이 「클라이맥스」。 달

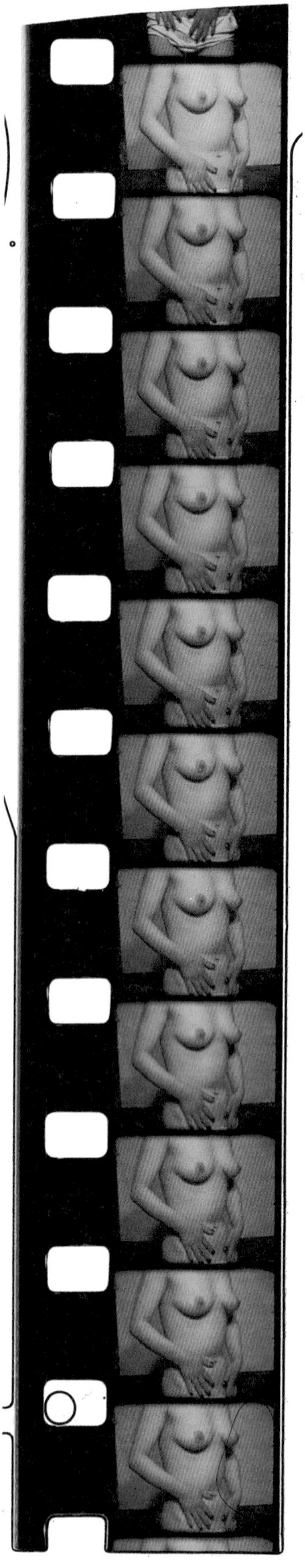
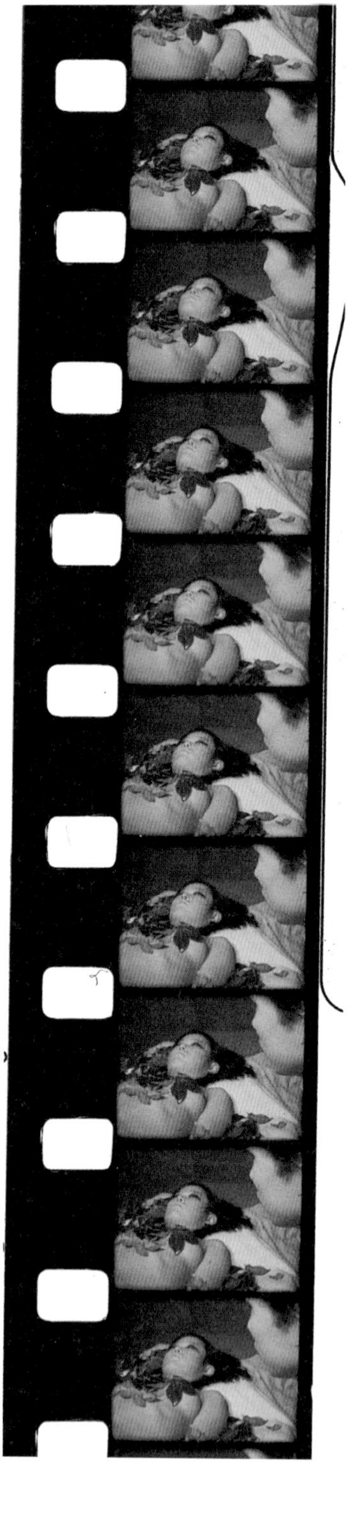
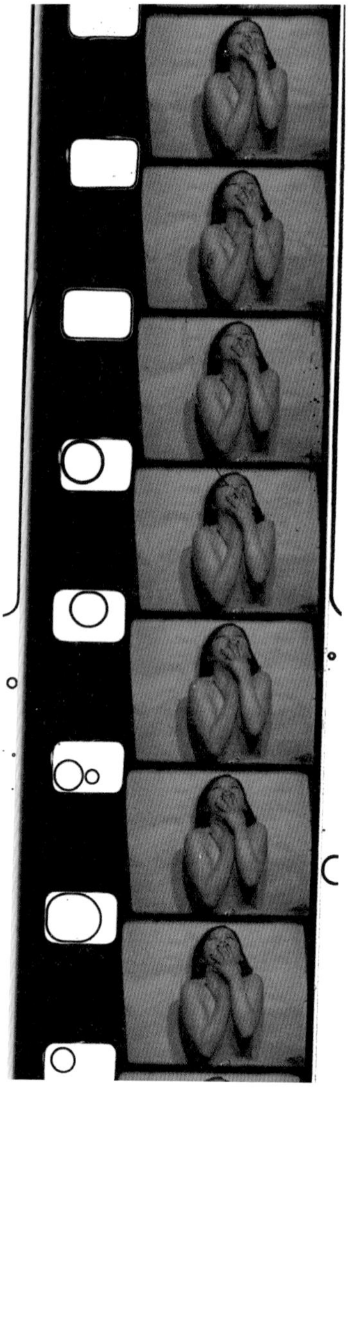

〈문명, 여자, 돈
Civilization, Woman,
Money〉, 8mm
필름, 1969,
국립현대미술관
소장.

김구림은 자신의 구상을 점점 구체화한다.

“숨어서 보는 도색영화처럼 8mm의 필름에는 권태로운 도시의 한 여인이 등장한다. 여인은 아무런 할 일이 없다. 흘러가는 시간 속에서 자신의 권태를 주체 못한다. 옷을 하나씩 훌훌 벗는다. 알몸이 된다. 여인은 발가락에 매니큐어를 바른다. 이 일이 끝나자 여인은 또다시 할 일이 없어졌다. 권태에 육체를 뒹굴어 본다. 야릇한 쾌감 속에서 거울 앞에 자기의 나체를 비춰 본다. 침대에 누워 본다.”☜

「누드영화 만든 한국의 해프닝파」, 『주간경향』 2권 24호, 1969년 5월 4일.

여자의 가슴과 유두를 그대로 노출했다. 한국 최초의 ‘누드영화’였던 셈이다.(←) 1960년대 후반 보수적인 사회 분위기를 감안하면, 이 작품은 경악할 만한 것이었다. 13년 뒤인 1982년 개봉한 〈애마부인〉도 시도하지 못한 노출이었다. 1980년대부터 에로영화가 성행했는데, 당시도 가슴은 노출해도 유두는 허용되지 않았다. 김구림은 이 영화도 발표하지 못했다. 섭외한 여배우가 ‘나체 연기’를 이유로 중도 하차했다. 김구림은 실패작이라고 여겼다. 김구림은 2016년 이 작품을 완성한다.(→→)

애초 이 작품은 ‘나체’ ‘여자’에만 주목한 당시 언론 보도 때문에 진가가 제대로 알려지지 않았다. 김구림이 제목에도 반영했듯 ‘돈과 문명’ 고발도 이 영화의 주요 내용이다. 국립현대미술관에서 한 인터뷰 영상 〈MMCA 작가와의 대화 – 한국 전위예술의 한 획을 그은 작가 김구림〉☜에 돈과 문명에 관한 언급이 나온다. 김구림은 똥물이 흐르던 판자촌이나 무작정 상경한 시골 여성을 대상으로 한 취업 사기나 인신매매 같은 문제를 고발하려 했다고 말한다. 영화를 보면, 1960년대 판자촌 등 빈곤한 시대의 이미지가 등장한다. 무작정 상경한 여성 주인공은 취직도 못 하고, 부모에게 연락도 못 한 채 정신병에 걸린다. 영화는 주로 판잣집 단칸방에서 웃고 화장하며 발가벗고 춤추는 여성을 묘사한다. 당시 시대적 상황에서 기인한 사회적 문제를 다룬 작품인 것이다.

https://www.youtube.com/watch?v=pv1eqenY73s&t=969s

이듬해인 1970년에는 한국 최초의 ‘보디페인팅’을 선보였다. 양복을

입은 김구림이 의자에 앉은 여성의 팔뚝에 빨간 꽃을 그리거나, 구슬과 액세서리 등 오브제를 부착하는 모습을 담은 사진들이 남았다.(→→) 김구림은 보수적인 한국 사회와 미술계에서 섹스와 에로티시즘의 문제를 작품에 반영한 문제적 작가였다. 페미니즘과 젠더 담론이 이슈로 부각한 요즘, 김구림의 시도를 불편하게 느끼는 이도 있을 것이다. 김구림의 시도는 성 상품화나 성적 대상화와는 거리가 있다. 그가 염두에 둔 건 '새로운 미술'의 시도였다. 돈을 벌려고 했다면 교묘한 음화를 만들어 팔았을 것이다. 이 점이 해외에서 먼저 재평가를 받은 것이다.

'보디페인팅'은 2012년 말 영국 테이트모던 미술관의 기획전 《더 큰 첨벙! : 퍼포먼스 이후의 회화A Bigger Splash: Painting after Performance》에 초대받았다. 당시 현장을 촬영한 사진은 잭슨 폴록Jackson Pollock, 데이비드 호크니David Hockney, 니키 드 생팔Niki de Saint-Phalle, 구사마 야요이, 신디 셔먼Cindy Sherman 등 20명의 작품과 함께 전시됐다. 당시 테이트모던 큐레이터였던 이숙경은 김구림이 새로운 회화 공간을 만들어 냈다고 보았다. 이브 클랭Yves Klein의 퍼포먼스가 여성의 몸을 회화적 도구로 이용했다면, 김구림은 폭력적 암시나 표현적인 언어와는 거리를 두어 캔버스라는 전통적인 공간에서 벗어나 신체를 일종의 회화로 바꾸어 낸 것에 주목했다.☜ 몸을 재현 공간으로 활용한 이 작품도 늘 '캔버스 밖으로' 벗어나려 했던 시도의 연장선에 놓였다. 김구림은 시종일관 '밖으로'의 '일관성'을 이어 간다. 김구림의 정체성은 바로 이러한 일관성이다.

이숙경, 「김구림 퍼포먼스에 내재한 전복성과 선언성」, 『김구림, 잘 알지도 못하면서』, 서울시립미술관, 2013, 173~188쪽.

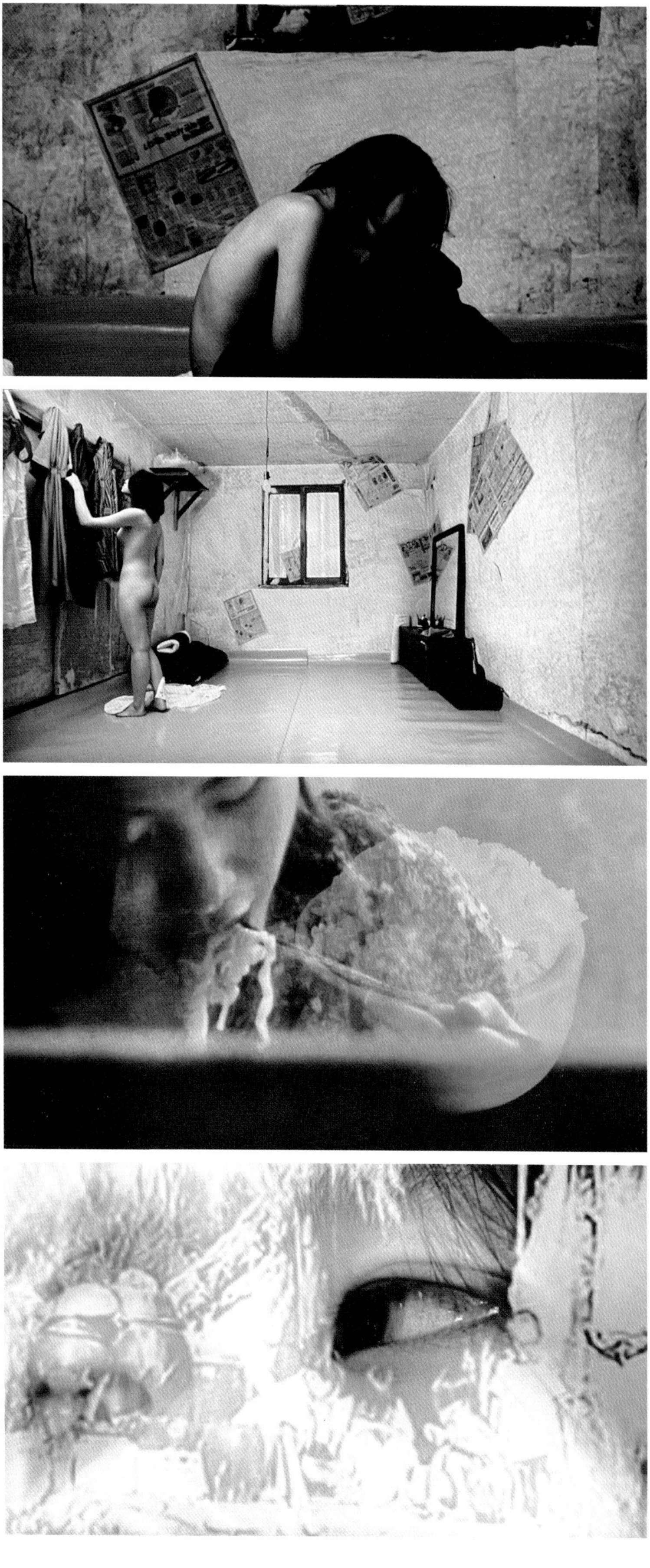

〈문명, 여자, 돈〉,
단채널 비디오,
컬러, 사운드, 22분
10초, 1969~2016,
국립현대미술관
소장.

〈보디페인팅〉, 동양방송TBC 분장실에서 열린 퍼포먼스 기록(사진: 최갑식), 『주간여성』 수록, 1969.

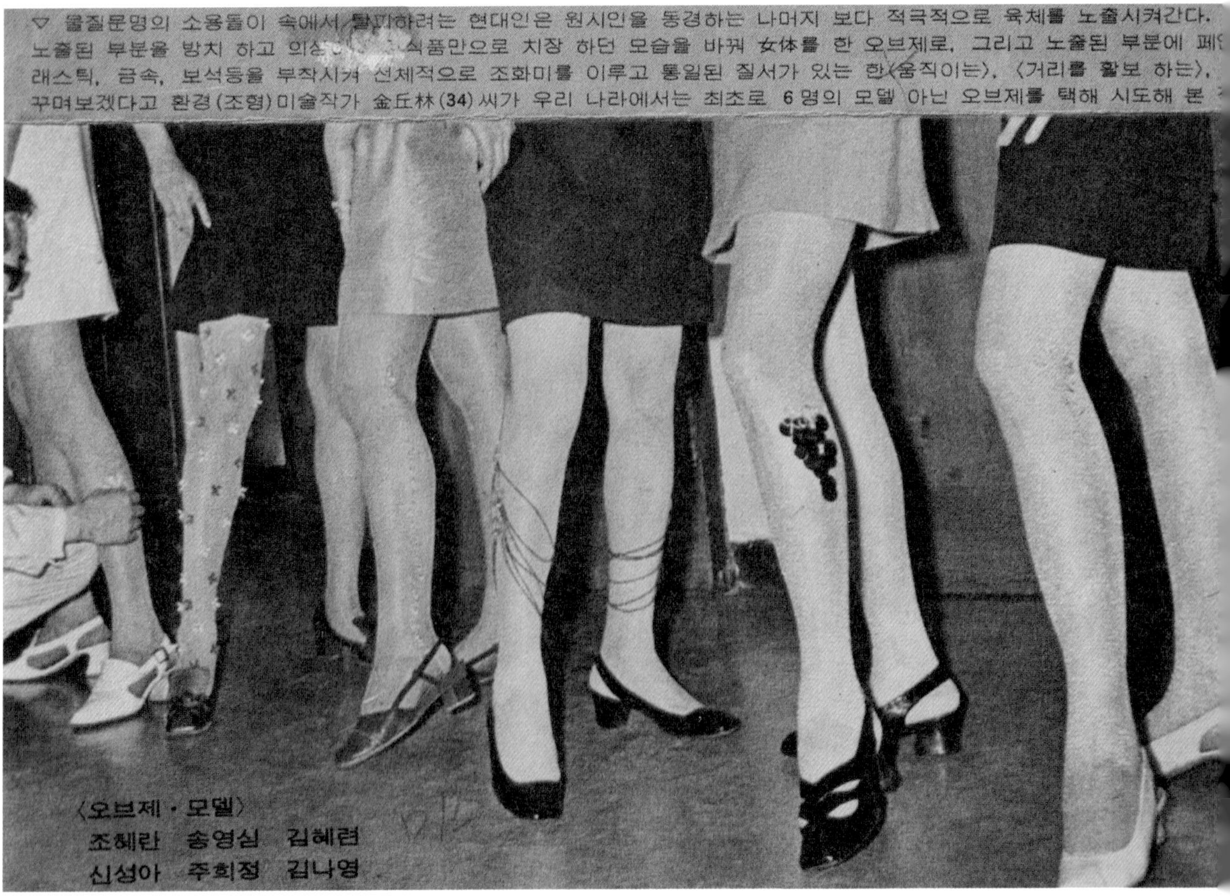
▽ 물질문명의 소용돌이 속에서 탈피하려는 현대인은 원시인을 동경하는 나머지 보다 적극적으로 육체를 노출시켜간다.
노출된 부분을 방치 하고 의상 [illegible] 식품만으로 치장 하던 모습을 바꿔 女体를 한 오브제로, 그리고 노출된 부분에 페
래스틱, 금속, 보석등을 부착시켜 선체적으로 조화미를 이루고 통일된 질서가 있는 한〈움직이는〉, 〈거리를 활보 하는〉,
꾸며보겠다고 환경(조형)미술작가 金丘林(34)씨가 우리 나라에서는 최초로 6명의 모델 아닌 오브제를 택해 시도해 본

〈오브제 · 모델〉
조혜란 송영심 김혜련
신성아 주희정 김나영

움직이는 오브제……

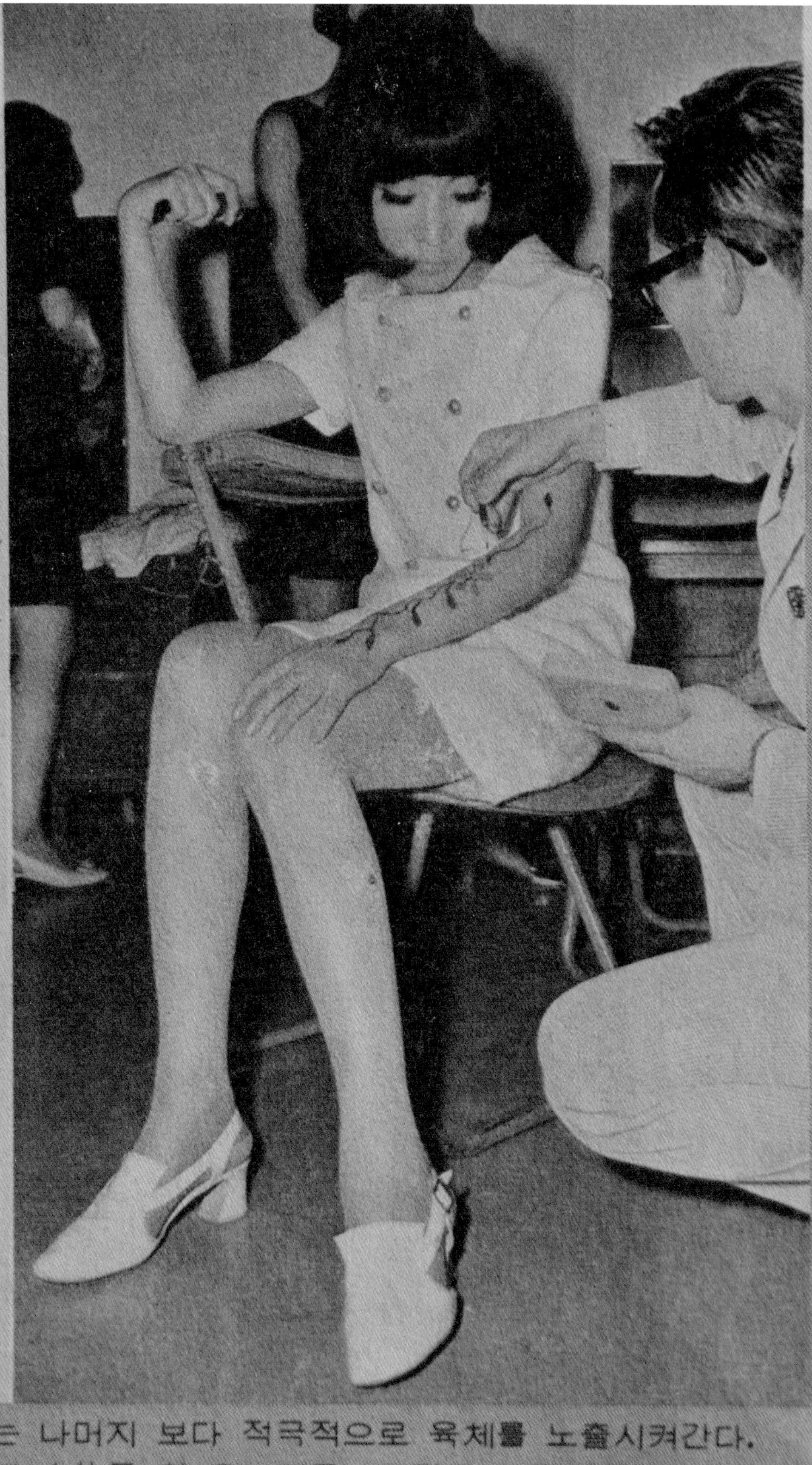

경하는 나머지 보다 적극적으로 육체를 노출시켜간다. 그러
바꿔 女体를 한 오브제로, 그리고 노출된 부분에 페인팅과,

前衛藝術에 등장한 女体

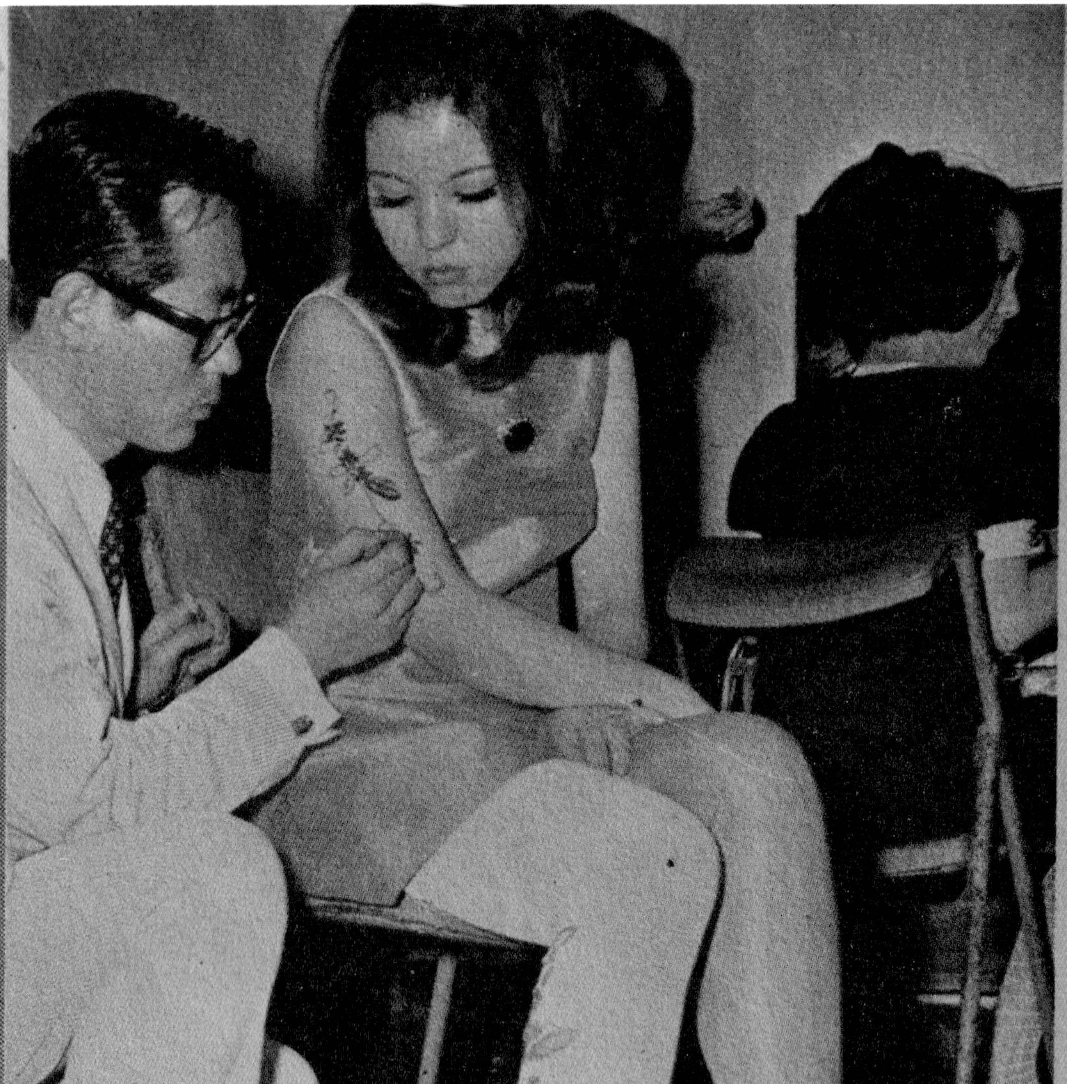

촬영·崔甲植기자

▽ 물질문명의 소용돌이 속에서 탈피하려는 현대인은 원시인을 [illegible]
노출된 부분을 방치 하고 의상 [illegible] 식품만으로 치장 하던 모습
[illegible]

편지는 유물이 될 것이다

|

〈매스미디어의 유물〉

김구림은 항상 "예술이란 무엇인가?"를 질문했다. 답이 될 단서 중 하나가

삶 자체가 무한한 팔레트이자 캔버스

라는 그의 말이다. 앵포르멜이나 모노크롬 같은 평면 작업이 대세를 이루던 시기, 미술은 미술관이나 화랑 안에서나 존재하던 것이었다. 1960년대 후반부터 1970년대 초반까지 김구림이 수년간 시도했던 '캔버스 밖으로', '미술관 밖으로'의 성격을 잘 보여 주는 작품이 바로 〈매스미디어의 유물〉이다. 우편제도를 이용한 이 해프닝 작품은 한국에서 최초로 시도한 메일 아트Mail art로 기억된다. 당시 메일 아트는 개념조차 생소했다. 〈매스미디어의 유물〉의 개요는 이렇다. 1969년 김구림은 처음에는 '우편배달부(집배원)에 관한 작품'을 구상했다. 김차섭을 만나 공동 작품을 제안했다. 당시 이화여고, 이화여중의 교사였던 김차섭은 독립문 옆 아파트에 화실을 하나 뒀다. 두 사람은 그곳에서 종이와 우표, 인주로 만든 '작품'을 100장 만들었다. 그리고 문화예술인 100여 명에게 세 차례에 걸쳐 편지를 보내기로 했다.

첫 번째 작품(편지)은 빨강 지문을 찍은 뒤 찢은 종이를 노란 봉투에 넣고는 김구림 이름으로 보냈다. 김차섭 이름으로 검은 지문을 찍은 흰 봉투를 두 번째 작품으로 발송했다. 두 사람을 발신인으로 적은 세 번째 편지엔 "귀하는 매스미디어의 유물을 1일 전에 감상하셨습니다."라는 문구를 넣었다.(→) 김구림은 24시간 안에 도착하도록 발송 계획을 세웠다. 우체국 앞으로 가서 우체부가 드나드는 시간을 체크하며, 편지를 받을 시간을 계산했다. 김차섭은 2001년 오상길과의 인터뷰에서 당시를 이렇게 기억했다.

"김구림과 함께 매일 미협 선거 때문에 싸움만 하는 사람들을 놀래 주기 위해 했다. (…) 위험한 장난 같지만 죄 지었던 사람들은 쇼크를 받았다. 밤잠을 못 잤던 사람들이 있었다고 들었다. 미협 선거 때문에 돈을 받거나 깡패를 동원해서 구타하던 시절이니 밤잠을 자지 못했을 것이다. 복잡한 사연이 있었던 작품이다."☜

오상길, 「60~70년대 미술운동의 비평적 재조명」, 『미술세계』 2001년 11월호, 45~46쪽.

이 편지를 받은 사람들의 반응은 가지각색이었다. 오래 왕래가 없던 친구는 절교 편지로 생각했다. 어떤 사람은 협박 편지로 오해하고 공포감에 사로잡혔다. 받은 종이를 전깃불에 비춰 보거나 물속에 담가 글씨가 나타나는지 한참 들여다본 이도 있다는 소문이 돌았다. 국전 심사에 공정성 시비가 일던 때다. '금반지 10개'면 대통령상을 탄다는 말까지 나돌았다. 이 편지를 받은 심사위원 중 한 명은 겁을 먹었다고 한다. 작품이 겨냥한 것이 혼탁하고 부패했던 미협과 국전이란 점에서 기득권과의 불화와 싸움을 마다하지 않았던 김구림의 정의감도 확인할 수 있는 작품이다. 김구림은

> **당시 국전 심사위원들이나 미술계를 좌지우지했던 사람 중엔 '젊은 놈들이 할 일이 없으니까 이런 식으로 어른들을 놀린다'고 한 이들도 있었다.** (…) **국전과 미협의 부패를 비판하려고 했던 것인데, 상을 안 줘서 이런 행위를 한다고 오해한 사람도 있었다.**

라고 전했다. 김구림과 김차섭의 의도와 맥락을 이해하지 못한 어느 기자의 눈엔 장난이었다.

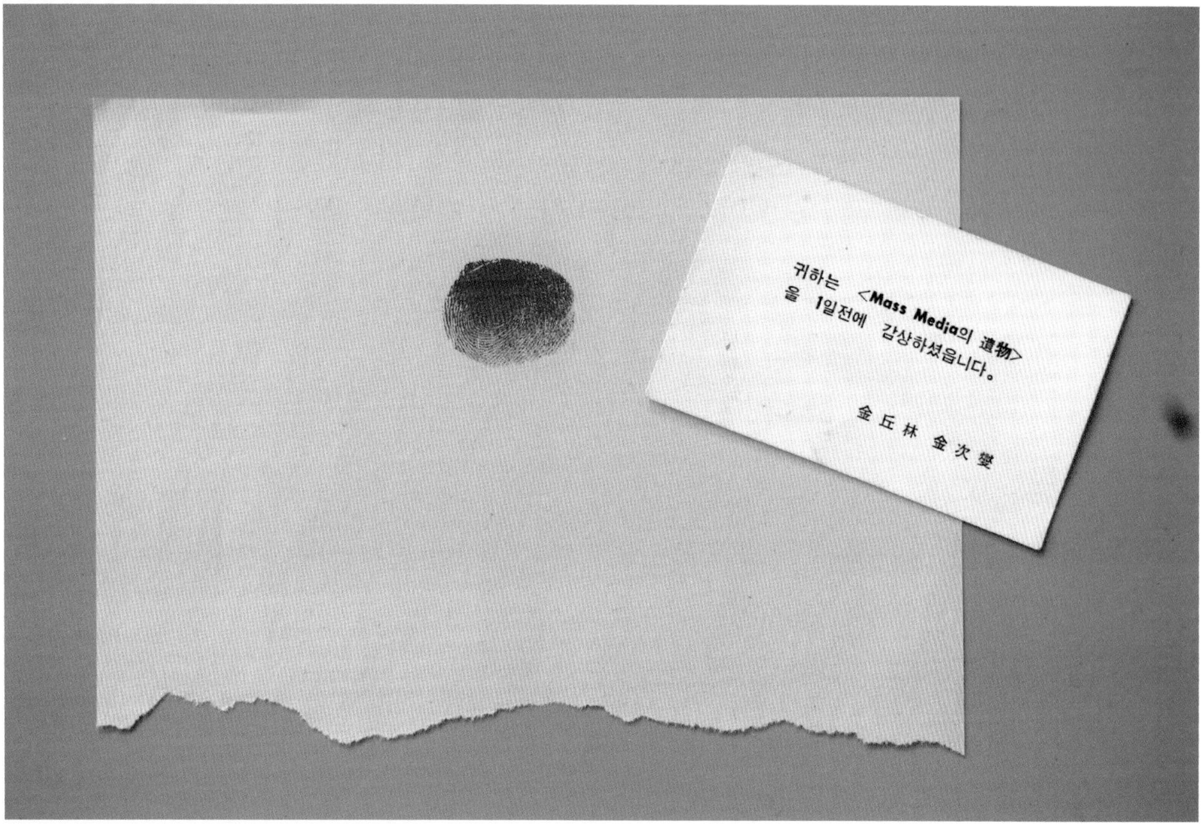

〈매스미디어의 유물Relics of Mass Media〉, 메일 아트(종이에 잉크, 명함), 19.5×27.5cm(종이), 6×9.8cm(명함), 1969.

"일반 사람들이 볼 때에는 행운의 편지와 같은 하찮은 장난으로밖에 보여지지 않은 이 편지가 현대를 상징하는 위대한 작품이라고 해프닝의 기수 김구림 씨는 열을 올린다."

「찢어진 백지에 지문 두 개 – 해프닝 화가들의 괴상한 미술」, 『주간경향』 2권 48호, 1969년 10월 22일.

비아냥에 가까운 평이다. 이어진 질문은 타박에 가깝다.

"실례지만 그런 장난 같은 편지가 작품이라면 국민학생들의 연필 장난도 작품이겠는가?"

다음 질문은 모욕에 가깝다.

"당신들의 정신 상태는 건전한가? 혹시 주위에서 미친 사람이라는 소리는 안 듣는가?"

김구림이 해프닝, 퍼포먼스, 대지미술 작품을 발표할 때마다 꼬리표처럼 따라 붙는 질문이었다. 김구림의 '전위'는 '미친 짓'처럼 받아들여졌다. 사람들은 그의 전위예술을 호기심을 충족시키는 일종의 사건·사고로 받아들였다. 문화예술계의 평가라고 해서 나을 게 없었다. 대중이나 주류 화단은 이 현대미술을 받아들이지 못했다. 일부는 간첩신고까지 했다. 선구적이고 전위적인 현대미술이 당시 얼마나 받아들여지기 힘들었는지 보여 주는 사례다. 언론과 대중, 문화예술계의 반응에서 예술적 맥락은 거세되기 일쑤였다. 〈매스미디어의 유물〉은 '빨갱이 짓'은 물론이고, '미친 짓'이나 '불쾌한 짓'으로 여길 작품이 아니었다. '너무' 앞선 작품이었다. 도발적인 미술 기획과 상상력이 작품에 담겨 있었다. 이 작품을 받아든 이가 보관할지, 버릴지, 찢어 버릴지도 모른다. 아니 처음부터 그런 것은 상관없었다. 미술관이나 화랑, 작가의 작업실, 개인 수장고에 남기려는 의도가 애초에 없었다. 두 사람은 작품 '개념'만 남고 사그라지는 작품을 구상하고, 실행했다.

김구림은 당시 『주간경향』과의 인터뷰에서 이렇게 설명했다.(→)

「찢어진 백지에 지문 두 개 - 해프닝 화가들의 괴상한 미술」, 『주간경향』 2권 48호, 1969년 10월 22일.

찢어진 白紙에 指紋두개

해프닝 畵家들의 괴상한 美術

해프닝의 전위작가를 자처하는 화가 金丘林씨와 金次燮씨는 최근 일주일 동안에걸쳐 문화인 1백명에게 세차례의 이상한 편지를보냈다. 영문을 모르고 편지를 받은 사람들은 몹시 불쾌했지만, 본인들은 그것이 단순한 편지가 아니라 작품이었다는것。

「매스미디어의 遺物」

그러면서 전위작가들은 관객이(편지를 받은사람)작품을 보고서 공포감이나 불쾌감을 일으키는 자체가 하나의 해프닝이라고 대만족이다. 더우기 작가는 보지도 않았는데 관객이 놀라는 행위를 했다는게 바로 현대미술의 감상법이란다.

첫번째 작품(편지)은 노랑봉투속에 검은지문과 빨강지문이 金丘林씨 이름으로, 두번째 작품은 하얀 사각봉투속에 역시 찢어진 검은지문과 빨강 지문이 金次燮씨 이름으로 보내졌다.

그리고 세번째 편지에「귀하는 매스미디어의 유물을 1일 전에 감상하셨읍니다」라는 작품의 제목을 두사람의 이름으로 보냈다.

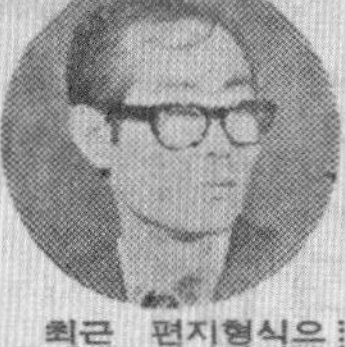

최근 편지형식으로「매스미디어의遺物」이란 전위작품을 발표한 金丘林씨。

첫번째 편지와 두번째 편지를 합쳐야만 한 작품이된다. 좌우간 이렇게 해서 이들 두사람의 색다른 제일차 작품 발표는 끝난 셈이다.

일반 사람들이 볼때는「행운의 편지」와같은 하찮은 장난으로밖에 보여지지않은 이 편지가 현대를 상징하는 위대한 작품이라고 해프닝의 기수 金丘林씨는 열을 올린다.

봉투빛깔도 作品의 素材

—실례지만 그런 장난같은 편지가 작품이라면 국민학생들의 연필 장난도 작품이겠는가?

「천만에. 이때까지의 작품은 꼭 캔버스나 오브제를 사용해서 작품을 만들어 전시장에서 관객에게 강요를 해왔다. 그러나 우리는 우리가 흔히 쓰는 값싼 매스미디어를 이용해서 작품을 만든것이다」

그러면서 金丘林씨는 봉투의 빛깔이나 우표도 다 하나의 소재이며, 그 편지를 접은 선도 하나의 콤포지션을 이루었기 때문에 국민학생들의 연필 장난과는 질적으로 다르단다.

—작품의 재료는?

「십원에 서너장하는 종이와 인주 그리고 우표만 있으면된다. 돈이 없어서 작품도 못만들고 개인전도 못한다는 작가들의 엄살과 이런 사고방식은 마땅히 추방되어야한단」

이들 전위작가들이 주장하는 미(美)는 바로 가치(價値). 이러한 가치를 찾기 위해서는 기계문명에서 탈피해야만 된다고 주장한다.

편지형식 빌어 作品을 百名에 郵送

“제작에 돈든다는건 엄살”

화가들이 캔버스에 그리는 작품은 오늘같은 기계문명시대에선 컴퓨터가 그릴수있는것. 그래서 기계가 도저히 모방할수없는 우주적인 작품을 만든다는 것이다.

컴퓨터로 모방못하는것

이런 이유 때문에 등장한것이 작가 자신들의 지문. 이 지문은 사람이나 컴퓨터도 도저히 모방할수 없기 때문에 특별소재로 등장했다. 빨강지문은 金丘林씨, 검은 지문이 金次燮씨의 것.

두사람의 지문을 통해서 새로운 공동작품을시도했다는 이들의 간단하고 복잡한 내용을 담은 작품은 해프닝을 넘어선 것이란다. 해프닝은 요소와 실제작품이 결합된 것이지만 여번시도한 작품은 작가 자신의 독단에 의한 최신우주작품이라고한다. 바로 이것이 해프닝과의 차이점.

—제목을「매스미디어의유물」이라고 붙인 이유는?

「우선 우표나 활자같은 매스미디어를 이용해서 편지의 형식을 빌어 작품을 관객에게 보냈다. 우리가 이런방법을택한 것은 신촌에서 보낸작가와 명동에서 받은 관객은 한묶음이 되는것이다. 그러나 언젠가는 편지라는 활자미디어는 없어질것이다. 그러기 때문에 편지는 하나의 유물로 남겨지게된단」

宇宙서地球를 보는時代

—우주적인 작품이란 무엇인가?

「현대는 지구에서 우주를 바라보는 시대가 아니라 우주에서 지구를 바라보는 시대다. 때문에 미의 가치관이나 작품의 의미도 달라져야한단」

현대의 두뇌는 무감각하고 피부성이되는 전장에서 쾌감을 느끼는 소용돌이. 이속에서 인간에게 자극을주는게 현대작품의 한 기능이라고 이들은 이색적인 선언을 했다.

—당신들의 정신 상태는 건전한가? 혹시 주위에서 미친 사람이라는 소리는 안 듣는가?

「미친 사람이 볼 때는 오히려 정상적인 사람들이 미친 사람으로 보인다. 그러니까 누가 미쳤느냐 하는 개념도 참으로 애매할수밖에 없다. 시대를 앞서는 사람은 항상 우둔한 군중에게 미친사람으로보인단」

언젠가 미국의「뉴욕」외딴섬에서 전위작가들의 페스티벌이 있을때 어느 군중이 한 작가에게 당신의 작품은 무엇이냐고 물었다. 그때 그 작가는 방에서 가랑잎 하나를주워 그잎을부수면서 이것이 바로 나의 작품이라고 천연스럽게 말했다.

어쩌면 이들의 작품행위도 여와비슷한것일지 모른다.

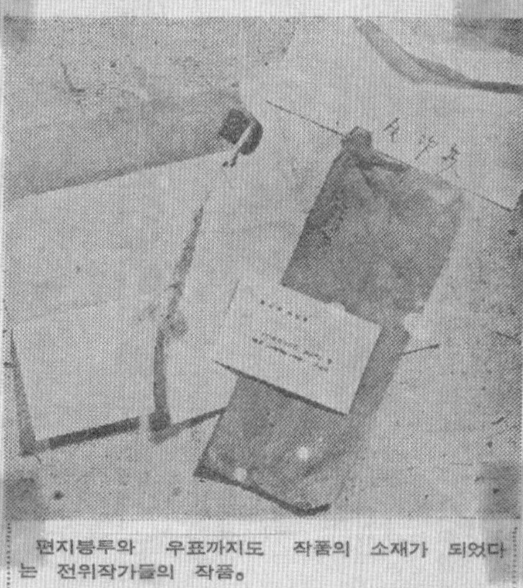

편지봉투와 우표까지도 작품의 소재가 되었다는 전위작가들의 작품。

1969년 10월

신촌에서 (편지를) 보낸 작가와 명동에서 받은 관객은 한 묶음이 되는 것이다. 그러나 언젠가는 편지라는 활자 미디어는 없어질 것이다. 그러기 때문에 편지는 하나의 유물로 남겨지게 된다.

「찢어진 백지에 지문 두 개 – 해프닝 화가들의 괴상한 미술」, 『주간경향』 2권 48호, 1969년 10월 22일.

김구림의 해프닝, 퍼포먼스 작품에서 공통적인 것은 '관객 참여'다. 이 작품은 미술 수용자 즉 관객을 능동적 주체로도 자리매김한다. '캔버스 밖으로'라는 슬로건은 관객의 의식적, 무의식적 참여를 유도하는 것이다. 김구림은 미술관이나 화랑 같은 데 작품을 걸어 놓고 관객들이 '감상'하는 예술 향유의 기초나 상식, 원칙을 파괴하려고 시도했다.

작가가 '내 작품이다' 하고 공개하면서 '보시오' 하는 것은 강요입니다. 미술이 뭔지 아무것도 모르는 사람들에게 나눠 주고 싶었어요. 봉투를 버리면 버리는 것이고, 관심이 있으면 행하리라 생각했어요. 봉투의 지시에 참여하든 안 하든 작품에 참여하는 것이라고 봤어요. 100명이면 100명이 모두 다른 동작을 한 겁니다. 동서남북 갈린 사람들입니다. 내가 새로운 이론을 주장한 거죠. 그런데 일반인들뿐만 아니라 한국 미술사에서도 엉뚱한 짓이라고만 생각해요. 당시 논리성을 갖춘 작품은 대중 소구력이 없었죠. 너무 앞섰다고 봐요.

김구림과 김차섭은 〈매스미디어의 유물〉을 받은 이의 불쾌해하거나, 어리둥절한 반응 모두 참여라고 생각하며 이를 의도했다. 김구림은 당시 어느 인터뷰에서

관객(편지를 받은 사람)이 작품을 보고서 공포감이나 불쾌감을 일으키는 자체가 하나의 해프닝

이고,

관객이 놀라는 행위를 했다는 게 바로 현대미술의 감상법

이라면서 만족감을 표시했다.

거대한 하나의 집단 퍼포먼스이며 그 편지를 받은 개인

각자는 각각의 가치관이나 지각력을 바탕으로 하여 벌어지는 사태를 해석하는 개인 드라마를 연출

한 것이다. 결국 작품이 의도한 바를 이룬 것이다.

작품 재료 측면에서도 들여다볼 점이 있다. 그는

지금까지의 작품은 꼭 캔버스나 오브제를 사용해서 작품을 만들어 전시장에다 포로처럼 끌어다 놓고 관객에게 강요를 해 왔다. 그러나 나는 우리가 흔히 쓰는 값싼 매스미디어를 이용해서 작품을 만들고 있다.

라고 했다. 우표와 봉투 같은 일상품 혹은 '싸구려 오브제'의 사용은 기존 화단과 작가에 대한 김구림의 삐딱한 시선과 비판 의식도 반영한다. 김구림은

돈이 없어서 작품도 못 만들고 개인전도 못 한다는 작가들의 엄살과 이런 사고방식은 마땅히 추방되어야 한다 ☜

「찢어진 백지에 지문 두 개–해프닝 화가들의 괴상한 미술」, 『주간경향』 2권 48호, 1969년 10월 22일.

고 말했다. 〈매스미디어의 유물〉에서 유심하게 들여다볼 것은 '시간성'이다. 김구림은 형식은 다르지만, 1950년대 후반부터 '시간성'에 관한 개념을 캔버스건, 설치건, 해프닝이건, 대지미술이건, 실험영화이건 거의 모든 형식의 작품에 넣어 왔다. '유물遺物'이란 말에도 '죽음 이후에 남은 것', '시간의 흔적' 같은 의미가 들어 있다. 다 읽고 난 편지는 '죽은 것' 즉 '편지 매체의 죽음'이 된다. 김구림은 시대를 예견한 듯하다. '편지라는 활자 미디어'가 소멸하리라는 예견은 지금 스마트폰의 시대에도 타당해 보인다. 미래에 대한 상상력도 풍부했다. 1980년대 초 그는 우주여행을 소재로 감각적인 미래상을 그린 회화를 선보이기도 했다.(→)

김구림은 서구와 미국의 예술 조류에 밝았다. 여러 경향을 차용했다. 김구림의 작품과 서양의 여러 작가 작품에서 유사성도 찾을 수 있다. '메일 아트'도 마찬가지였다. 이 작품을 둘러싼 기사는 이렇게 맺는다. "언젠가 미국의 뉴욕, 외딴섬에서 전위 작가들의 페스티벌이 있을 때 어느 군중이 한 작가에게 당신의 작품은 무엇이냐고 물었다. 그때 그 작가는 땅에서 가랑잎 하나를 주워 그 잎을 부수면서 이것이 바로 나의 작품이라고 천연스럽게 말했다. 어쩌면 이들의 작품 행위도 이와

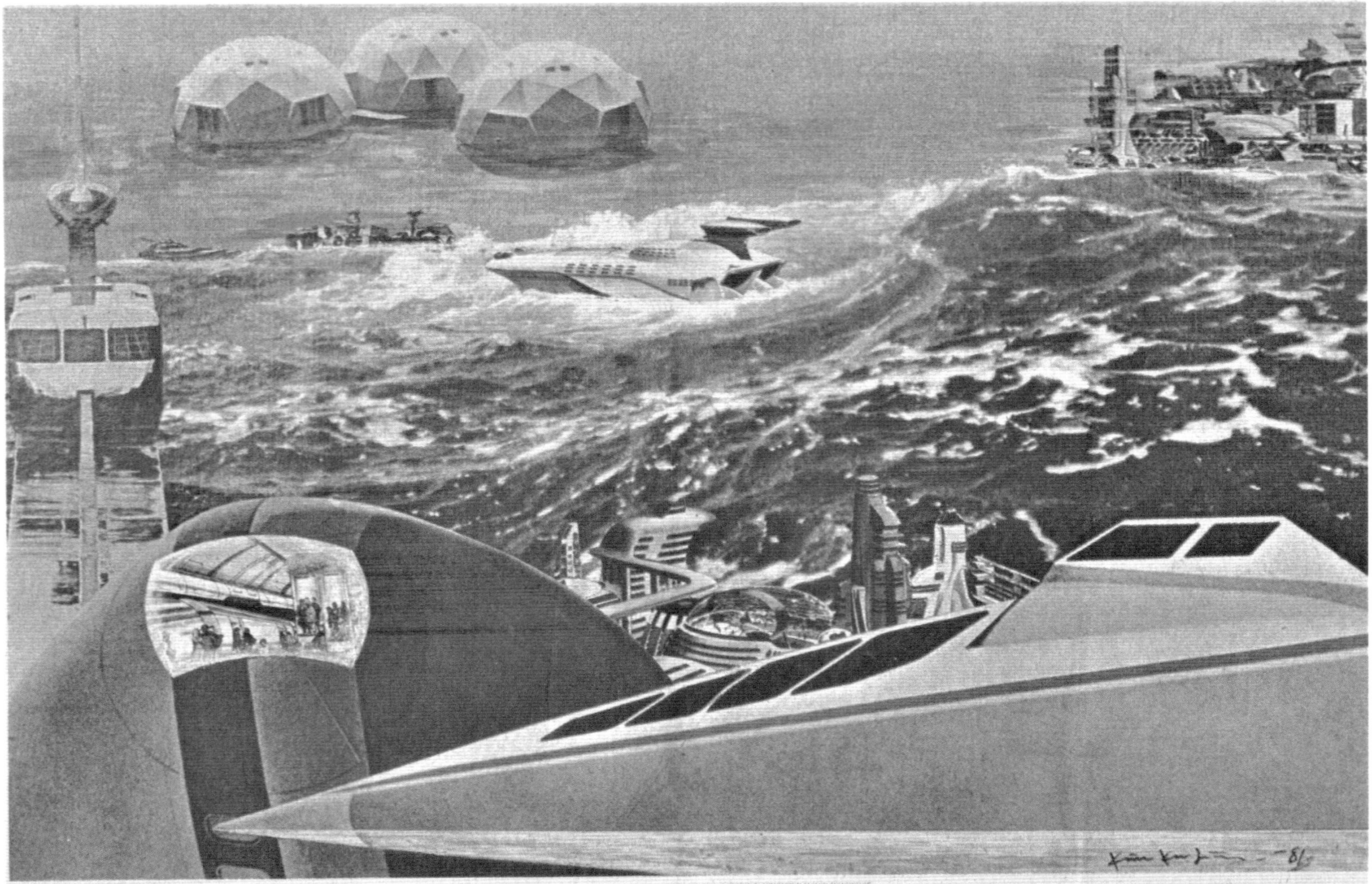

宇宙관광선타고 空中도시로

金丘林의 「콜라지」

메모 21세기의 세계는 어떻게 변할것인가. 우리의 상상을 초월한 것이리라. 고도의 기술개발을 동반한 과학문명의 발달, 의식의 변화는 인간을 별천지에서 살게할것임에 틀림없다. 공해문제가 심각해진 육지보다는 해양과우주로 뻗어갈 21세기를 생각하며 이작품을 구상해 보았다. 수직이착륙이 가능한 관광우주선을 이용, 공중도시를 왕래하고 벽지와 해양도시를 잇는 탄환열차의 선로가 거미줄처럼 뻗어날 세상이 되지않을까. 거센파도에도 흔들림없이 설계된 해양도시속에서 20세기에 이룩한 문화의 유산을 즐기는 감상자를 꿈꾸어본다.

海洋도시선 20세기遺産 즐겨

이작품은 내가 콜라지기법으로 최초로 제작한 상상세계의 작품이다. 21세기를 사는 사람들에게 오히려 못미친 상상력이라는 비난을 받지는않을지…. 【화가】

「김구림의 콜라지 우주관광선 타고 공중도시로」, 『국제신문』 1982년 1월 1일.

비슷한 것인지 모른다.”

김구림은 경향을 단순하게 모방한 게 아니라 항상 ‘김구림화’하고, ‘한국화’했다. 신진은 “정보 전달이라는 필요에 의한 우편 통신은 김구림에 의해 낡고 오래된 유물이 되었다.”며 다음과 같이 평가했다. “우편 예술의 창시자로 불리는 레이 존슨Ray Johnson, 자신의 개념 음악을 세계 곳곳에 전파하고 그 답신으로 다시 작업하는 에릭 앤더슨Eric Andersen, 우표와 엽서 같은 우편과 관계되는 인쇄물이나 오브제를 제작하는 등 우편 자체를 대상화하는 로버트 와츠Robert Watts와는 개념적으로 다른 작업이다.”

신진, 「김구림의 작업에 있어서의 오브제와 일상의 의미」, 국민대학교대학원 미술학과 석사학위 논문, *2009*, 22쪽.

이런 독창성은 김구림 후대의 외국 작가들에게서 확인된다. 김구림을 알 가능성이 낮은 연배의 외국 작가들이 김구림과 비슷한 작업을 한 것을 보면서 놀라곤 했다. 로니 혼Roni Horn이 유리로 만든 2008년 작품 〈Two pink tons〉는 김구림이 1970년 《AG전 – 확장과 환원의 역학》전에 출품한 얼음 작품 〈현상에서 흔적으로〉와 비슷하다. 2001년 터너상 수상자인 마틴 크리드Martin Creed의 종이를 구겼다 펴서 만든 작품들도 1974년 김구림의 〈위상〉 시리즈에서 유사성을 찾을 수 있다. 이들에게 표절의 혐의를 제기하거나, 차용 가능성을 말하려는 게 아니다. 김구림이 보여 온 전위의 독창성과 국제성을 제대로 평가해야 한다는 취지의 말이다. 정직함도 높게 평가해야 한다. ‘환경 예술’과 ‘메일 아트’에 관한 글에 썼듯, 김구림은 외국 미술 개념이나 사조의 영향을 받으면 늘 그 출처를 밝혀 왔다.

단단히 미친 짓 | 〈현상에서 흔적으로 : 불과 잔디에 의한 이벤트〉

캔버스에 그림 그리는 게 고리타분하고 무의미했습니다. 그래서 잔디에 불을 태운 거죠.

1970년 초 어느 날 김구림은 조그마한 노트에 직삼각형 몇 개를 끄적거렸다.(→) 이 도형들을 아래로 위로, 또 옆으로 이어 붙여 그렸다. 삼각형의 목적지는 캔버스가 아니었다. 그는 이 기하학적인 형태를 어디에다 어떻게 구현할지 고민했다. 1950년대 초창기를 빼고, '캔버스에 유채'를 의도적으로 피해 왔다. 영국 테이트모던이 소장 중인 〈태양의 죽음〉(1964) 같은 작품에선 붓을 버렸다.(→ 184, 186쪽) 캔버스 대신 나무 패널을 사용했다. 비닐 같은 오브제를 태워 패널에 붙인 파격을 선보인 게 1960년대 이야기다. 변화, 새로움 같은 단어를 늘 머릿속에 상기하며 작업했다. 그러다 '캔버스 대신 나무 패널'보다 더 획기적인 작품을 구상했다. '밖으로 나가자. 세상이 내 캔버스다'라고 생각했다. 김구림은 농촌에서 해마다 봄이면 해충을 없애기 위해 논둑을 태우는 걸 떠올렸다. 진짜 논밭에서 이 실험미술을 하는 건 의미가 없었다. 말 그대로 '논밭 태우기'일 테니. 구상한

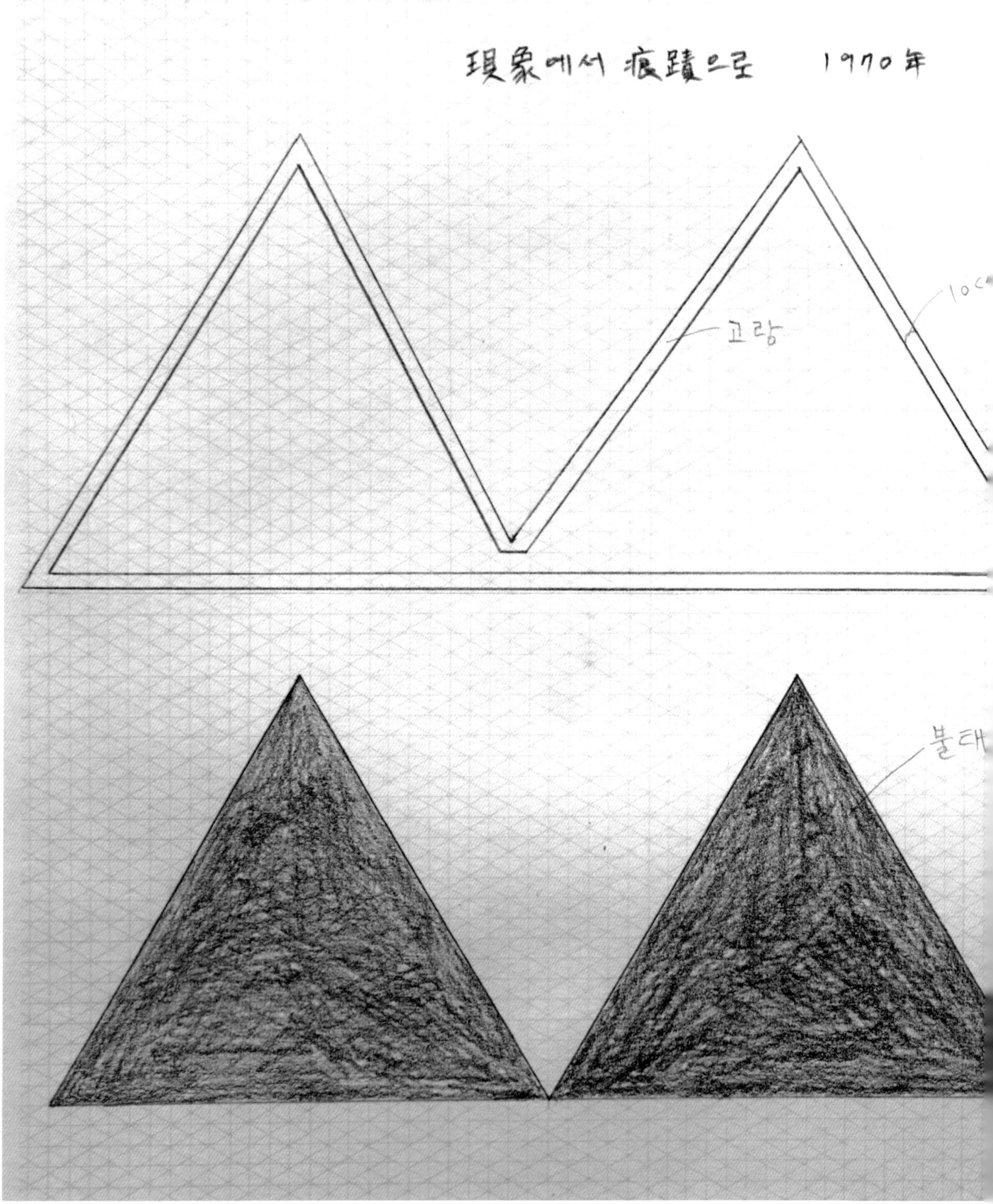

現象에서 痕跡으로 1970年
고랑
10c
불태

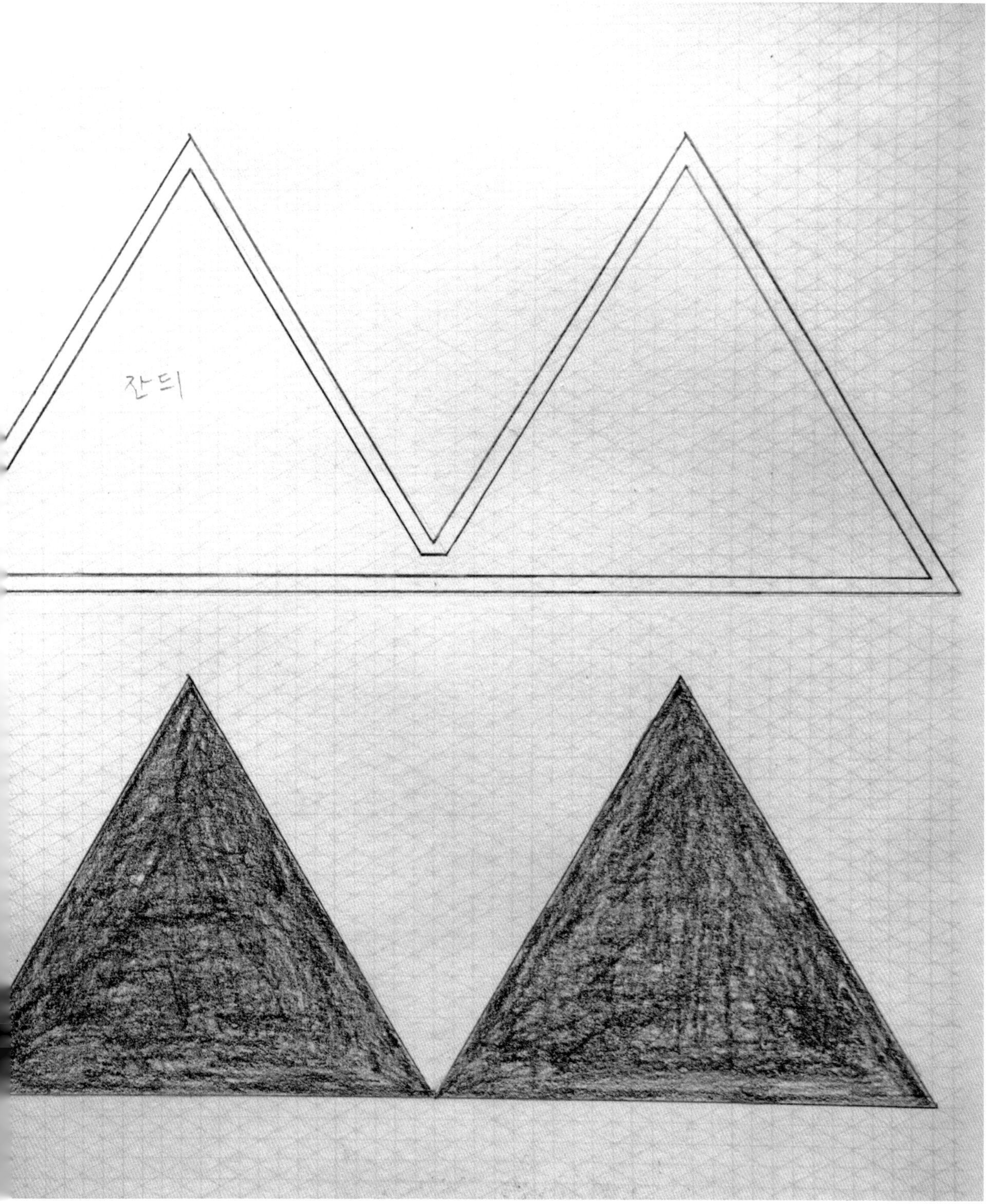

〈현상에서
흔적으로〉를 위한
아이디어 스케치,
1970.

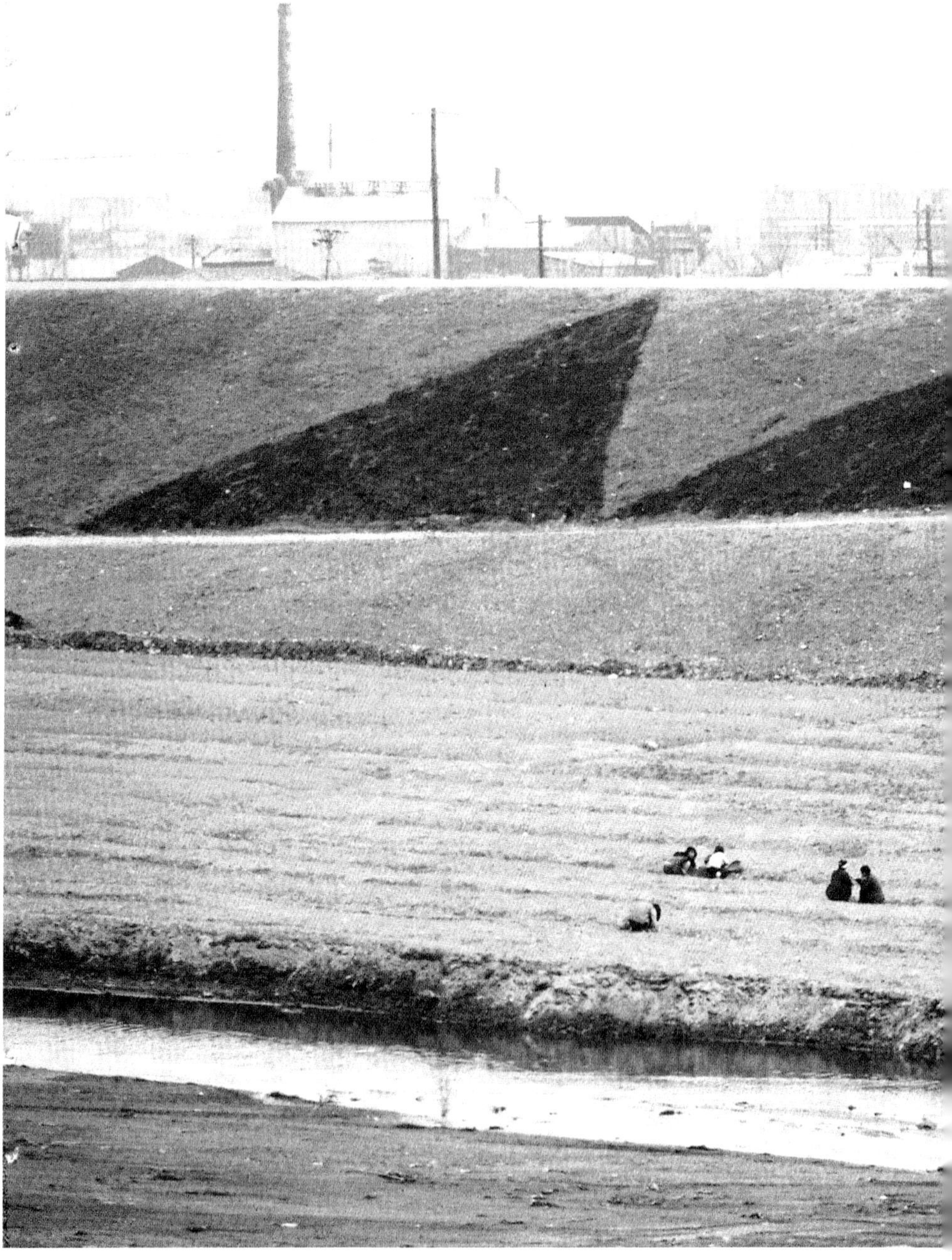

〈현상에서 흔적으로
From Phenomenon
to Trace〉, 대지미술,
1970.

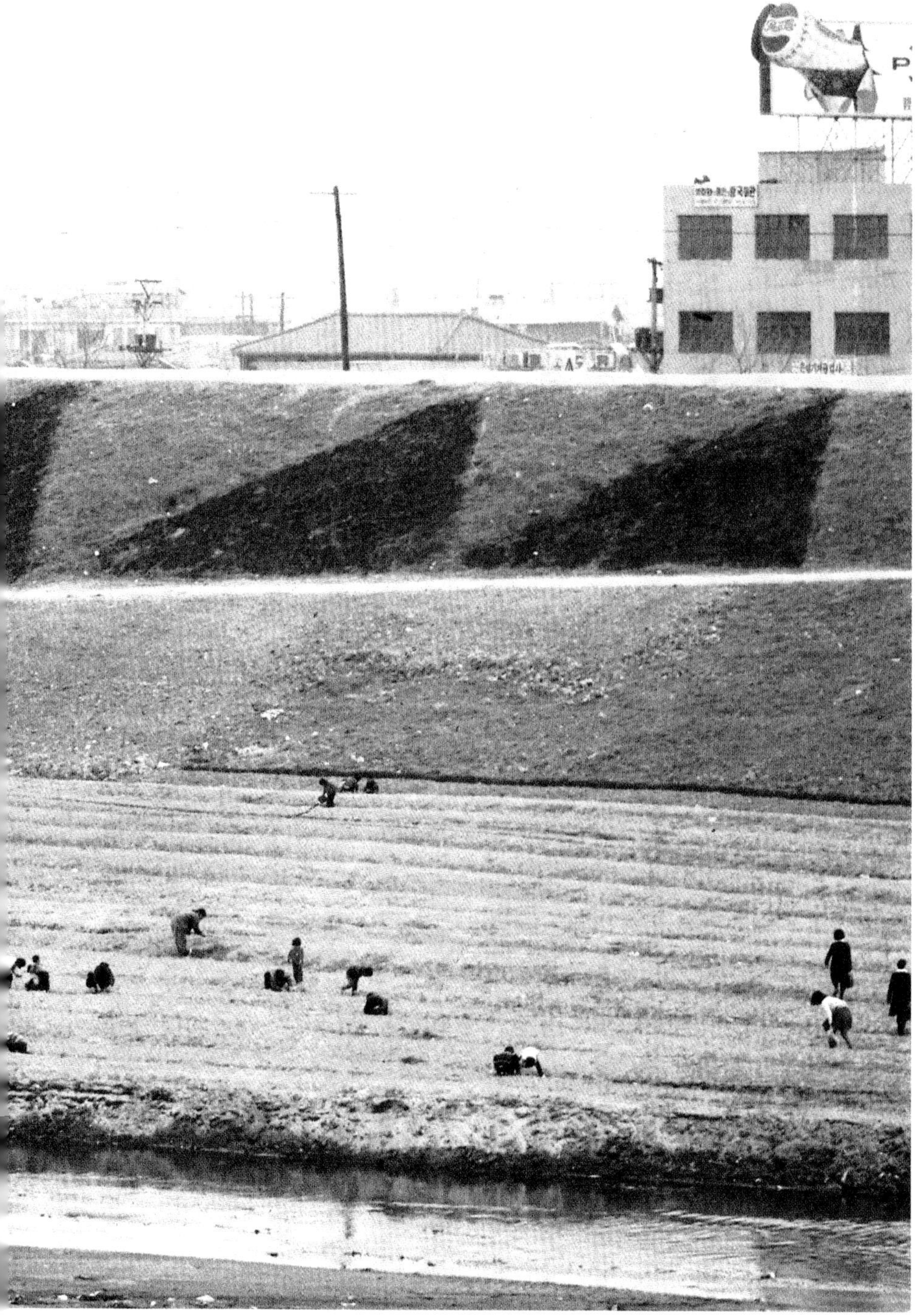

기하학적인 패턴을 구현하기에도 논둑은 너무 좁기도 했다. 화제와 논란의 중심에 서고 싶어 한 그는 서울에서 너무 먼 곳도 피하려 했다. 그래서 생각해 낸 곳이 한강 둑이다. 이 구상이 한국 최초의 대지미술 〈현상에서 흔적으로 – 불과 잔디에 의한 이벤트〉로 이어졌다.(←/→)

김구림은 당시를 이렇게 회고한다.

> **전위적인 세계 무용가들이나 존 케이지의 음악과 삶에 빠져들어 있을 때입니다. 그들에게서 영향을 많이 받았어요. '밥만 먹어도 된다, 집도 없어도 된다, 떠돌이 생활해도 된다'고 각오하면서 내 자신을 위안했죠. 조그마한 노트 하나 갖고 글 쓰고 작품 메모 끄적거리며 다녔어요. 캔버스에 그림 그리는 게 고리타분하고 무의미했습니다. 그래서 잔디에 불을 태운 거죠.**

1970년 4월 11일 오전 11시, 한양대 근처 살곶이다리(당시 사적 제160호, 현 보물 제1738호) 동쪽 부근 강둑. 며칠 전 현장 답사를 마치고 이날 김구림은 60도가량 기운 강둑 경사면에 한 변 22미터가량의 7개 삼각형을 연이어 구획했다. 모서리에 큰 못을 박고 흰색 두루마리 휴지로 이어 불을 붙였다.(→→→) 작업은 쉽지 않았다. 마른 풀이었지만, 양이 너무 적었고 드문드문 나 있어 의도한 대로 태우기가 쉽지 않았다. 타다가 꺼지기를 반복해 여러 번 다시 불을 붙여야 했다. 이날 현장에는 여러 일간지와 주간지, 방송사 기자들이 나왔다. 김구림의 모습은 현장을 찾은 기자와 강둑을 지나던 사람들에게 신기하거나 우습게 보였다. "빨강 T샤쓰에 외제 파란색 작업복"을 입고 나타난 김구림(→)에 대한 『주간경향』 기자의 묘사에선 '유한계급의 놀이'라는 말까지 등장해 반감이 느껴진다. 김구림 얼굴 사진엔 '화단의 문제아 전위광前衛狂'이라는 설명이 붙었다.(→ 50~51쪽) 진지하고 정교하기 그지없던 한국의 첫 대지미술도 조롱조의 반응을 얻었다.
"현장에서 1백 미터 떨어진 파출소 순경이 허겁지겁 달려왔다가 예술이란 말을 듣고 허허 웃으면서 그냥 되돌아갔다."☜

「강둑에 불 지르고 "이것이 예술이다"」, 『주간경향』 3권 73호, 1970년 4월 22일.

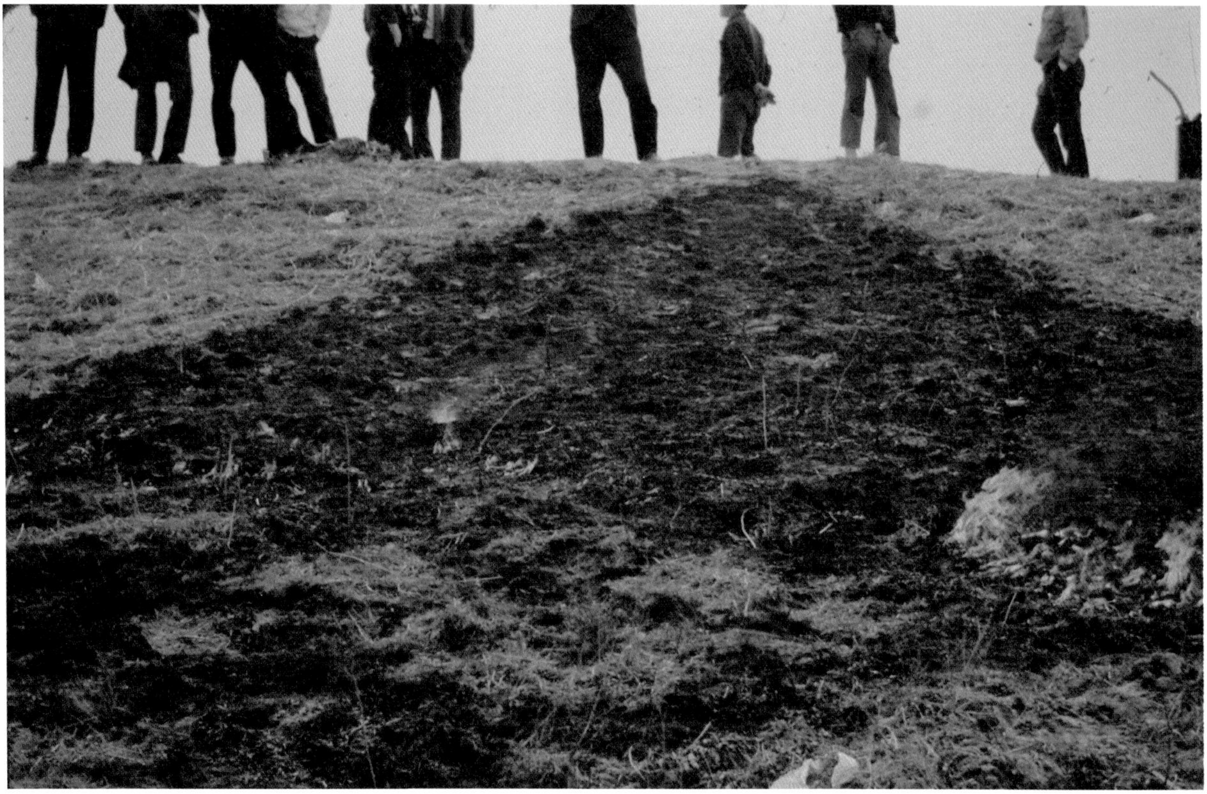

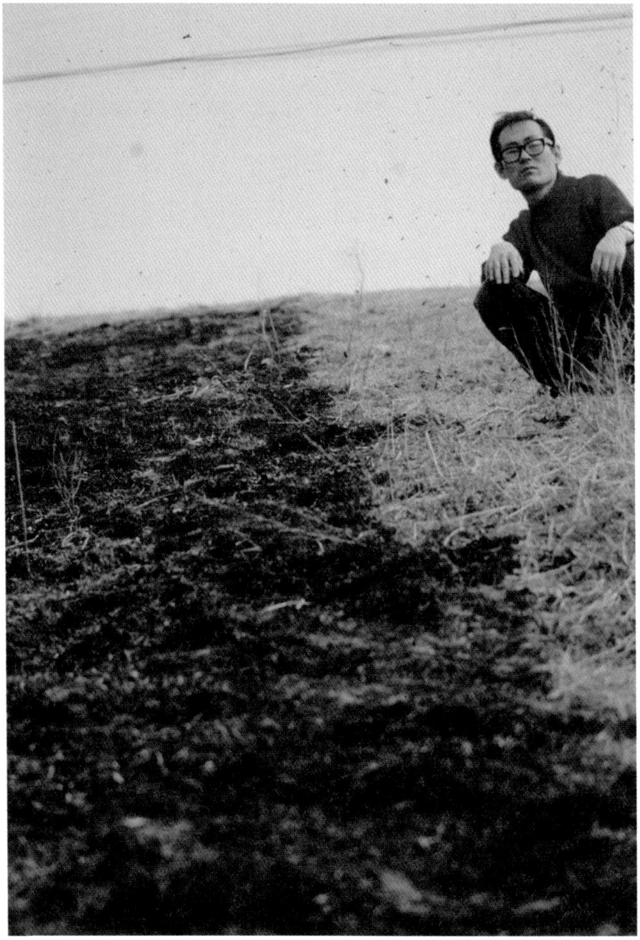

작업 중에 김구림의 옷에 불이 옮겨 붙었다. 티셔츠와 바지에 불이 타오르자 김구림은 맨손으로 불을 끄기 시작했다. 새로 산 카메라를 뽐내려 발표 현장을 찾았던 정찬승이 급히 달려와 흙을 흩뿌려 불을 껐다. 김구림은 오른손을 포함해 몇 군데를 불에 뎄다. "하마터면 대지예술 아닌 신체예술을 할 뻔했다고 주위에선 폭소"가 터졌다. 그리고 "그(김구림)는 타버린 잔디 위에 풀썩 주저앉아서 담배에 불을 붙였"다. 〈현상에서 흔적으로〉도 미친 짓으로 보였다. 이번에는 '단단히' 미친 짓으로 보였다는 게 이전 반응과 달랐다. 이 기사의 부제는 "전위화가 김구림은 정상인가?"였다. 기자는 "실례지만 당신의 정신 상태는 건전한가? 혹시 주위에서 미친 사람이라는 소리는 안 듣는가?"라고 물었다. 김구림은 이렇게 답했다.

> **미친 사람이 볼 때는 오히려 정상적인 사람들이 미친 사람처럼 보인다. 그러니까 누가 미쳤는가 하는 개념은 참으로 애매할 수밖에 없다. 시대를 앞서는 사람은 항상 우둔한 군중에게 미친 사람으로 보일 뿐이다.**

김구림은 이 인터뷰에서 관객은 화폭을 바라보거나 조각의 주위를 도는 게 아니라, 하나의 분위기나 환경 속에 사로잡힌 자신을 발견하고, 거기에 전적으로 반응한다는 취지로 작품을 설명했다. 또 과거에는 사람 손이 물질을 만들었는데 지금은 물질이 물질을 만들기 때문에 물질은 타락했다고도 했다.

> **이것은 또한 파괴 정신인데 파괴되었거나 영원히 돌이킬 수 없이 변경되었을 때, 거기에는 창조의 가능성이 있습니다. 예술가는 사물을 만들지 않고 창조합니다. 물체 사고를 떠난 존재 세계의 표정을 보여 주어야지요.**

일부 주민들과 경찰 눈에는 이 '불놀이'가 위험하게 보였나 보다. 지나가던 사람 몇몇이 경찰에 신고해 경찰이 출동해서 김구림을 연행하려고 했다. 당시 기자들이 경찰을 막아 연행은 피했다고 했다.

芸術은 고독하여 구경꾼도 없는데

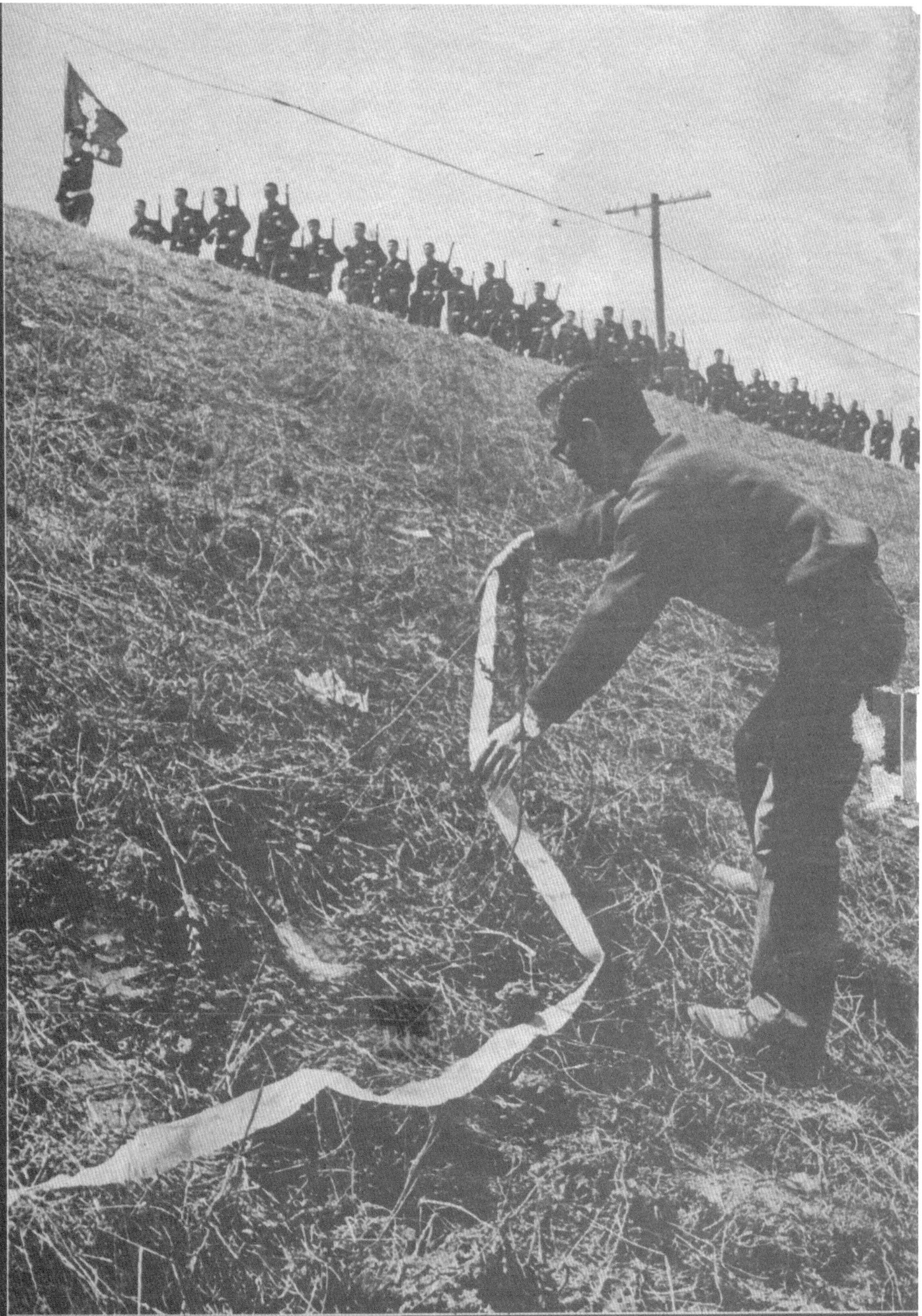

거창한 大地芸術을 준비하는 줄도 모르고 둑 위엔 학생들의 군사훈련 행렬이 무심히 지나간다.

←

제1호,
그 이름의 무게

펼치는 유물이
될 것이다

단단히
미친 짓

파괴와 소멸,
변주와 창조

찢어진 곤돈,
우표에 대한 응신

제4집단–전위미술의
정점과 좌절

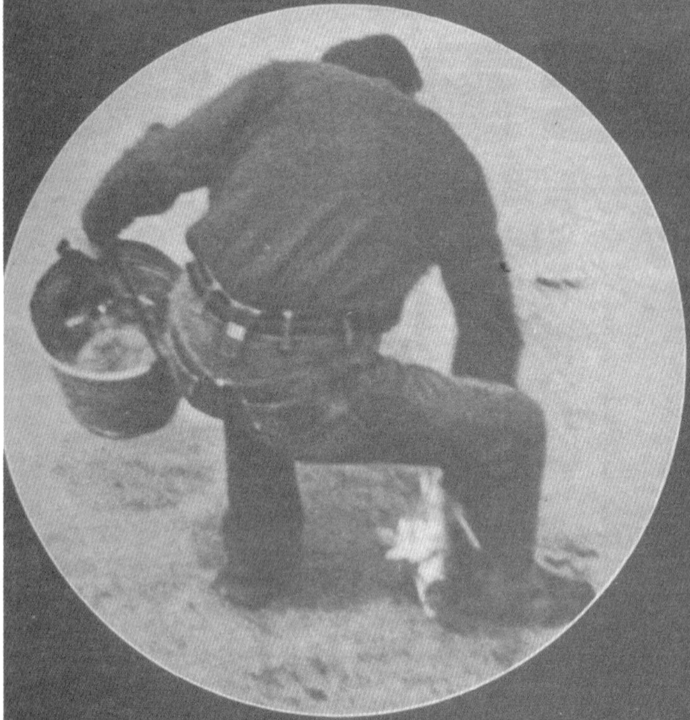

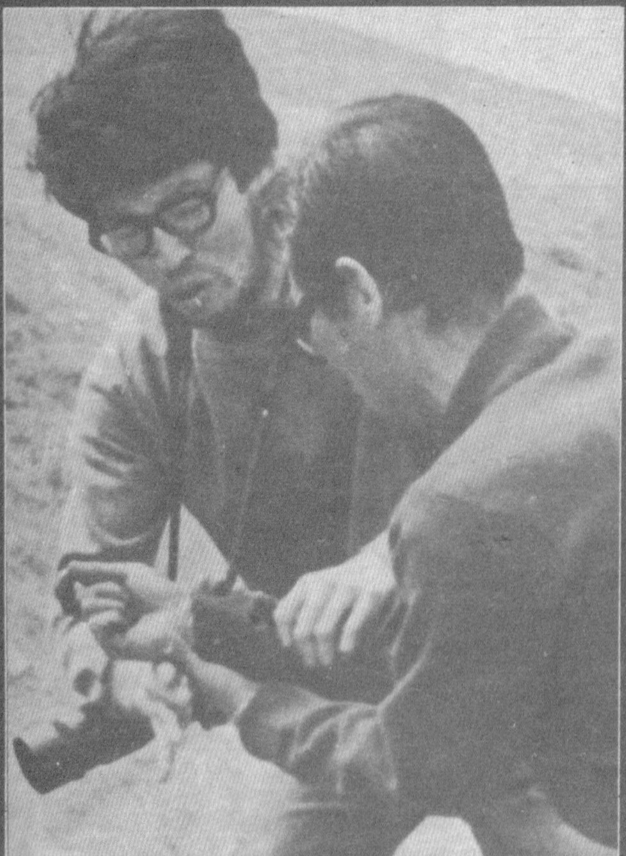

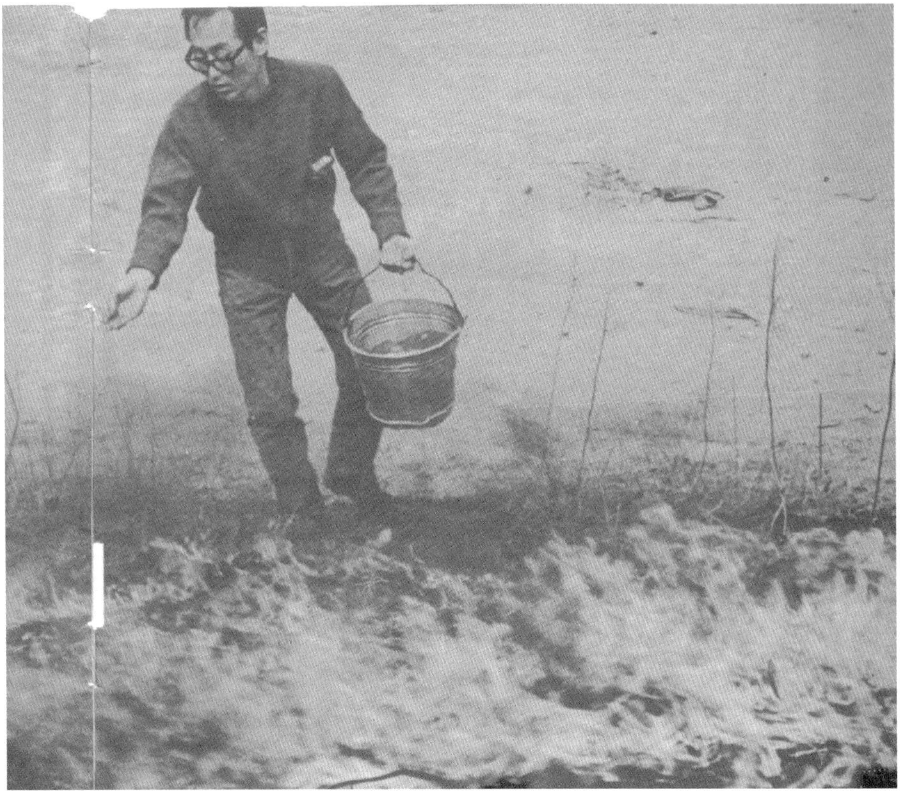

공권력이 당시 전위예술을 어떻게 이해하고 대했는지 시대상을 드러내는 사례다. 곧 살펴보겠지만, '제4집단' 때 김구림은 실제로 경찰에 붙잡혀 가 고초를 겪게 된다. 당시 『선데이서울』도 〈현상에서 흔적으로〉 현장을 다루면서 "저 휴지로 코 좀 풀었으면 좋겠다."라는 구경꾼들의 반응을 전한다. 『주간경향』보다 조금은 우호적이다. "(김구림은) 아무 일도 없었다는 듯한 표정이었지만 사람들은 '큰일 날 뻔했다'면서 비로소 그 행위에 대한 반응을 진지하게 보여 주었다."라고 전한다. 『선데이서울』은 의도하지 않았던 이 '화상 해프닝'에 더 큰 의미를 부여했다. 1970년 4월의 기사에는 「대지에 불 놓다 죽을 뻔한 전위예술」이란 제목을 붙였다.☜ 기자와의 인터뷰에서 김구림은 강둑이 '확장된 오브제'라고 말하며 이렇게 설명했다.(→)

「대지에 불놓다 죽을 뻔한 전위예술 – 잔디엔 흔적을, 손엔 화상 남겼는데」, 『선데이서울』 3권 16호, 1970년 4월 19일.

캔버스라는 규격을 벗어나 무한한 공간으로 뛰어나온 겁니다. 이것(대지예술)**은 감상의 대상이 아니고 제작**

大地에 불

잔디

도 있다.

대지예술이라고 하지만 「예술」이라기보다 「행위」이다. 그것이 無償의 행위라는 이유하나로 예술이 될 수는 없다. 대지예술이라고 부르는 망위에서의 단순한 행위는 요컨대 「아무것도 아닌 것」이거나 「아무것도 아닌 것을 위한 행위」일 따름이고 거기에 구태여 가치판단을 끼어 넣는다면 「전면적인 허무」같은 것을 장난스럽게 진술하고 있다고 할만하다.

미국이나 일본에서 들어온 현식인 대지예술을 단순히 이렇게 설명해도 좋다. 즉 봄이 왔고 아가씨들의 마음을 비롯, 사람들의 기분은 날씨처럼 풀려서 교외에라도 나가고 싶고… 나갔으나 심심하니까 잔디에 불이나 붙여놓고 놀자. 희희낙락하는 놀이와 좀 다른 것은 혼자 논다는 것이고 그 노는 표정이 심각하다는 것이다.

대체로 심각한 놀이다. 그 놀이가 대체로 지리하고 아무것도 아닌 것이었지만 보는 사람의 마음을 약간 흔들어 준 사건이 있었다.

金씨의 기름 투성이의 바지에 순식간에 불이 붙은 것이다. 바지 끝에서부터 무섭게 타오르기 시작하자 金씨는 들었던 석유 「바께쓰」를 놓고 두 손으로 황급히 불을 끄기 시작했다.

『바지를 벗어버리시오!』

누군가 소리쳤다.

『벗을 수 없읍니다!』

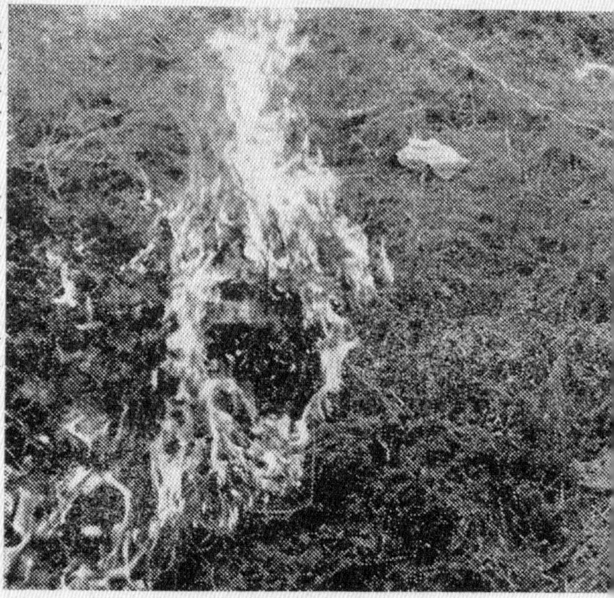

↑잔디에 불을 붙였으나 불길이 신통치않자 손으로 석유를 물

라고 대꾸하면서 金씨는 계속 손으로 바지를 두드렸는데 그러나 불길은 그의 기름에 젖은 오른손으로 인화, 살이 타기 시작했다.

그러자 바지의 불은 내버려두고 오른손의 불을 끄기 위해 왼손으로 오른손을 두드리고 비비기 시작했고 급히 달려온 동료 화가 鄭燦昇씨가 자기의 두 손으로 金丘林씨의 불타는 손을 덮었다.

손의 불이 꺼지자 두 손으로 흙을 움켜서 타오르고 있는 바지를 덮었다.

순식간에 일어난 일이었고 오른 손에 화상을 입어서 피부가 허옇게 부풀어 올랐다. 金씨는 그 화상 입은 손으로 다시 석유를 뿌리기 시작했다.

아무 일도 없었다는 듯한 표정이었지만 석유를 뿌리면서 『어이구 쓰라린데, 쓰라린데』하고 있었다. 사람들은 『큰일날 뻔했다』면서 비로소 그 행위에 대한 반응을 진지하게 보여주었다.

관객의 감정 흔들어 놓긴 예술보다도 옷에 번진 불

그야말로 「이벤트」였다. 불과 잔디에 의한 「이벤트」, 無償의 행위 또는 아무것도 아닌 것을 위한 행위에 불타서 죽을 염려도 있었던 위험을 무릅쓰고 골돌했다는 점이 보는 사람의 감정을 약간 흔들었고 아무것도 아닌 것을 위한 일을 하다가 죽을뻔 했다고 생각했기 때문인지 관객중에는 웃는 사람도 있었다.

『캔버스』라는 규격을 벗어나 무한한 공간으로 뛰어나온 겁니다. 이것(대지예술)은 감상의 대상이 아니고 제작 현장에서 같이 체험하는 「오브제」예요. 안과 밖, 작가와 관객의 구분이 없고 따라서 無名性의 예술입니다』

관객은 화폭을 바라보거나 조각의 주위를 도는 게 아니라 하나의 분위기, 또는 환경속에 사로잡힌 스스로를 발견하며 거기에 전적으로 반응한다는 이야기다.

과거에는 사람의 손이 물질을 만들었는데 지금은 물질이 물질을 만들기 때문에 물질은 타락했다는 것이다.

『이것은 또한 파괴정신인데 파괴되었거나 영원히 돌이킬 수 없이 변경되었을 때, 거기에는 창조의 가능성이 있읍니다. 예술가는 사물을 만들지 않고 창조합니다. 물체사고를 떠난 존재 세계의 표정을 보여주어야죠』

좀 어렵게 말한다 싶은데 요컨대 예술가는 행위하는 자(doer)가 아니라 보는자(Seer)라는 고전적인 견해에 접근해 있고 현상의 배후에 있는 「이데아」를 본다는 「플라톤」적 견해에 접근해 있다.

그러나 대지예술은 보는 자의 일이라기보다 행위하는 자의 「행위」 또는 사건이라는 점은 그들의 이론과 실제 예술활동의 거리를 더욱 크게 할 뿐이다.

어떻든 3시간20분에 완성된 金씨의 대지예술은 4개의 점은 3각형과 3개의 불타지 않은 3각형을 경사면에 남겨 놓았다.

…다 죽을 뻔한 前衛藝術 珍種

…迹을 손엔 火傷 남겼는데

□…전위예술의 하나인 이른바 大地藝術(Earth-work)의…□
□…등장이다。땅 표면의 잔디를 불로 태우는 金丘林…□
□…씨의 『불과 잔디에 의한 이벤트』 또는 『現象에서…□
□…痕迹으로』라는、따뜻한 봄날의 들놀이 장난같은 사…□
□…건이다。「미치지 않고야 저럴수가…」 싶지만 정월…□
□…대보름날 흔히 볼 수 있는 아이들의 놀이와 차이…□
□…가 없다。지리했지만 약간의 「드릴」도 있었다。…□

잔디에 석유뿌려 불놓자 구경꾼이 "저게뭐요" 물어

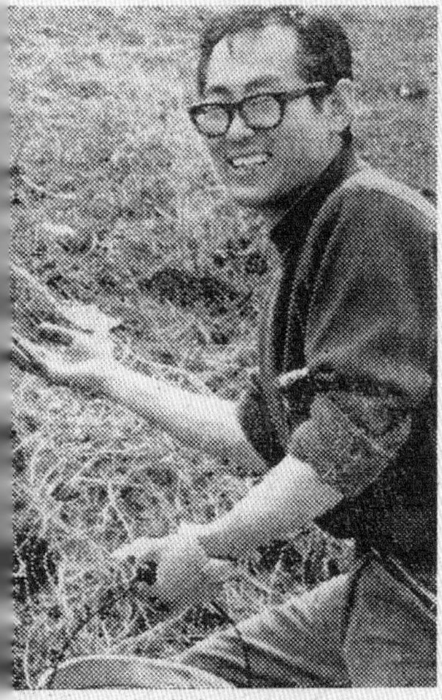
듯 뿌리는 金丘林씨.

4월11일 상오11시 한양대학 앞 살곶이 다리 동쪽 언덕 1백m 지점。언덕이라기보다 둑인데 차도와 강의 지류를 가르고 있는 둑이고 그 위는 길로 사용된다。

강쪽을 보고 있는 둑의 경사면은 먼지를 무더기로 뒤집어쓴 빈약한 잔디、잔디라기보다도 마른 풀로 덮여 있는데 金씨는 그 둑의 아래 위에 큰 못을 박고 노끈을 매서 7개의 삼각형으로 구획한다。그런 뒤 그 노끈을 따라 석유를 흠빽 적신 화장지를 늘어놓는다。화장지에 성냥불을 켜댄다。

『불과 잔디에 의한「이벤트」』의「캔버스」는 그러니까 둑의 경사면이다。그래서 대지예술、그리고「바레트」나「브러시」「화구」등의 기재 대신 이「이벤트」에 소요되는 것은 화장지 석유 못 성냥「바께쓰」 모래 등이다。

기름 묻힌 화장지에 불을 댕기자 마른 풀이 타기 시작했는데 탈 만한 풀의 양이 워낙 빈약해서 타다가 꺼지곤 한다。듬성 듬성 검은 흔적이 생길 뿐이다。하루 종일 해야 끝날 것 같다싶을 만큼 진전이 없고 심심하다。

불타는 대지는 젖혀놓고 불타는 잔디를 보게 되리라는 예상을、시들하게 타는 불속에 던져버리자 金씨는 화장지를 3각형 속에 여기저기 던져 넣어 불을 붙인다。그러나 역시 시들하다。

마침내 석유「바께쓰」를 들고 물뿌리듯 손으로 석유를 뿌리기 시작하고 불길은 한결 커진다。석유는 계속 아낌없이 뿌려진다。

언덕 위에 구경꾼들이 모인다。이를테면 우연히 현장에 온 관람자들이다。정체를 알 수 없는 대지예술 제작 행위를 목격하게 된 관람자들 중 자기 나름대로의 느낌을 말하는 사람도 있다。대개 허름한 차림의 젊은 남녀들과 어른 몇 명。

『돈이 흔했다。기름을 저렇게 버리다니!』

침 밷듯이 내뱉는다。

『저 휴지로 코 좀 풀었으면 좋것다』

『저게 뭐지?』

설명을 해주었지만 더 모르겠다는 표정。마침 둑 위로 군사 훈련을 받는 고교생들이 목총을 앞에 들고 구령을 외치며 뛰어간다。대지예술과 고교생 군사훈련 행렬의 대조가 묘한 느낌을 갖게 한다。

기름묻은 바지에 불 붙어 끄려고 하자 다시 손으론

3각형 하나를 다 태우자 불탄 뒤의 검은 3각형이 경사면에 드러나고 둘째번 3각형을 태우기 시작한다。

대지예술이라는「이벤트」를 합리화하는 이론적 뒷받침이도 있다。

즉 불붙은 잔디는 까맣게 타서 하나의 흔적은 다시 푸른 잔디로 덮여 대지예술은 사라지고 말 것이다。대지예술을 불가능의 예술이라고 부

「대지에 불놓다 죽을 뻔한 전위예술–잔디엔 흔적을, 손엔 화상 남겼는데」, 『선데이서울』 3권 16호, 1970년 4월 19일.

현장에서 같이 체험하는 오브제예요. 안과 밖, 작가와 관객의 구분이 없고, 따라서 무명성의 예술입니다.

김구림이 원했던 관객과의 소통이나 새로운 미술에 대한 도전은 수용되기 힘든 시절이었다. 『선데이서울』 기자는 진지하게 평을 하면서도 결국은 "대체로 심각한 놀이"라고 규정했다.
"'아무것도 아닌 것'이거나 '아무것도 아닌 것을 위한 행위'일 따름이고 거기에 구태여 가치판단을 끼워 넣는다면, 전면적인 허무 같은 것을 장난스럽게 진술하고 있다고 할 만하다."

〈현상에서 흔적으로〉는 사물의 본질, 시간성에 관한 진지한 예술 행위였다. 고도로 기획된 행위였다는 건 미술평론가 오광수가 쓴 알림이자 초대장 내용을 보면 알 수 있다.(→)
"일정한 평방미터(경사면 약 22m×길이 약 100m)의 지표면의 잔디를 불로 태우는 김구림 씨의 '현상에서 흔적으로'(불과 잔디에 의한 이벤트)는 물체로서의 고유성을 고집해 온 지금까지의 예술작품을 부정하는 예술의 비물질화를 보여 주는 예이다.
불붙은 잔디밭은 까맣게 타서 하나의 흔적을 남길 것이다. 그리고 이 자리는 시간이 흐름에 따라 점차 푸른 잔디로 변해지면서 태운 자리의 흔적은 사라지고 말 것이다.
여기서 우리는 맛스mass와 보륨volume 없이 미술 작품이 이루어질 수 있다는 시간과 공간과 행위가 결합된 미묘한 시각적 진술을 인식하게 될 것이다.
그리고 이 무상의 행위가 강렬하게 새로운 예술의 형태를 요구하고 있음을 알게 될 것이다.
그리고 또 우리는 미술관과 화랑을 뛰쳐나와 무한한 대지 속에서 소재를 찾고, 행위의 장을 마련하는 이른바 대지예술의 모습을 이 이벤트 속에서도 찾을 수 있으며, 대지예술의 모험가들과의 정신적인 맥락을 발견하게 될 것이다."

당시 오광수를 빼고는 즉각적인 반응이나 평가는 찾기 힘들다. 미술비평이 흔치 않았다. 미술 잡지도 드물었다. 전위미술을 두고는

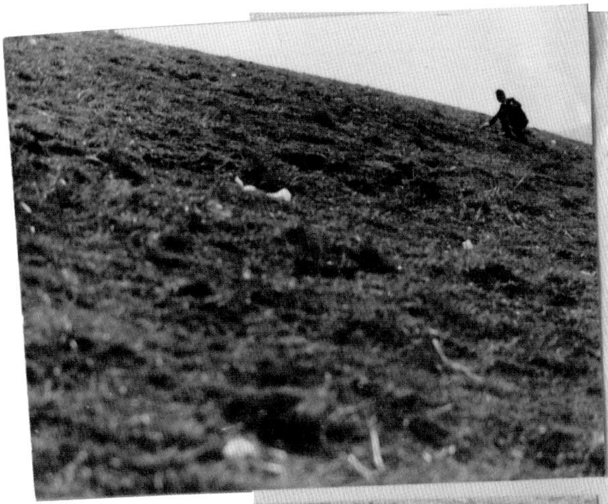

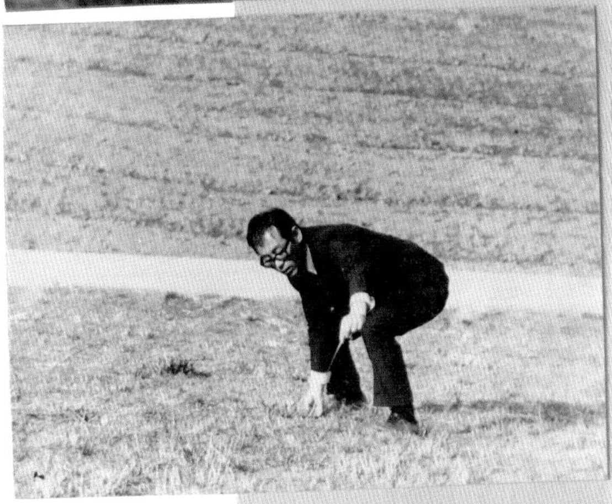

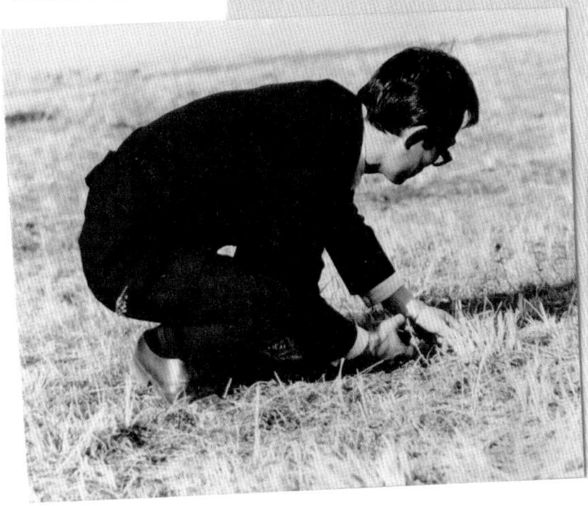

現象에서 痕蹟으로

<金丘林의 불과 잔디에 의한 이벤트>

일정한 평방미터 (경사면 약22m×길이 약 100m)의 地表面의 잔디를 불로 태우는 金丘林氏의 「現象에서 痕蹟으로」(불과 잔디에 의한 이벤트)는 물체로서의 고유성을 고집해온 지금까지의 예술작품을 부정하는 藝術의 非物質化를 보여주는 예이다.

불붙은 잔디밭은 까맣게 타서 하나의 흔적을 남길것이다.

그리고 이 자리는 시간이 흐름에 따라 점차 푸른 잔디로 변해지면서 태운 자리의 흔적은 사라지고 말것이다.

여기서 우리는 맛스와 보륨없이 미술작품이 이루어질 수 있다는 시간과 공간과 행위가 결합된 미묘한 시각적 진술을 인식하게 될 것이다.

그리고 이 無償의 행위가 강렬하게 새로운 예술의 형태를 요구하고 있음을 알게 될 것이다.

그리고 또 우리는 미술관과 화랑을 뛰쳐나와 무한한 大地속에서 소재를 찾고, 行爲의 場을 마련하는 이른바 大地藝術(Earthwork)의 모습을 이 이벤트속에서도 찾을수 있으며, 大地藝術의 모험가들과의 정신적인 脈絡을 발견하게 될것이다.

美術評論家 吳 光 洙

때 · 1970년 4월 11일 11시부터

곳 ·

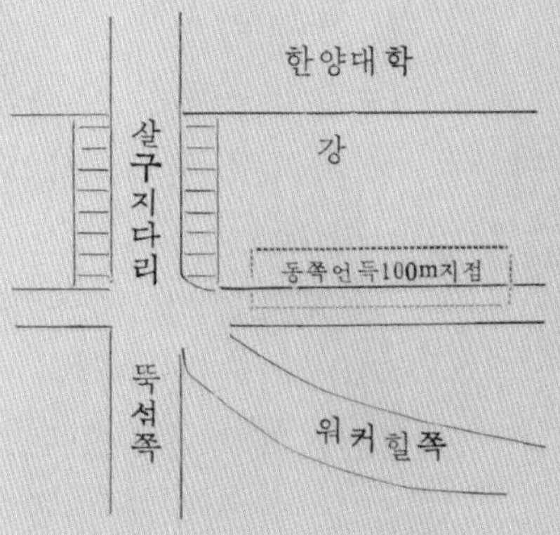

〈현상에서 흔적으로〉 리플릿(초대장), 1970.

『주간경향』이나 『선데이서울』 같은 주간지들이 '사건과 실화' 식의 보도와 함께 평론 역할을 겸했다. 20년이 더 지난 1990년대 이후에야 평론가들은 〈현상에서 흔적으로〉를 김구림의 대표작 중 하나로 뽑으며 뒤늦은 평가를 내놓았다. 서성록은 "김구림은 시간의 경과와 더불어 불에 태운 부분과 태우지 않은 부분 사이에 생기는 예기치 못한 표정을 응시하게 만들었다."☜라고 하여 불탄 부분과 불타지 않은 부분의 대비에서도 사전에 고려한 조형적 의도를 주목했다. 불에 탄 기하학적 형태 위에 풀이 돋으면서 언젠가는 사라진다.

서성록, 『한국의 현대미술』, 문예출판사, 1994, 180쪽.

잔디가 자라는 것까지 다 포함했어요. 농부들이 시골 밭두렁을 태우는 것도 보고, 이후에 거기 새순이 파랗게 자라는 것까지 봤습니다.

저 강둑은 제작 당시 짧은 순간만의 행위를 담고 있을 뿐이다. 대략 두 시간의 순간이다. 불에 탄 기하학적 형태 위에 풀이 돋으면서 언젠가는 사라진다. 김구림은 자연이 개입하는 변화마저 계산했다. 작품의 시공간을 연장한 것이다.

미국의 미술평론가 로베르타 카라소*Roberta Carasso*는 "김구림의 작품들은 한 형태의 창조에서 소멸에 이르는 변천 과정에 관한 것이었으며 창조 과정에 대한 인식의 한계를 극복하고자 하는 데 의미가 있다."☜라고 말했다. 삶과 죽음의 대비, 즉 삶에서 죽음으로 이어지는 인간 존재의 문제까지 담고자 했던 김구림의 의도를 읽어 낸 것이다. 1990년대 이후 김구림이 집중하게 되는 '음과 양'의 개념이 이미 녹아들어 있다고 보아도 좋다. 몇 가지 더 살펴볼 요소가 있다. 〈현상에서 흔적으로〉라는 이름이 붙은 '실물'은 없다. 당시 현장을 담은 몇 장의 사진만이 남았을 뿐이다. 김구림은 상품으로서의 미술, 그러니까 교환가치가 있는 '물건'을 남기지 않았다. 애초에 남기려는 의도가 없었다. 로베르타 카라소의 글은 이렇게 이어진다.

Roberta Carasso, "The art of Ku-Lim Kim", *Ku-Lim Kim*, The Modern Museum of Art, 1991, pp.9~10.

"이 작품은 순간적으로 창조된 최초의 한국 작품이었으며 대중 앞에서 창조된 컨셉추얼 작품이었다. (…) 이 특정한 작품은 작가의 창조 과정으로부터 자연의 순간적인 창조 과정으로 관심을 전환한 데에 그 의미가 있다고 하겠다. 작가가 끝마친 한 작품을 자연이 이어받아 시각에서 사라질 때까지 생의 자연적인 힘의 하나로 만들면서 창조 과정은 전환된 것이다. 이 사건은 예술이란 사람에 의해서만 창조되는 것이 아니라, 살아있는 조각을 빚듯 자연도 예술가가 될 수 있다는 새로운 가능성을 제시하였다. 땅은 불규칙한 무늬로 수놓인 큰 캔버스가 되었다. 그러나 이 캔버스는 곧 아무런 일도 없었던 것처럼 새로이 복구되었다. 불에 탄 자리엔 새로이 잔디가 자라났다. 한 시점에서 그 변천은 완성되었으며, 작품은 이제 개념으로만 존재하게 되었다. 이 해프닝은 가차 없는 불꽃의 결과가 생명의 연속성으로 대치되었으며 시간이 흘러감에 따라 이 생명력은 앞으로 나아가 치유하고 가장 파괴적인 사건의 흔적까지도 없애 준다는 것을 나타내 주었다.”

‘시대를 앞서는 사람’은 김구림의 자부심이었다. 세상의 인정 여부와 상관없었다. 당시 김구림은 여러 언론 인터뷰에서 자신을 ‘예술의 장르 의식을 파괴하려는 전위작가’로 규정하면서 이렇게 말했다.

나의 화실은 지구나 우주 같은 넓은 공간이다.

나는 김구림의 이런 패기에 지금도 놀라곤 한다. 지금 여기의 미술 현실도 되돌아보게 된다. 2021부터 2022년까지 미술 담당을 하면서 패기와 파격의 미술을 본 기억이 별로 없다. 작가나 화랑이나 돈 되는 미술, 기성 미술계에서 인정받은 미술에 안주했다. 이런 작가나 화랑과 연결된 미술관도 첨단의 실험, 급진의 미술 철학과는 거리가 먼, 박물관 같은 고인 물이 된 듯했다.

파괴와 소멸, 변주와 창조 | 〈현상에서 흔적으로〉

〈현상에서 흔적으로〉라는 제목의 작품은 세 개 더 있다. 1970년대 '시간'과 '공간'에 관한 개념 작품에 공을 들인 김구림이 1970년 《A.G 확장과 환원의 역학》에 출품한 '얼음'으로 만든 작품 제목도 〈현상에서 흔적으로〉다. 붉은 직사각형 플라스틱 통 세 개를 나란히 바닥에 일렬로 펼쳐 놓고, 각각의 통 속에 크기가 같지 않은 얼음덩어리를 넣은 다음, 얼음 윗부분에 얼음 크기와 같게 트레이싱 페이퍼를 잘라 얹어 놓은 작품이다. 얼음은 녹기 마련이다. 얼음 규격으로 자른 트레이싱 페이퍼는 물기가 마르면서 점점 쪼그라든다. 바짝 마르면서 기하학적 문양이 생겨난다. 종이 위치도 달라진다.(→/→→)

다른 두 개의 〈현상에서 흔적으로〉는 1970년 6월에 개최한 《한국미술대상전》에 나온 것이다. 초대작가로 선정된 김구림은 〈현상에서 흔적으로〉란 제목으로 두 작품을 출품했는데 이것들이 또 스캔들을 일으켰다. 화제와 논쟁을 동시에 불러온 것은 야외 작품이다. 김구림은 폭 1미터의 흰 광목 수십 필을 이어 붙여 물건을 엮듯

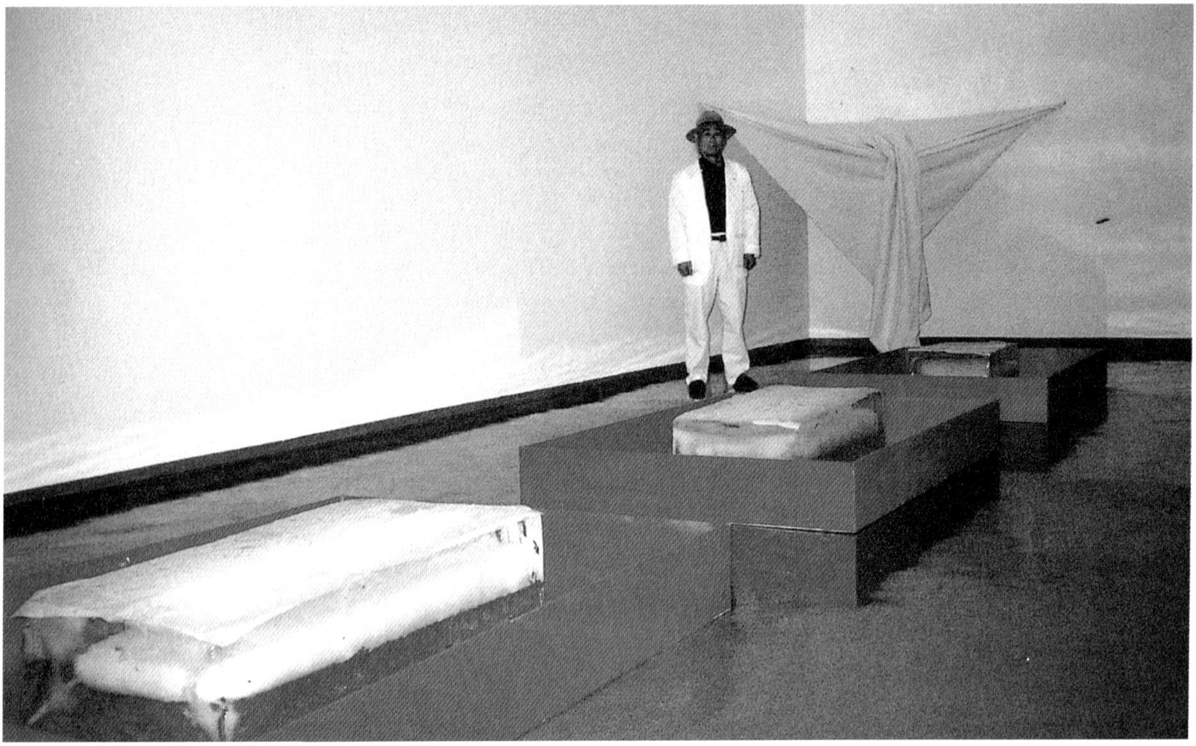

〈현상에서
흔적으로From
Phenomenon to
Traces〉, 플라스틱
상자, 얼음,
트레싱페이퍼,
480×110×80cm,
1969.

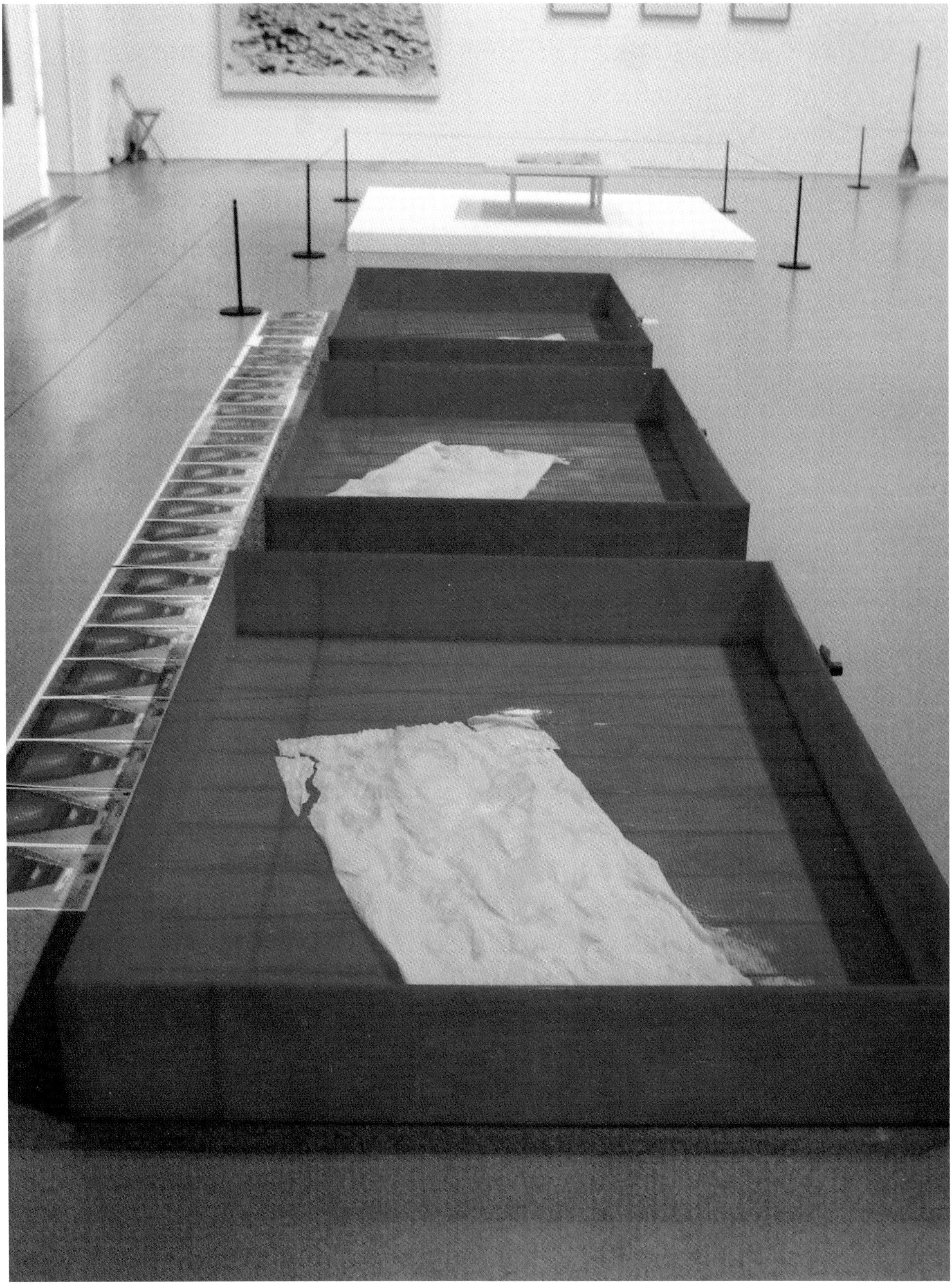

경복궁현대미술관(국립현대미술관 전신, 현 국립민속박물관 자리)을 '묶는' 작업을 시도했다.(←58쪽) 먼저 광목으로 경복궁현대미술관을 두른 뒤 광목의 시작과 끝을 전시장 한편에 가로 60센티미터, 세로 40센티미터의 관 모양으로 구덩이를 파서 묻고, 돌덩이를 얹고 '일금 900만 원'이라고 적었다. 미술관 밖으로, 또 캔버스 밖으로 미술의 영역과 지평의 확장을 강조하던 김구림다운 작품이었다. 주최 측은 설치 26시간 만에 인부를 동원해 철거했다. 사전 통고도 하지 않았다. 한국 현대미술사에서 처음 있는 일이었다. 김구림은 초대작가였다. '모든 경향의 창조적인 작품이 가능하고 규격에 제한이 없다'는 공고를 봤고, 전시장 밖도 좋다는 사전 허가를 받고 두 작품을 출품했다. 1부에서 언급한 한국일보와의 싸움이 바로 이 작품을 두고 벌어졌다.

지금 관점에서 철거 이유를 들어 보면 어이가 없다. 주최 측은 "흡사 초상이나 당한 것 같은 느낌이 든다."☜는 이유를 들었다. "워낙 튼튼히 매어 둔 까닭으로 뒷부분은 개막 당일까지 철거되지 못한 채 정말 흔적만은 남게" 된 게 아이로니컬했다. 당시 초대작가들은 한국의 쟁쟁한 화가, 평론가를 망라했다. '조직'과 '소속 집단'을 중시하는 한국적 분위기에서, 그것도 화단의 대가들이 모인 전시회에서 적당하게 타협할 수도 있었지만, 김구림은 되레 세게 항의했다. 소송도 불사하겠다는 의지를 밝혔다. "새로운 미학에 대한 감식안이 없는 운영위원과 주최 측의 전람회에 출품한 것부터가 자신의 잘못"이라고 자조하기도 했다. 『선데이서울』은 그의 항변을 다음과 같이 소개한다.

「쇼킹진종1 국립미술관 난장판 미수사건 전모– 예술이 따로 있나 놓고 보며 함께 하자는데」, 『선데이서울』 3권 24호, 1970년 6월 14일.

> **대지예술의 세계적인 작가인 크리스토는 도쿄 비엔나레에서 전시장 전부를 담요로 덮었습니다. 그는 한때 섬 전체를 담요로 덮은 일도 있고 빈 드럼통으로 번화가를 차단해 버린 일도 있습니다. 또 도쿄 비엔나레 초대작가인** 高松次郎(**다카마쓰 지로**) **씨는 트럭에 진흙을 가득 싣고 와 전시장 안을 가득 채웠습니다. 이런 새롭고 창조적인 예술 활동을 이해하지 못하고 모르는 사람들과 맞선다는 자체가 우스운 일이지만 하지만 새로운 미학의 창조, 개화를 위해 끝까지 싸워야겠습니다. 1차적인 책임은 주최 측에**

있다고 봅니다. 새로운 창조적 예술을 받아들일 태세를 갖추지 못하고 모든 경향의 창조적 작품을 요청한 것이 잘못이죠. 만약 제 작품이 창조적이 아닌 모사품이기 때문에 철거당했다면 그거야 제 잘못이죠. 보다 근본적인 문제는 소위 재야전의 대가들이란 사람들이 밤낮 그렇고 그런 얼굴들이란 점입니다. 좀 새로운 것을 보면 고개를 절레절레 흔드는 그런 운영위원들이라니… 이미 반쯤 철거당했다니 개막 당일까지 원상복구해 놓지 않으면 내용증명을 보내고 소송을 제기하겠습니다. ☜

「쇼킹진종2 돈과 나체와 싸움으로 엮는 예술 – 전위예술가들의 '놀랬지 잔치' 계획」, 『선데이서울』 3권 24호, 1970년 6월 14일.

주목할 부분은 김구림의 크리스토*Javacheff Christo*에 관한 언급이다. 김구림의 이 작업은 종종 크리스토의 작업과 비교된다. 신진은 김구림과 크리스토를 이렇게 구분해 설명한다.

"그들(크리스토와 잔 클로드 – 인용자)은 공공장소 혹은 건물을 포장하며 대상물의 부분을 가림으로써 그 근본 형태를 주목하게 됨을 제시한다. 또한 작업 자체보다도 그것을 이행하기 위한 스케치와 일련의 작업 전개 과정이 중요한 작업 포인트가 된다. 하지만 〈현상에서 흔적으로〉는 완전히 포장하는 것이 아니라 고작 폭 1미터의 흰 광목으로 몇 번 감아 묶는 작업으로 그들의 작업과는 비교할 수 없는 다른 의미의 작품이다. 기성 화단의 전시장이었던 경복궁현대미술관에서 새로운 창작 전시를 여는바, 그동안의 구태의연한 작업은 900만 원이라는 작품 가격과 함께 '묶어' 버리고 새로운 방식의 창작 활동을 열자는 의미로 해석된다." ☜

신진, 「김구림의 작업에 있어서의 오브제와 일상의 의미」, 국민대학교대학원 미술학과 석사학위 논문, 2009, 33쪽.

김구림은 한국의 전통 장례, 시신과 무덤 등에 관한 은유를 넣으며 이렇게 말했다.

크리스토의 포장 작업은 건물을 완전히 덮어 원래의 모습을 사라지게 한다. 내 작품은 낡은 미술계를 시신을 염하듯이 묶고 관을 묻듯이 매장한다는 의미다. 기존 미술 개념과 체제에 대한 반발이었다.

國立

쇼킹珍種 1

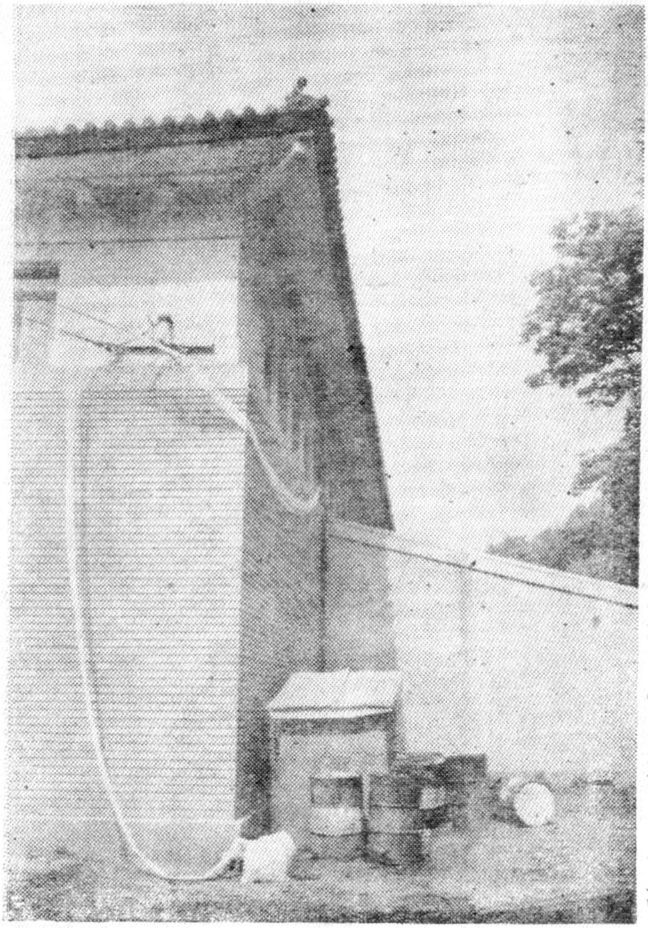
↑소송으로까지 번질 문제의 작품『현상에서 흔적으로』절반 가량이 둘둘 뭉쳐져 미술관 뒤뜰에 버려져 있다。

타일처럼 깔아놓은 거울

베로 美術館 묶어 놓기도

거당할 운명。

그러나 높이 20m의 천장에서 2천여개의 풍선을 철거하는 작업은 그리 쉬운 일이

작자 鄭씨는 『바로 그점이 노렸던 것』이라면서 入·落에 관계없이 『내 작품의 흔적은 영원히 남게 되며 그 흔적은 작품의 延長』이라고 주장。 결국 『풍선을 출품할 때부터 소위 在野展이란게 國展과 똑같이 고루하고 보수적인데 환

된 천장을 잘못 건드렸다간 유리가 깨질 위험성이 있고 사다리를 놓고 벤다하더라도 회벽에 그 흔적이 남게마련。

멸을 느껴 애초부터 심사를 불가능하게 하기 위해 출품했던 것』이라고 묘한 주장을 내세웠다。

鄭씨는 만약 입선되었을 경우 전람회장 입구에 7백개 가량의 풍선을 깔아 관람객이 입장할 때 밟으면 터지

「보디·페인팅」「시·드루」 등을 우리나라에 소개하는데 공로(?)가 큰 「해프닝」의 여기수 鄭江子양은 가로 세로 20㎝의 정사각형 거울 1백여장을 목욕탕 「타일」처럼 전시장에 깔아놓았다。 워낙은 전시장 바닥 전부를 덮을 생각이었으나 주최쪽의 강경한 반대로 뜻을 이루지 못하고 관람객들의 통로로 쓰일 부분을 남겨 놓아야했다。

鄭양의 作意는 『거울을 관람객들이 밟을때 깨어지는 소리 그리고 깨어진 거울의 모양』이 바로 작품이라면서 관람객이 작품제작에 참여하게 되는 것이 자기작품의 특색이라고 내세웠다。

그러나 벽 아닌 거울이 깔려있어 「미니」아가씨 관람객은 아예 이 전시실에 발을 들여 놓기가 거북하게 되어 있다。

이들 「해프닝」계열의 두 작가는 모두 공모작가라 별 문제가 없다。

가장 큰 말썽은 주최쪽으로 부터 초대작가로 선정、작품활동을 위촉받은 金丘林씨의 경우다。 지난번 잔디를 불태우며 『현상에서 흔적으로』를 부르짖었던 金씨는 大地藝術(Earth Work)계열의 작가。 초대작가의 작품은 작품심사를 거치지 않고 전시된다는 것이 미술전의 통념이다。

金씨는 2개의 작품을 출품했는데 그 중 말썽난 것이

館 난장판 未遂사건 全貌

따로있나 놓고보며 함께 하자는데,

□…국립 현대미술관(경복궁안)에 이변이 일어났다. 전…□
□…시장 바닥에 거울이 깔리는가 하면 천장엔 2천개의…□
□…고무풍선. 전시장 한가운데엔 얼음덩어리가 놓이고 전…□
□…시장밖은 흰 베로 띠를 둘렀다. 이것들이 실내장식이…□
□…아니라 미술작품이라는데 異變의 뜻이 있다. 또 하나…□
□…이변은 미술전 초대작가의 작품이 주최쪽에 의해 사전…□
□…통고없이 철거되었다는 점. 우리나라 미술전 사상 처음…□
□…있는 일이다. 〈50페이지 畵報참조〉□

작품 경향·규격 제약없어 풍선 2천개 천장에 붙여

화제의 전람회는 6월 9일 개막, 오는 7월 9일까지 계속될 제1회 한국미술대상전. H일보사가 國展에 버금갈 재야전으로 마련한 이 전람회는 대상에 1백만원, 각 부문별 우수상에 20만원씩의 후한 부상을 내걸고 재야 미술인들의 구미를 돋우었다. 『동양화 서양화 판화 조각 등 4개부문의 모든 경향의 창조적인 작품으로 대학재학생을 제외한 작가의 작품을 규격에 제한없이』 받아들여 이들 공모작품을 南寬씨(심사위원장)등 17명의 심사위원들이 공개종합심사하게 되어있다. 17명의 심사위원은 南寬 金基昶 柳景埰 金永國 劉康烈 崔榮林 劉槿俊 徐世鈺 張遇聖 權玉淵 卞鍾夏 金世中 金正炫 金貞淑 李逸 崔淳雨 李慶成씨로 한국화단을 주름잡는 얼굴들이다.

말썽은 출품조건중 「모든 경향의 창조적인 작품」을 「규격의 제한없이」 받아들인다는 데서 시작되었다.

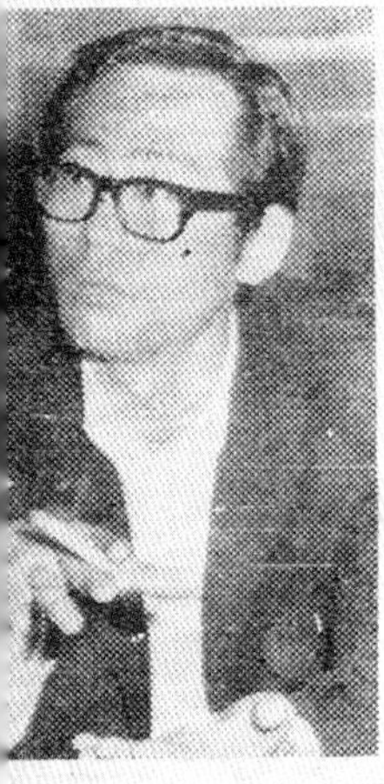

↑출품위촉을 받고 작품을 다가 철거당한 金丘林씨.

이런 후한(?) 조건에 지금까지 공식전람회에 참가하지 못한 우리나라 전위 미술가들의 一團이 대

것. 지난 몇년동안 여러 차례의 「해프닝·쇼」로 「매스콤」을 탔으나 공식전에 참가하지 못했던(않았던?) 「해프닝」파의 鄭燦昇 鄭江子 두 사람이 작품공모에 응했다.

고무풍선을 즐겨 재료로 사용하는 鄭燦昇씨는 『中性空間』이란 畵題아래 빨강 파랑 노랑 초록 4색의 풍선 2천개에 각기 산소, 수소를 넣고 접착제를 사용, 조각전시실 천장에 붙여 놓았다. 작가인 鄭씨의 말로는 『이제 「캔버스」위의 미술시대는 지나갔다』는 것.

낙선, 철거하기로 했으나 접착제로 붙인 흔적 골치

그러니까 재래식 고정관념이나 재래식 「오브제」의 개념을 떠나 새로운 미학이 있어야 겠다는 것. 鄭씨 생각으론 수소풍선은 7~9시간에 오그라 들며 산소풍선은 5~7일이면 오그라 드니까 그뒤의 「중성공간」은 잔해만이 남은 공간이 되리라는 것. 전시도중이라도 기온, 관람객시도 멈추지 않고 움직이니까 「살아있는 환경예술」이라는게 작자 鄭씨의 주장이다.

그러나 이런 作意에 반해 풍선을 띄워놓은 조각전시실은 흡사 국민학교 운동회날 같은 꼴이 되어버렸다. 이런 미술전람회의 「해프닝」에 보수적(?)인 심사위원들이 가만있을 까닭이 없다. 결국 작

몇몇 미술인과 평론가는 김구림을 비롯한 1960~1970년대 전위예술가에게 차용보다는 추종의 혐의를 제기한다. 그런 혐의를 제기하는 어느 화가는 자신이 미국의 액션페인팅이나 서구의 앵포르멜 같은 추상표현주의의 영향을 받았으면서도 말이다. 어느 유명 원로 화가는 여러 차례 표절 혐의를 받았지만, 굳건히 대가의 자리를 유지하는 것도 아이로니컬하다. 외국 사조를 무작정 추종했다는 혐의는 한국의 선구적 전위예술가들, 평면 캔버스를 벗어난 작가들에게 굴레와도 같이 제기된다.

김구림의 미술은 하늘 아래 새로운 것은 아니었다. 그 스스로 미국 잡지 『라이프』나 『타임』의 아트 면을 보고 새로운 미술을 배웠고 아이디어를 구상했다고 여러 번 밝혔다. 〈현상에서 흔적으로〉처럼 그는 서양미술을 차용하면서 한국 상황에 적용하고, 자기 것으로 만들었다. 경복궁현대미술관을 묶은 '광목'만 해도 한국적인 재료였다. 살곶이 다리에서 펼친 대지미술에 한국 특유의 논두렁 태우기를 끌어온 것도 마찬가지다. 김구림이 미술관 내부에서 전시하려고 했던, 얼음과 보자기를 오브제로 한 〈현상에서 흔적으로〉는 끝내 설치하지 못했다. 주최 측은 얼음이 녹아 전시장의 다른 작품들을 망칠 것도 우려했다. 이 작품도 생성과 소멸, 시간성을 핵심 개념으로 다룬 것이었고 사진으로만 존재할 수밖에 없는 작품이다. 그는 훗날 이렇게 작품을 설명했다.

> **전시 공간에서 얼음이 녹고 나면 〈현상에서 흔적으로〉는 없어지는 거죠. 빨간 나일론 보자기 위에 얼음을 올리고 싸매려고 했어요. 시간이 지나면 녹고, 보자기만 남겠죠. 보자기 물기도 점점 증발할 것이고요. 그러면 얼음이 보자기에 남긴 흔적만 남게 되는 거죠. 《A.G전》에 출품한 작품은 수조에다가 얼음을 담근 것인데, 미술관 바닥까지 넘치게 하려던 의도가 있었어요.**

〈현상에서 흔적으로〉 연작의 각 작품은 같고도 다르다. 얼음 작품은 '소멸'을 가장 극적으로 보여 준다. 얼음 작품에서 그 소멸 시간은

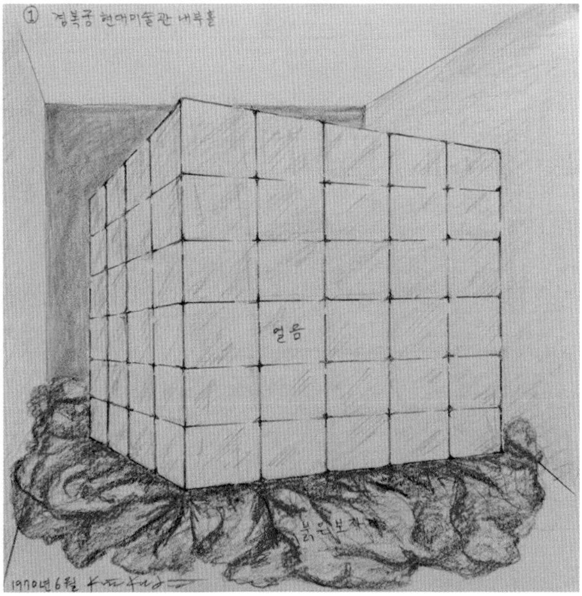

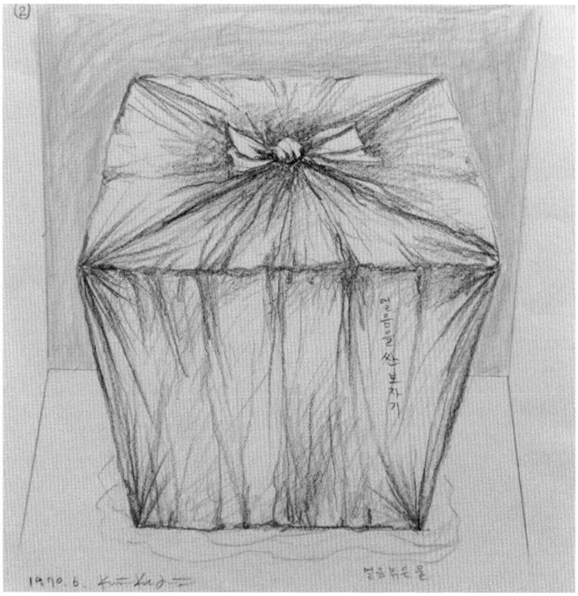

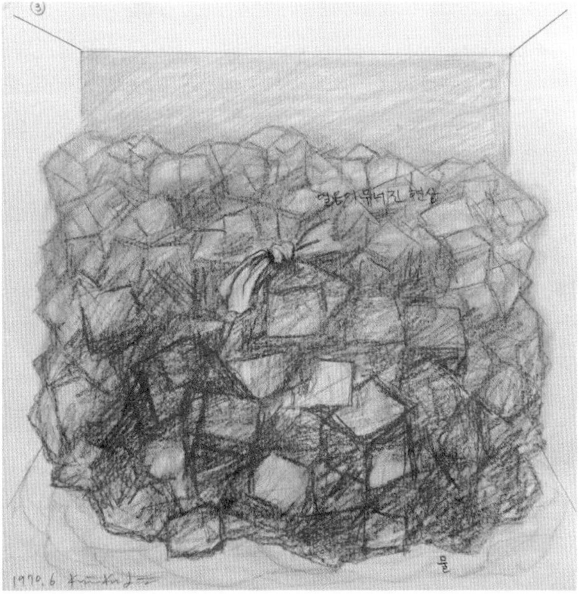

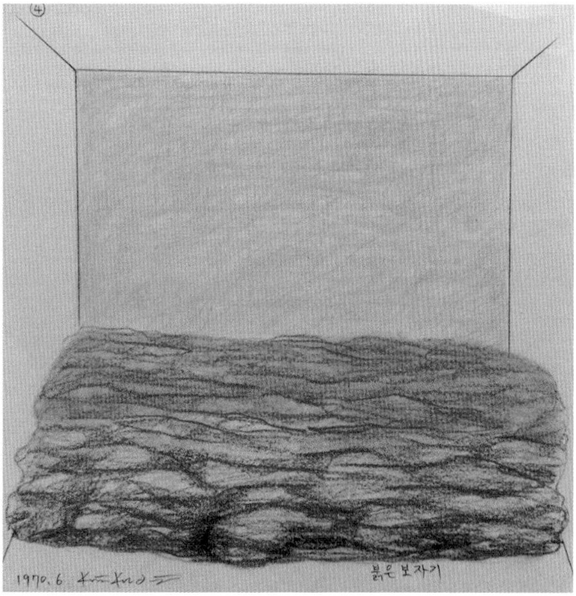

〈현상에서 흔적으로
From Phenomenon
*to Traces*를 위한
드로잉〉, 종이에
연필, 색연필,
각 33×33cm, 1970.

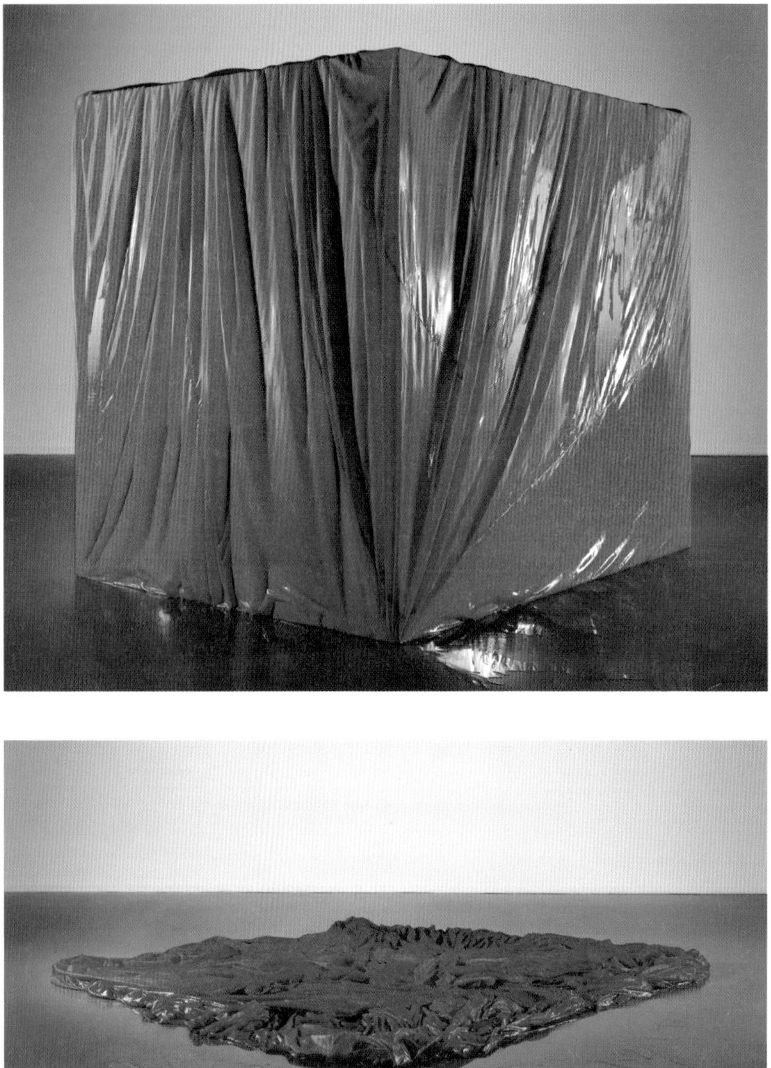

〈현상에서 흔적으로
*From Phenomenon
to Traces*〉, 붉은 천,
얼음, 1969
(2013년 재제작).

단축된다. 얼음의 붕괴도 시각적으로 확인할 수 있다. 소멸 과정을 거쳐 부재에 이르는 극적인 과정을 효과적으로 체감할 수 있다. 얼음덩어리를 붉은 보자기에 싼 작품은 어떤가. 보자기가 땀을 흘리는 것 같은 모습을 띠다가 점점 허물어져 사라진다.(←/←←) 살곶이 다리의 〈현상에서 흔적으로〉에서는 그 소멸이 더뎠다. 소멸의 과정과 결과는 최소한 몇 달에 걸쳐 진행됐다.

“궁극적으로 존재와 부재에 관한 격한 감정의 충돌과 존재가 사라진 흔적에 관한 끝없는 연민을 갖게 만드는 개념적이지만 사색적인 작품.”☜

오상길, 「60~70년대 미술운동의 비평적 재조명」, 『미술세계』 2001년 11월호, 45~46쪽.

당시 대부분의 미술가가 ‘교환가치’로서의 미술 개념과 캔버스라는 매체에 매여 있을 때, 김구림은 ‘작품’이란 물질을 제거하면서 전통적 미술 개념과의 단절을 시도했다. 새로운 개념의 실험을 이어 갔다.

찢어진 콘돔, 육교에 매단 풍선

"우리 문리대생들을 희롱하는 거냐."

1970년 5월 15일 오후 3시쯤 혜화동 서울 문리대 정문 앞 한 학생이 김구림과 정찬승, 또 방저거(본명 방태수, 방거지라는 가명도 썼다)에게 소리를 쳤다. 학생 손에 들린 것은 '찢어진 콘돔'이었다. 콘돔은 당시 '수출 효자'로 불리던 상품 중 하나였다. 인구 대국인 인도에서 한국산 콘돔 수요가 높았다. 1969년에는 남미와 일본에도 콘돔 수출을 시작했다는 보도가 나온다. '산아제한' 용품으로 활용도가 높아지던 때였지만, 일상에서도 예술에서도 콘돔을 언급하는 일은 드물었다. 당시 한국에서 콘돔이나 섹스를 예술의 소재, 주제로 삼은 것 자체가 신기원을 이룬 셈이다. 게다가 '찢어진' 콘돔이라니. 김구림의 아이디어로 일행이 나눠 준 것은 '찢어진 콘돔', 카바마인(미제 위장약으로 카바마제핀 성분의 항경련제) 가루, 메모지와 1~4까지 숫자가 쓰인 편지봉투였다. 큰 봉투 안에 작은 봉투 4개를 넣어 번호 순서대로 열어 보는 편지 형식의 작품이다. 큰 봉투 하나에 1~4번이 적힌 네 개의 작은 봉투를 넣었다.(→) '지시적인 메시지'를 담았다.

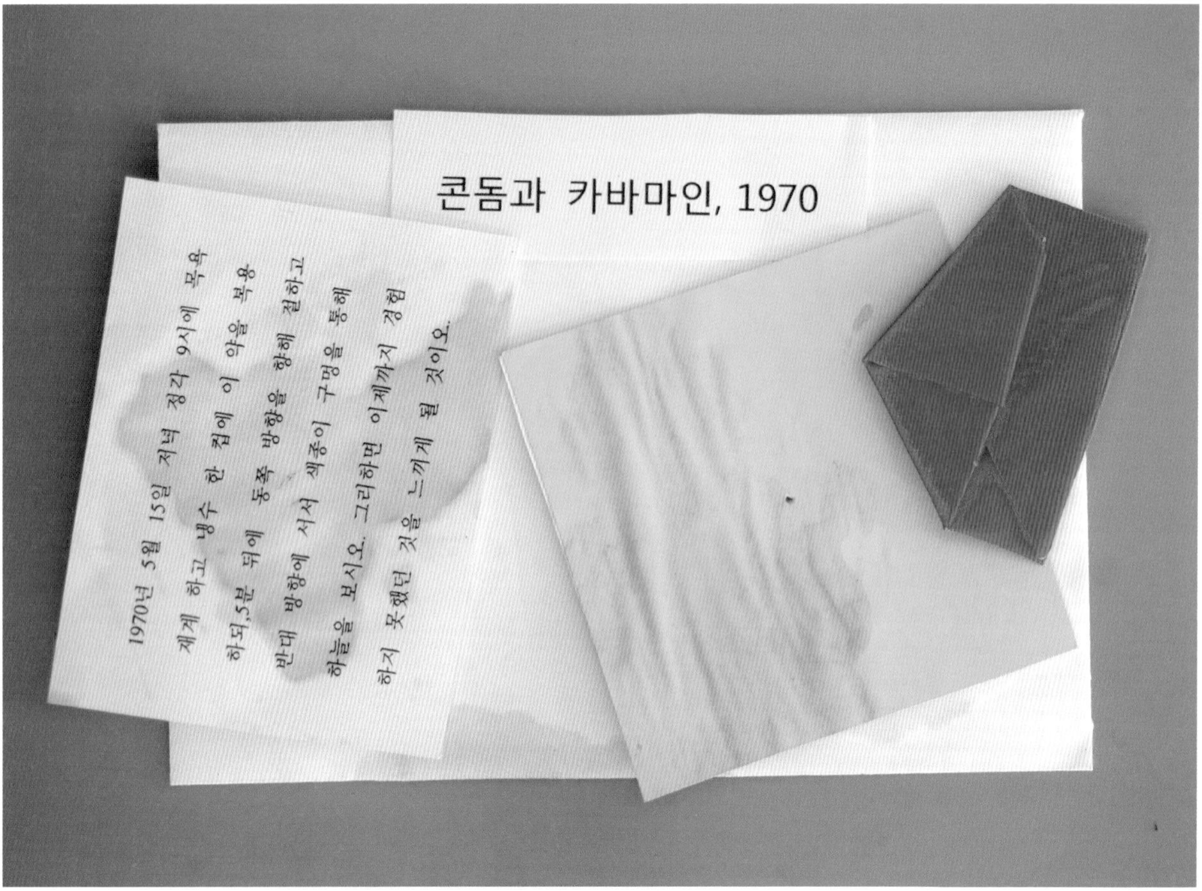

〈콘돔과 카바마인
Condom and Cabamine〉,
퍼포먼스를 위한
지시문(약봉지,
봉투),
13.3×19.3cm, 1970.

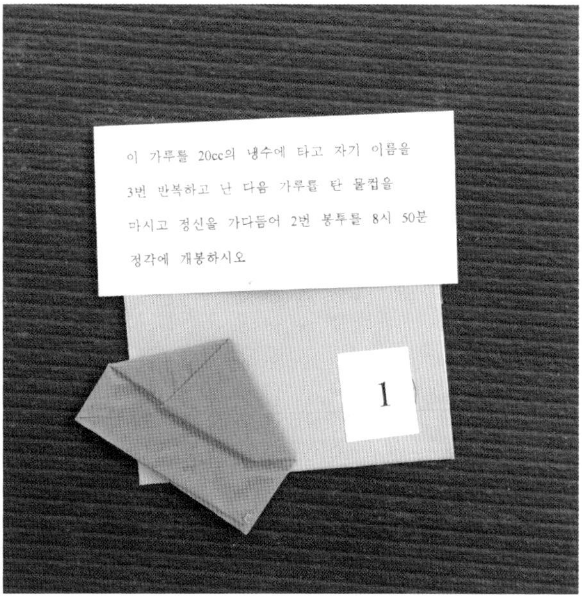
이 가루를 20cc의 냉수에 타고 자기 이름을
3번 반복하고 난 다음 가루를 탄 물컵을
마시고 정신을 가다듬어 2번 봉투를 8시 50분
정각에 개봉하시오
1

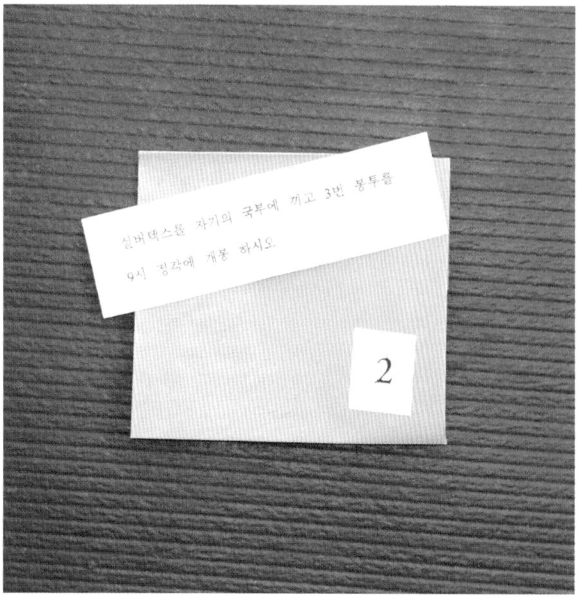
실버텍스를 자기의 국부에 끼고 3번 봉투를
9시 정각에 개봉 하시오
2

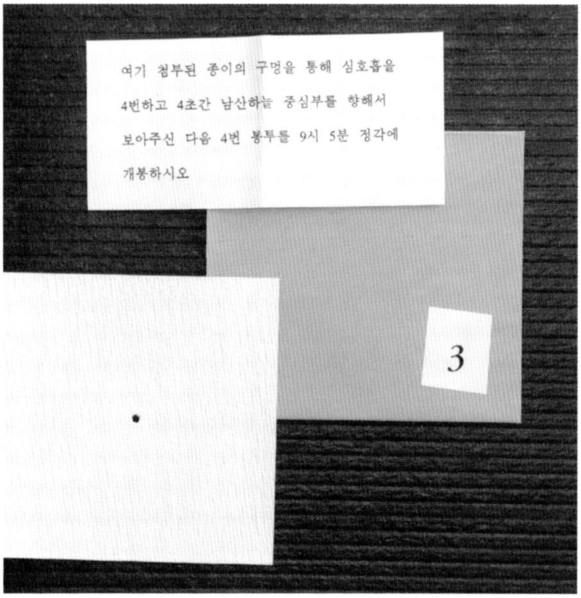
여기 첨부된 종이의 구멍을 통해 심호흡을
4번하고 4초간 남산하늘 중심부를 향해서
보아주신 다음 4번 봉투를 9시 5분 정각에
개봉하시오
3

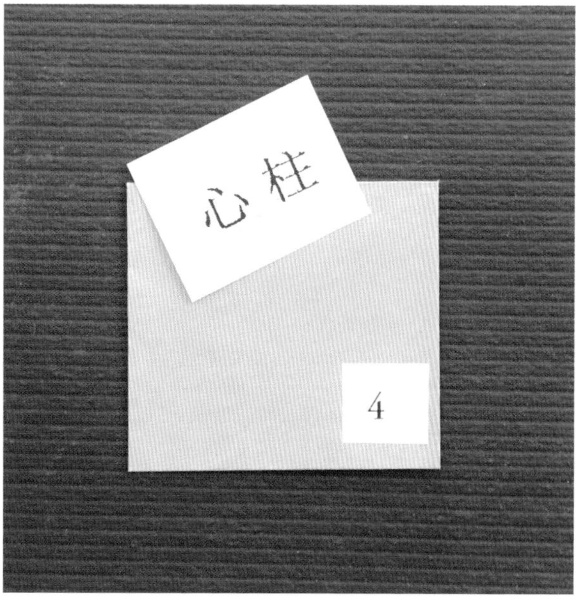
心柱
4

메모지에 우선 이렇게 썼다.

> 1970년 5월 15일 오후 6시 40분 정각에 1번 봉투를 개봉하시오.

1~4번 봉투 안에 적힌 각각의 내용은 다음과 같다.(←)

> 1번 = 이 가루를 20cc의 냉수에 타고 자기 이름을 3번 반복하고 난 다음 가루를 탄 물컵을 마시고 정신을 가다듬어 2번 봉투를 8시 50분 정각에 개봉하시오.
>
> 2번 = 실버텍스를 자기의 국부에 끼고 3번 봉투를 9시 정각에 개봉하시오.
>
> 3번 = 여기 첨부된 종이의 구멍을 통해 심호흡을 4번 하고 4초간 남산 하늘 중심부를 향해서 보아 주신 다음 4번 봉투를 9시 5분 정각에 개봉하시오.
>
> 4번 = 心柱*

* 마음의 기둥, 줏대

김구림이 대지미술 〈현상에서 흔적으로〉 이후 처음 벌인 퍼포먼스였다. 슬로건은 '개념 타파를 위한 캠페인', '무한예술의 확대를 위한 예술 활동'. 물론 이 슬로건도 받아들여지지 않았다. 1970년 5월의 『주간경향』 기사 「피임구 끼고 이것이 예술」을 보면, 학생과 대중의 반응은 "대학생을 모독했다!"거나 "오늘은 쥐잡기 운동의 날, 혹시 이 가루약은 쥐약이 아니냐?" 같은 것들이다. 기사는 작가들이 "서울 문리대생들의 기성세대보다 더 고루한 독선주의, 획일주의적 관념의 속박부터 타파해야겠다."고 말했다고 전한다.(→→) 이들이 '콘돔 캠페인'을 벌인 직접적 계기가 있었다. 퍼포먼스 몇 주 전 서울대 문리대생들의 '관념의 속박'을 경험했던 것이다. 김구림, 정찬승, 방저거 세 사람은 평소 의상과 헤어스타일을 한 채 문리대생이 만든 연극 관람을 하러 갔다가 곤욕을 치렀다. 철학과 학생들이 이들을

「피임구 끼고 이것이 예술 – 세 '전위예술가'들의 이색적 '해프닝'」, 『주간경향』 3권 78호, 1970년 5월 27일.

포위한 것. 학생들은 특히 정찬승에게 반감을 보였는데, 장발에 텁수염에다 맨발로 샌들을 신었기 때문이다. 『주간경향』이 전한 학생들의 협박(?)을 들어 보자.

"야 이 친구들 신성한 학원을 무엇으로 알고 양말도 안 신고 들어오느냐?"
"털 기르고 샌들까지 신고 — 자네 히피 닮았는데 — 도대체 히피가 무엇인지나 알고 이러느냐?"
"먹고살기도 힘든 세상에서 너희들이 꼭 이렇게 하고 다녀야만 하겠나."
"여하튼 너희들 모습 때문에 불쾌해졌으니 매 좀 맞아야 하겠어?"

이들은 〈心柱(심주)〉라고 이름붙인 이 퍼포먼스가 "미각을 중심으로 한 인간들의 정신 문제와 관념의 희롱을 다룬 것"이라고 밝혔다. 퍼포먼스로 일반인의 고정관념을 다시 확인했다. 이 작품은 앞서 김차섭과 진행했던 메일 아트 〈매스미디어의 유물〉과 유사한 점이 있는데, 그중 하나는 불특정 또는 특정의 수용자들을 작품 과정에 참여하게 만든 것이다. 김구림, 정찬승, 방저거는 대중의 몰이해에 굴하지 않고, 다음 날인 16일 토요일 오후에도 '관념 타파를 위한 캠페인'을 이어 갔다. 지금의 신세계백화점 앞 육교에 100여 개의 오색풍선을 내걸었다. 사람들은 우왕좌왕, 어리둥절하며 육교 위 풍선 길을 건너갔다. 당시 『주간경향』과의 인터뷰를 보면, 이들의 의도는 '육교의 작품화'였다.(→)

"스테이지와 관객석이 갈려져 있는 재래식 연극에서 한 걸음 나아가 스테이지를 실질 공간인 육교에 설정, 모든 사람이 연기자며, 동시에 관객이 될 기회를 마련했다는 것이다. 그리고 그 육교를 건너면 행인들은 자기와 자기와의 교류를 통해 스스로의 행동예술을 스스로 감상했다는 것이다. 이것은 화가의 측면에서 보면, '무한예술의 확대'로도 해석이 가능하다는 주장이다."☜

「피임구 끼고 이것이 예술 – 세 '전위예술가'들의 이색적 '해프닝'」, 『주간경향』 3권 78호, 1970년 5월 27일.

우연히 그 시각 그 장소를 지나가던 시민들을 '작품'에 참여시켰다는 말이고, 그것이 곧 예술이 되었다는 말이다. 이 작업은 육교라는 장소

한편 [illegible] 작품3의 [illegible] 진흙지의 개프는 「0=1+1－1×1」이라는 수식이 말하듯, 주로 시각을 통해 재래식 예술감상의 방법을 불식시키며 무의식의 흐름속에서 예술감상이라는 전혀 새로운 감상법을 창조했다는 것이다.

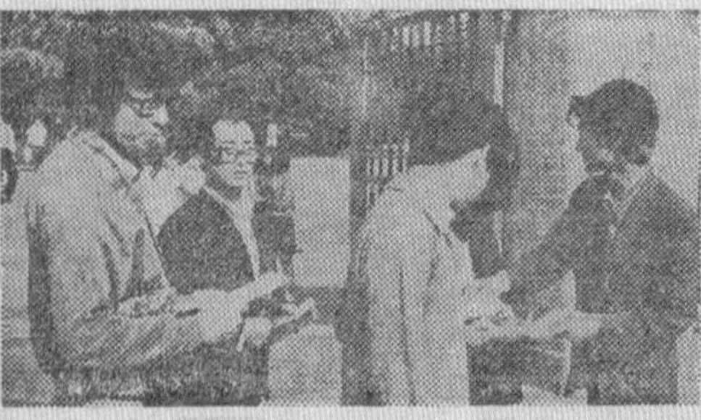

서울文理大生들의 「기성세대보다 더 고루한 독선주의·획일주의적 관념의 속박부터 타파해야겠다」고 캠페인에 나선 전위예술가들. 왼편부터 정찬승, 김구림 그리고 오른편이 방태수씨.

쥐약으로 오인

관념 타파를 위한 캠페인의 일환 이라는 단서가 붙은 이들 3명의 이색 전위예술인들은 그 다음날인 16일(土)에도, 「외로운 전위의 작업」을 계속했다. 즉 오후3시부터 新世紀 백화점 앞 육교위에 백여개의 오색풍선 [illegible] 품화를 시도한 것이다. 스테이지와 관객석이 갈라져 있는 재래식 연극에서 한 걸음 나아가 스테이지를 실질 [illegible] 연기자며 동시에 관자이 될 기회를 마련했다는것이다. 그리고 그 육교를 건너던 행인들은 자기와 자기 [illegible] 는 것이다. 이것은 화가의 측면에서 보면 「無限藝術의 확대」로도 해석이 가능하다는 주장이다.

육교에 풍선 띄워놓고 「무한 예술」이라고 행인들에 나누어준 「작품」이 찢어진 콘돔 「매좀 맞아야 되겠다」는 부정적 반응도…

3명의 선각적(?) 전위들이 벌인 이 두가지 캠페인과 예술활동에 대한 일반의 반응은 어떠했을까? 우선 15일의 文理大學生들 사이의 반응과 표정을 모아 보면.

『오늘은 쥐잡기운동의날, 혹시 이 가루약은 쥐약이 아니냐?』면서 가루약을 뜯다 보관해가는학생, 그 자리에서 실험실에 가져가 가루약의 분석을 시도하는 학생, 찢어진 콘돔을 뜯어보고 『우리文理大生을 희롱하는거냐?』면서 도 전하는 학생, 그리고 대부분은 「못볼것(?)」을본것처럼 불쾌한 표정으로 귀가를 서둘고 있었다.

한편16일의 육교행사에대한 행인들의 반응은

『오늘 귀국하는 「프란체스카」여사의 환영풍선이냐?』

『이 풍선은 파는것이냐?』

『도대체 무슨짓을 하려는거냐?』

『왜들 이러느냐? 어디 돈 친구들이 아니냐?』는등등 천차만별이었다.

무슨짓을 하려는지

이들 전위의 사도(使徒)들이 쟁취하려는 「관념의 타파」가 어떤 것인지는 몰라도, 일반의 반응은 이처럼, 「관념의 타파」와는 거리가 멀었던 것이 사실. 오히려 이들이 말하는 「고정관념」의 결과라 할수있는 편협적이며, [illegible] 다. 그리고 이것은 이번 2次 차에 걸친 캠페인의 계기가 되었다는 몇주전 文理大사건을 들어볼때 무척 아이러니컬한 일이다. 얼마전 方, 金, 鄭세사람은 아무렇게나 된 평시의 의상과 헤어스타일을 한채, 文理大生들의 연극관람차, 그곳 교정에 들어섰다 한다. 아무렇게나 늘어진 이들 3명의 장발(長髮) 특히, 턱수염을 기른 鄭씨가 신은 맨발의 샌들을 보고, 文理大 철학과 학생들이 모여 들어 이들을 포위했었다한다. 서울 文理大生들이 이들 세명의 덥수룩한 전위예술인들에게 던진 명령과 대화를 소개하면 다음과 같다한다.

고독한 선각자?

『야, 이친구들 신성한 학원을 무엇으로 알고 양말도 안신고 들어오느냐?』

『털기르고 샌들까지신고— 도대체 자네 히피닮았는데— 히피가 무엇인지나 알고 이러느냐?』

『먹고 살기도 힘든 세상에서 너희들이 꼭 이렇게 하고 다녀야만 하겠나?』

『여하튼 너희들 모습때문에 우리가 불쾌해졌으니 매좀 맞아야하겠어?』

이들은 앞으로도 「中高生 服벗기운동」, 「전위예술인페스티벌」 등 일련의 차기 캠페인도 계획하고 있다.

고독한 선각적(?) 전위들의 관념타파 캠페인이 과연 어느 정도의 실효를거둘지?

표지의 말

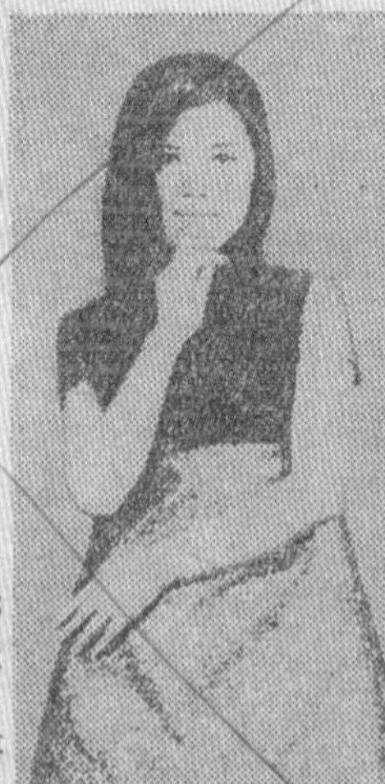

朴希子양

〈淑明女大生〉

淑大무용과 4학년생 朴希子양(22)。 맑고 싱싱한얼굴 표정과 귀여운 몸짓의 전 장미가 넘쳐 흐르는 아가 씨다。 학교에선 클래식 발레를 공부하는한편 수영선수의 생활 경력도지녀 곧 다가올 즐거운 여름을 기다리는데 균형잡힌 몸매는 파 연 68년도 미스각선미에 당선되었었다。

디자인 강금철

초하의 계절감을 표현하기 위하여 의상과 모델의 개성을 조화시켜 가슴하위를 절개하여 여성적인 볼륨과 각선미를 최대한 표현하였다。

〈까뚜엣 의상실〉

「피임구 기고 이것이 예술 – 세 '전위예술가'들의 이색적 '해프닝'」, 『주간경향』 3권 78호, 1970년 5월 27일.

카바마인 가루와 찢어진 콘돔、그리고 아무렇게나 쓰여진 숫자를 담은 흰색 봉투를 행인들에게 뿌리며、혹은 육교위에 오색 고무풍선을 띄우며、이것이「無限藝術의 확대」라고 부르짖는 이색 전위예술인들이 등장했다。

대낮 번화가에서 叛亂한 青春들

避姙具 꺼고 "이것이 예술!"

새「전위예술가」들의 이색적「해프닝」

본지를통해 전위연극단체로 소개된「에저또 프로」의 대표方저거씨—그리고 강둑에 불을지르고『이것이 예술이다!』를 옮던「아방가르드」협회 소속의 전위미술가 金丘林씨— 또한 장발과 텁수염으로 이름난화가 鄭燦昇씨。이들 세명의「젊은전위예술인」들은 지난 5일(金)오후3시경 서울大文

어있는 흰편지봉투를 돌리고 있었다。어리둥절한 많은 서울文理大生들에게 전해준 설명은 이것이 바로「觀念 타파를 위한 캠페인」이며「無限藝術의 확대」를위한 예술활동 이라는것이었다。문제의 흰봉투를 열어본 서울文理大生들의 눈에 나타난 내용물을보면 다음과 같았다。

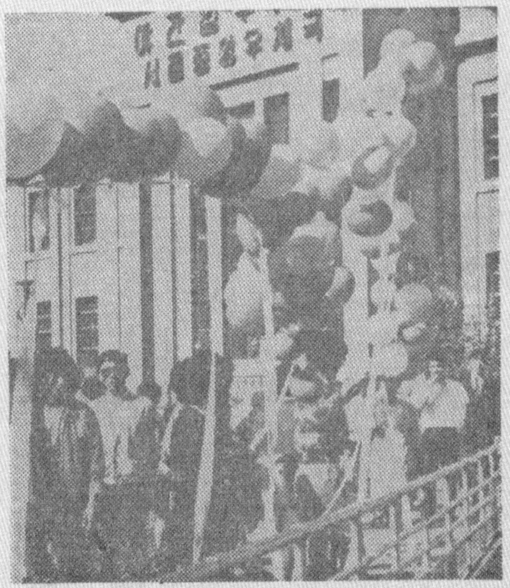
新世紀백화점앞 육교에 풍선을 걸고「無限藝術」의 확대를 부르짖는 전위예술인들。

정각에 1번 봉투를 개봉하시오」라 등사된 메모지。그리고 색종이로 쌓인 1번 봉투를 열면、또 다른색의 작은봉투、그속에는 또다른 색갈의 봉투로 계속 되며、드디어 마지막 봉투를뜯어보면、「알수없는 가루약」파 다음과 같이 등사된 에

름을 3번 반복하고 마시고 정신을 가다듬어 제2번 봉투를 8시50분정각에 개봉하시오』• 2번 봉투를 열면 다 뚫어진 실버텍스가 다음과 같은 메모지와 함께 들어 있다。『자기의 국부에끼고서 제3번 봉투를 9시정각에 개봉하여야 됩니다』제

호흡을 4번하고 4초간 남산 하늘 중심부를향해서 보아주신다음 제4번 봉투를9시5분 정각에 개봉하시오』그리고 제4번 봉투엔『1번 김구림 작「心柱」2번 정찬승작「콘돔」3번 방저거 연출작「0=1+1-1-1×1」』이라는 묘한 결론이쓰여져 있다。

2백 한개의 봉투

이와같은 편지 봉투、아니 方、金、鄭 3명의「공동예술작품」은 무려 201개나 제작되어 20개는 국내의 저명한 평론가들에게 우송되었고 81개는 文理大生들에게 직접 전달되었다。

무려 201개의 콘돔과 201봉지의 카바마인이 소요되고 201장여의 등사된메모지들、소요하는「작업」을출겨 수행한 위의3명은 무엇을말하려했을까?

그들의 설명에 의하면「心柱」라는 제목의金丘林작품1(카바마인)에서는 미각(味覺)을 중심으로한 인간들의 정신문제와 관념의 희롱을 다뤄보았다는것이다。

모든행인들은 카바마인가루를 물에 타 마시면서 각자관념의 명령에따른 천차만별의 느낌을통해 스스로 작품활동을 했다는것이다。

정찬승작품2、「콘돔」에서는 찢어진「콘돔」을 행인의 눈에 노출시켜 본래의 목적

자체를 미술 작품으로, 이 공간의 행인들을 퍼포먼스 주체로 전환한 점에서 높게 평가할 수 있다. "미술 작품이 발현되는 공간. 미술 행위와 감상이 소통되는 공간을 미술관이나 화랑이 아닌 일상의 한복판 위로 대체" 한 것이다. 다만 김구림은 이 작업의 또 다른 뜻을 나와 인터뷰하며 밝혔다. 육교를 단지 '스테이지화' 즉 무대장식화한 것만은 아니라고 했다.

이숙경, 「김구림 퍼포먼스에 내재한 전복성과 선언성」, 『김구림 잘 알지도 못하면서』, 서울시립미술관, 2013, 177쪽.

> **그때 풍선으로 사람들이 오도 가도 못하게 꽉 막았습니다. 장식만 한 게 아니라고요. 풍선으로 여기저기 장식하는 건 그때도 있었죠. 저 작품의 의도는, 사람들이 육교를 통과하려면 풍선을 터뜨리고 가게끔 한 거죠. 좋든 싫든 풍선을 터뜨리는 행위에 동참하게 되는 겁니다. 그게 퍼포먼스죠. 그냥 풍선만 갖다 놓으면 작품이 안 되죠. 크리스토가 1960년대 초 파리 비스콩티 거리를 기름통으로 막은 작품(〈Wall of Oil Barrels—Iron Curtain〉, 1961)을 한 적이 있어요. 그것과는 다른 문제의식이죠. 풍선도 공기가 들어간 공간을 가지고 있어요. 사람이 육교라는 공간을 건너가려면, 풍선 간 공간을 헤쳐 나가고, 풍선 안 공기를 터뜨리고 해야 한다는 거죠. 즉 행위를 해야 합니다. 공기를 통과하고 도시 공간을 연결한다는 의미를 담았어요. 풍선은 기름통처럼 딱딱한 게 아니죠. 펑 하고 터진 뒤 다 사라지게 돼 있습니다. 그런 문제를 제기한 거죠. 크리스토의 것은 막아 놓는 것이고, 최소한 의도적인 철거를 하지 않는다면 영구적으로 남는 거고요.**

김구림의 이런 생각을 대중이 알 리 만무했다. 작가-작품-관람자의 소통을 시도한 '육교의 작품화'를 두고 사람들은 "오늘 귀국하는 프란체스카 여사의 환영 풍선이냐?", "어디 돈 친구들이 아니냐?" 등 볼멘소리를 해 댔다. 김구림의 행위미술은 주류 미술계나 대중 모두에게서 조롱조의 반응을 얻었다. 해프닝 예술에 쏟아지는 대중의 야유와 조롱에 관한 문화적 함의를 고찰한 윤진섭은 "(일종의 '미친 짓거리'쯤으로 인식됐다는 사실은) 대중과 아방가르드 예술과의 괴리를 단적으로 말해 주는 것”이자 “전위예술에 대한 대중의 뿌리 깊은 불신과 혐오에 기인한다.”☜고 말했다. 전위예술이 표방하는 새로운 형식과 기법은 대중이 보기에 매우 낯설어 일반화되기까지에는 일정한 검증 기간이 필요하며, 그 사이에 예술가와 대중 간에는 이해가 맞지 않는 데서 오는 마찰과 오해가 끊임없이 발생하게 된다는 설명이다. 한 가지 덧붙여 보면 한국에선 ‘가난’의 문제도 있을 것 같다. 1970년대 초에는 보릿고개는 넘었다지만, 가난이 완전히 해결된 때는 아니었다. 먹고살기도 힘든 대중으로서는, 배부른 놈들이 할 일이 없어 하는 짓거리로 볼 수밖에 없는 측면이 있었다. 김구림이 아쉬워하는 것은 예술적 논쟁의 부재다. 그는 행위미술에 관해 그게 무슨 예술이냐고 반론하는 사람도 드물었다고 말했다.

윤진섭, 「한국의 초기 ‘해프닝(Happening)’에 관한 연구」, 김달진닷컴 외부칼럼, 2011년, http://www.daljin.com/?WS=33&BC=cv&CNO=352&DNO=5018

김구림, 정찬승, 방저거는 대중의 몰이해에 굴하지 않았다. 이후 실행으로 이어지진 않았지만, 이들은 문리대 이벤트 이후 ‘중고생 교복 벗기 운동’도 계획했다. 1980년대 가서야 교복 자율화가 이루어진 점을 보면, 당시 아이디어 자체가 얼마나 앞서고 파격적이었는지 알 수 있다. 이들은 7월 1일 저녁 6시 서울의 가장 번화한 거리였던 명동의 국립극장 앞에서 다시 퍼포먼스를 벌인다. 정찬승과 고호 등이 “당신이 처녀임을 무엇으로 증명하시렵니까?”, “잃어버린 나를 찾음”이라고 적은 어깨띠를 매고 다니다가 도로교통법 위반으로 파출소에 연행된 뒤 즉결 심판에 넘겨졌다. 이 퍼포먼스도 김구림 각본이었다. 다만 ‘여성 정조’를 따지는 부분 등은 이들의 앞선 예술도 ‘남성 중심 사고’를 벗어나진 못한 시대적 한계가 있었음을 지적할 수도 있겠다. 하지만 당시 신문 인터뷰에서도 “여기서 말하는 처녀는 우리가 항시 생각하고 있는 처녀라기보다 현대문명으로 말살되어 가는 인간의 순결을 나타낸 것 뿐”☜이라고 언급했다는 점을 아울러 살펴볼 필요가 있다.(→/→→)

「전위연극 ‘제4집단’의 쇠고랑 찬 가두극」(매체 불명)

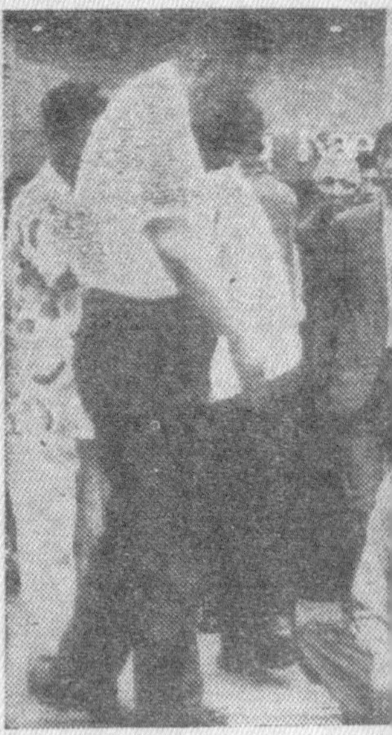

◇국립극장안에서는「山불」이 공연되고 있는동안 문밖에서는「제4집단」멤버들이 연극「뱅뱅돌아가는 세상」을 공연하고있다.▶

이들은 관중의 이런 얼굴색 하나 붉히지않으 리 놀이」라는 주제의 극을 계속하고있었다.
3막의 무대는 국립극 친 국립극장에서는「산불 연극이 상연되고있어 정 수십명의 입장객이 순서 리고있었다.
제3막은〈뱅뱅돌아가는 막 무대장치(?)를 자리 한장을 가져와 깔 각, 국립극장측 관계자들 들을 비집고 나와 이들 내려고했으나 이들은 완

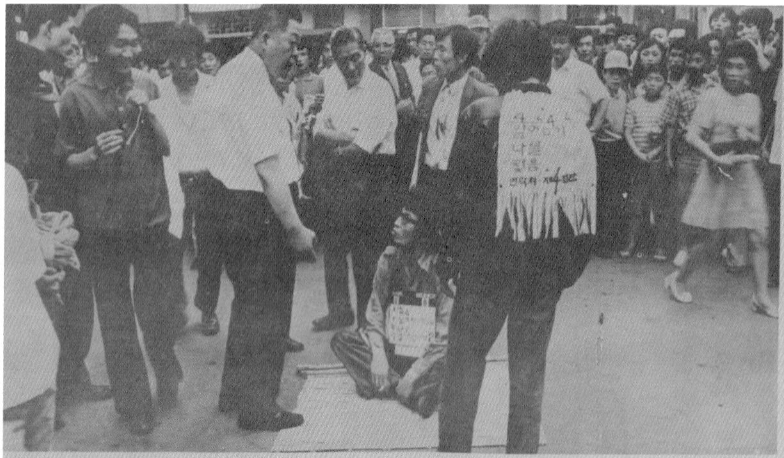

즉결재판에 걸린「前衛예술」

기성사회에 대하여 挑戰的인, 반란(反亂)을 일으켜오던 前衛그룹「第4集団」이 지난 1일 명동한복판에까지 뛰어나와 해프닝 드라마를 펼치다가 마침내 도로교통법위반으로 연행, 즉결처분에 회부되었다.
이 해프닝 드라마는 타이틀이 없으며 우주의 원뿌리에 있는 근원적인 자유를 찾자는 것이 그 테마. 이 드라마에는 鄭燦昇 方太守 高虎 孫一光등 4명이 참가. 이 가운데에서 鄭燦昇과 高虎가 연행됐다. 이들은 즉결 재판소에서 단식으로 맞서 재판거부로 버티기도 했다.
대낮의 명동거리를 누빈 이 해프닝 드라마의 현장을 카메라 앵글에 비쳐본다.
(촬영·文[illegible] 기자)

대낮, 明洞거리서「해프닝 드라마」연출한「第4集団」

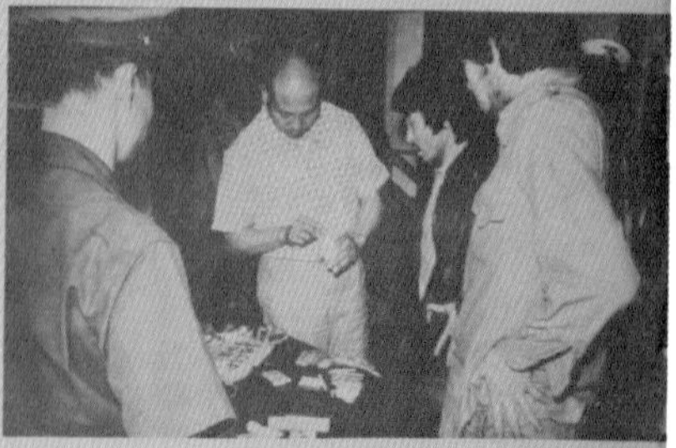

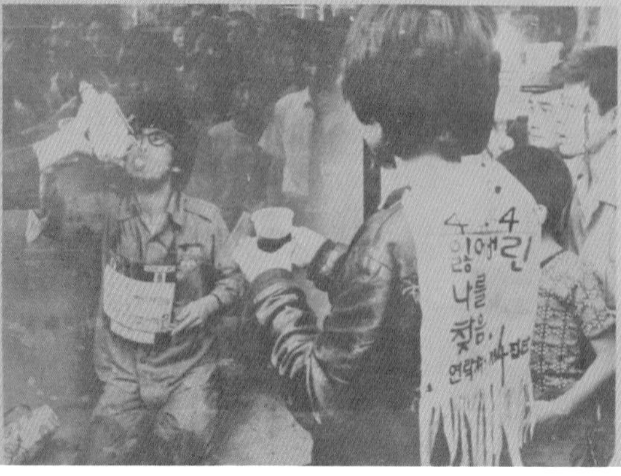

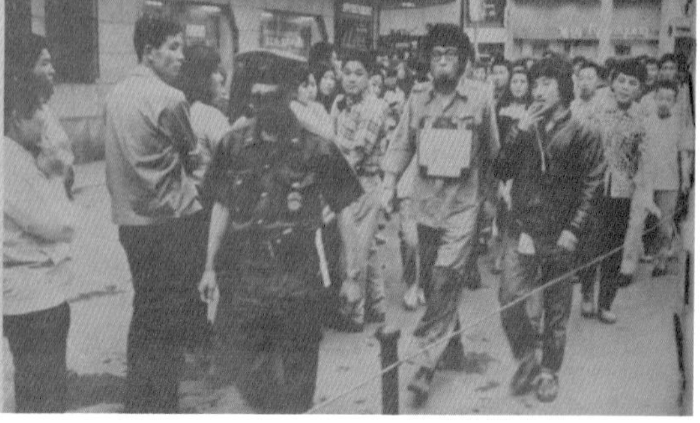

전위演劇 「第4집단」의

쇠고랑찬 街頭劇

□……비어홀 반평짜리 쇼윈도속에서 흡사 원숭이와 비슷하게 □……생긴젊은이가 앞가슴에는『당신은 처녀임을 무엇으로증 □……명하시렵니까?』라는 묘한 구호를 써붙이고, 유리로 □……차단된 공간밖의 젊은이와 판토마임을 하고 있었다. □……장발과 턱수염, 그리고 아무렇게나 걸쳐입고 다니는의 □……상으로더욱 유명한 전위 미술가 鄭纘昇씨—. 또한열 □……마전 하루살이연극으로끝났던「페너·플레이」〈死〉의주 □……인공 고호와 양재숙양은극단「에저또 프로그램」의方 □……저거씨—또 전위의상디자이너 孫一光씨. 모두 제4집 □……단의멤버들. 무대가 비좁아 거리로 뛰어나왔다는 이 □……들은, 어떻게보면 과대망상증에 걸린 환자들과같은 생 □……각이 들게되는 기상천외의 행동으로 관념타파 캠페인 □……을 벌이고있다는 자칭 문화적인 선각자.

제1막의 무대는 서울에서 가장 번화하다는 명동입구뉴서울비어홀(서울중구명동2가33)앞. 저녁6시. 우선『당신은 처녀임을무엇으로 증명하시렵니까』라는 구호를 앞가슴에 붙인 그사나이가 조그마한 쇼윈도속으로 들어가면 이어 작업복 상하에 아무렇게나 기른 더벅머리의 고호군이 등뒤에『목표액4천4백4십4만원 잃어버린 나를 찾음. 연락처 제4집단』이란 글을 붙이고 벽유리 가까이 다가간다. 누군가가『이친구「4」字무척 좋아하는군. 얼마전「死」란는 연극을 하더니 또 4야?』

우선 고호가 주머니를 뒤적이더니 성냥갑을 꺼내 불을켠다. 그러고는 유리로 가까이 가져가면 쇼윈도안에 갇힌 인간원숭이는 그 불을 잡으려고 아우성이지만 차가운 유리벽때문에 잡을 수가 없다.

『여보 그거 이러다가 쇼윈도 다 부숴놓겠소.』

관람을 하고있던 주인이 달려와 말리지만 끗들은체. 삼십분에

가슴엔 진정한나를찾는다 써붙이고

明洞 숙녀들 구호읽고 얼굴 빨개져

그일대는 인파로 덮쳐버린다.

『무어 하는 거요?』

『밥먹고 할 지랄이 없으니까 저러는 거 아냐?』

『어디 조금 이상해진 친구들 아냐?』

등등의 천태만별의 평들이다.

고호는 빵과 포도주를 마시며 연기를 계속한다. 이때 인간원숭이는 자기에게도 달라고발광. 고호가 먹다만 빵조각을 유리벽사이로 가져가지만 받을수가 없다. 또한 포도주를 쇼윈도 벽에 들이붓는다. 그러면 유리속의 인간원숭이는 안쪽의 유리벽을혀로 핥지만 소용없는일. 보다못한 관객한사람이 고호에게 달려들어 포도주와 빵을 뺏어 문을 열고 인간원숭이에게 던져준다. 인간원숭이는 모래바닥에 떨어진 빵조

한幕 끝나면 자리옮겨 관객은 行人

道路法 위반으로 연행되자 중단되고

각을 집어 맛있게 먹고.

이렇게해서 30여분의 1막이끝나면 이들은 다시 2막이 시작되는 新世界百貨店앞 육교로 장소를옮긴다.

얼마전 이들이 백여개의 오색풍선으로 육교의 작품화를 시도했던 장소라 이들도 무척 미련을갖고 있는모양.

너무나 작은 공간이라 그런지 이리밀치고 저리밀치는 틈바귀속에서도 이들은 연극을 계속 하고있었다.

『보세요. 이 살벌하고 음산하게 빼대만 덩그렇게 서있던 육교가 우리의 상황 예술속에서는 하나의 아름다운 작품을 이루고 있지 않습니까?』

이들의 주장은 자기들이 이곳에서 연기를 함으로써 많은 사람들이 육교로 몰려들것이고 그럼으로써 이육교는 온갖색의 조화를 이뤄 아름답게 보인다는 묘한 이론이다.

『일본아이들인 모양이지?』

『아냐, 한국의 히피들야.』

항 서로 욕신자신까지벌어졌다.

대부분의 관객들은「빵빵들아가는 세상」을 보려고 자리를 떠나지않았지만 결국 경찰까지 달려와 3막은 도중하차.

원래의 3막내용은 국립극장앞에서 보디·페인팅까지 시도하려는 내용이었다.

이 불발탄으로 끝난 제3막의 후유증이 또한 가지가지—. 명동을 오고가는 대부분의 숙녀들은 그들의 가슴에 붙인 구호를 읽느라 정신이없었고「못볼것(?)」을 본것처럼 얼굴이 빨갛게되어가지고 돌아섰다.

결국「도로교통법위반」으로 이들은 명동파출소로 연행됐다.

경찰에 연행된 이들은 파출소로 들어서자마자『대변인이 와야 우리들의 이야기를 할수있다』고 기염을 토했다.

아무리 설명을해도 이해를못하는 경찰도 그들의 소지품에서나온 부적으로 인해서 묘한 웃음을 자아냈다.

『현대라는「우리」속에 인간들은 모두 자신을 소외당하고 있읍니다. 나는 있지만「진정한 의미의 나」는 찾을수가 없는 극한 상황속에서 잃어버린 나를찾자는것이 무엇이 잘못된 일입니까?』

『여기서 말하는 처녀는 우리가 항시 생각하고있는 처녀라기보다 현대문명으로 말살되어 가는 인간의 순결을 나타낸것 뿐입니다.』

【權大雄기자】

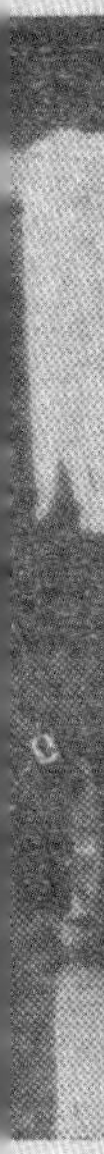

제4집단

전위미술의 정점과 좌절

〈콘돔과 카바마인〉, 〈육교 위에서의 해프닝〉 퍼포먼스는 서곡이었다. 김구림은 '관념 타파 캠페인'의 절정에 이르는 일을 기획한다. 바로 '제4집단'이다. 이 단체의 조직은 한국 전위미술을 정점에 이르게 한 사건이다. 당시 한국 현대미술은 앵포르멜에 치중했다. 김구림은 그런 편향과 치중을 교정하고 싶어 했다. 즉 예술 장르를 통합하려고 했다. 미술인, 음악인, 영화인, 연극인 들을 만나 설득했다. 각자 몸담은 예술 장르에 대한 자부심이 통합의 걸림돌이었다. "그림쟁이한테 어떻게 붙어서 할 수 있느냐?"라는 말도 나왔다. 김구림은 밤을 새워 가며 토론하고, 한 명 한 명 따로 만나 설득했다. 미술, 연극, 음악 전문가뿐 아니라 엔지니어에 스님까지 결합했다. '제4집단'의 탄생이었다.

기존 미술의 조각이니 회화니 하는 것들을 무너뜨리고 싶었다고 김구림은 말한다.

제4집단을 만들기 전에 한국 최초 일렉트릭 아트를 했는데, 너무 고생했어요. 전기를 모르니까 책 사서 읽고 별짓을

다했죠. 오늘날의 미술, 현대미술은 혼자 해선 안 되는구나. 여러 사람이 같이 해야 하는 시대로 변하는구나, 라고 생각했죠. 소리를 하려면 음향 관계 전문가나 음악가가 있어야겠고, 행위를 하려면 무용가, 연극인이 필요하고, 글 옮기는 게 중요하니까 문학가도 있어야 하고, 그래서 여러 분야 사람을 규합한 겁니다.

6월 20일 16명의 문화예술인이 을지로 입구에 자리한 소림다방에 모였다. 김구림(A.G 회원), 정강자(화가), 정찬승(화가), 강국진(화가), 방저거(에저또 대표), 손일광(의상디자이너), 고호(판토마임), 전유성(에저또 회원), 이자경(기자), 임중웅(시나리오), 탁영(음악), 석야정(스님)이 당연직 상원의원을 맡았다. 통령은 김구림, 총령은 정찬승, 포령은 방저거, 의령은 손일광이었다(참고로 전유성은 지금 우리가 아는 그 개그맨이다).(→)

'제4집단'은 한국의 여러 금기, 권위, 제도를 타파하려고 했는데, 그중에서도 주목할 만한 것은 '학벌 타파'다. 김구림은 어떤 분야에든 재능이 있다면 학벌은 필요 없다고 했다. 이들은 장르 간 구분을 넘어 통섭적 협업, 예술 실험의 공유를 제시했다. 당시 청년들을 대변해 사회적 발언을 하려 했다. 혁신을 모태로 새로운 예술 개념을 내놓으려 했다. 예술 단체들이 흔히 사용한 '협회'라는 명칭 대신 더 민주적, 포용적인 성격의 용어 '집단'을 선택했다. 이들은 「제4선언」에서 "우리는 인간을 본연으로 해방함과 순수한 한국문화의 독립을 선언한다. 무체無體의 원리로서 모든 예술을 통합시키며 정치, 경제, 사회, 문화, 과학, 종교 등 각 분야에 직접 참여로서 일체의 체제를 이룬다."며 창립 이유와 목적을 다음과 같이 발표했다.

"우리는 역사적 사명으로 이 땅에 태어났기에 잘못 형성된 오류를 타파하고 정신과 육체의 분리에서 오는 모든 모순을 종식시키며 인간으로부터 인간으로 가는 새 인간 문화를 형성하려는 것이다. 이것은 우리의 원체가 무체로서 일체를 이루고 있으며 무체의 유체화인 인간이 무체에서 출발하여 무체로 환원되는 새 인간 윤리의

「제4集團」同人 발기

鄭江子등 韓國文化독립등 부르짖으며

○…몇차례의 「해프닝」을 시도, 매스콤의 각광(?)을 받아왔던 정강자 정찬승 김구림등이 주동이돼 이번엔 『인간을 본연으로 해방함과 아울러 순수한 한국 문화의 독립을 선언한다』면서 「제4집단」이란 동인체를 지난 15일 발기했는데—。 이동인체엔 통령이니 총령, 상원의원등의 직책을 만들어 발기회원 17명 전원이 감투를 나누어써 주위에선 이들이 이번엔 「나라 놀이」라도 하는게 아니냐고 퍽 웃긴다는 표정—。

○…발기선언대회를 한다는 15일 상오11시30분 이 소식을 듣고 몰려온 많은 일간, 주간지 기자들과 TV 방송기자들이 지켜보는 가운데 사직공원에 정작 모인 이들의 숫자는 10명뿐。 국기에 대한 경례, 순국선열에 대한 묵념, 제4강령 복창등의 순서가 끝나자 3명은 탈락, 7명만이 12시30분 광화문↓시청앞↓명동↓남대문↓용산↓한강 백사장 코스의 행진에 들어갔다。

○…데모로 간주될까 우려했음인지 앞사람과 뒷사람의 간격을 50m씩 두어 태극기 백기 『인간의 가식』이 들어있다는 꽃송이에 덮인 횐관등을 차례로 들고 행진을 해 광복절로 한산한 거리였지만 뭇행인들의 시선을 모았다。 某TV局카메라맨이 『너무 간격이 벌어져 사진을 못찍겠으니 좀 모여달라』는 부탁에 국회의사당앞에 집결을 한것이 탈(?)。

○…도로교통법 위반으로 이들중 L某군만 도주하고 나머지 손일광 방거지 정강자 정찬승 김구림 입중웅등 6명은 경찰에 의해 남대문서로 연행돼가는 바람에 이 「하늘아래 둘도없는 예술(?)」은 끝을맺고말았다。【生】

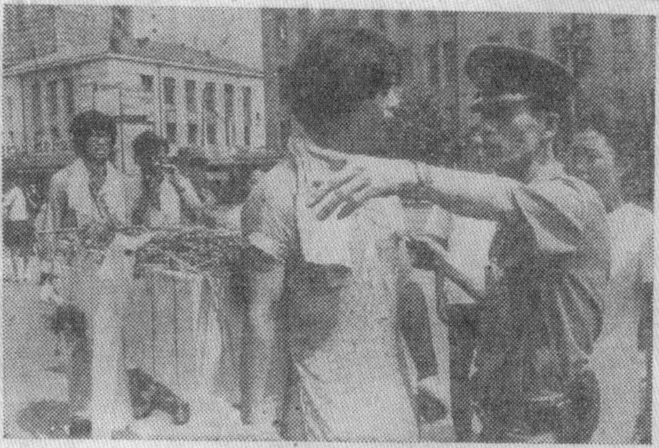

◇도로교통법 위반혐의로 경찰에 의해 연행되고있는 「제4집단」원

「'제4집단' 동인 발기 정강자 등 한국문화 독립 등 부르짖으며」 1970년 6월경(게재 매체 불명)

"法堂에서

스님도

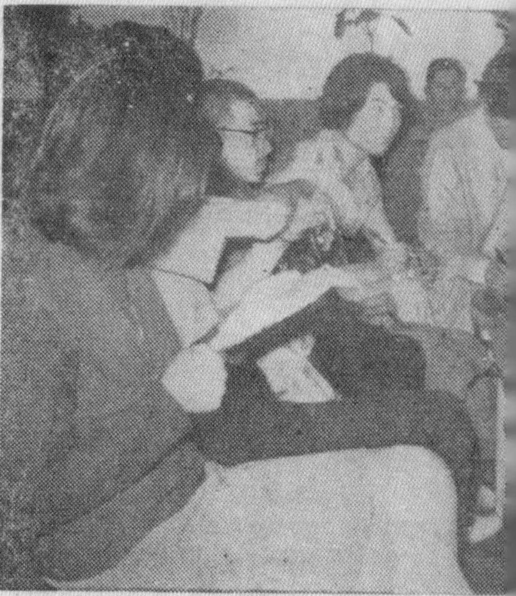

↑「히피·스타일」의 장발과 스님의 까까중머리가 뒤섞

리 많이 산다」는 조건으로 金丘林씨가、의장(국회의장의 약자)엔『안주를 맡는다』는 孫一光씨가、총장(사무총장의 약자)엔『발이 길어 잘 뛰고 2차 술 산다』는 것 때문에 鄭燦昇씨、임시 대변인엔 方저거씨가 각각 뽑혔다。

총장으로 뽑힌 鄭燦昇씨는「한국 전위예술의 야전군사령관」을 자칭하며 어깨에 별 6개를 달았는데 6星은 5星장군인 원수보다 더 높다는 뜻이라고。

뽑힌 임원들의 인사는 이날밤 자정에 있은 창단축하「파티」에서 듣기로 하고 이자리에 참석한 취재 기자들에게 격려사를 부탁、한 기자가『잘들 해보쇼』하자 박수갈채。

이렇게 해서「가칭 제4집단」의 뜻깊은(?) 창단대회는 끝났는데、이에 맞추어 목탁소리와「브람스」의 교향곡이 음악효과로「인서트」。

창단을 마친 이들「가칭 제4집단」은 창단기념 시화전을 곧 笑林다방에서 가지기로 했는데 시는 方저거씨가、그림은 昔也丁 鄭燦昇 金丘林 姜國鎭 4사람이 맡기로 했으며 이 시화전에서의 수입은 6월10일 淸州에서 옥중결혼식을 올린 장기복역수 文貞珪씨의 신부 鄭善念여인에게 보내주기로。

"정신과 육체는 오직 하나" 「無體주의」예술론을 외쳐

일금 1천3백원整의 막걸리값을 내고 務總에 당선된 金丘林씨는「가칭 제4집단」이 순수한 예술활동만을 일삼는 제야藝總이 될 것이라고 진로를 밝히고、『그러나 우리의 창작활동을 저해하는 독소들을 제거하기 위해 필요하다면 국회의원 출마도 서슴지 않겠다』고 기염。

그러자 鄭燦昇씨는『유렵」어느 나라에선가「히피」족이 5명의 하원의원을 냈다」는 실례를 들며「가칭 제4집단」의 구성원이 대폭 늘어날 경우 일본의 창가학회처럼 정계에

기도。

이런 장차의 정치적 배려(?) 때문인지 입회자격도『투표권이 있는 대한민국의 남녀』로 못박아 놓았다。

이들 16인의 젊은이들이 이처럼「가칭 제4집단」을 만든 이유는 무엇일까?

전위 이론의 선봉장격인 金丘林씨의 말을 빌자면、『선언서에 있는 바와 같이 지금까지 잘못 토착된 질서를 타파하고 순수한 한국문화의 형성』을 피한다는 것。이를 위해 이들은 無體주의를 그 근본이론으로 삼는다는 것인데、『무체란 지금까지 정신과 육체를 분리해오던 사고방식을 지양、정신과 육체가 하나이며 따라서 정치 경제 사회 문화 과학이 一體를 이루어야 한다』는 것。그러기 위해선 지금까지 독립되어 있던 것들은 모두 무체로 돌아가야 한다는 주장이다。

「캔버스」안의 미술은 전시장밖으로、음악과 연극은 관객의 참여를 피해 무체주의 예술을 꽃피우자는 것。

주의·주장이야 어떻든「제4집단」은 무체주의란 돛을 달고 출항했다。

16인의 젊은 뱃사공들이 배를 어디로 몰고 갈 것인지는 두고보아야 알겠지만 우리나라 예술계에 이단(?)의 집단이 생겨났다는 것은 반드시 웃어넘길일 만은 아닌 것 같다。

「놀랍지 정보 법당에 사이키와 고고춤을 - 스님도 한몫 낀 전위예술집단 독립 선언」, 『선데이서울』 3권 26호, 1970년 6월 28일.

키와 고고춤을"

놀랐지 情報

목긴 前衛藝術 집단 독립宣言

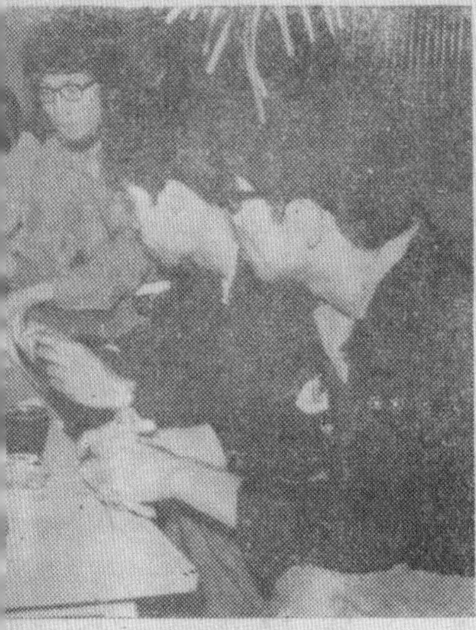

예술인들의 모임「가칭 제4집단」창단대회。

「인간해방」과 「한국문화의 독립」을 부르짖는 한떼의 전위 예술가들이「가칭 제4집단」을 결성, 기성예술에 집단적으로 반기를 들었다。알쏭달쏭한「無體주의」를「캐치·프레이즈」로 내걸고 애국가까지 불러가며 이들「가칭 제4집단」은 닻을 올렸는데—。

느닷없이 애국가 울리자 다방 손님들이 어리둥절

6월20일 정오。서울 을지로 입구에 자리잡은 笑林 다방에선 느닷없이 애국가가 울려 퍼졌다。한가운데 진을 치고 있던 10여명의 젊은이들이 일제히 일어서며 오른손을 왼쪽 가슴에 댔다。이 애국가가「제4집단」창단을 알리는「시그널·뮤직」。

주위 손님들의 어리둥절한 시선엔 아랑곳없이 경건히(?) 국기배례를 올린 이들 중엔 승려와 아가씨가 끼여 있는가 하면「블루·진」에「히피·스타일」의 더벅머리、덕수염에「베레」모를 쓴 고전파、단정히「넥타이」를 맨 신사족 등 차림새도 가지 가지。

애국가에 이어 순국선열에 대한 묵념。그러자 다방안의 음악은「소울」풍으로 바뀌며 파도소리、새소리가 섞여 나왔다。알고보면 이 다방의 주인 金伐來씨(31·DBS 음악효과 담당)도「제4집단」창단멤버중의 한 사람이다。

한국미술대상전에서 초대작품 철거로 말썽이 되었던 소위 대지예술의 金丘林씨(35)를 비롯、「해프닝」의 鄭燦昇(29)·孫一光(31·디자이너)、方저거(31·극단「에저또」)、昔也丁(28·승려·篆刻)、姜國鎭(28·美協회원)、李慈慶(27·여기자·문학)、李益泰(24·필름70대표)、孤虎(23·연극배우)씨등 소위「전위」란 이름이 붙는한 기라성같은(?) 인물들이 총망라되어 있다。

『우리는 인간으로서의 해방과 한국문화의 독립을 선언한다。우리는 일체의 원리로서 정신과 육체가 각각이 아니라 하나이며…』하는 창단선언서가 읽혀 내려가는 동안 다방안에 계속「소울」「사이키」풍의 음악과 새소리、바람소리、파도소리 등이 어울려 흘렀는데 이를 듣고 있던 昔也丁스님은 문득 무릎을 치며、『법당에「사이키」조명을 하고「고·고」춤으로 예불해야겠군』하며 大悟覺醒(?)。

「인간해방」등 부르짖으며 「가칭제4집단」창단선포

인간해방、한국문화의 독립、현실참여 등을 골자로 한 선언서가 일사천리로 채택되고 나자 다음은 규약차례。미리 준비되어 온 전문 5장23조의 규약이 역시 일사천리로 채택되었는데、이중 제9조『본 집단 임원의 임기는 1년으로 한다。단 3선할 수 있다』는 조항이 말썽。『3선까지 할 바에야 아예 제한규정을 두지말자』는 파와『이왕이면 우린 제4집단이니까 4선까지 하자』로 팽팽히 맞서 20여분간 토론끝에「현실을 참작」

이들은『서울에 본부를 두고 각도에는 도집단、각 시·군에는 시·군집단、각 읍·면에는 읍·면집단、각 이·동에는 이·동집단』(제4조)을 두기로 하는가 하면 회의의 명칭은 영구히「가칭 제4집단」으로 하기로。그러니까 이 경우「가칭」은 본 이름의 하나인 셈이다。

다음은 임원선출차례。종신영구직인 統領(대통령에서 大자를 뺀 것)엔「가칭 제4집단」의 상징인「無體주의」가 만장일치로 당선되고 다음 務

표방이다. 우리는 정신과 육체가 같으며 밤과 낮이 같으며 흑과 백이 같으며 우연과 필연이 같으며 이 세상 모든 것이 우주의 속성인 원체사상이 무체주의임을 알고 이러한 바탕 위에 함께 생각하고 함께 행동하기 위해 여기 제4집단을 결성하는 것이다. 그리고 제4집단의 행동을 선언하는 것이다."

제4집단, 「제4집단 선언문」, 1970.

네 가지 강령도 세웠다.

— 인간을 본연으로 해방한다.
— 참된 한국문화의 독립이 세계 문화임을 확인한다.
— 참여로서 모든 체제를 통합한다.
— 무체로서 일체를 이룬다.

'4'를 사용한 것은 금기에 대한 반발과 도전이었다. 고차원, 즉 4차원의 세계를 염두에 둔 말이기도 했다. '제4집단'은 혁신과 진보를 표방했지만, '국가'와 '애국'과 '국민'을 강조하는 보수적 속성도 내보였다. 이들은 결성식에서 애국가 제창, 국기에 대한 경례와 순국선열에 대한 묵념을 가졌다.

한편으론 전국적 조직을 꿈꿨다. "서울특별시에 본부를 두고 각 도에는 도 집단, 각 시·군에는 시·군 집단, 각 읍·면에는 읍·면 집단, 각 리·동에는 리·동 집단을 둔다." 그룹의 리더 격인 '통령'을 맡은 김구림은 "순수한 예술 활동만을 일삼는 재야 예총이 될 것"이라고 했다. 정치 참여 의사를 나타낸 것도 주목할 만하다. 김구림은 "우리의 창작활동을 저해하는 독소들을 제거하기 위해 필요하다면 국회의원 출마도 서슴지 않겠다."고도 했다. "순수한 예술 활동만이라면서 어떻게 정치를 할 수 있겠느냐?"는 기자의 질문에 "정치도 하나의 예술일 수 있다."고 말했다. 기존 예술 관련 집단에 대한 거부감도 드러냈다. 그가 건넨 기사 스크랩 「모방이냐 예술이냐 – 한국 전위예술의 기수들」(출처 불명)에는 이런 언급이 있다.

기성 문화권은 너무 귀족적입니다. 자기들 집단적 아류에

급급해서 모든 사람이 공감할 수 있는 대중적인 작품을 만들어 내지 못하고 극히 귀족적인 작업만을 되풀이하고 있을 뿐입니다. 즉 예술의 형태가 한낱 예술로만 끝나는 것입니다. 그래서 우리 가칭 제4집단 멤버들은 현실 참여, 정치 참여, 종교 참여 등 모든 면에 적극적인 참여를 꾀하면서 모든 사람들이 이해할 수 있는 예술을 할 작정입니다.

하지만 이 진지한 시도도 코미디로 귀결되어 가는 듯했다.

“스물다섯 번째 광복절인 8월 15일 한낮, 태극기와 백기 그리고 꽃관을 들고 ‘문화의 독립’을 외치며 한강으로 향하던 ‘가칭 제4집단’ 단원들은 도로교통법 위반으로 한강 아닌 즉결재판소로 행렬의 ‘코스’가 빗나갔는데.”

「해프닝 정보 관 메고 예술하니 경관이 웃기지마 – 즉결로 직행한 즉흥파 예술인들」, 『선데이서울』 3권 34호, 1970년 8월 23일.

광복 25주년 때 이들은 서울 사직공원에서 모였다. ‘타파’, ‘저항’, ‘독립’ 같은 테제를 내걸었다. 군사정권 시절이었다. 당시 한 기사는 사직공원에서 참가자들의 말을 이렇게 전한다.

“오늘 우리는 직접 참여로서 모든 체제를 통합한다는 제4집단 규약 3조를 실천해 보이기 위해서입니다.”
“오늘 우리는 고질화된 기성체제에 대한 고발과 낡은 사상에서 헤어나지 못하는 문화인들을 장사지내기 위해 모인 겁니다.”
“낡은 사상에서 헤어나지 못하는 문화인들을 매장하기 위해”(김구림)

이들은 장지인 제1한강교 백사장으로 향했다. 낮 12시 20분쯤 김구림이 제4집단의 백기를 들고 앞장섰다. 백기는 무체 사상과 순수 화합을 뜻했다. 행진 코스는 사직공원-독립문-서대문-광화문-시청-명동-남대문-용산 제1한강교 백사장이었다.(→) 행진은 멀리 가지 못했다. 위 기사는 현장을 이렇게 전한다.

「연행 당한 전위예술 자칭 '첨단예술가 그룹'의 불발 해프닝」, 『주간여성』 1970년 8월 26일.

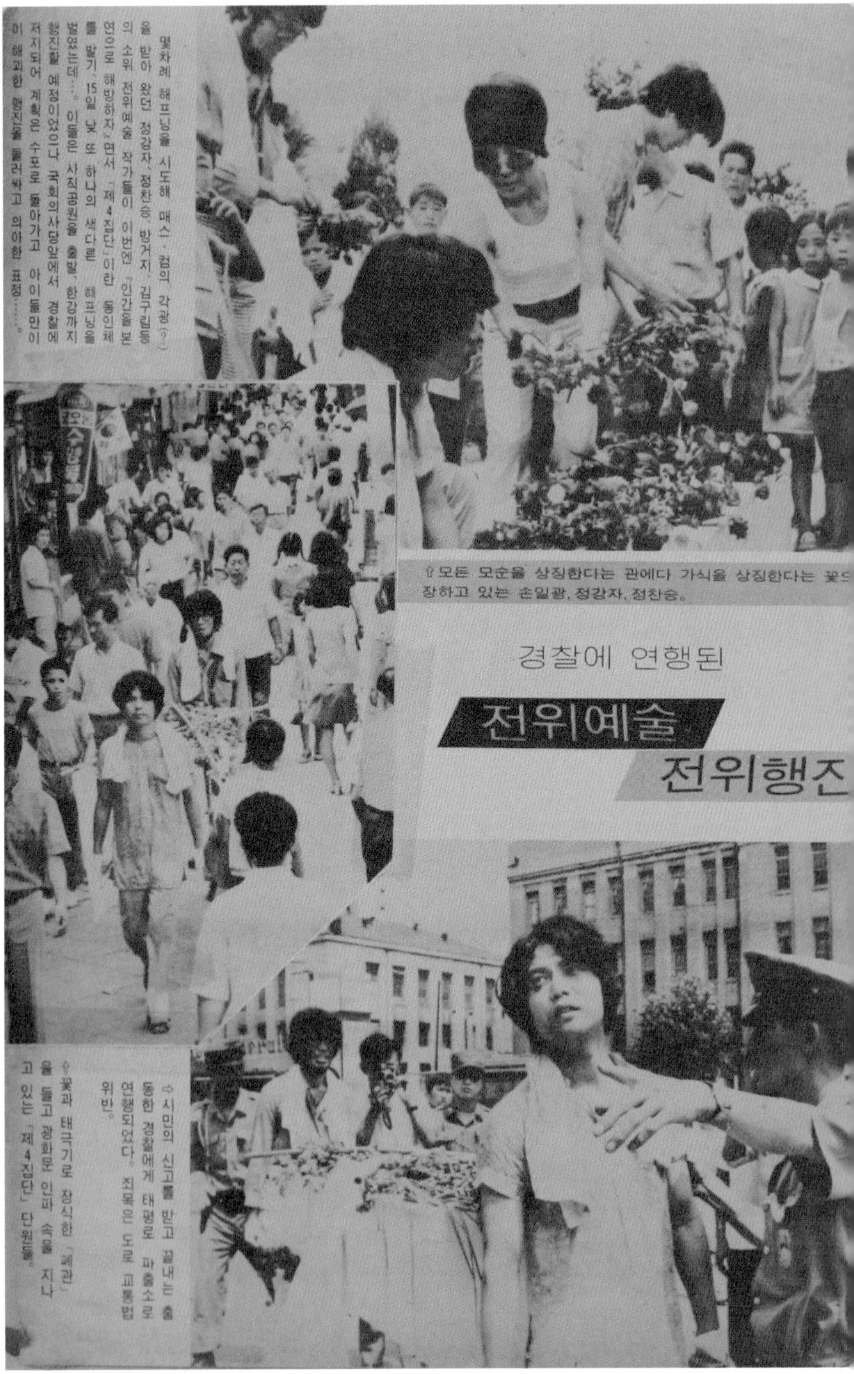

몇차례 해프닝을 시도해 매스·컴의 각광(?)을 받아 왔던 정강자, 정찬승, 방거지, 김구림등의 소위 전위예술 작가들이 이번엔 『인간을 본연으로 해방하자』면서 「제4집단」이란 동인체를 발기, 15일 낮 또 하나의 색다른 해프닝을 벌였는데…. 이들은 사직공원을 출발, 한강까지 행진할 예정이었으나 국회의사당앞에서 경찰에 저지되어 계획은 수포로 돌아가고 아이들만이 이 해괴한 행진을 둘러싸고 의아한 표정…….

⇧모든 모순을 상징한다는 관에다 가식을 상징한다는 꽃으로 장하고 있는 손일광, 정강자, 정찬승.

경찰에 연행된

전위예술

전위행진

⇨시민의 신고를 받고 끌내는 출동한 경찰에게 태평로 파출소로 연행되었다. 죄목은 도로 교통법 위반.

⇧꽃과 태극기로 장식한 「폐관」을 들고 광화문 인파 속을 지나고 있는 「제4집단」 단원들.

연행당한 前衛藝術

自稱「尖端예술가 그룹」의 不發 해프닝

◇…『머리를 깎는 것이 이상…◇
◇…하지 않은 것처럼 머리를…◇
◇…기르는 것도 이상하지 않…◇
◇…다.』이른바「제4집단」이…◇
◇…라는 이름의 長髮族들이 광…◇
◇…복절날 선언대회를 갖고 그…◇
◇…들의 전위예술작품(?)을…◇
◇…발표하려다가 경찰에 붙들…◇
◇…렸다. 남들은 다 이상하다…◇
◇…는데 자기들은 조금도 이…◇
◇…상하지 않다는 이 新種해…◇

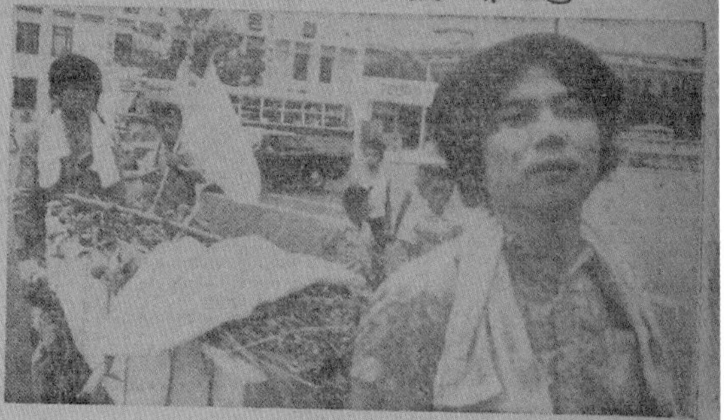

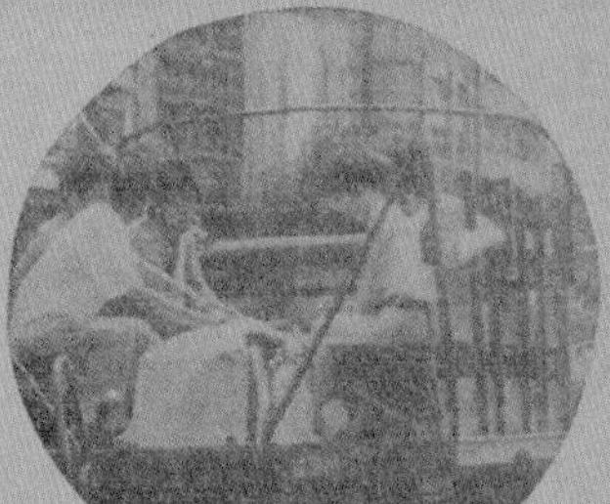

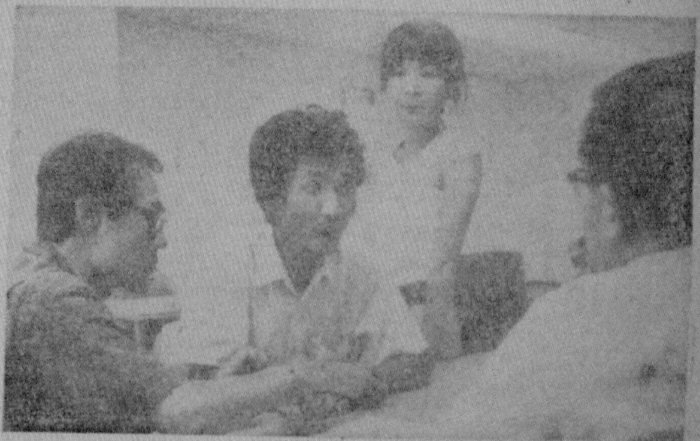

◆上 꽃을 얹은 흰 관을 들고 국회의사당 앞에온 손일광씨(앞)와 정찬승씨 ◆中 경찰트럭에 실려 남대문서로 연행되어가는 전위예술 작품(?)을 가려놓고 상제처럼 마주앉았다. ◆下 경찰에 끌려온 「제4집단」단원들이 경찰의 심문을 받고있다. 『도로교통법이 뭐냐, 어째서 예술을 이해해주지 않느냐』는 표정을 짓고있는 단원들.

『당신들은 도대체 무슨 예술을 한다는 말이요?』

『우리가 하는것을 해프닝이라고 합니다.』

『해프닝이라는건 또 뭔데?』

『종합예술인데 지금 우리들은 이 재료들을 가지고 작품발표를하려는 것입니다.』

태평로 파출소에 연행된 「제4집단」원들과 경찰들사이에오고간 대화한토막. 이들「제4집단」이말하는 작품의 재료는 白旗 4장, 생화를 엮은 관이 1개, 태극기가 4장이다.

『이게 관이지 어째서 작품입니까?』

『모래와 꽃입니다. 작품의 재료가 됩니다.』

『뭐요?』

『大地예술이라고도 합니다.』

이들과 경찰사이에는 도무지 대화가 통하지않는듯, 한쪽은「수사관의입장」을, 한쪽은「예술가의입장」을 고집하기에만 바빴다.

「제4집단」이선언대회를가진것은 15일상오11시, 사직공원의 율곡 이이선생 동상앞에서다. 장발에 구레나룻을 기른 정찬승씨(29·화가)의 사회로 10여명의 회원이참석, 국기에대한 경례, 순국선열에 대한 묵념, 「제4강령」복창을 마치고, 시내행진에 들어갔었다. 앞장선 김구림씨(35·화가)가 白旗를 들고 출발한다음 역시 白旗와 태극기를 든 정강자씨(29·화가)가 50미터 간격으로 뒤를 따랐다. 그뒤를 또 꽃과 태극기를 덮은 관이뒤따랐다. 국회의사당앞에이르자 경찰들은 이들을 조용히 파출소로 안내했다. 「풍행방해」와「도로교통법 위반」혐의.

『우리들은 모든 기성의 문화예술에 반기를 드는 겁니다.』

잘 알아들을수없는(?)말로 이 「제4집단」의 대표격인「통령」김구림씨는 열을올렸다.

「제4집단」의 본부 임원명칭도 가지가지. 이 집단의 상징적인 대표는 무령(무체사상), 실질적인대표는 통령(김구림), 그리고 사무총장격인 총령(정찬승), 대변인격인 프령(방저건), 외장격인 의령(손일광) 등.

「제4집단」의 4자도 대부분의 사람들이 이 숫자를 싫어하기때문에 이걸택했고, 白旗를 이집단의旗로 정한것도 白이 순결·순박·순수의 상징이기 때문이라는것.

남대문서는 이들「제4집단」회원 7명을 도로교통법위반혐의로 즉심에 넘겼다. 결국 작품발표도 하지 못한 이들의 전위예술은 중간에서 좌절당한 셈이다.

<李盛夫 기자>

1970. 8. 26

“아니 저게 뭐야?”
누구나 한마디씩 내뱉는 소리다.
정강자 양이 국제극장 앞을 통과할 즈음 마침 극장에선 영화가 끝나 사람들이 밀려 나올 때였다.
“아니 이거 미친 여자 아냐?”
광화문 파출소에서 순경이 뛰어나와 관을 들고 오는 손일광 씨와 정찬승 씨에게 다가왔다.
“여보, 이게 뭐요?”
“국립묘지에 헌화하러 갑니다.”
그대로 걸어 나가며 대답하는 손씨.
“아니 헌화할 꽃이 뭐 저래?”
아무래도 순경은 이상하다는 눈치. 급히 남대문 경찰서로 비상전화.
이러는 사이 행렬은 국회 앞을 지나 태평로 파출소 앞에 다다르자 기다리고 있던 순경이 한 사람 한 사람 파출소 안으로 모셔 들인다.
“당신들 도대체 뭐하는 사람들이요?”
“우리 예술 하는 사람들입니다.”
“무슨 예술?”
“해프닝.”
“해프닝이 뭐요?”
“즉흥 예술이라는 겁니다.”
“이 흰 기하고 관은?”
“이 기는 우리 ‘배지’고, 이 관은 우리 작품입니다.”
얘기를 듣던 경찰관 한 사람이, “이게 뭐, 작품이야?”
발로 관을 구석으로 밀어 넣는다. 화가 발끈 난 정강자 양—.
“여보세요. 남의 작품 어디다 함부로 발길질을?”
“내 원 참! 이런 게 작품이라니 웃기지 마쇼.”
경찰관은 시끄럽다는 눈치. 대강 물은 다음 경찰관 남대문서로 연락.
곧 J 형사가 들이닥친다.
“도대체 이 관은 어디로 가져다 뭘 하겠다는 거요?”
“한강에 나가 불에 태워 묻고 오려고 그럽니다.”
“그럼 차에 싣고 가지 이게 뭐요.”
“차를 미처 준비 못해서 그냥….”

"이것도 예술이오?"
"그렇습니다."
"하여튼 당신네들 도로교통법 위반이니까 우선 본서로 갑시다."
하오 2시 5분 경찰 트럭 위에 오른 이들 9명은 한강 아닌 남대문 경찰서로 직행, 이름은? 나이는? 하고 조서를 받는 몸이 되었다. 이래서 모처럼 한번 크게 벌이려던 이들의 행사는 좌절. 보호실에서 하룻밤을 새우고 이튿날 즉결 재판소로 넘어가 앞으로 자중하라는 훈계를 듣고 물러 나오게 된 것. 이래서 광복 25돌 기념 해프닝은 싱겁게 끝난 셈이다.

「해프닝 정보 관 메고 예술하니 경관이 웃기지마 – 즉결로 직행한 즉흥파 예술인들」, 『선데이서울』 3권 34호, 1970년 8월 23일.

경찰 트럭 위에 오른 '제4집단'의 대표인 김구림은 한강 아닌 남대문 경찰서로 직행했다. 김구림은 남대문경찰서 유치장에 갇혀 밤새도록 취조를 당했다. "4는 무엇을 의미하느냐?", "북한에서 자금은 얼마나 받았느냐?", "왜 전국 규모로 조직했느냐?" 김구림은 "많은 질문을 하고 잠을 못 자게 하여 고통을 주면서 날이 새도록 취조를 당하고 조서 작성을 받는 몸이 되었다."라고 떠올렸다. 이들 시도가 도로교통법과 통행 방해 혐의로 '싱겁게' 끝난 것만은 아니다. 박정희 정권 시절이다. 총재나 협회장이란 이름도 아니고 '통령'을 내걸고 지방에까지 지부를 둔 '제4집단'의 등장은 '환쟁이'들의 미친 짓으로만 치부할 일은 아니었다. '통령'에 '대' 자를 붙이면 '대통령'이다.

군사정권에서 빨갱이니 뭐니 하면서 사람들 탄압할 때잖아요. 국회의원까지 내겠다고 했으니… 사전에 차단하려고 했던 것 같아요.

김구림은 이날 경찰서로 끌려가 유치장에서 하룻밤을 새웠다. 이튿날 경찰서 서장실로 불려가 심문을 받았다. 이때만 해도 기가 죽진 않았다. "밥이라도 먹여 놓고 할 것 아니냐." 김구림은 배고픔에 화를 냈다. 중국집 배달원이 와서 음식을 잔뜩 내려놓았다. 김구림은 허겁지겁 배달 음식을 먹었다. 한참 뒤 경찰은 김구림을 끌고 나가 창문도 없는 트럭 뒤에 밀어 넣고 문을 닫았다.

가장 슬프고 공포스러운 날이었어요. 차가 덜커덩거리며 어디론가 가는 소리가 들렸을 때 비로소 정신이 번쩍 들었어요. 아, 이것이 마지막이구나, 하며 갑자기 눈물이 흘러 내렸어요. 사형을 시킬 때는 마지막으로 잘 먹여서 죽인다고 하더니, 그래서 여러 중국 음식을 시켜 주었구나 하고 생각이 들었죠. 마지막으로 진수성찬으로 잘 먹이고, 쥐도 새도 모르게 진짜 죽이려는 줄 알았어요. 대구에 계시는 아버지, 어머니는 평생 외동아들이 잘되기를 바라며 살았는데, 지금 여기에서 죽게 되는구나 하고 실의에 빠졌죠. 그때 차문이 열리면서 내리라는 말을 들었어요. 어두운 곳에서 밝은 곳으로 갑자기 나오니 처음엔 아무것도 보이지 않았다가 차츰 희미하게 건물 모습이 나타나더라고요. '사형은 당하지 않겠구나' 생각이 들었어요. 즉결재판소였는데, 판사들이 재판정에 앞에 앉혀 놓고는 귓속말로 수군거리더니 훈방하더군요.

김구림은 '통령'이란 말이 자꾸 마음에 걸렸다고 한다. 제4집단의 저항과 투쟁 대상은 문화예술계로 한정했지만, 정부 체제를 본뜬 제4집단의 형태는 정권의 심기를 건드릴 만했다. 당시 억압적인 독재 시대 분위기를 감안하면 '죽을 줄'로 안 게 엄살만은 아니다. 법원으로 가 즉결 심판을 받은 뒤 훈방으로 나왔다. 김구림은 도깨비에 홀린 듯했다고 기억했다. 풀린 뒤 알아보니, 각 주간지나 신문사에서 편집국장들이 경찰과 법원에 선처해 달라고 민원을 넣었다고 한다. 그는 '뉴스거리'를 만들어 주는 주된 취재원이었다. 김구림 기사가 뜨면 부수가 두 배 이상 팔리곤 했다고 김구림은 기억한다. 김구림을 '미친놈'으로 묘사한 여러 언론들이 '면죄부'를 받는 데 일조한 것이다. 주간지 기자들과 간부들은, 기사를 호의적으로 쓰진 않았지만, 김구림과 인간적 관계를 유지하고 있었다.

며칠 새 많은 일이 벌어졌다. 중앙정보부 기관원들이 대구 부모 집을 급습해 연행했다. 김구림의 어머니는 '아들놈이 서울에서 일 저질러 죽었구나'라고 생각했다. 김구림과 아버지는 결국 풀려나긴 했지만,

그 후로 담당 형사가 6개월이나 김구림을 따라다녔다고 한다. 제4집단을 해체하라는 압박이었던 셈이다. 정권은 제4집단에 처음 제기한 '빨갱이' 혐의를 쉽게 거두지 못한 것 같다. 결국 김구림은 제4집단을 해체한다. 한국에서 작품 활동도 접기로 결심했다. 제4집단 해체를 겪으면서 일본행을 결심했다.

「놀랐지 특보 전위가 뭐길래 알몸의 남녀가 – 인체를 엮어놓고 무체라니 웬말」, 『선데이서울』 3권 34호, 1970년 8월 23일.

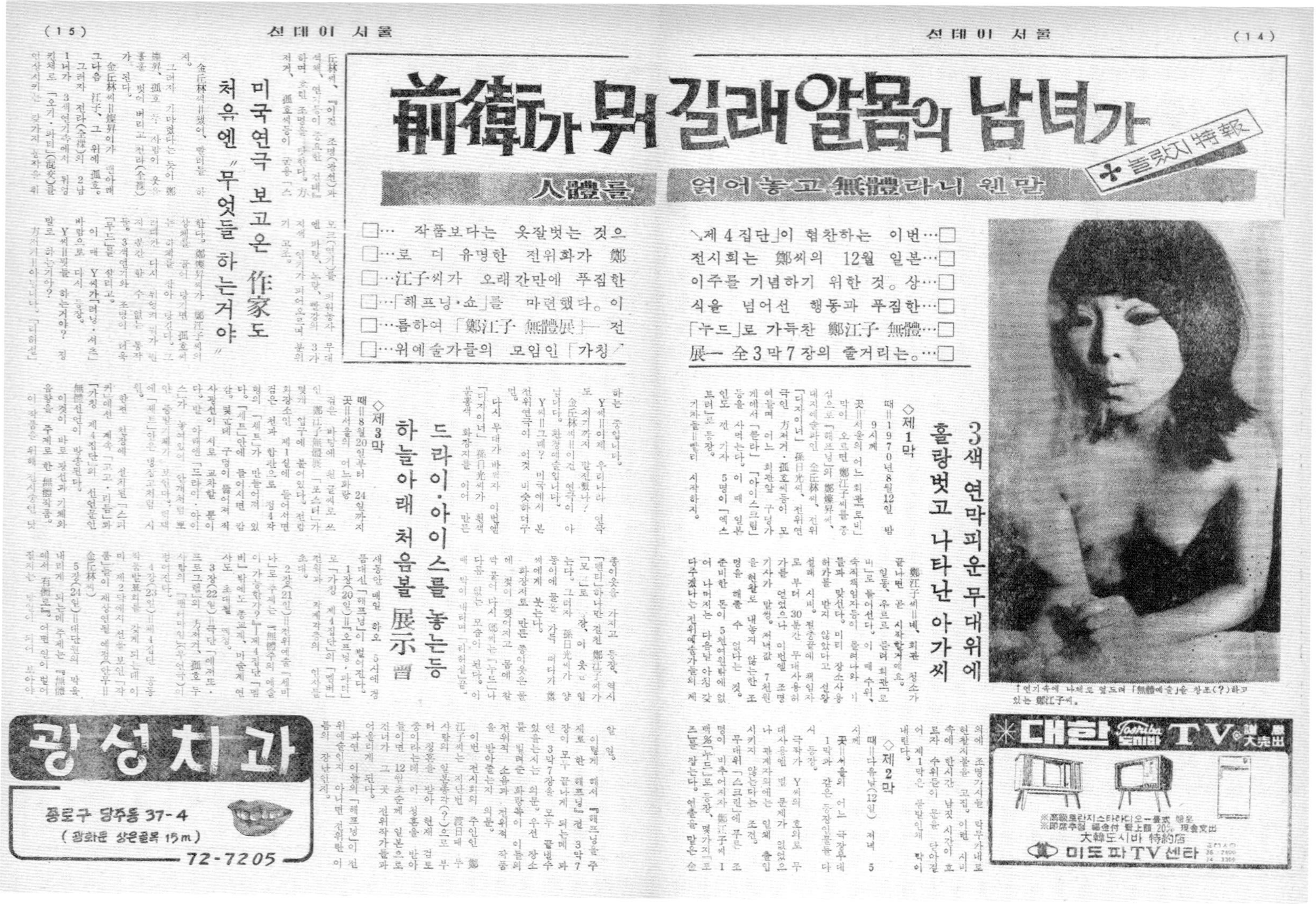
(15) 선데이 서울 / 선데이 서울 (14)

前衛가 뭐길래 알몸의 남녀가

놀랐지 特報

人體를 엮어놓고 無體라니 웬말

…작품보다는 옷잘벗는 것으로 더 유명한 전위화가 鄭江子씨가 오래간만에 푸짐한 「해프닝·쇼」를 마련했다. 이름하여 「鄭江子 無體展」— 전위예술가들의 모임인 「가칭 제4집단」이 협찬하는 이번 전시회는 鄭씨의 12월 일본 이주를 기념하기 위한 것. 상식을 넘어선 행동과 푸짐한 「누드」로 가득찬 鄭江子 無體展— 全3막7장의 줄거리는。…

3색 연막피운 무대위에 훌랑벗고 나타난 아가씨

드라이·아이스를 놓는등 하늘아래 처음볼 展示

미국연극 보고온 作家도 처음엔 "무엇들 하는거야"

↑연기속에 나체로 엎드려 「無體예술」을 창조(?)하고 있는 鄭江子씨.

「옷입기를 배우는 나체 예술인들–전위예술로 화제를 뿌리던 제4집단의 그 후」, 『선데이서울』 5권 2호, 1972년 7월 2일.

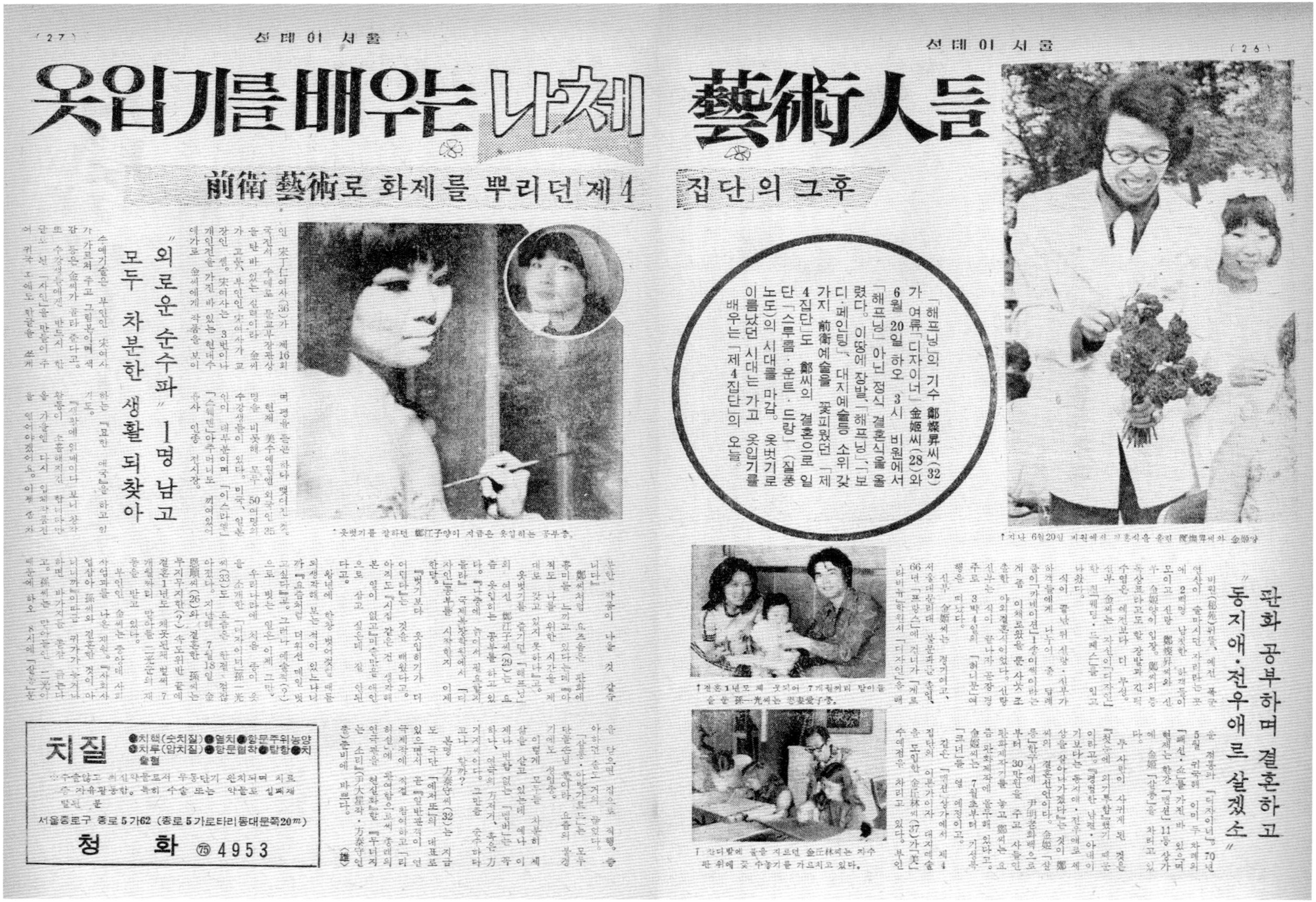
(27) 선데이 서울 / 선데이 서울 (26)

옷입기를 배우는 나체 藝術人들

前衛藝術로 화제를 뿌리던 「제4집단」의 그후

「해프닝」의 기수 鄭燦昇씨(32)가 여류 「디자이너」 金姬씨(28)와 6월 20일 하오 3시 비원에서 「해프닝」 아닌 정식 결혼식을 올렸다. 이 땅에 장발 「해프닝」 「보디·페인팅」, 대지예술 등 소위 갖가지 前衛예술을 꽃피웠던 「제4집단」도 鄭씨의 결혼으로 일단 「스투름·운트·드랑」(질풍노도)의 시대를 마감. 옷벗기로 이름났던 시대는 가고 옷입기를 배우는 「제4집단」의 오늘.

"외로운 순수파" 1명 남고 모두 차분한 생활 되찾아

↑옷벗기를 장려하던 鄭江子양이 지금은 옷입히는 공부중.

↑지난 6월20일 비원에서 결혼식을 올린 鄭燦昇씨와 金姬양.

판화 공부하며 결혼하고 "동지애·전우애로 살겠소"

↑결혼 1년도 채 못되어 7개월짜리 딸아이를 둔 孫一光씨는 恐妻愛子중.

↑잔디밭에 불을 지르던 金丘林씨는 자수판 위에 곳 수놓기를 가르치고 있다.

치질 ●치핵(숫치질) ●열치 ●항문주위농양 ●치루(암치질) ●항문협착 ●탈항 ●치출혈
※수술않고 최신약물로서 무통단기 완치되며 치료중 자유활동함. 특히 수술 또는 약물로 실패재발된 분
서울종로구 종로 5가62 (종로 5가로타리 동대문쪽 20m)
청화 ⑮ 4953

1970년은 '산업화' 측면에서 볼 때 전기가 된 해이다. 그해 경부고속도로가 개통했다. 밀어붙이기식 개발이 빚어낸 참극이라 부를 수 있는 '와우아파트 붕괴' 사건도 그해 일어났다. 정치 사회 쪽은 암울했다. 정권은 『사상계』를 강제 폐간했다. 김지하의 정치 풍자 담시譚詩 「오적」이 발표된 해도 그해다. '제4집단'이 행진하던 그 8월 장발과 미니스커트를 규제하는 '퇴폐풍조 단속'이 시작됐다. 1970년대 박정희는 '조국 근대화 운동'을 맹렬히 추진했는데, 이 근대화modernization는 공업화, 토건 산업에 치중한 것으로 시민의 자유나 대중의 정치참여, 인권, 표현의 자유 신장을 담은 '근대화'와는 거리가 먼 것이었다. 김구림을 비롯한 당대의 전위예술가들이 인권에 관한 서구적 개념이나 첨예한 정치의식을 가진 것 같지는 않다. 반정부 내용도 없었고, 정치나 사회 현안을 직접 거론하지 않았다. '정치적 아방가르드'라고 보긴 힘들다. 당시 독재정권이 급진적 미학과 미술제도, 기존 권위에 대한 저항 의식을 위협으로 여기고 탄압했다는 점에서 '정치적 사건'으로 볼 수도 있다.

김구림은 '사회 전반을 지배하던 기성관념을 파괴하려고 했던 것'이라면서 이렇게 말했다.

> **저 같은 경우 〈매스미디어의 유물〉처럼 새로운 매체를 자주 동원했고요, 제4집단의 가두행진처럼 시위의 방식으로 타파를 시도했습니다. 제4집단 구성원들끼리는 그에 대한 생각이 좀 달랐어요. 장발이나 괴상한 옷차림 등으로 '충격'을 강조하는 이들도 있었는데, 저는 매체나 지적인 맥락에 더 관심이 있었습니다.**

'제4집단'은 좌절되었지만, 현재까지 여러 미술인들이 그 미술사적 사건을 거론하고 있다. 윤진섭은 당시의 행위미술이 기존 미학을 해체하고 공격하는 데 그 주요한 목적을 두고 있다며 후대 민중미술과도 비교했다.
"행위미술이 민중미술과 함께 기존 미술 제도에 대한 강한 안티anti-적 태도를 보여 줬다고 평가한다. (…) 기존 미술의 언어에 대해 형식

파괴적인 성격이 짙다는 점에서 비록 그 내용이나 지향하는 목표는 다르지만 그 성격에 있어서는 유사한 측면이 있다.”

윤진섭, 「한국의 초기 ‘해프닝(Happening)’에 관한 연구」, 김달진닷컴 외부칼럼, 2011 (http://www.daljin.com/?WS=33&BC=cv&CNO=352&DNO=5018).

미술평론가 정준모는 “1970년 미술을 비롯하여 음악·연극·무용·문학 등 장르를 망라하는 총체예술을 표방한 제4집단으로 표출되었으나 당시로서는 파격적인 행동과 발언 수위로 인해 단명하고 말았다.”고 말했다. 군사독재 정권으로서는 정치나 체제의 문제를 직접 걸고넘어지지 않더라도, 문화 분야 일각에서 돌출된 파격과 반발, 저항, 급진성이 체제에 대한 도전으로 전이되거나 확대될 수 있다고 본 것 같다. 새로운 시대상에 독창적이고 주체적인 한국문화의 가능성을 모색하고 그 의지를 구체화했다는 점을 평가했다. ‘제4집단’의 해체를 두고, 김구림이 가장 안타까워하는 것은 지금의 현대미술이다.

정준모, 「한국현대미술, 실험과 확산의 시대」, 『현대미술관연구』 제12집, 국립현대미술관, 2001.

박정희 정권 때문에 결국 무너졌는데, 제4집단이 10년 정도만 더 지속됐더라면, 지금 현대미술이 완전히 달라졌을 겁니다. 그게 목에 걸린 가시처럼 계속 맘에 걸려요.

‘제4집단’은 지금 김구림의 명성을 보여 주는 지표지만, 당시에는 큰 고통이 뒤따른 작업이었다. 김구림은 그 뒤 몇 달간 활동을 하지 못했다. 이듬해 1월 김구림은 마지막 길거리 작품을 발표한다. 바로 한국 최초의 ‘길거리 패션쇼’다.(→) 패션쇼 장소를 실외로 옮긴 데서 김구림의 ‘캔버스 밖으로’의 고집이 잘 드러난다. 이 패션쇼의 더 큰 의미는 다른 데 있다. 요즘 흔한 야외 패션쇼, 거리 패션쇼와 달리 퍼포먼스적인 요소를 많이 가미했다는 점이다. 바로 16명의 모델이 ‘무대 없이’ 서울 명동, 광화문, 이대입구에서 즉흥적으로, 게릴라식으로 패션쇼를 벌였다. 김구림의 만능의 예술 자질을 보여 주는 작품이다. ‘제4집단’에서 보여 준 사회성이나 고발성 짙은 해프닝이나 퍼포먼스의 종말을 고하는 작품이기도 하다.

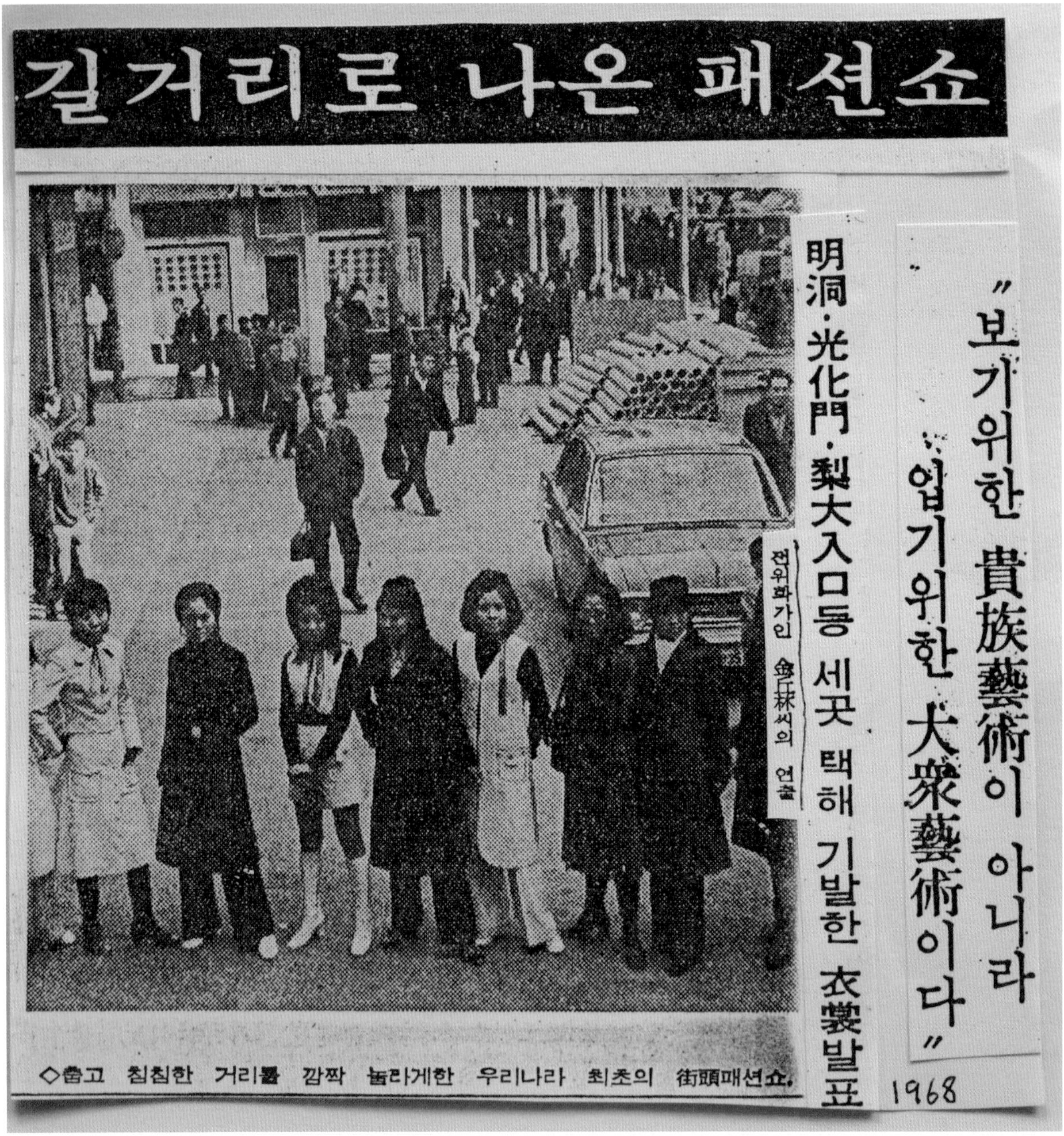

길거리로 나온 패션쇼

"보기위한 貴族藝術이 아니라 입기위한 大衆藝術이다"

明洞·光化門·梨大入口등 세곳 택해 기발한 衣裳발표

전위화가인 金丘林씨의 연출

◇춥고 침침한 거리를 깜짝 놀라게한 우리나라 최초의 街頭패션쇼.

1968

김구림이 연출한 노상 패션쇼(제4집단에서 함께 활동한 디자이너 손일광의 의상을 배우 문정숙이 이끄는 패션모델 그룹 '스루클럽' 16명이 참가)를 다룬 잡지 기사 스크랩.

3부

“잘
알지도
못하면서”

여러 미술평론가와 언론은 김구림을 '영원한 아방가르드'로 부른다. 이 호명은 주로 1960~1970년대 전위예술, 실험미술을 하던 김구림을 대상으로 한다. 비주류 김구림을 다시 불러내는 평론가와 미디어의 선의를 의심하진 않지만, 1960~1970년대 활약에만 초점을 맞추어 조명하는 서술은 그를 박제화하는 것 같다는 생각도 든다.

'잘 알지도 못하면서'. 2013년 서울시립미술관에서 열린 김구림 회고전 제목이다. 홍상수 감독의 영화 제목에서 따온 전시 타이틀을 들었을 때, 이보다 더 김구림을 잘 설명하는 말은 없는 것 같았다. 김구림의 실험미술은 한국 현대미술사에서 하나의 신화로 자리 잡았지만, 1960~1970년대 실험미술 전후의 평면과 입체 작품은 그 중요성에 비해 제대로 조명을 받지 못했다. 사람들이 잘 알지도 못한다.

3부는 '제4집단' 해체 이후 좌절의 시기를 보내며 실험미술에서 다시 평면과 입체로 돌아온 작품 세계를 다룬다. 이 회귀 과정에서도 변하지 않은 게 있다면 아방가르드 정신이다. 잠시 시간을 거슬러 올라가 1958년 개인전에 낸 첫 작품부터 2020년대까지 지속 중인 〈음과 양〉 시리즈를 앞에 두고 김구림에게서 직접 들은 김구림의 삶도 덧붙여 녹였다. 1980년대 이후 여러 매체, 개인과 진행한 인터뷰도 참조했다.

전통의 부정이 단절은 아니다 | 형식의 파괴, 형식의 탄생

〈월야Moon Night〉
캔버스에 유채,
91×65cm, 1958.

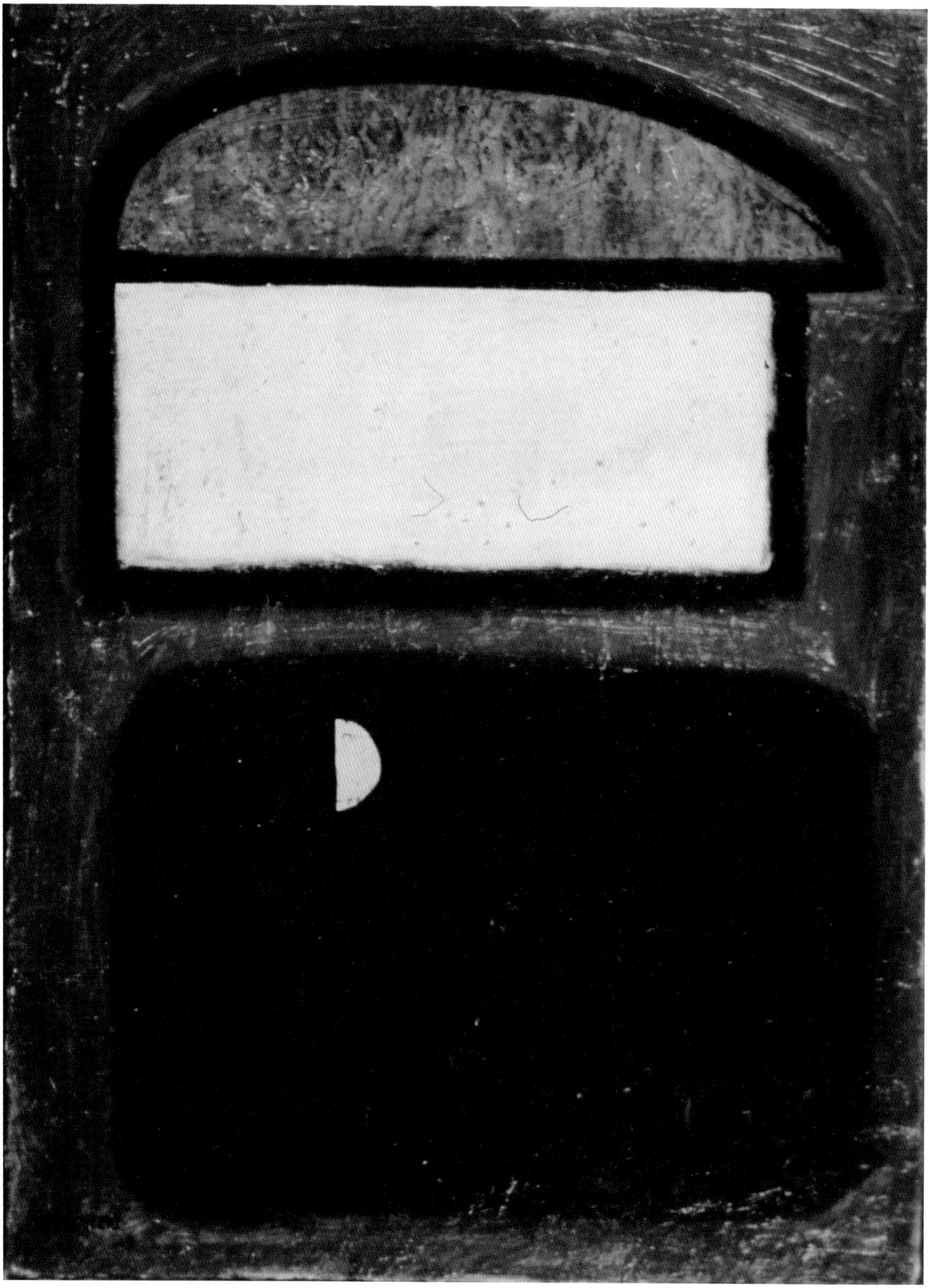

김구림이 대구공보관 화랑에서 연 첫 개인전에 내놓은 〈월야〉(←)는 스물한 살 때인 1958년에 그린 작품이다. 한국전쟁의 상흔을 화폭에 담았다. '캔버스에 유채'로 그린 〈월야〉에는 당시 유행하던 반半추상 계열의 영향이 반영됐다. 이 작품을 보고 나는 "선생님, 이런 그림을 계속 그리셨으면 나중에 아주 잘 팔리는 화가가 되셨을 텐데요."라는 반농담조의 말을 종종 했다. 형식적으로 주류 미술 범주에 들어 있으나, 그만의 독특한 구도와 질감이 드러난다. 재현 방식도 남다르다. 김구림은 짙은 황토색으로 초가집과 호수의 모습을 단순화한 뒤 위아래로 배치하여 대비했다. 원근법을 기초로 삼아 있는 그대로, 본 그대로를 옮기려던 풍경화와는 구별된다. 남들과 다르게 그리려는 일종의 강박은 첫 개인전부터 시작됐다.

건축 잡지 『공간』은 미술 매체가 흔하지 않던 1970~1980년대, 진지하고 지적인 미술 담론을 공유한 잡지다. 김구림은 『공간』 1980년 9월호에 「메모」라는 제목으로 작품 세계에 관한 글을 실었다.

한 가지의 형태와 물질은 존재할 수 없다. 그것은 그 자체가

주위의 물질이나 자연공간에 둘러싸여 그 존재 가치가 변화하고 있기 때문이다.

이 문장은 1950년대 후반 약관을 갓 지난 김구리과 〈월야〉를 이해하는 데도 도움이 된다.

목가적 풍경이 떠오릅니다.

검은 호수는 시골을 표현한 겁니다. 우리네가 살던 풍경이죠. 집은 초가집을 형상화한 겁니다. 백의민족을 뜻하려 흰색으로 칠했죠. 저 때는 화가 대다수가 사실주의 계열의 유화를 그리곤 했어요.

밝은 분위기는 아닌데요.

고독한 풍경을 담으려고 했어요. 군 시절 후유증이 가시지 않았을 때죠. 지긋지긋했어요. 군악대에 배치돼 나팔수를 했어요. 너무 억압적이라 탈영했다가 다시 붙잡혀 들어오기도 했습니다. 전쟁의 생채기가 가시지 않았을 때죠. 현실이나 인간 세상이 너무 싫었어요. 그런 기분이 저 그림 속에 녹아 있어요. 군대 하니까 또 기억나는데, 첫 전시에 출품한 다른 작품은 군화를 사실적으로 그린 거였어요. 이게 팔렸어요. 미국에서 미학을 가르치는 미국인 교수가 한국에 교환교수로 왔다가 사 갔어요. 와이프한테 줄 선물로 골랐다고 하더군요. 그 그림이 미국 어딘가에 잘 있나 하는 생각을 가끔 합니다.

사회는 어두웠다. 굶는 사람도 많았다. 막막하고 갑갑하기만 했던 당시 현실의 탈출구로 자연을 택해 화폭에 옮겼다. 초가집 아래 검은 호수 물속에 반달을 집어넣어 밤 이미지를 만들었다. 김구림은 아방가르드지만, 종종 '민족'과 '애국'을 역설한다. 〈월야〉에는 민족주의 감성이 들어 있다고도 했다. 어폐가 있겠지만, '민족주의 감성을 지닌 한국적 아방가르드'라 부를 수 있을까.

어두운 현실 문제도 녹아 있죠. 지붕을 회색으로 칠한 건 당시 사람들의 우울한 정서를 녹여 낸 겁니다. 검은 호수도 마찬가지고요. 1950년대 후반에는 자연을 소재로 한 반추상, 반구상 계열 작품을 많이 그렸어요. 자연의 속성을 축약해 캔버스에 옮겼던 거죠. 사실주의는 영 와닿지 않았어요. 속세를 떠난 이미지를 그리고 싶었던 때로 기억합니다.

흰색과 검은색의 대비, 원형이나 사각형의 대비 같은 게 보이는데요.

다들 저 보고 일관성이 없다고 그러는데, 작품의 형식을 다양하게 추구한 것뿐이에요. 그때는 음양이라는 걸 염두에 두고 의도적으로 그린 건 아니지만, 지금 돌이켜 보니 애초부터 음양의 문제의식이 있었던 거 같네요.

그린 캔버스가 텐트지라고 들었습니다.

대구 미군 부대에서 나온 걸 샀어요. 진짜 캔버스 천은 무척이나 구하기 힘들 때였죠. 유화물감 하나도 사기 힘든 시절이었습니다. 그래서 물감을 사다가 린시드 기름(아마인유)을 섞고 개어서 유화물감을 만들어 썼습니다.

여러 인터뷰에서 당시 정규 교육을 제대로 받지 못하셨다고 하셨는데요.

아예 안 다닌 건 아닙니다. 지금은 없어진 학교인데, 경주 계림대학 미술과를 잠시 다녔어요. 학교에선 그저 풍경 그림이나 가르치려 들었으니 궁금한 걸 해소하지 못했죠. 화가 선생님을 여럿 만나 이야기를 들어도 갈증이 풀리지 않더군요. 전 항상 새로운 것을 갈구했어요. 예술가에게 대학 졸업장 같은 건 의미가 없다고 생각했지요. 미군 부대에서 흘러나온 『라이프』, 『타임』 같은 잡지의 미술 기사를 보면서 외국의 새로운 사조를 공부했어요. 일본 미술 잡지 『미술수첩』도 창간호부터 챙겨 봤고요.

제대 이후 악착같이 그림을 그렸다고 한다. 작품을 평가받으려고 여러 화가에게 그림을 보여 주고 다니기도 했다. 당시 잊지 못할 기억 하나가 있다.

몹시 추운 겨울날 그림 뭉치를 싸 들고 유명하다는 어느 화가의 집을 찾아갔어요. 마침 그분이 집에 계셨어요. 부인의 안내를 받고 기다리는데 방문 열리는 소리와 함께 깡마른 체구에 신경질적이고 차가워 보이는 선생이 다가왔어요. 먼저 정중히 인사를 올리고 그림 뭉치를 풀었는데, 그분이 무표정한 얼굴로 그림을 몇 장 옆으로 빼서 보다가 "이런 것도 그림이야? 장사해서 돈이나 벌지?"라고 한마디 툭 뱉고는 일어나 방으로 사라져 버린 겁니다. 부인이 찻잔을 들고 왔을 때에야 제정신으로 돌아왔죠. 주섬주섬 흩어진 그림들을 싸서 밖으로 뛰쳐나왔습니다. 실망과 좌절이 한꺼번에 밀려왔어요. 세상이 망망대해 같더라고요. 며칠간 번민에 빠져 있다가 불현듯 분노와 복수심 같은 것이 전신을 불붙게 하더군요. 지금도 그 장면이 분명히 기억나요. 그때의 분노와 인내가 오늘의 나를 만든 것 같아요.

분노와 인내의 첫 결과물이 〈월야〉다. 이제 그 분노는 사그라진 듯하다. 2020년 김구림을 만났을 때 마치 〈월야〉를 두고 쓴 글 같다며 내게 읽어 보라고 전한 글이 있다. 일본의 선승 도겐선사道元禪師(1200~1253)의 『정법안장正法眼藏』의 한 구절이다. "산이 구름 위에 떠서 하늘을 방랑합니다. 물의 꼭대기가 산입니다. 산의 방랑이 위로 아래로 끊임없이 수면에서 일어납니다. 산의 발가락이 모든 종류의 물 위를 방랑하며 물을 춤추게 합니다. 그래서 방랑은 모든 방향으로 자유롭습니다. (…) 물은 강하지도 약하지도 않고, 습하지도 건조하지도 않고, 움직이지도 멈춰 있지도 않고, 차지도 따뜻하지도 않고 존재하는 것도 존재하지 않은 것도 아니고, 속은 상태도 깨달은 상태도 아닙니다."

변화와 새로움에 대한 갈망은 이듬해 그린 〈고목의 구도〉(→→)에서도 나타난다. 여기에서도 구도의 변화를 꾀했다. 나무 위 허공에서 '다시점'으로 방사형의 나뭇가지를 조감하듯 그렸다. 당시 국전에 출품된 작품들이 여전히 원근법에 의존하거나 단조로운 재현에 머물렀던 점을 고려하면 획기적인 작품이다.

———— 작품 제목에 '고목'이 들어가서인지 거미줄처럼 뻗은 형태는 나뭇가지처럼 보이는데, 나머지는 무엇을 형상화했는지 잘 모르겠어요.

고목을 위에서 내려다본 겁니다. 고목이 드리운 곳은 저수지고요. 회색으로 칠한 부분은 나무그늘이고 저수지 가장자리에는 조각배 하나를 그렸습니다.

———— 아, 오른쪽 아래에 보이는 게 배인가요?

일부러 고무신 모양의 배를 만든 겁니다. 좀 더 한국적인 걸 상징으로 놓고 싶었어요. 당시엔 고무신이 유행했지요. 1950년대는 빈곤과 결핍의 시대였어요. 고무신 정도 신고 다니면 형편이 괜찮은 편이었습니다. 짚신 신은 사람이 더 많던 시절이니까요. 결핍에 관한 어떤 절망 같은 걸 녹이려고 했던 게 아닌가 싶네요.

———— 조각배, 그러니까 고무신 한 짝은 어디로 갔나요?

글쎄요, 외로움과 고독을 나타내려고 한 짝만 그린 건 분명히 기억납니다(☺).

김구림은 한국적 정서나 민족적 감성을 담으려고 노력했다지만, 결과물은 그런 정서나 감성과 거리가 멀었다. 20대 초반의 이 청년은 풍경화에 내재한, 시대를 미화하거나 회피하던 화풍을 배격했다. 당시의 시대상, 경제상을 반추상으로 옮겨 냈다는 점도 이 작품의 의미인 듯싶다.

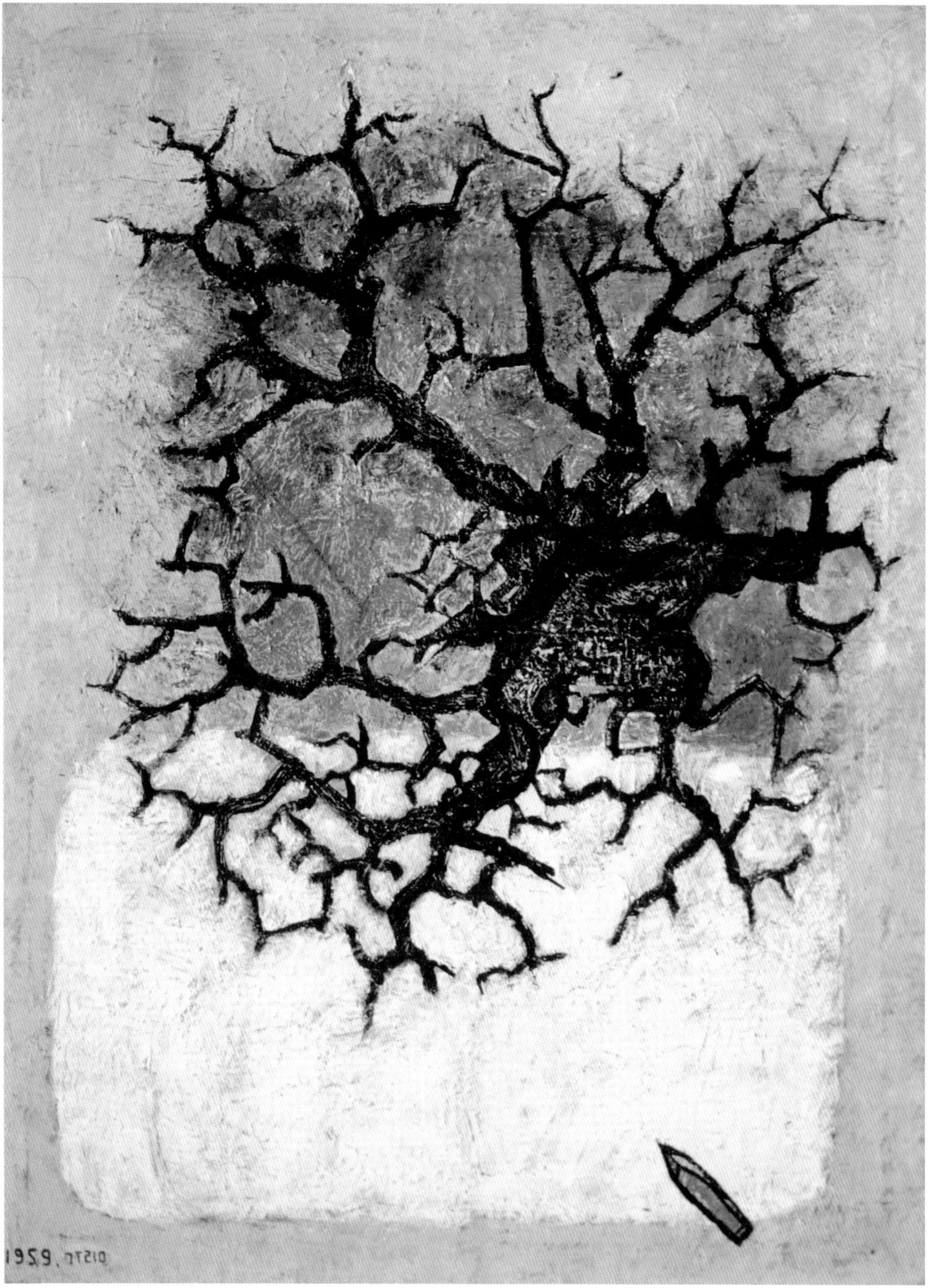

〈고목의 구도
Composition of Old
Tree〉, 캔버스에
유채, 130×97cm,
1959.

위에서 나무를 내려다보는 구도가 독특한 것 같습니다. 잘 모르지만, 당시 한국 회화에서 저렇게 구도를 변형한 작품은 잘 떠오르지 않는데요.

구도는 보통 자기가 선 자리에서 보는 건데, 다른 각도에서는 세상이 어떻게 보일까를 생각했어요. 하나의 풍경을 이미지로 나타낼 때 엉뚱한 방향에서, 또는 상상하지 못한 방향에서 보려고 한 겁니다. 둘 다 엉뚱한 구도였죠. 당시 아무도 〈월야〉나 〈고목의 구도〉 같은 구도로 그리지 않았어요. 모두 풍경이나 그리고, 인상파 흉내나 내던 때죠. 저처럼 흑백을 쓴 화가들도 없었고요. 산도, 저수지도 모든 걸 평면화해 보았습니다. 수직으로 완전히 세운 뒤에 구도 자체를 평면 속에 넣은 거지요. 이런 표현을 통해 캔버스란 게 무엇인가를 생각했습니다. 캔버스는 하나의 면, 그러니까 평면이죠. 평면 속에 거리감을 넣으면 사실화밖에 안 되지요. '평면 속의 평면'을 표현하려고 했습니다. 작품은 있는 그대로 보고 그리는 게 아니라고 생각합니다. 전 사물을 바로 옮기려고 하지 않았어요. 풍경 앞에 선 인간이 어떤 '느낌'을 받았는지가 중요합니다. '평면 속 평면'은 내가 세계를 '뱉어 내는' 방식이었습니다.

김구림은 초등학교 때부터 남달랐다. 미술이 아니라 '도화' 시간이라고 부르던 때다. 다른 아이들이 모두 정면을 보고 그릴 때, 창가 한쪽으로 다가가 다른 구도를 구상해 그리곤 했다.

일제 강점기였는데 미술 시간은 언제나 맨 마지막 시간이었어요. 그런데 선생님이 교탁에 놓은 사각 필통에 연필을 꽂아 넣고는 정물을 그리라고 하셨어요. 아이들은 정물이 잘 보이게 앞으로 와서 그리려고 했어요. 난 앞자리를 양보하고 옆으로 갔지요. 옆면을 그린 거죠. 내가 보기엔 그게 더 나아 보이더라고요. 수업이 끝나고 다른 아이들은 모두 집에 돌아간 뒤에도 남아서 그림이 마음에 들 때까지

그렸지요. '교실을 나가라'는 청소 당번들하고 싸워 가면서 말이에요. 선생님께도 야단맞았지만 나중에는 제일 잘 그린다고 칭찬을 받기도 했어요. 그러니 환경미화 때는 몽땅 떠맡게 돼서 고생을 많이 했던 게 기억납니다.

미술평론가 로베르타 카라소는 이 일화를 '예언적인 장면'이라며 다음과 같이 해석했다.

"김구림의 미술에 관한 관심은 유년 시절부터 특별한 재능을 나타내면서 시작되었다. 그로부터 현재에 이르기까지 변하지 않는 두 가지 특성을 살펴보자면 평범한 상황에서 독특함을 발견하는 성향과, 외부 영향을 받지 않고 자신의 독특한 시각을 창조해 내는 강인함을 들 수 있을 것이다. 초등학교 미술 시간에 김구림은 모든 학생이 정면으로 그리는 시각을 피해 아무도 생각하지 않은 독특한 각도에서 구도를 잡았다. 이 장면은 참 예언적인 장면이다. 모든 어린이가 한 일정한 방향을 향했을 동안 이 한 소년은 교실의 한 호젓한 구석에서 자신만의 독특한 그림을 창조하기 위한 첫걸음을 내디뎠던 것이다."

Roberta Carasso, "The art of Ku-Lim Kim", *Ku-Lim Kim*, The Modern Museum of Art (MMOA), Santa Ana, CA , 1991, p.7

1960년에 발표한 〈무제〉(→)에서는 1년 전보다 더 많은 변화가 일어났다. 반추상에서 추상으로 건너갔다. 캔버스는 나무 패널로 바뀌었다. 매체가 변화한 의미를 묻자 김구림은 이렇게 말했다.

온갖 매체를 쓰면서도, 매체에 종속되려고 하진 않았어요. 늘 즉자적으로, 융통성 있게 결정한 거죠. 매체보다 중요한 건 내 아이디어와 철학이었어요. 그걸 매체와 무관하게, 독립적으로 전달하려 했고요.

김구림은 〈무제〉에서 아예 형태를 없애는 시도를 한다. '극단적인 구도 변화'에 이은 새로운 실험이었다.

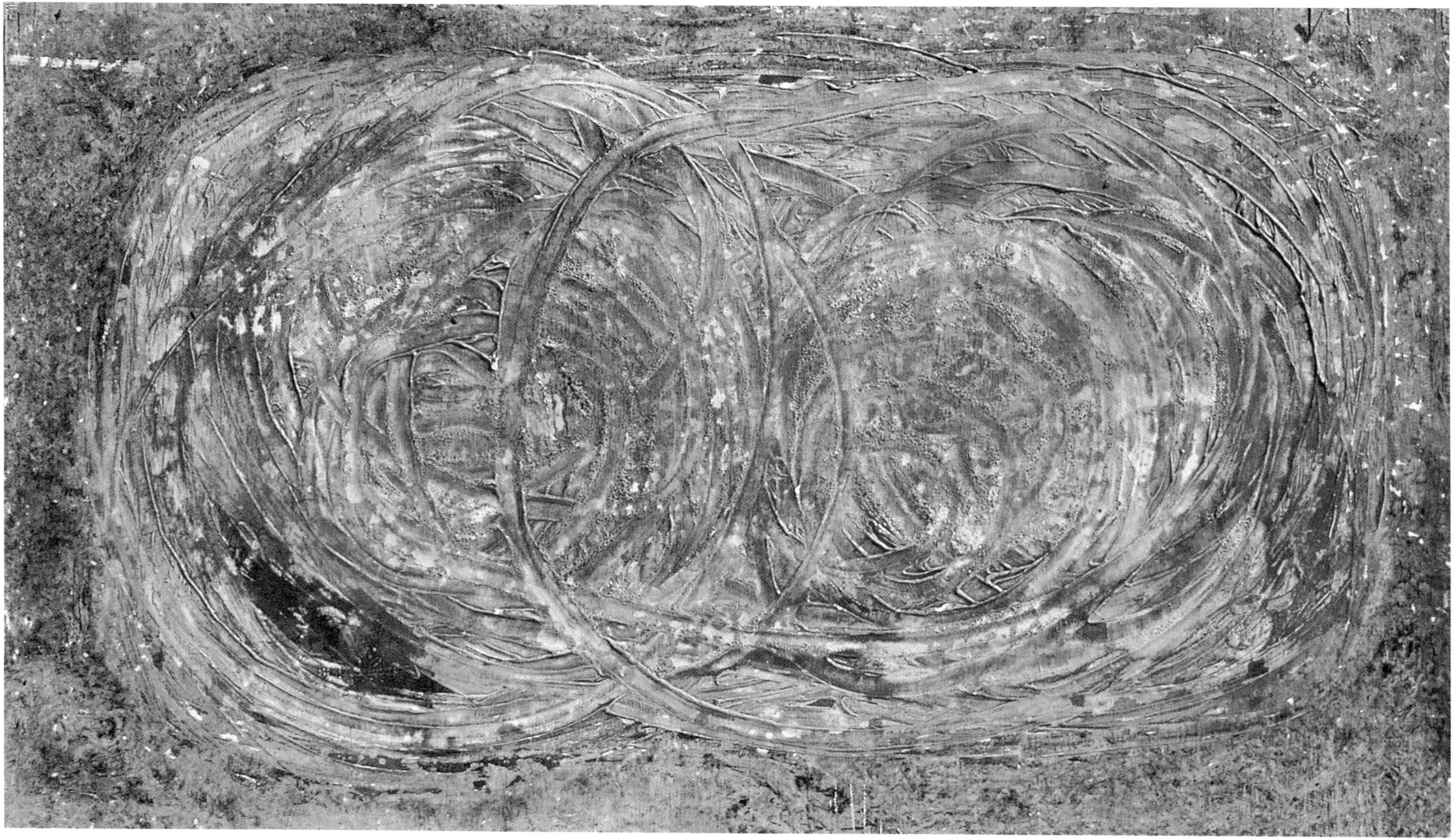

〈무제Untiled〉,
나무패널에 유채,
54×92cm, 1960.

무엇을 나타냈는지 종잡을 수가 없습니다.

그렇게 볼 수도 있죠. 이 작품은 어린이 낙서처럼 그리려고 했으니까요. 애들에게 연필을 쥐여 줘 보세요. 그냥 종이에다 아무렇게나 잡아 돌리듯 그리죠. 마음을 비우고 순수의 세계를 그리려고 한 겁니다. 그린다는 행위에서 가장 원초적인 게 뭘까 고민하고 찾아내려고 했던 거죠. 또 무의식을 표현하려고 했던 거고요. 어린이 그림에서 볼 수 있는 것들이죠.

형태를 없애려는 시도는 성공했나요?

아뇨. 그렇다고 볼 수는 없어요. 형태를 없애도 결국은 형태라는 게 나오게 되어 있습디다. 형태가 있으면서 없는 것, 무의식적인 어떤 것을 나타내려 했더니 그 결과물도 결국은 보시다시피 형태더군요. 형태를 없애 형태를 만들어 버린 거죠. 〈무제〉 이후에는 저런 작품을 하지 않았어요. 대신 물질이란 무엇인가에 관심이 생겼어요.

〈핵 1-62〉(→) 에서 김구림은 새로운 기법을 도입하며 분위기를 다시 바꾼다. 나무 패널에 비닐을 붙인 것이다. 그 위에 유화물감을 부어 불을 질렀다. 물감이 부글부글 끓으면서 패널 위로 번져 나가며 형상을 만들었다. 흔히 김구림의 실험 정신은 보통 1960년대 후반부터 1970년대 초반까지 펼친 해프닝, 퍼포먼스에 한정해 이야기하는 경우가 많다. 그러나 평면 작업인 회화 역시 실험의 연장선상에 있다. 〈월야〉나 〈고목의 구도〉에서 '구도의 전환'으로 몸을 풀고, 〈핵 1-62〉를 통해 본격적인 실험에 들어갔다고 할까.

〈핵 1-62〉는 무엇에 관한 그림인지요?

저 작품을 할 때가 1962년입니다. 박정희의 경제개발 5개년 계획이 시작된 해지요. 하루가 다르게 세상이 바뀌더군요. 공장도 많이 생기고, 거기서 물건도 많이 나오고요. 비닐 장판 같은 것도 아마 그때쯤 나왔을 겁니다. 산업화의 산물인데, 그걸로 오브제를 만들면 좋겠다는 생각이 문득

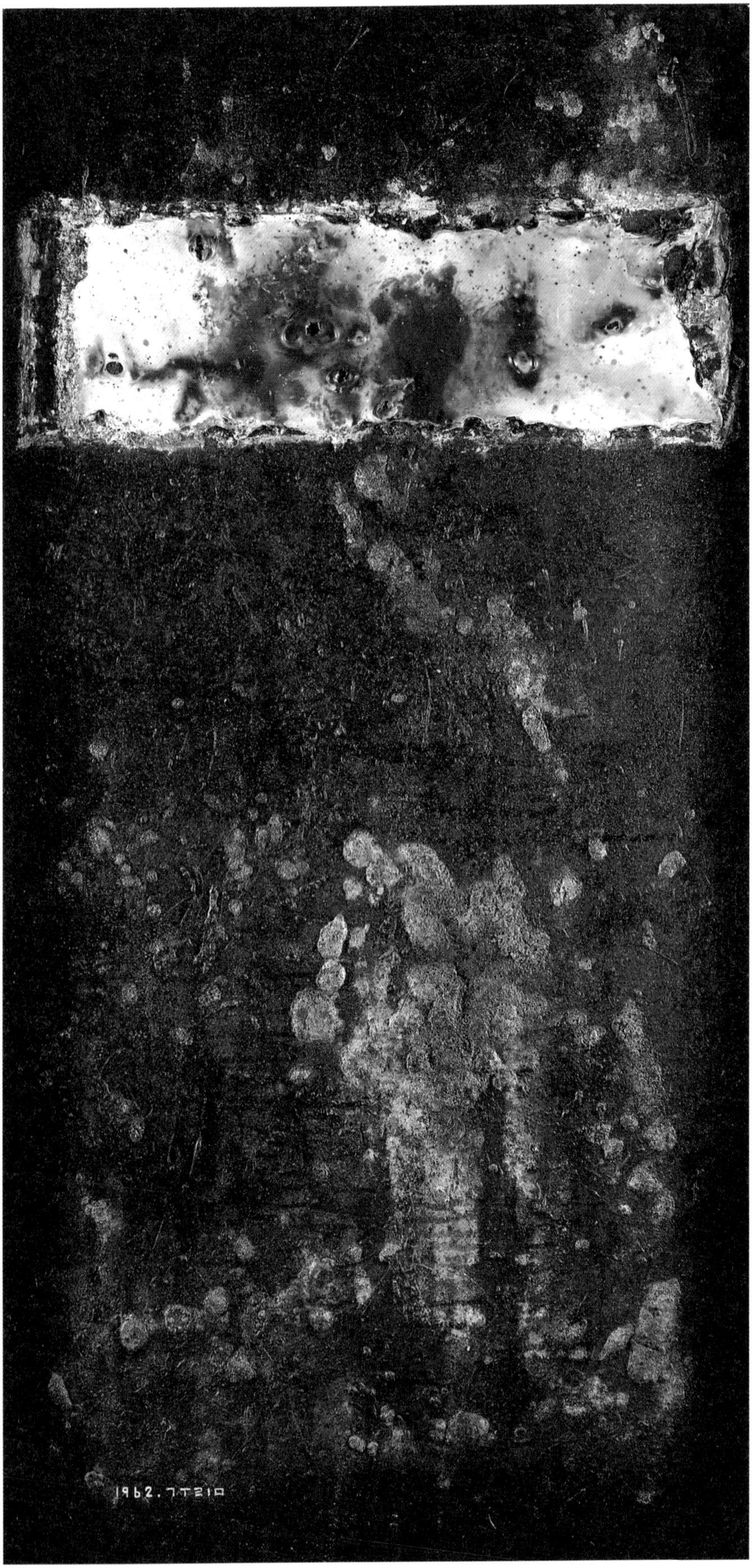

〈핵Nucleus 1-62〉,
나무패널과 비닐에
유채, 181.5×91cm,
1962.

들었습니다. 그래서 비닐을 썼어요.

이 작품도 전반적으로 어두운데요, 기계문명이나 산업화를 찬양하는 내용은 아닌 듯합니다.

물질문명에 회의가 들었어요. 나중에 물질문명을 비판하는 작품도 많이 했는데, 저 때는 산업화와 물질문명을 비판하려는 정교한 의도까지 있던 건 아니었어요. 전쟁의 참담함과 충격, 제 청춘기의 불안정함, 울분 같은 게 저리 어둑하게 나왔다고 봅니다.

선생님이 주신 자료 중에서 찾았는데 혹시 기억하시는지요. '1962년 3월 17일 작가의 말'이라고만 되어 있군요.

**"구태여 하늘에 구름이 있어야 한다는 이유는
없는 것이다.
삼삼한 하늘의 별들이
저마다의 신비에 잠겨 피곤히 조을고 있는
"꿈"을 깨울 필요도 없다.
저대로의 고독은 사랑해 주면 그만인 것이다.
그리고 무한한 나의 고독과 울분을 토해 본다.
시간이 흘러가는 "벨트" 위에
자그마한 물방울 같은 마음이 멍들어
자전하는
생명의 문 앞에 서서 조용히 "노-크"한다.
마음 깊숙한 곳에서 고동치는 환희와 저주와
불안과 초조함
이런 것들이 수없이 집착되어
한 개의 생명을 창조해 내는 것이다.
이제 여기 몇 작품을 펼쳐 본다."**

정확히 기억나지 않아요. 1962년도 대구에 있는 미국공보관 화랑에서 연 개인전 때 '작가의 말'로 쓴 것 같습니다. 지금 다시 읽어 보니 웃음이 나네요. 그래도 당시 고독과 울분 같은 걸 토해 내려 했던 기억은 납니다. 개인감정이 많이 들어간 작품이죠. 제 속으로 침잠되어 있던 시기죠.

〈묘비 6-63〉(→)의 재료도 감이 잘 안 오는데요.

공장에서 쓰는 부속품들을 활용한 것이에요. 비닐 위에 기계 부속품 쇠붙이를 갖다 붙인 거죠. 원형 모양 플라스틱을 달았고요. 실제 보면 튀어나와 있어요.

공장 부속품을 활용하신 이유는 뭘까요? 물질문명에 관한 문제의식은 앞서 말씀하셨는데요.

섬유회사에 다녔을 때죠. 섬유 기계 부속품을 오브제로 활용하면 어떨까 하는 생각을 끊임없이 했어요.
어렸을 때부터 호기심이 많았죠. 집 안에 기계라는 기계는 다 뜯어 보고 또 조립하고 해야만 직성이 풀렸고요.

그러고 보니 지난번 관절염으로 입원하셨을 때도 병원 의료용 기계에 관심을 보여서 곤혹스러웠다는 사모님의 말씀이 기억납니다. 다시 작품 이야기로 돌아가면 얼핏 봐선 고대 상형문자 같아 보이는데요.

네, 맞게 보신 겁니다. 쇠붙이 하나하나는 문자와도 같아요. 고대 상형문자를 차용한 거죠. 언어란 무엇인지, 어떤 형태나 형상을 만드는 것, 즉 조형이란 무엇인지를 고민했어요. 쇠와 플라스틱이라는 물질, 말하자면 '오브제' 문제를 화면에 등장시킨 거지요.

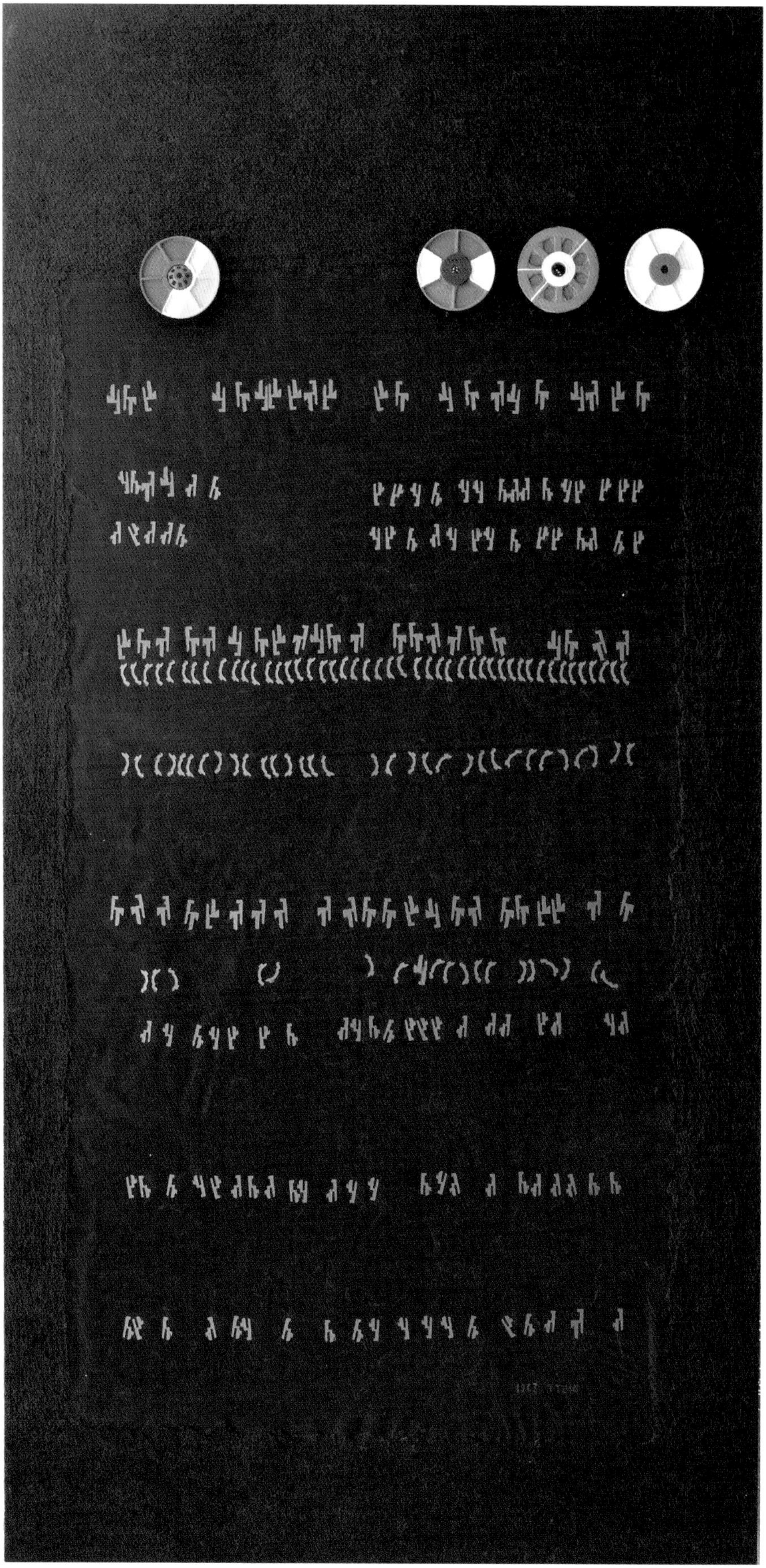

〈묘비Tombstone 6-63〉, 나무 패널 위 플라스틱과 철판에 유채, 181.5×91cm, 1963.

역시 어두운 화면인데요. 부산에서 활동한 미술평론가 고故 김강석 선생이 이 작품을 두고 "죽음에 대한 냉정한 응시와 진동이 안으로부터 연소되고 있다."라고 평을 한 걸 봤는데요. 어디선가 "허무의 심연 앞에서 자기의 자세를 가다듬고 있는 것은 틀림없다. 이 작가는 죽음에 부딪히고 있는 자기 삶을 자기 묘비에 적어 놓은 것이 아닐까?"라고 쓴 것도 봤고요.

김강석, 「숱한 실험과 모험의 전통 제2회 김구림 유화전」, 『국제신보』 1967년 6월 22일.

죽음에 관한 이미지가 분명 있지요. 군대에서 맞아서 군 병원에 실려 갔을 때 매일 사람들이 죽어 나가는 걸 본 기억이 영향을 준 듯도 해요. 내면이 암울했어요. 전망의 부재 같은 걸 느꼈고요. 죽음을 피하지 않고 직시하며 맞부딪히려고 한 거 같습니다. 사실 첫 발표 작품 〈월야〉 때부터 쭉 그랬어요. 이런 정서와 기조는 이듬해 〈태양의 죽음〉이란 작품으로도 이어지죠.

〈태양의 죽음 1〉(→)과 〈태양의 죽음 2〉(→→)는 김구림의 초기 대표작이다. 김강석은 1967년 이 작품을 두고 다음과 같이 말한 적이 있다.

"창세기 이전의 신화시대. 화산이 터지고 용암이 숲이며 들을 마구 덮으며 이글거리는 표면 같다. 둥근 원은 태양을 상징하며 검은색으로 세상의 온갖 수식을 덮어 버린 것은 죽음을 암시한 것이다. 곱다거나 아름답다거나 형용하기에는 너무 비정하고 경악을 느끼게 한다. 그러나 현대미란 것은 오늘날까지 느끼고 온 심미적인 아름다움으로 표현하기에는 너무나 부조리하고 비정하지 않을까. 그래서 이 그림을 볼 것 같으면 전율을 느낄 만큼 공포와 불안에 싸인 세기말적 비정미가 있을 뿐이다."

김강석, 「계승관념을 부정, 죽음에 대응하는 '네오 다다'」, 1967년(김구림 스크랩에서, 게재 매체 불명).

둥근 원으로 그린 게 태양입니다. 검은색으로 그려 죽음을 의도하려고 했어요. 태양이 이글거리다가 식은 뒤에 시커먼

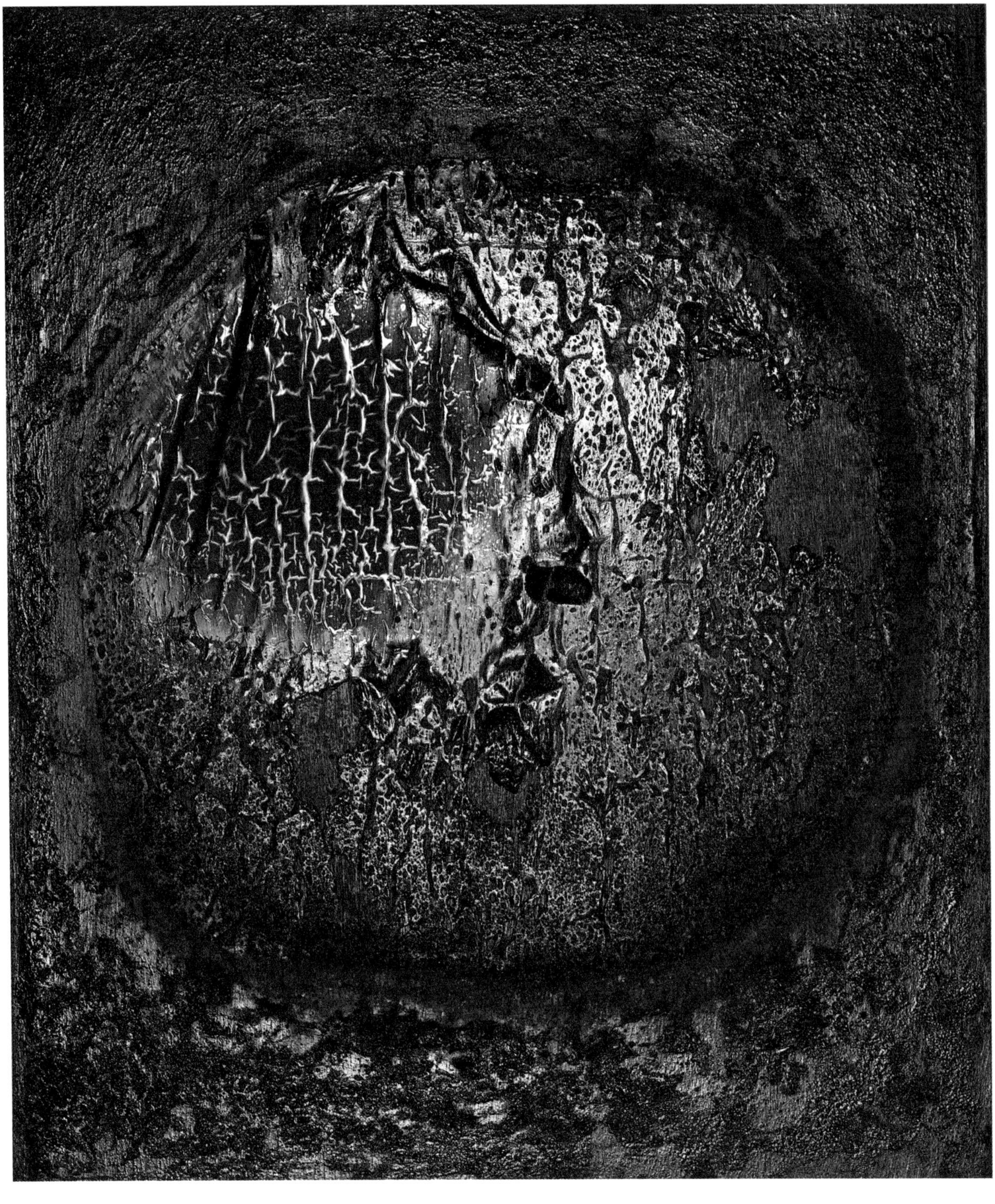

〈태양의 죽음
Death of Sun 1〉,
나무 패널에 유채,
107×91cm, 1964,
테이트모던 소장.

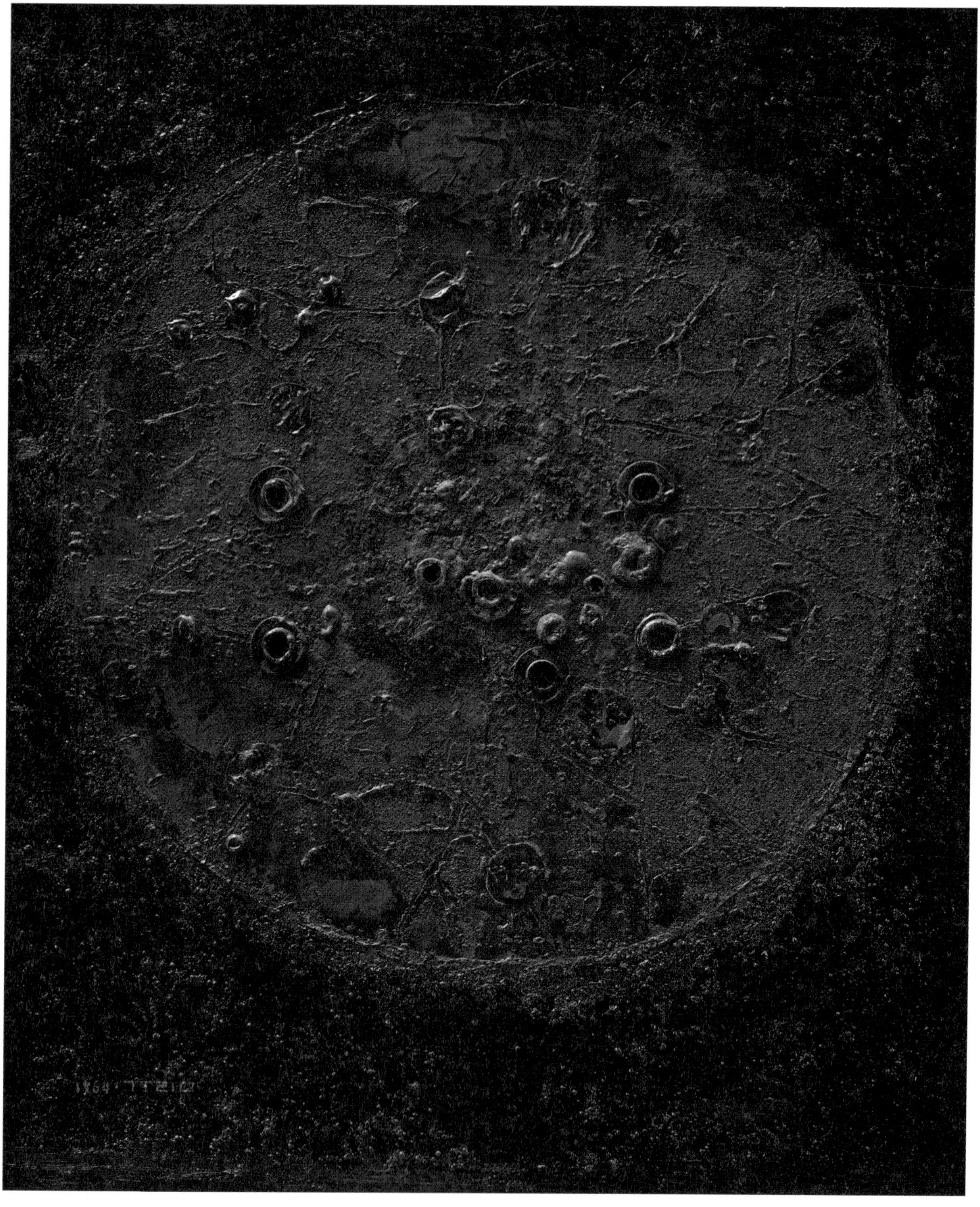

〈태양의 죽음
Death of Sun 2〉,
나무 패널에 유채,
107×91cm, 1964,
국립현대미술관
소장.

재만 남은 상태를 나타내려고 한 거죠. 〈태양의 죽음 1〉은 나무 패널에다가 검은색 비닐을 붙인 뒤에 주위를 까만 물감으로 칠했어요. 태양 표면의 흑점은 검은색 비닐에 석유를 묻혀 불을 질렀고요. 캔버스 대신 나무 패널을 사용한 것도 불을 붙이려고 했기 때문이죠. 집 마당에서 작업을 하던 게 기억납니다. 페인팅 자체도 행위가 들어 있는 거죠. 퍼포먼스인 거고요. 〈태양의 죽음 2〉는 비닐 대신 플라스틱을 사용했어요. 물질 문제에 깊게 접근하려 했어요. '자연이란 무엇인가'에 초점을 맞춘 예술 행위이기도 했습니다.

캔버스나 붓을 쓰지 않은 이유는 뭔가요?

그땐 회화가 싫었어요. 회화를 벗어나려고 한 거죠. 뭐랄까요. '손의 의미성'을 벗어나려고 붓을 사용하지 않은 거예요. 검은 비닐은 마티에르matière를 나타내려고 한 겁니다. 붓질에 담기기 마련인 작가의 감정도 최대한 없애려 했고요. 검은 비닐은 문명의 산물을 표현하려고 한 겁니다.

게다가 작품은 점점 더 어두워진 듯합니다. 작품 제목도 '죽음'이라는 소멸을 강하게 담고 있는데요.

아까 말씀드렸듯이 제 작품 초기는 당시 암울했던 상황을 반영한 게 많아요. 많은 사람이 굶주림에 허덕였어요. 저도 절망감에 빠져 있던 20대였죠. 전쟁이 끝나고도 아주 괴로웠고 세상일로, 개인 일로 고민하고 갈등하던 때였으니까요. 그런 기조는 1960년대까지 이어졌습니다.

1963년도 작품 〈작업 8-63〉(→)은 두 가지 면에서 중요하다. 우선 신문을 소재로 썼다는 점이다. 당시 일상 사물을 미술 작품 재료로 쓰는 것은 흔치 않은 일이었다. 두 번째로 '시간성'에 관한 문제가 드러난다는 것이다. 종교에 관한 관심도 반영했다.

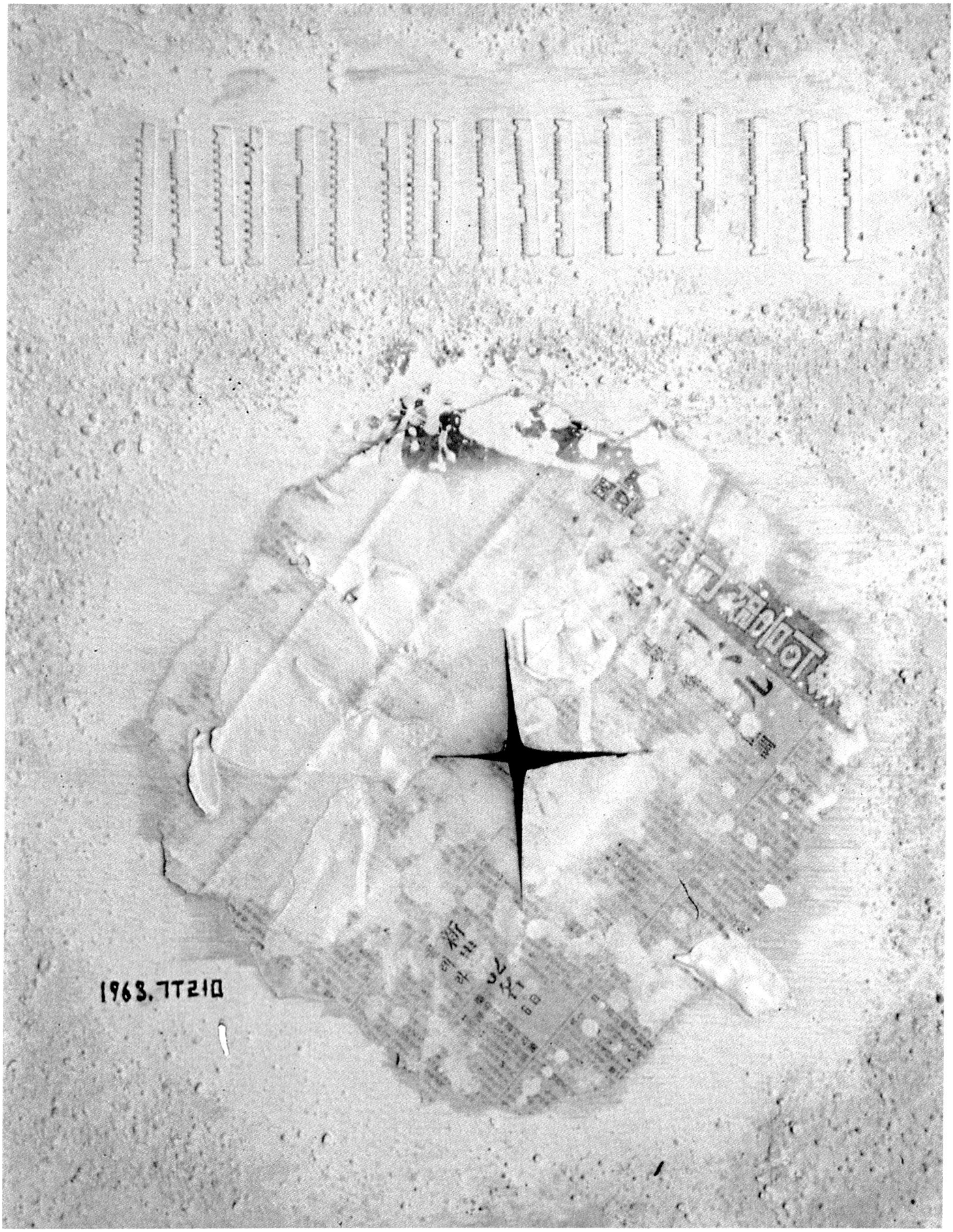

〈작업Work 8-63〉,
패널, 신문지, 철제,
수채, 45.5×37cm,
1963.

1950년대 후반부터 1960년대 중반까지는 한 작가의 작품이라고 보기 힘들 정도로 변화가 많습니다. 〈작업 8-63〉도 이전 작품과 다른 방법으로 만드신 것 같은데요.

나무 패널에 신문지를 붙이고 물감을 살짝 바른 겁니다. 칼로 신문지 중앙에 십자를 그어 뜯어내 입체로 만든 거죠. 동서남북의 방향성을 드러냈고 한편으론 십자가를 상징한 것이기도 해요. 그때 특정 종교를 믿은 건 아니었지만, 세계와 구원이란 차원에서 여러 종교에 관심이 있었어요. 기독교적 구원을 믿은 건 아니지만, 십자가(기독교)가, 더 확장하면 종교가 사회에 어떤 역할을 할 수 있을까 하는 생각을 한 것 같습니다.

제가 신문기자다 보니, 신문지를 재료로 쓴 게 재미있기도 합니다.

신문지를 쓴 건 그 시대와 사회를 반영하려는 의도였어요. 항상 '현재'가 중요한 거지요. 현재를 잘 보여 주는 매체는 신문만 한 게 없어요. 당시는 인터넷이 없었으니까요(☺). 제게 1960년대는 현대 사회에 관한 문제의식과 관심을 넓히던 시기였어요. 도시화나 산업화의 문제를 반영한 거죠. 영화 〈1/24초의 의미〉에도 그 문제를 녹여 낸 거지요. 재료에 관해 더 말해 보면, 무엇이든 미술 재료로 쓸 수 있다는 생각을 했어요. 그래서 오브제로 택했죠. 당시로는 도전이기도 했고, 모험이기도 했어요. 캔버스나 도화지에 비하면 신문지는 싸기도 했죠(☺).

평론가 김강석은 1967년 한 매체에 기고한 글에서 이렇게 평했다. "비가 오고 난 후 바람에 날린 헌 신문 조각이 흙탕물에 빠진 표면 같다. 우리가 늘 보고 만져 보는 헌 신문 조각을 화면 위에 붙여 놓은 것은 지금까지의 그림으로서는 볼 수 없다. 이 작가는 그림의 재료로써 사용할 수 있는 것은 아무것이나 사용해 보겠다는 모험과 실험 심리를 가지고 있다. 그래서 어느 뒷골목의 거친 담벼락에 붙여

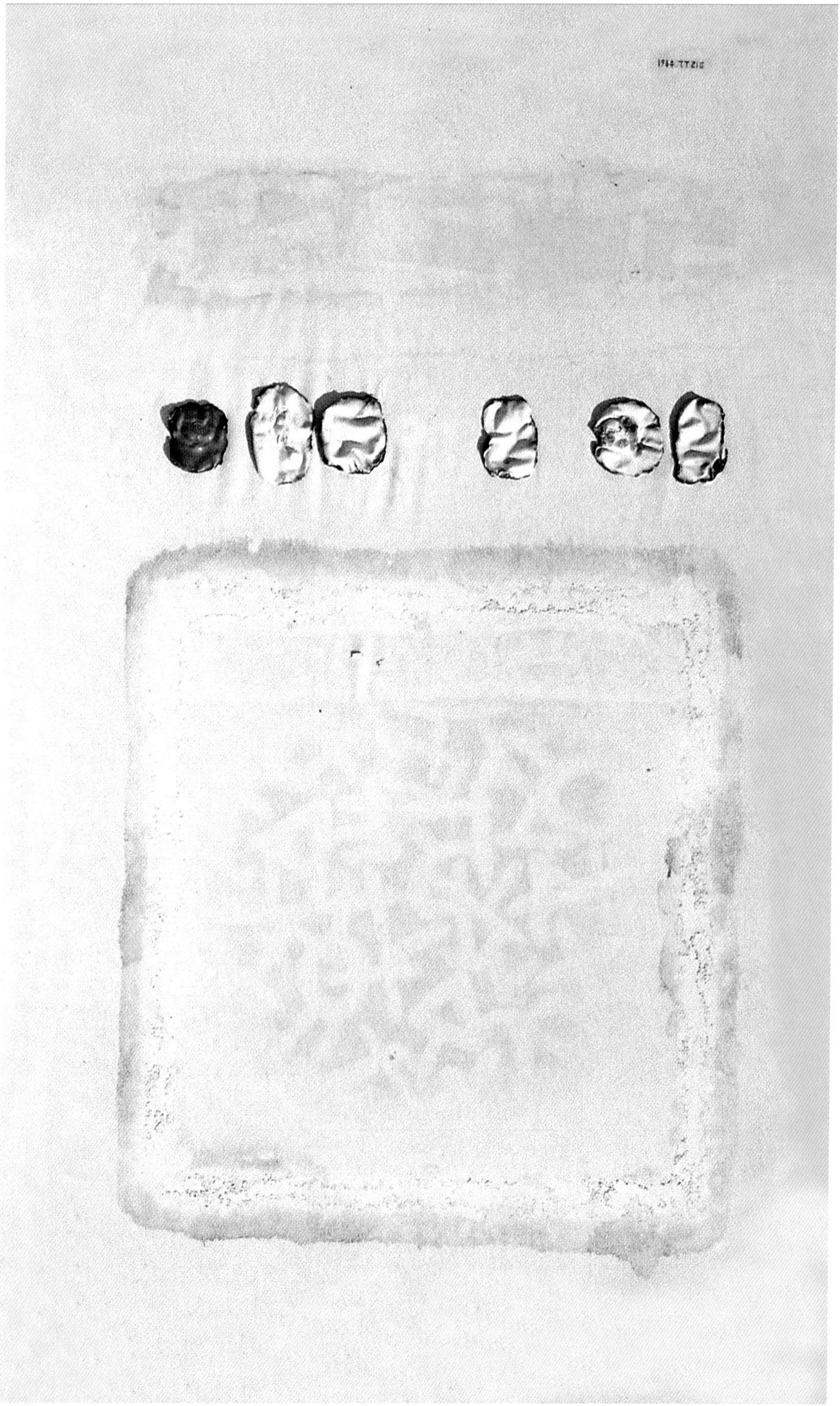

놓은 듯한 신문 조각의 구멍 뚫린 표정에는 기존 가치의 거부와 실험의 고통스러운 조소, 그리고 억센 저항의 꿈틀거림이 담겨 있다.”

김강석, 「계승관념을 부정, 죽음에 대응하는 ‘네오 다다’」, 1967년(김구림 스크랩에서, 게재 매체 불명).

20대 중반 김구림의 ‘미학’은 독특했다. 1958년 개인전에 나온 작품은 구도가 특이하고 남달랐지만, 소재나 표현에서는 한국적인 정감, 한국적인 미를 끄집어낼 여지가 있다. 1960년에 접어들며 내놓은 작품은 극적인 전환을 이룬다. 바로 ‘반反미학’이다. 그는 20대부터 사실상 ‘미술’이라는 통념을 거부했다. 1960년대 초반 작품들은 그런 의식의 결과물이었다. 여기엔 한국전쟁이 큰 영향을 끼친 듯하다. 전쟁이 아름다울 수 없으니까. 꽃 그림이나 풍경화를 멀리한 것도 전후 암울한 현실에 영향을 받았다. 폐품이나 일상품에서 작품 소재와 주제를 끌어낸 것도 즉자적으로 맞부딪친 현실, 당대 문제를 반영하려는 의지에서 나왔다.

〈핵〉이라는 제목이 붙은 연작이 그런 부류의 작품이다. 〈핵 64〉(←)는 비닐을 오려서 태운 뒤 갖다 붙이고 그 위에 그렸다. 물질과 형태에 관한 문제에 집착했다고 말한 김구림은 팽팽한 비닐이 열을 만나 다른 물질로 변하는 과정에 주목했다. 같은 해 발표한 〈핵〉(→)은 나무 패널에 쇠를 갖다 붙인 작품이다.

평면에다 입체인 쇠붙이 같은 걸 붙인 것을 두고 사람들은 어떤 반응을 보였나요?

일종의 정크junk 아트로서 평면과 입체를 결합한 건데, 논란이 일었습니다. 평면이라고 보기도 그렇고, 입체라고 보기도 힘들었죠. 게다가 물감을 전혀 쓰지 않았으니까요. 충격적이라는 사람들도 많았어요. 아름다운 것을 그려야만 하던 때니까요. 그런 반응을 보인 사람들은 기득권이기도 했는데, ‘저게 미술이냐?’ 하고 폄훼하곤 끝이 나 버렸어요.

〈핵Nucleus 64〉, 비닐에 유채, 145×89cm, 1964.

붓도 사용하지 않으셨는데요.

손의 작용이나 손의 의미를 배제한 것입니다. 붓을 내동댕이친 거죠. 붓을 거머쥐면, 뭔가 그려야 합니다. ‘그린다’는 의미를 내동댕이친 것입니다. 그린다는 것은

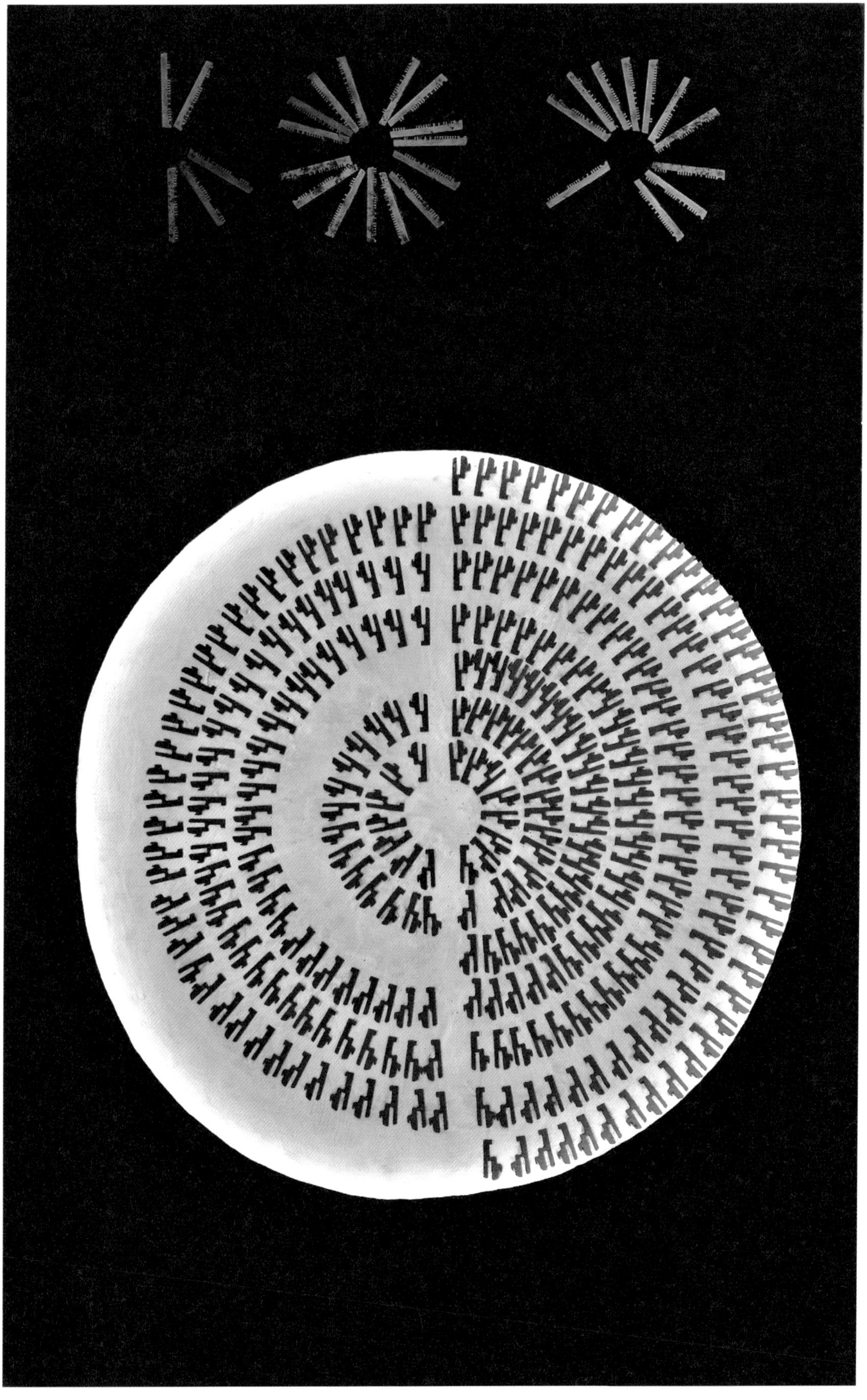

자기 행위인데, 자기 행위를 버리는 거죠. 시각적으로 보면 '옵티컬 아트'라고도 할 수 있어요. 제가 한국에선 일찍 시작했습니다.

어느 작가를 두고 "1960년대 말 그야말로 혜성같이 나타나 전통에 없던 옵티컬한 기하추상"을 냈다는 평이 있지만, 김구림이 〈핵〉 연작을 그린 해는 1964년이다.

최정주가 「핵, 예술의 근원과 폭발력(1)」(『THE ARTRO』, 2020년 9월 17일)이라는 글에서, '파이프의 작가'로 알려진 이승조를 두고 평가한 말이다.

1968년 김구림은 어둡고 격렬했던 그림에서 〈공간구조〉(→/→→)를 통해 선명하고 깔끔한 화면으로 또 한 번 변화를 꾀한다. 본격적인 옵티컬 아트다. 5~6센티미터 되는 두께의 나무 패널에 플라스틱을 붙이고, 그 위에 원 모양의 구멍을 규격에 맞춰 뚫었다. 정사각형의 가장자리는 노란색 비닐로 테두리를 쳤다. 김구림은 이 작품을 그해 3월 신문회관에서 열린 《회화 68》전에 출품했다. 김구림의 옵티컬 아트 또한 주류 미술과는 동떨어진 것이었다. 당시 한국 미술계는 단색조 회화나 백색 모노크롬이 주류였다.

선생님 관련 자료를 보면 〈공간구조 A〉, 〈공간구조 B〉에 대한 평이 많습니다.

두 작품이 화제가 됐어요. 《회화 68》전 자체가 대단한 전시였어요. 『조선일보』가 전시평을 썼는데, 제 작품 〈공간구조 B〉만 관련 사진으로 실었던 게 기억납니다. 이흥우 씨가 문화부 차장인가 할 때로 기억하는데, 그분이 기사를 썼던 걸로 알고 있어요. 이일 선생도 전시평을 크게 써 줬고요.

『동아일보』와 『조선일보』는 이 전시를 다음과 같이 전했다.

"'회화 68년'의 창립전이 21일부터 27일까지 신문회관 화랑에서 열리고 있다. 동인은 서울대 미대 대학원 출신들인 20~30대 초기 작가 9명. '한국 화단의 전위적인 기수로서 새로운 미학을 확립해 보자'는 것이 그들의 슬로건이다. (…) 특히 김구림의 작품은 플라스틱 소재를 세련되게 처리해 입체적인 광선 효과를 내고 있다. '강한 오리지낼리티는 부족하더라도 현대의 첨단예술을 착실히 받아들이고

〈핵Nucleus〉, 나무 패널 위 철판, 유채, 91×58cm, 1964.

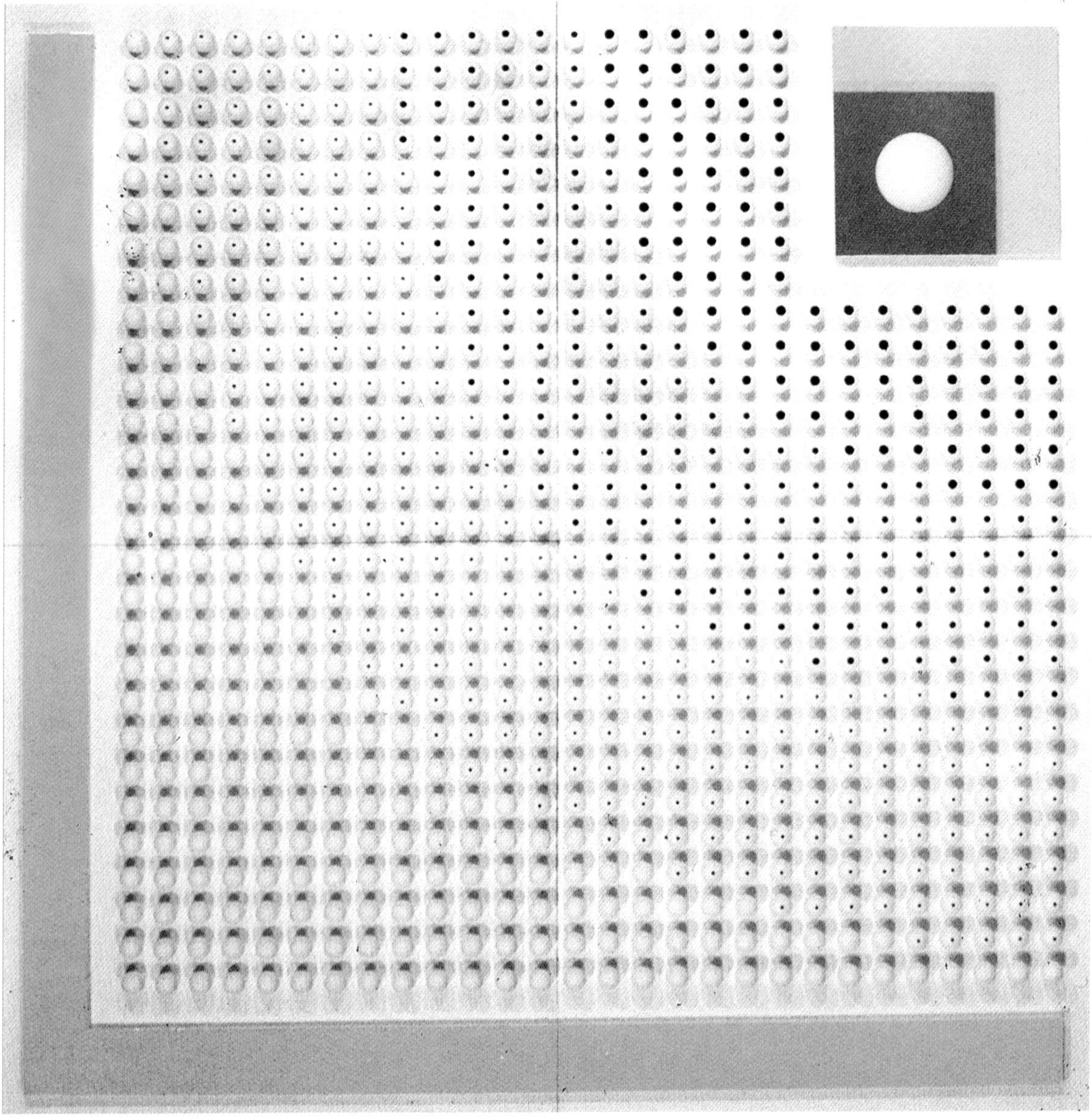

〈공간구조Space Construction A〉,
나무 패널 위
플라스틱과 비닐,
180×180cm, 1968.

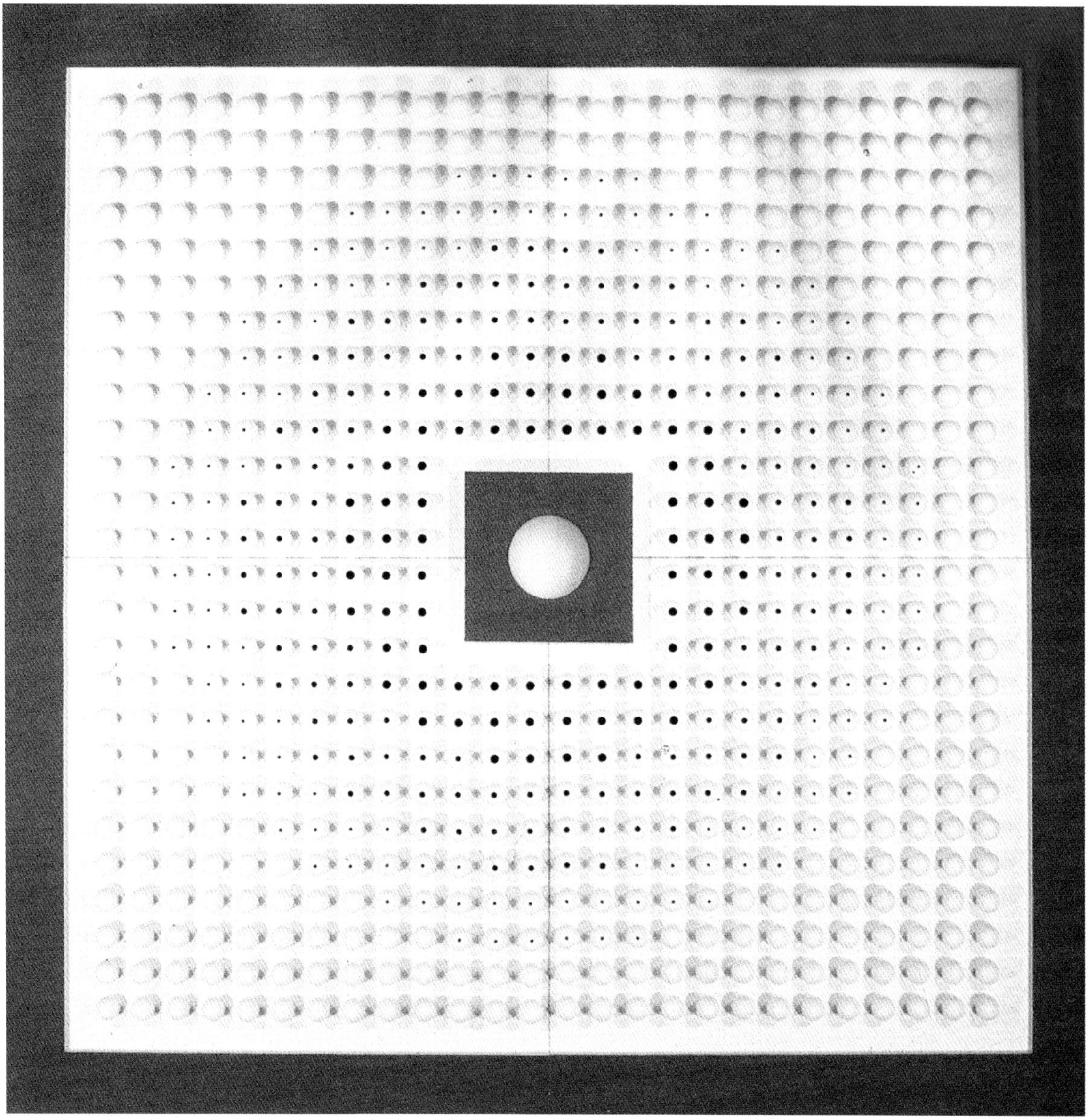

〈공간구조Space
Construction B〉,
나무 패널 위
플라스틱과 비닐,
180×180cm, 1968.

자신들의 앞길을 개척해 나가려는 이들의 노력은 소중한 것'이라고 화가 전성우 씨는 말한다."☜

「의욕과 전환의 증언, 회화 68전」, 『동아일보』 1968년 3월 28일.

"이일은 여러 작가 중 김구림과 김차섭이 가장 성공한 작품을 내놓았다."며 "다 같이 풍부한 재능과 세련된 감정의 소유자이면서도 그들의 개성은 각기 선명하다. 전자(김구림)의 경우 플라스틱제로 된 탄피형 릴리프의 계산된 상쾌함과 반복의 미묘한 리듬감. 그리고 거기에 곁들인 네모꼴의 변조 효과 등 단순 속에 담긴 이 작가의 서정은 귀한 것"이라고 썼다."☜

「회화 68년전 정착되어지는 첨단회화」, 『조선일보』 1968년 3월 24일.

탄피형 릴리프로 무엇을 표현하려 하신 건가요?

새로운 기계 문명에 도전하고 싶었습니다. 오브제로 그림을 그리려고 시도한 거죠. 또 당시 세계적으로 옵티컬 아트가 유행하던 시절이었고요. 영향 받은 것도 있어요.

1968년 1월 23일 자 신문 스크랩을 보면 「현대미술의 방향」이란 제목의 글을 쓰셨더군요. 앵포르멜의 종말을 예언하셨던데요.

앵포르멜이나 액션페인팅이 서구와 미국에서 유행한 건 1950년대 초반이었어요. 그게 몇 년 가지 않아 포화 상태에 이르렀고요. 파리 화단의 앵포르멜이나 뉴욕 화단의 액션페인팅이 1950년대 후반 한국에 처음으로 등장했어요. 그런데 미국과 유럽의 주요 화단은 그 50년대 후반을 전후로 해서 추상회화를 부정하는 경향을 보였죠. 귀족적인 살롱 회화 같은 기성 가치를 부정한 게 '네오다다'였고요. 1960년대 초엔 미국에 팝아트, 또 2~3년 뒤엔 옵아트가 유행이었어요. 제가 저 작품을 한 1968년은 외국에서 옵아트가 절정이었던 거죠. 제가 외국의 미술 사조나 경향을 일찍 습득하는 편이어서 영향을 받은 거죠. 팝아트, 옵아트, 오브제시옹 같은 걸 1967년부터 시도했어요. '오브제시옹'은

일상생활품이나 필수품을 소재로 한 예술이에요. 새로운 통로를 한국에다 선보인 거지요. 그런데 다들 앵포르멜에서 벗어나지 못했어요. 게다가 여전히 인상파 같은 더 오래전 서구 미술 사조에 빠진 작가들도 많았고요. 앵포르멜 이후 새로운 사조를 받아들이려는 사람들은 없었어요. 그저 새로운 미술을 시도하는 저 같은 사람들한테는 '외도'니, '유행'이니 했었죠. 당시는 기도 안 찼어요.

이일 선생의 평에 "요즈음의 오프(옵아트를 의미 – 인용자) 붐을 타고 일어난 일련의 기하학적인 추상은 자못 건조하기 짝이 없는 도안으로 전락하는 위험을 무릅쓰고 있다."라는 말이 있어요. 물론 다른 작가한테 한 말이긴 하지만요.

이일 선생이 지적한 '유행'은 공감합니다만, 저는 다른 사람들 이야기를 하는 거예요. 저한테 유행이나 좇는다고 비난하면서 전통을 강조한 사람들이 있었습니다. 그런데 전통이란 게 웃겼어요. 서구 미술이 한국에 들어온 게 불과 수십 년이잖아요. 앵포르멜 같은 게 10여 년도 안 된 시절에 전통 운운하는 게 웃겼지요. '앵포르멜의 종말'이라고 한 건 새로운 사조를 더 받아들이고 한국화해야 한다는 제 주장과 바람을 저 글에서 역설적으로 표현한 겁니다. 그래도 지금 돌이켜 보면, 솔직히 제가 편승한 것도 있지요.

'편승'이라니요?

패기와 열정만으로 시대 흐름에 너무 내맡긴 건 아닌가 하는 생각은 들어요. 하지만 새로움에 관한 열망, 제 작품 세계에 관한 열정은 잃지 않았어요. 〈공간구조〉 시리즈는 당대에 대두된 기계 문제를 두고 더 높은 차원의 예술을 추구한 시도였습니다. 그 점에 대해선 여전히 자부심이 있습니다.

「현대미술의 방향」(→)은 45년 전

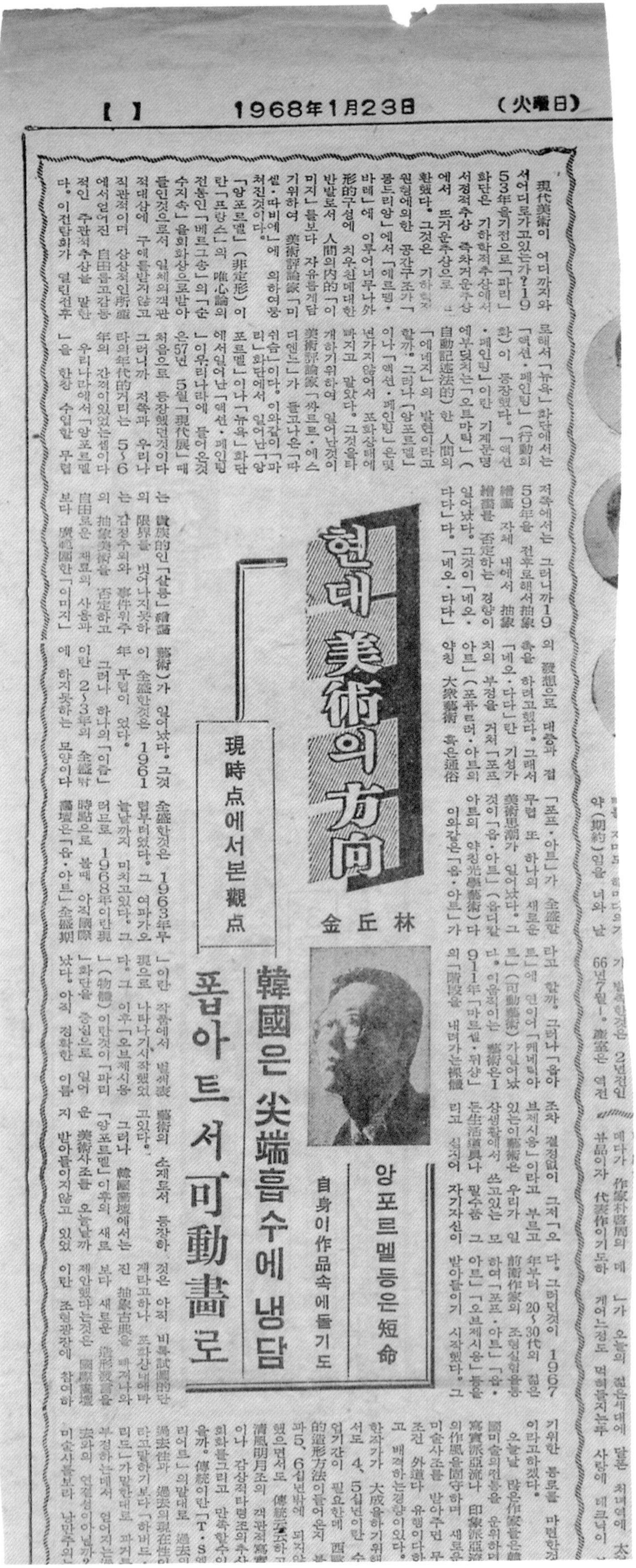

【 】 1968年1月23日 (火曜日)

현대美術의 方向

現時点에서본觀点

金丘林

앙포르멜등은短命

自身이作品속에들기도

韓國은 尖端흡수에 냉담

폽아트서可動畵로

現代美術이 어디까지와서어디로가고있는가?1953年을기전으로「파리」화단은 기하학적추상에서 서정적추상 즉차거운추상에서 뜨거운추상으로 전환했다。그것은 기하학적 원형에의한 공간구조가「몽드리앙」에서「에르벵·바레」에 이르러너무나外形的구성에 치우친데대한 반발로서 人間의內的「이미지」를보다 자유롭게담기위하여 美術評論家「미셸·따비에」에 의하여퍼처진것이다。

「앙포르멜」(非定形)이란「프랑스」의 唯心論의 전통인「베르그송」의「순수지속」을회화상으로받아들인것으로서 일체의객관적대상에 구애를받지않고 직관적이며 상상적인所產에서얻어진 自由롭고감동적인 주관적추상을 말한다。이전람회가 열린전후로해서「뉴욕」화단에서는「액션·페인팅」(行動회화)이 등장했다。「액션·페인팅」이란 기계문명에부딪치는「오트마띠」(自動記述法的) 한 人間의「에네지」의 발현이라고 할까。그러나「앙포르멜」이나「액션·페인팅」은몇년가지않아서 포화상태에 빠지고 말았다。그것을타개하기위하여 일어난것이 美術評論家「싸르르·에스디엔느」가 들고나온「따쉬슴」이다。이와같이「파리」화단에서 일어난「앙포르멜」이나「뉴욕」화단에서일어난「액션·페인팅」이우리나라에 들어온것은57년 5월「現代展」때 처음으로 등장했던것이다 그러니까 저쪽과 우리나라의年代的거리는 5~6年의 간격이있었는셈이다 우리나라에서「앙포르멜」을 한창 수입할 무렵 저쪽에서는 그러니까1959年을 전후로해서抽象繪畫 자체 내에서 抽象繪畫를 否定하는 경향이 일어났다。그것이「네오·다다」다。「네오·다다」는 貴族的인「살롱」繪畫의 限界를 벗어나지못하는 감정주의와 事件위주의 抽象美術을 否定하고 自由로운 재료의 사용과 보다 廣範圍한「이미지」의 發想으로 대중과 접촉을 하려고했다。그래서「네오·다다」란 기성가치의 부정을 거쳐「포프·아트」(포퓨러·아트의 약칭 大衆藝術 혹은通俗藝術)가 일어났다。그것이 全盛한것은 1961年 무렵이 었다。

그러나 하나의「이즘」이란 2~3年의 全盛밖에 하지못하는 모양이다「포프·아트」가 全盛할 무렵 또 하나의 새로운 美術思潮가 일어났다。그것이「옵·아트」(옵티칼·아트의 약칭光學藝術)다 이와같은「옵·아트」가 全盛한것은 1963年무렵부터였다。그 여파가오늘날까지 미치고있다。그러므로 1968年이란現時點으로 볼때 아직國際畵壇은「옵·아트」全盛期라고 할까。그러나「옵아트」에 연이어「케네띠아트」(可動藝術) 가일어났다。이움직이는 藝術은1911年「마르셀·뒤샹」의「階段을 내려가는裸體」이란 작품에서 벌써表現으로 나타나기시작했었다。그 이후「오브제시옹」(物體)이란것이「파리」화단을 중심으로 일어났다。아직 정확한 이름조차 결정없이 그저「오브제시옹」이라고 부르고 있는이藝術은 우리가 일상생활에서 쓰고있는 모든生活道具나 팔수품 그리고 심지어 자기자신이 藝術의 소재로서 등장하고있다。

그러나 韓國畵壇에서는「앙포르멜」이후의 새로운 美術사조를 오늘날까지 받아들이지않고 있었다。그러던것이 1967年부터 20~30代의 젊은 前衛作家의 조형실험을통하여「포프·아트」「옵·아트」「오브제시옹」등을 받아들이기 시작했다。그것은 아직 비록試圖的단계라고하나 포화상태에따진 抽象古典을 빠져나와 보다 새로운 造形言語를 제안했다는것은 國際畵壇이란 조형광장에 참여하기위한 통로를 마련한것이라고하겠다。

오늘날 많은作家들은韓國미술의전통을 운위하며 寫實派亞流나 印象派亞流의作風을固守하며 새로운 미술사조를 받아주던 무조건 外道다 유행이다하고 배격하는경향이있다。한작가가 大成을하기위해서도 4、5십년이란 수련기간이 필요한데 西歐的造形方法이들어온지 불과5、6십년밖에 되지않했으면서도 傳統云云하고 清風明月조의 객관적寫實이나 감상적타령조의추상 회화를그리고 만족할수있을까。傳統이란「T·S엘리어트」의말대로 過去의過去性과 過去의現在性이라고말하기보다「하버트·리드」가말한대로 파거를 부정하는데서 얻어지는過去와의 연결성이아닐까? 미술사를보라 낭만주의는

1968년 1월,
한 일간지에 기고한
김구림의 글
「현대미술의 방향」
(게재 매체 불명).

글인데도, 지금 읽어도 참 좋습니다. 젊은 작가들도 찾아 읽었으면 하는 생각이 들어요. 특히 '전통의 부정'에 관한 내용이 와닿습니다. 지금 이 시대, 미술계에 더 절실한 이야기 같고요.

그때 영국의 미술평론가 허버트 리드 Herbert Read**의 말을 인용했습니다. "전통이란 과거를 부정하는 데서 얻어지는, 과거와의 연결성이다." 서양미술사를 보세요. 낭만주의는 고전주의를 부정했고, 사실주의는 낭만주의를 부정했고, 인상주의는 사실주의를 부정했어요. 과거를 부정한 거예요. 그렇지만 완전히 단절된 건 아니죠. 부정의 대상이 있었으니, 새로운 게 나올 수 있었던 겁니다. 그런 '연결성'을 제가 강조한 거죠. '전통의 부정'을 잘 보여 준 대표 작가가 뒤샹**Marcel Duchamp**이죠. 그때는 철학 공부도 나름 꽤 했습니다. 헤겔 변증법의 보편적 법칙도 '부정의 부정'이었어요. 그런 철학을 제 예술에 반영하려고 했던 겁니다. 이런 말을 하고, 이런 글을 쓰고 했지만 반향이 없었죠.** 1968**년이었으니까요. 귀신 씨나락 까먹는 소리나 한다고 내몰리고요(☺). 이후 제가 했던 퍼포먼스, 해프닝 같은 전위예술도 사유의 결과물이었는데, 그저 웃음거리로 몰렸습니다. 그런 시대가 한탄스럽기도 하지요.** 1965~1967**년 즈음에는** 300**호짜리 대형 작품을 많이 했어요. 그런데 아무도 안 사려는 거예요. 처마 밑에 세워 보관하고 했는데 나중에 다 불살라 버렸습니다. 태우기 전에 기증하려고 했죠. 어느 은행에 가서 공짜로 주겠다고 했는데 미친놈이라고 쫓겨나기도 했습니다.**

현대미술의 방향

현대미술이 어디까지 와서 어디로 가고 있는가? 1953년을 기점으로 '파리' 화단은 기하학적 추상에서 서정적 추상, 즉 차가운 추상에서 뜨거운 추상으로 전환했다. 그것은 기하학적 원형에 의한 공간구조가 '몬드리안'에서 '에르뗑·바레'에 이르러 너무나 외형적 구성에 치우친 데 대한 반발로서 인간의 내적 '이미지'를 보다 자유롭게 담기 위하여 미술평론가 '미셸 타피에'에 의하여 뭉쳐진 것이다.

'앵포르멜(비정형)'이란 '프랑스'의 유심론의 전통인 '베르그송'의 '순수지속'을 회화상으로 받아들인 것으로서 일체의 객관적 대상에 구애를 받지 않고 직관적이며 상상적인 소산에서 얻어진 자유롭고 감동적인 주관적 추상을 말한다. 이 전람회가 열린 전후로 해서 '뉴욕' 화단에서는 '액션 페인팅'(행동회화)이 등장했다. '액션 페인팅'이란 기계 문명에 부딪히는 '오토마틱'(자동기술법적)한 인간의 '에너지'의 발현이라고 할까. 그러나 '앵포르멜'이나 '액션 페인팅'은 몇 년 가지 않아서 포화상태에 빠지고 말았다. 그것을 타개하기 위하여 일어난 것이 미술평론가 '샤를르 에스티느'가 들고 나온 '타시슴'이다. 이와 같이 '파리' 화단에서 일어난 '앵포르멜'이나 '뉴욕' 화단에서 일어난 '액션 페인팅'이 우리나라에 들어온 것은 57년 5월 《현대전》 때 처음으로 등장했던 것이다. 그러니까 저쪽과 우리나라의 연대적 거리는 5~6년의 간격이 있었던 셈이다.

우리나라에서 '앵포르멜'을 한창 수입할 무렵 저쪽에서는 그러니까 1959년을 전후로 해서 추상회화 자체 내에서 추상회화를 부정하는 경향이 일어났다. 그것이 '네오 다다'다. '네오 다다'는 귀족적인 '살롱' 회화의 한계를 벗어나지 못하는 감정주의와 사건 위주의 추상미술을 부정하고 자유로운 재료의 사용과 보다 광범위한 '이미지'의 발상으로 대중과 접촉을 하려고 했다. 그래서 '네오 다다'란 기성 가치의 부정을 거쳐 '팝아트'(포퓰러 아트의 약칭, 대중예술 혹은 통속예술)가 일어났다. 그것이 전성한 것은 1961년 무렵이었다.

그러나 하나의 '이즘'이란 2~3년의 전성밖에 하지 못하는 모양이다. '팝 아트'가 전성할 무렵 또 하나의 새로운 미술사조가 일어났다. 그것이 '옵아트'(옵티컬 아트의 약칭, 광학예술)다.

이와 같은 '옵아트'가 전성한 것은 1963년 무렵부터였다. 그 여파가 오늘날까지 미치고 있다. 그러므로 1968년이란 현 시점으로 볼 때 아직 국제화단은 '옵아트' 전성기라고 할까. 그러나 '옵아트'에 연이어 '키네틱아트'(가동예술)가 일어났다.

이 움직이는 예술은 1911년 마르셀 뒤샹의 〈계단을 내려가는 나체〉란 작품에서 벌써 표현으로 나타나기 시작했었다. 그 이후

'오브제시옹'(물체)이란 것이 '파리' 화단을 중심으로 일어났다. 아직 정확한 이름조차 결정 없이 그저 '오브제시옹'이라고 부르고 있는 이 예술은 우리가 일상생활에서 쓰고 있는 모든 생활 도구나 필수품 그리고 심지어 자기 자신이 예술의 소재로서 등장하고 있다.

그러나 한국화단에서는 '앵포르멜' 이후의 새로운 미술 사조를 오늘날까지 받아들이지 않고 있었다. 그러던 것이 1967년부터 20~30대의 젊은 전위작가의 조형 실험을 통하여 '팝아트', '옵아트', '오브제시옹' 등을 받아들이기 시작했다. 그것은 아직 비록 시도적 단계라고 하나 포화상태에 빠진 추상고전을 빠져나와 보다 새로운 조형 발언을 제안했다는 것은 국제화단이라는 조형 광장에 참여하기 위한 통로를 마련한 것이라고 하겠다.

오늘날 많은 작가들은 한국미술의 전통을 운위하며 사실파 아류나 인상파 아류의 작풍을 고수하며 새로운 미술사조를 받아주면 무조건 외도다, 유행이다 하고 배격하는 경향이 있다. 한 작가가 대성을 하기 위해서도 4~50년이란 수업기간이 필요한데 서구적 조형방법이 들어온 지 불과 5~60년밖에 되지 아니했으면서도 전통 운운하고 청풍명월조의 객관적 사실이나 감상적 타령조의 추상회화를 그리고 만족할 수 있을까. 전통이란 'T. S 엘리엇'의 말대로 과거의 과거성과 과거의 현재성이라고 말하기보다 '허버트 리드'가 말한 대로 과거를 부정하는 데서 얻어지는 과거와의 연결성이 아닐까? 미술사를 보라. 낭만주의는 고전주의의 부정에서 일어난 것이며 사실주의는 낭만주의의 부정에서 일어났다. 그리고 인상주의는 사실주의의 부정에서 일어난 것이다. 이와 같이 과거의 부정에서 얻어진 과거와의 연결, 이것이 전통이다.

이런 사실을 알 때 전위작가들이 자연관망적인 묘사화를 부정하고 새로운 미술사조를 받아들이는 것은 '헤겔'이 말한 바로 전통에 대한 '부정의 부정'이 아닐까. '베토벤'의 음악이 범구라파적이면서도 가장 독일적이고 '셰익스피어'의 문학이 범구라파적이면서도 가장 영국적인 것처럼 우리가 아무리 국제화단의 첨단을 뒤쫓는다고 해도 역시 가장 한국적이지 않을 수 없다는 것을 알 때 전통 운운하기 전에 새로운 미술사조를 받아들이며 국제화단에 참여할 수 있는 통로를 마련해야겠다.

※한자를 한글로 바꾸고 당시의 표기법을 읽기 쉽게 수정했다: 편집자

새로운 실험의 나날들 (1)

설치, 비디오 아트, 복제되지 않는 판화

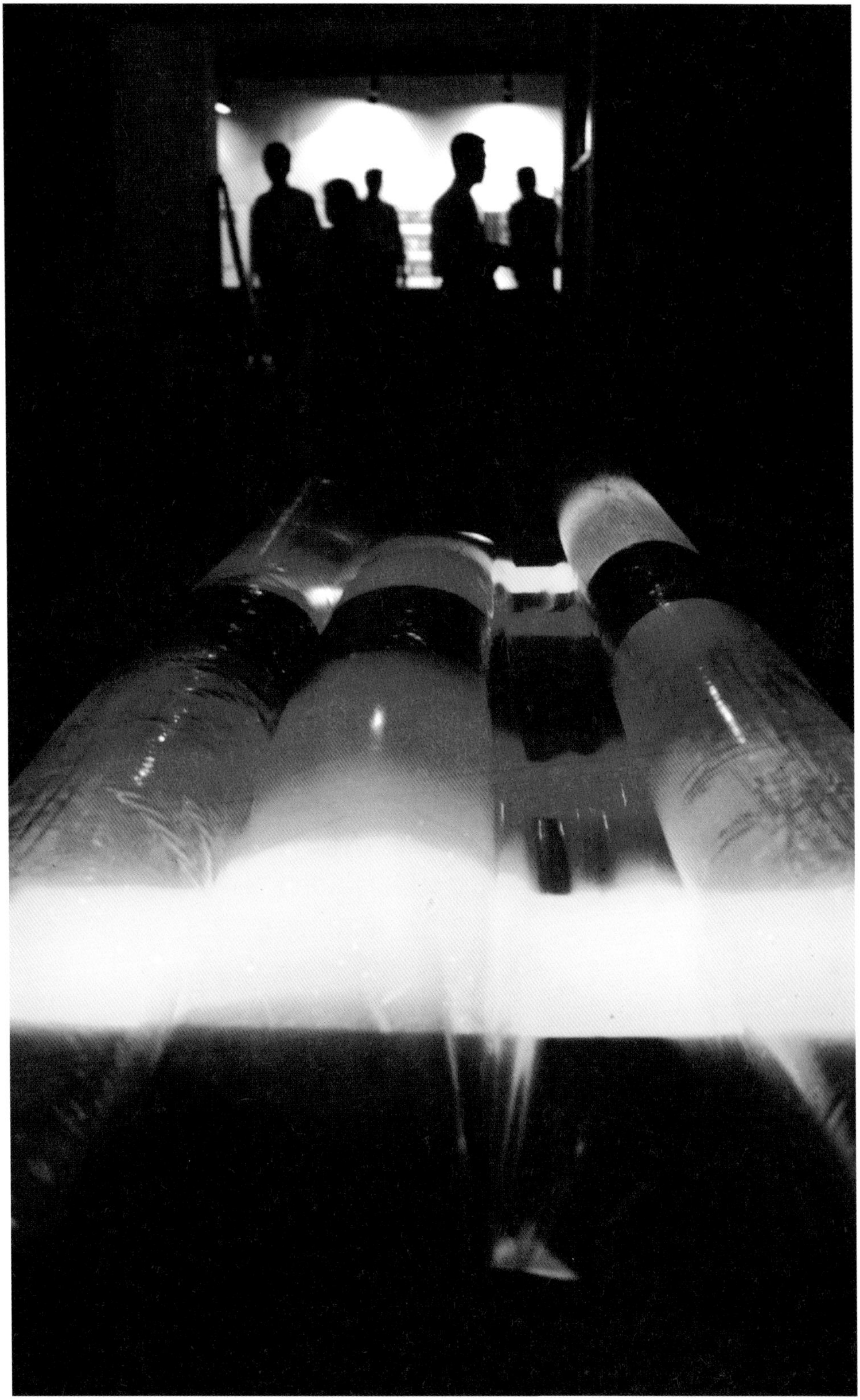

〈공간구조Space
Construction 69〉
공기, 물, 유채,
비닐, 전기 장치,
500×170×80cm,
1969.

1960년 《A.G전》에는 〈공간구조 69〉 (←)라는 설치 작품을 출품하셨어요.

형광등 불빛을 이용한 작품이죠. 비닐관에 물과 기름을 붓고 공기를 넣었죠. 밑에는 플라스틱으로 기다란 판을 만들었습니다. 거기다 형광등을 달고 전기를 흐르게 한 거죠. 형광등으로 비추니까 물, 공기, 기름이 따뜻해지면서 팽창해요. 빛이 영롱하게 일어나면서 색깔이 변하는 작품인데 움직이는 일렉트릭 아트로 발전되는 거죠.

평면에서 설치로 옮기신 건 무엇 때문인가요?

빛과 색채에 관한 문제를 고민했어요. 물감 자체의 빛깔이 마음에 안 들었어요. 물감으로 구현된 고정된 시각 형태에서도 벗어나고 싶었죠. 우리 일상생활의 빛이나 자연광선의 빛을 예술적으로 변환하면 어떤 효과가 나올까를 생각했던 거죠. 그런 문제의식으로 하게 된 겁니다.

인위적이고 인공적인 빛으로 그 공간의 자연광선 변화나 색깔 변화의 흐름 같은 걸 보여 주려 했어요.

한국 최초의 일렉트릭 아트로 평가받는데요.

네. 이게 평가가 좋았어요. 사람들이 놀랐죠. 그해 2월 필리핀 마닐라에서 열린 《1969 한국 청년 작가 11인전》에도 이런 종류의 일렉트릭 아트를 출품했어요. 요철이 있는 오브제에 구멍을 뚫고 수십 가지 조명을 차례대로 비추어 영상이 생기게 만든 겁니다. 장소는 마닐라 솔리드 아라다드SOLID ARADAD **화랑이었는데, 아마 그 작품이 지금도 필리핀 어딘가에 있을지 몰라요. 현지에서 호평 받고 제 작품만 팔렸다고 들었어요. 화랑에선 돈을 부쳤다고 하는데 중간에 떼먹힌 거 같아요. 못 받았어요. 그럴 줄 알았으면 사진이라도 찍어 놓고 슬라이드라도 만들었어야 했는데 아쉽죠. 필리핀에 간 작품은 사진도 슬라이드도 없어요. 돈이 있으면 지금이라도 다시 만들고 싶어요. 그때 드로잉이 남아 있으니까. 참 아쉬워요. 일본은 정부가 돈을 대 주어 노대가들의 소실된 작품을 재현합니다. 그것도 죽고 나서가 아니라 살아 있을 때요. 어느 국립현대미술관장을 지낸 분한테 그런 아이디어를 전한 적이 있어요. 제 작품뿐 아니라 다른 작가들까지 포함해서 재현하는 프로그램을 짜 볼 수 없느냐고, 근데 엉뚱하게 외국에서 작품 빌려와서 뚱딴지같은 블록버스터 전시들이나 하고, 원 참.**(김구림은 2013년 서울시립미술관 개인전에서 〈공간구조 69〉를 재제작했다.)(→)

만들기가 쉽지 않았을 거 같아요.

말도 마세요. 저거 할 때 너무 고생했어요. 전기를 모르잖아요. 서점에 가서 전기 책 모조리 사서 읽고, 별짓을 다 했어요. 기술자들한테도 물어보고요. 제가 직접 다 연결해 만든 겁니다. 저게 '제4집단' 탄생의 배경이기도

〈공간구조Space Construction 69〉 공기, 물, 유채, 비닐, 전기 장치, 442×146×850 cm, 2013년 재제작.

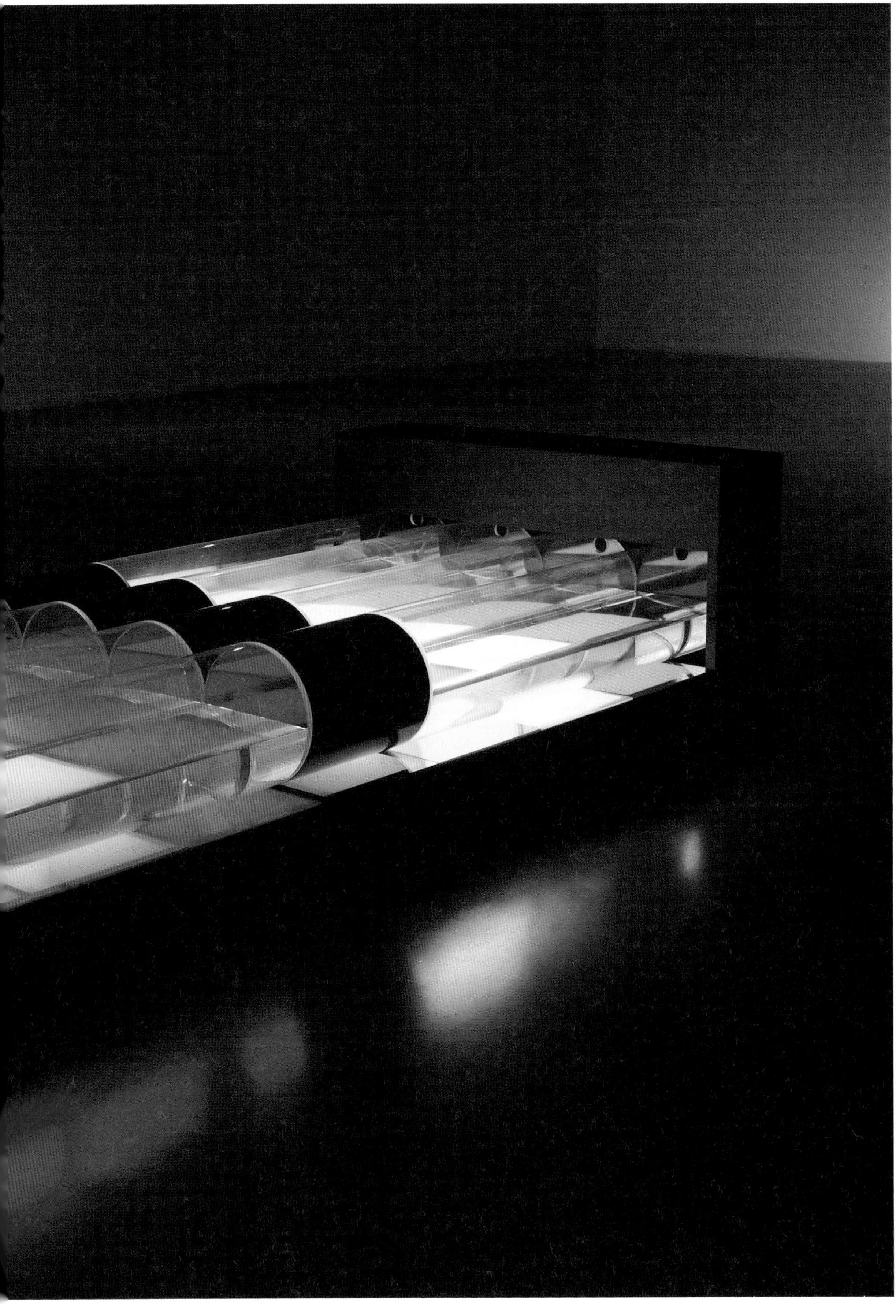

해요. 일렉트릭 아트를 하면서, 현대미술 특히 종합예술은 혼자 해선 안 되겠구나, 여러 사람이 같이 해야겠구나, 하고 느꼈어요. 소리를 하려면 음향 전문가가 있어야 하고, 음악가, 무용가, 문학가가 다 있어야겠다고 생각한 거죠. 그래서 다 끌어 모은 것이 '제4집단'입니다. 그림 그리는 정찬승이부터 연극 쪽 방태수도 같이 하고요. 그런데 그다음부터 막히는 거예요. 다들 문화예술계 젊은 엘리트들이다 보니까 다들 자기가 잘난 거야. 하루 이틀이고 한 달이고 나랑 대화하고 토론하자고 했죠. 내가 가운데 앉고 정찬승과 방태수를 양옆에 앉히고 여러 상대와 대화하면서 다 무너뜨리고, 설득시킨 거죠. 그게 몇 개월인가 걸렸어요. 그래서 규합하고 정관도 만들고 그런 거죠. 여러 분야가 모였으니 '집단'이라고 하자. 그리고 미신과 금기를 타파하자는 의미에서 '4'를 붙인 거죠. 그래서 '제4집단'이 된 거지요.

김구림은 1971년 잇달아 설치 작품을 내놓는다. 둥근 플라스틱 통에 물을 넣고(플라스틱 통 안에는 돌이 몇 개 들어 있다) 그 위를 직사각형 모양의 천으로 덮은 작품이 〈매개항 1〉(→/ →→)이다. 현재 국립현대미술관이 소장하고 있다.

〈매개항〉이라는 작품의 의미는 무엇입니까.

〈현상에서 흔적으로〉와 이어지는 작품이에요. 한강 둔치 작업은 실외에서 했다면, 〈매개항〉은 자연을 실내로 끌어들인 거죠. 〈현상에서 흔적으로〉는 불의 문제고, 이건 물의 문제를 다룬 거죠. 불에 탄 것들이 소멸하듯 물도 증발하게 되어 있어요. 같은 문제입니다. 자연과의 관계 문제라서 '매개항'이라는 이름을 붙였어요. 자연이든 사람이든 다 '매개'되어 있는 거죠. 자연에서 아이디어를 빌렸다는 점에서도 〈현상에서 흔적으로〉와 비슷해요. 논두렁을 보고 아이디어를 떠올렸듯 〈매개항〉은 연못을

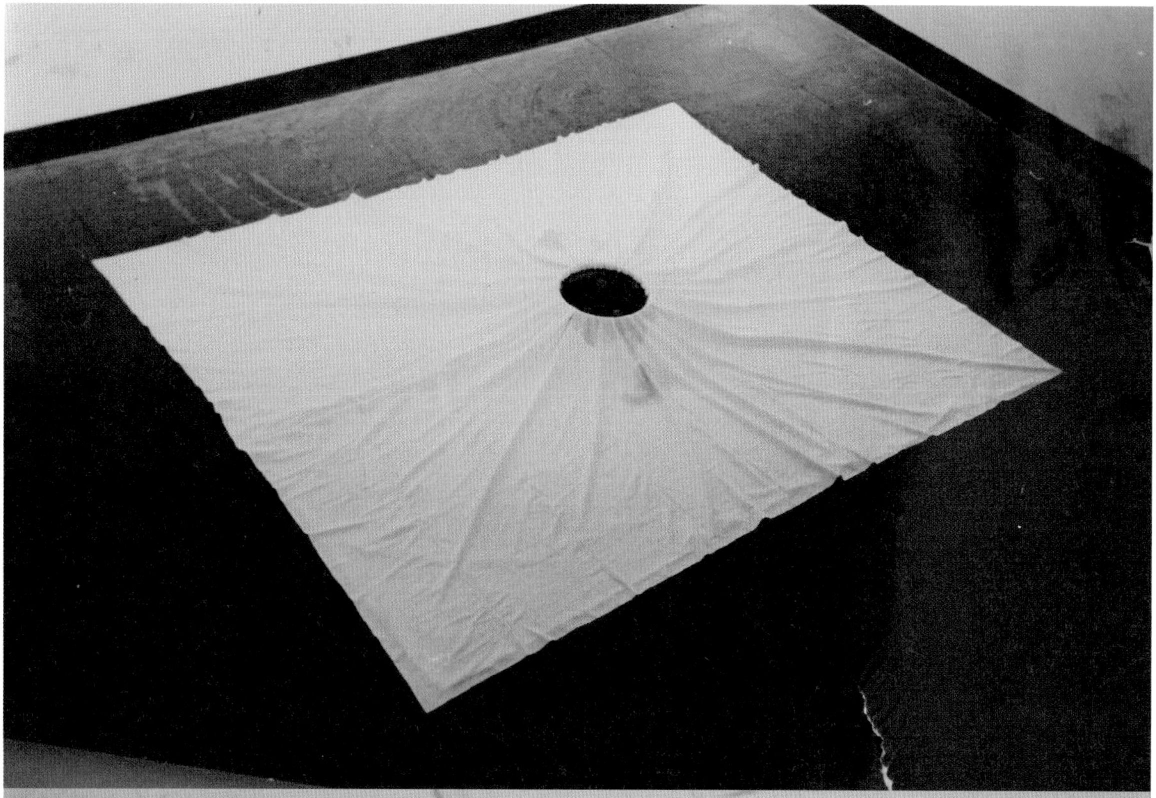

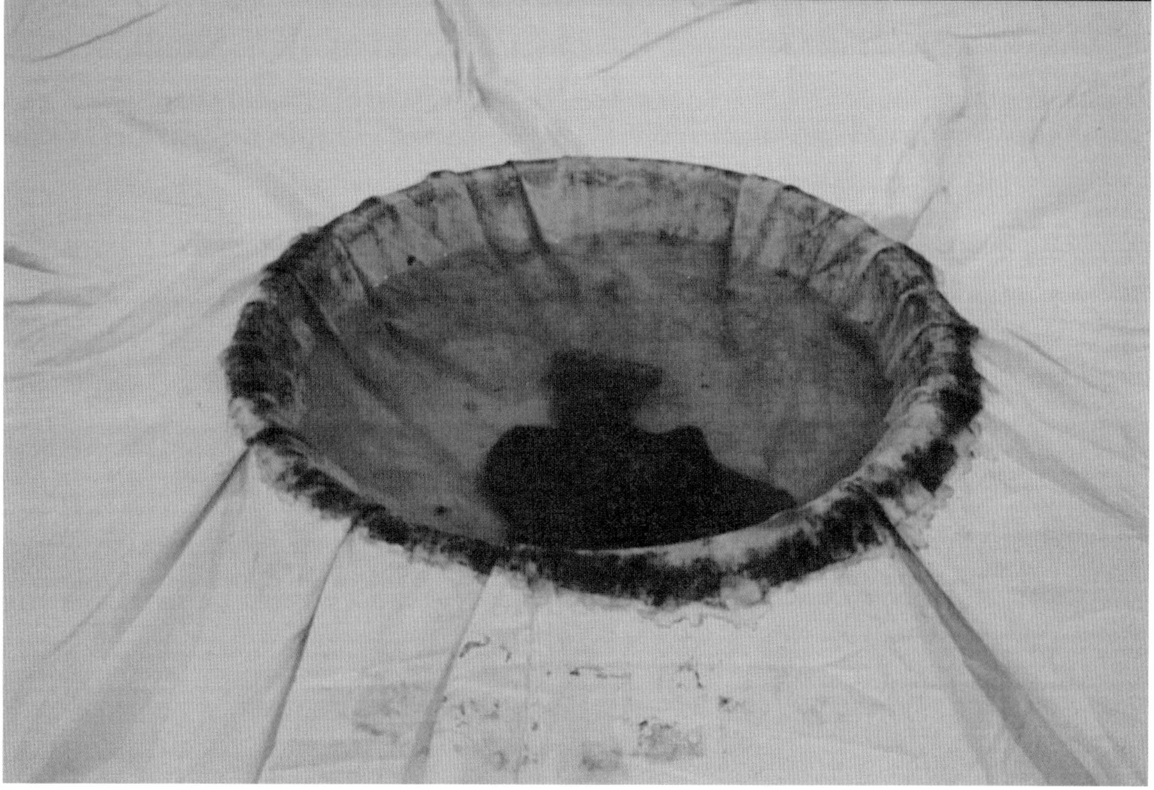

〈매개항Meditation
Clause 1〉,
설치(천, 물, 돌),
500×700×30cm,
1971.

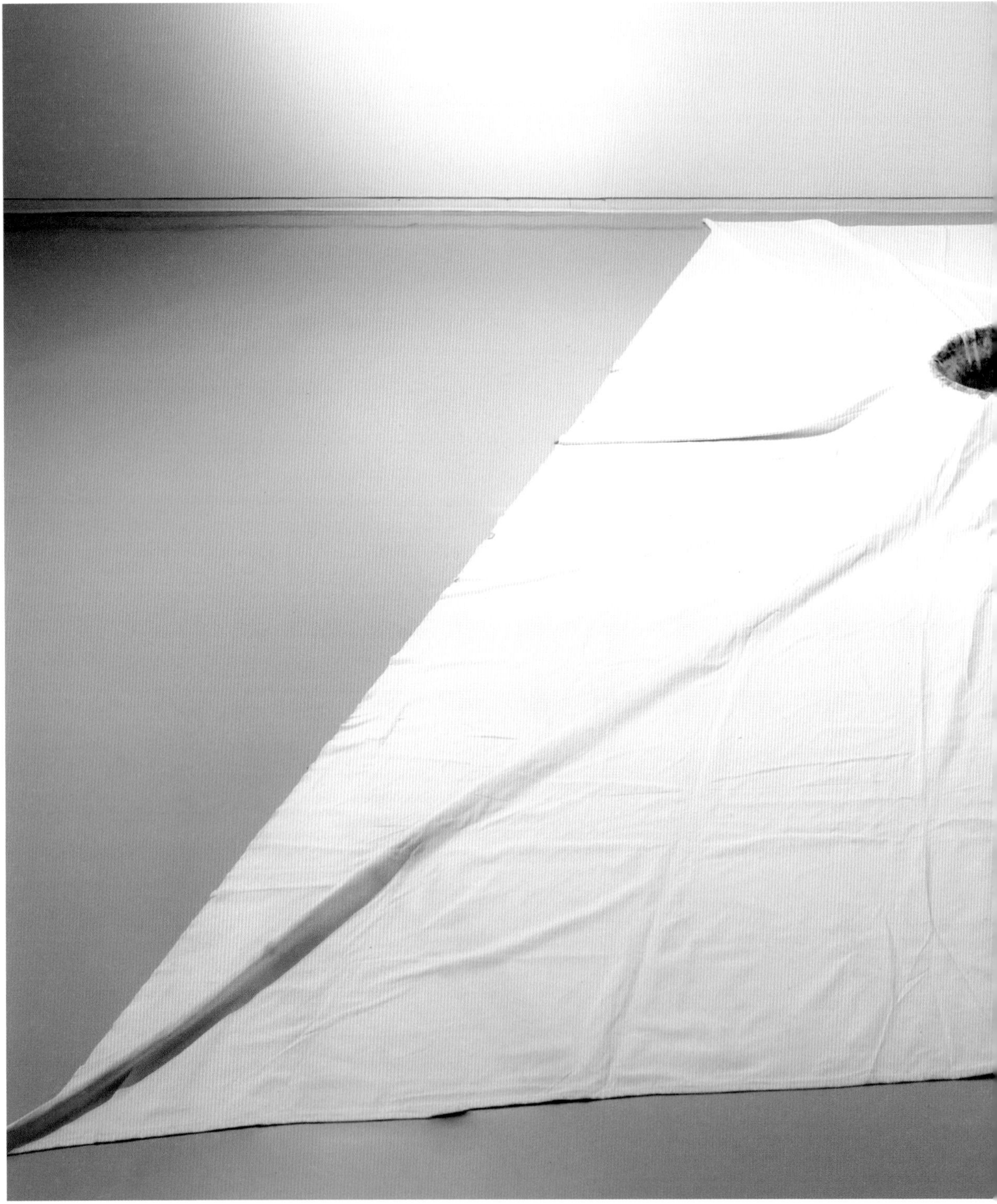

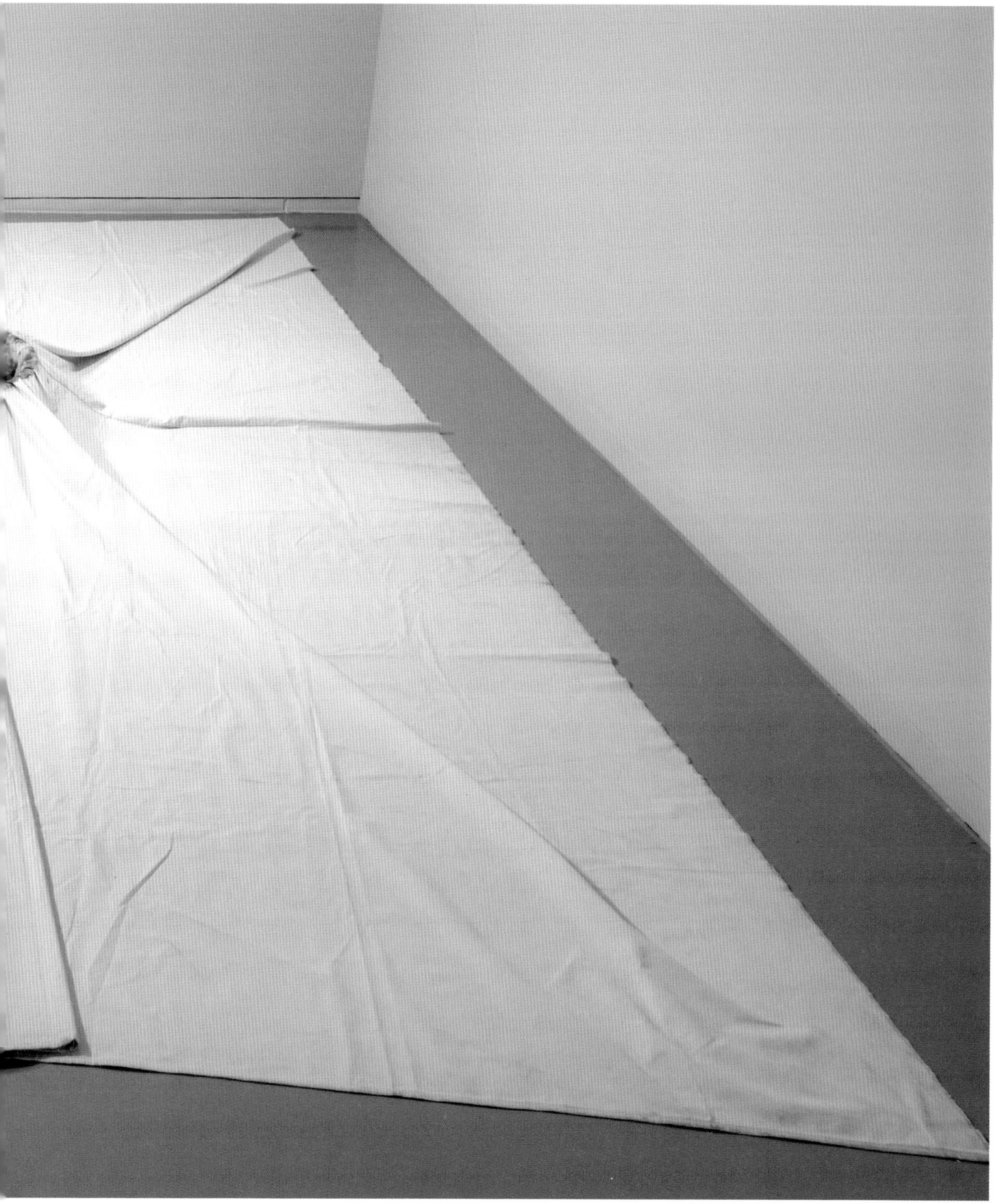

〈매개항Meditation Clause 1〉(부분), 설치(천, 물), 100×500×30cm, 1971(2001년 부분 재제작), 국립현대미술관 소장.

보다가 작품화했다고 해야 하나….

〈음과 양〉 시리즈에서 전하려고 했던 대비 같은 문제가 있는 거네요.

그렇죠. 저 때부터 음양에 관한 생각이 들어가 있습니다. 동양적 사고관이 반영된 거죠. 전혀 다른 것 같으면서도 결국 하나라는 생각도 담겨 있고요. 캔버스 천은 인공의 물질이죠. 자연은 조작한 게 아닙니다. 자연과 인공, 인간과 자연 같은 문제를 담았어요. 물질의 표현 자체에 그치는 게 아니라요.

저 안에 돌을 넣으셨죠?(←)

연못에는 돌이 있잖아요. 그래서 가져다 놓은 것도 있고요. 생성과 소멸에 관한 이야기, 시간성에 관한 문제도 녹아 있습니다. 물을 채우면 돌이 안 보여요. 물이 증발하면, 돌만 보이게 되어 천에다 물하고 돌을 결합한 것인데, 이건 하나의 '상황'과 관련된 문제기도 합니다. 물이라는 게 원래 웅덩이 같은 데 고여 있어야 하는데, 천 속에 들어간 것이죠. 물에 대한 인간의 인식을 바꾼다고 할까요? 천이라는 것도 젖으면 안 되잖아요. 물을 멀리해야 하는데, 가까이 있죠. 인식에 관한 작품이기도 합니다.

'상황'의 문제라고 하시니, 〈상황〉이라는 작품도 생각납니다. 거기도 천을 사용하셨는데요.(→/→→)

두 개의 무명천으로 작업한 겁니다. 똑같은 천 중 하나는 벽에다 걸어 놓았어요. 다른 천은 밑으로 깐 것이죠. 2개가 같은 크기의 같은 모습을 지닌 사물이지만 장소와 놓이는 상황에 따라 그 물체는 보는 사람으로 하여금 전혀 다른 느낌과 또 다른 모습으로 보이게 된다'는 새로운 제3의 세계를 창조하려고 한 겁니다. 아마 한 해 전(1970년)에 있었던 제4집단 해체, 사실상 강제 해산의 충격이 가시지 않던 때였어요. 그래서인지 사유적인 경향으로 돌아간 것

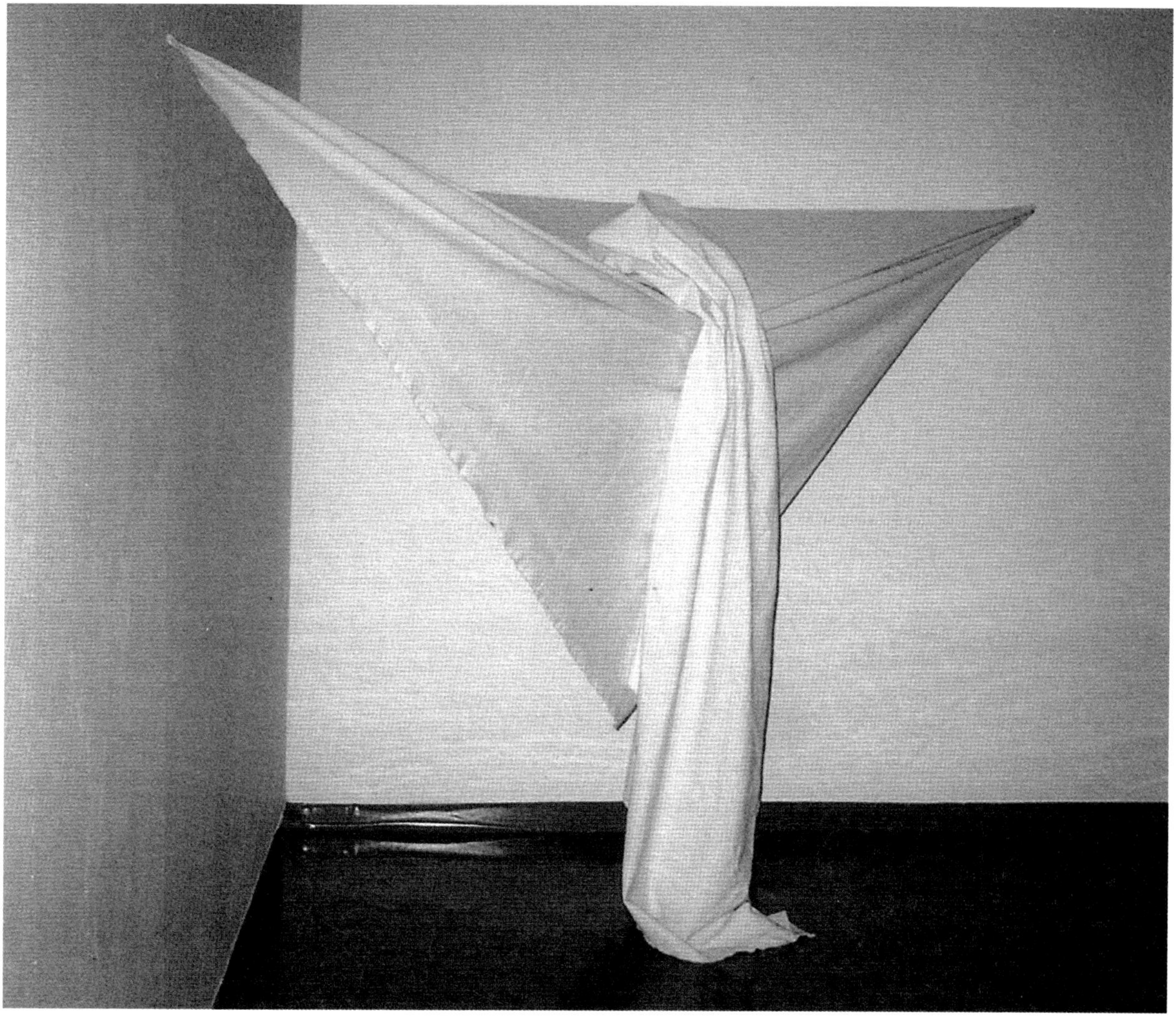

〈상황
Circumstances〉,
설치(천),
300×200×160cm,
1971.

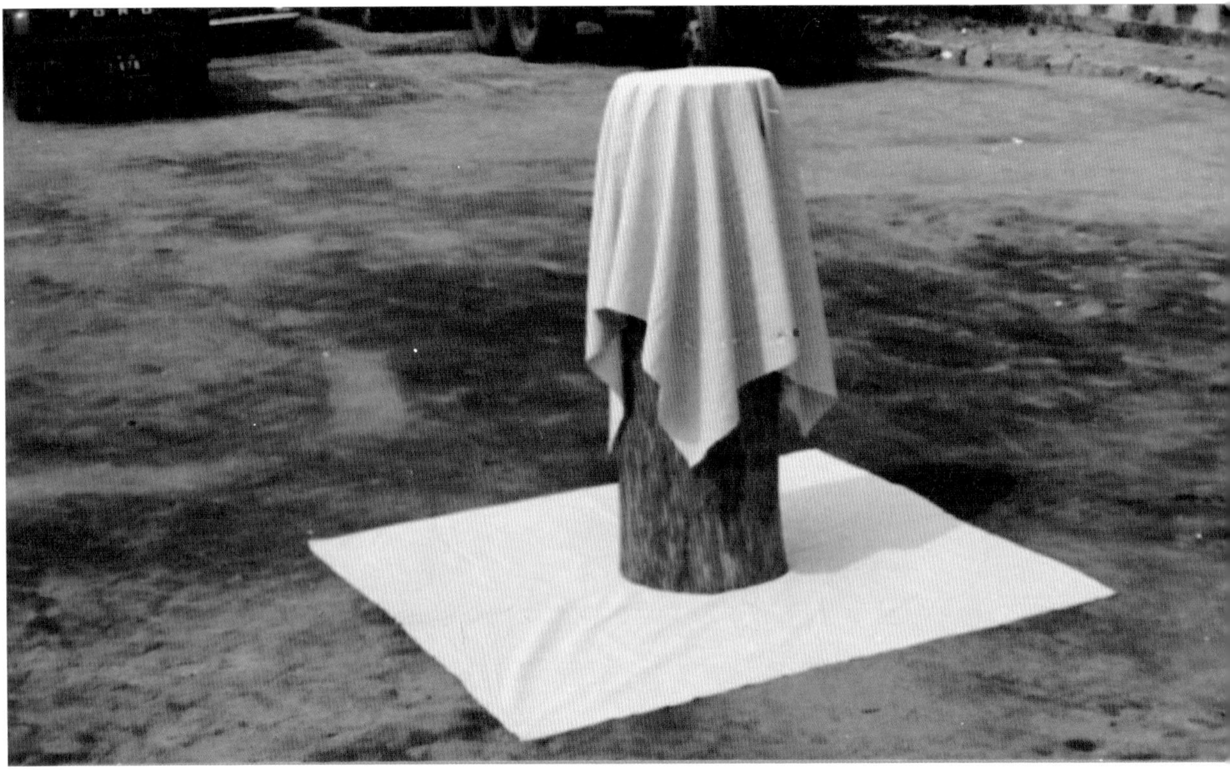

〈상황
Circumstances〉,
설치(천, 통나무),
198×175×160cm,
1971(제7회
파리비엔날레
출품작),
구겐하임미술관
소장.

같아요. 무명천이니 동양의 소재지요. 인위적으로 구성은 한 것이지만 동양적인 것을 떠올렸던 것 같아요. 자연으로 돌아가고 싶은 욕구 같은 것도 반영했습니다.

〈상황〉과 〈매개항〉 말고는 당시 작품을 잘 볼 수가 없는데요.

아마 1972년까지 공백이 이어졌을 겁니다. 그때 뭘 했는지 잘 모르겠어요. 중학교 1학년 때 6·25사변이 터지고 난 뒤의 기억이 안 나는 거랑 비슷한 거 같아요. 제4집단 때 경찰서 끌려가서 받은 충격 때문인 것 같아요. 〈상황〉과 〈매개항〉에 그런 내 상황이 반영된 것 같아요. 중학동 한국일보 근처에 살 때인데 떠올리고 싶지 않아요. 제일 애먹던 때입니다. 위축이 많이 됐어요. 제4집단 이후 한동안 감시를 받았으니까. 당시 시대 상황이 그랬어요. 마리화나 핀다고 잡아넣기나 하고…. 나는 장발은 안 하고 다녔지만 장발 단속도 많았죠. 표현의 자유를 제약당해서 위축돼 있었죠.

대마초도 하셨어요? 술도 안 드시는데….

아, 그때 하기는 했죠. 몇 번 해 봤어요. 호기심이 많았으니까요. 한대수라고 알죠? 『한국일보』 영어 신문 『코리아타임스』의 기자를 하다가 가수가 된 한대수랑도 알고 지냈죠. 그때 같이 피우기도 했어요. 그러다 여러 사람 잡혀갔지요. 정찬승이도 잡혀가고요. 근데 내 이름은 안 불었어요. 제일 선배라고 챙겨 준 거겠죠. 그렇다고 대마초를 자주 한 건 아닙니다. 그저 노곤하고 기분 좋고 한데, 사리분별은 다 할 수 있겠더라고요. 술보다 약했고요. 대단한 마약 취급하곤 했는데, 별거 아니었어요. 한대수는 미국 시민권을 갖고 있어서 그거 터지니까, 미국으로 가 버린 거예요.

음악평론가 임진모는 『가수를 말하다』 '신중현' 편에서 표현의 자유와 관련한 당시 문화예술계 분위기를 알 수 있는 일화를 전한다.

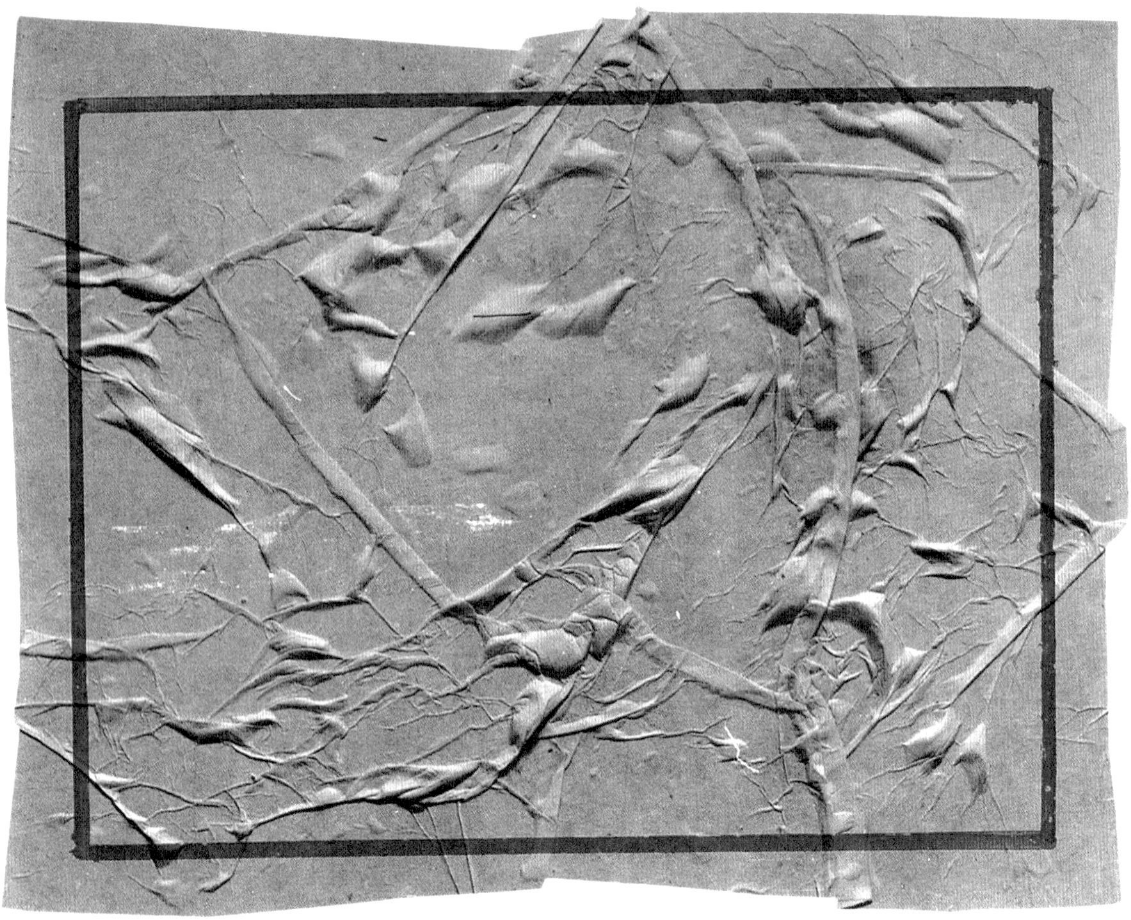

〈위상Phase 71〉,
종이 위에 마커펜,
95×70cm, 1971.

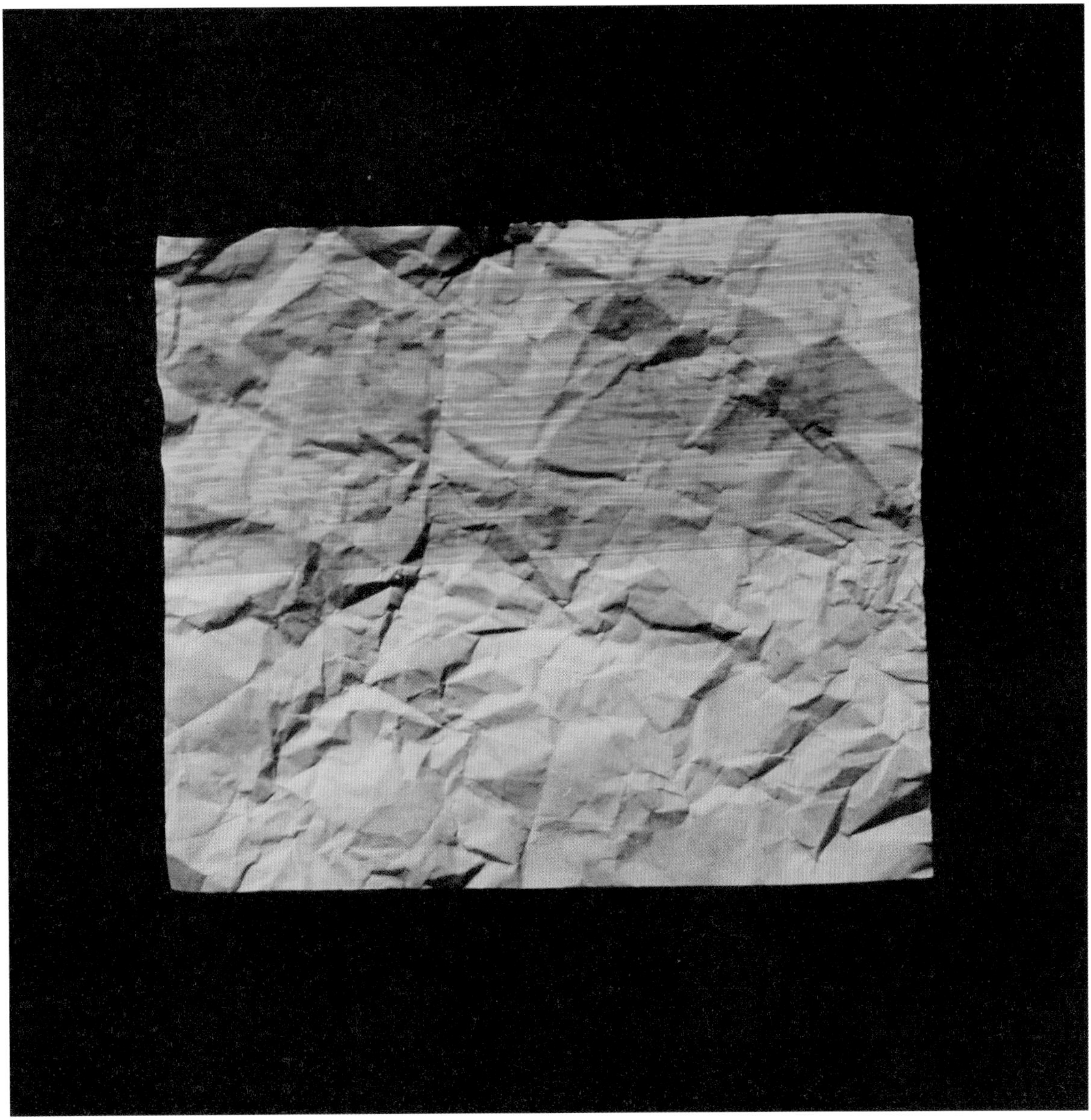

〈위상Phase A〉,
사진, 95×95cm,
1971.

"그가 기억하는 탄압의 시작은 1972년, 유신정권 출범 직전이다. 그에게 청와대로부터 한 통의 전화가 걸려온다. 박정희 대통령의 새로운 통치를 내용으로 한 노래를 만들어 달라는 것이었다. 신중현은 '왜 하필 나에게 그런 주문을 하느냐'고 반문하고는 정중하게 요청을 거절했다. 이후 괘씸죄에 걸리는 그는 공연마다 단속을 당했고 끝내는 대마초 수괴로 지목되고 만 것이다."

임진모, 『가수를 말하다』, 빅하우스, 2012, 27쪽.

〈위상〉 시리즈도 〈매개항〉과 〈상황〉처럼 사유를 담은 작품이다. 〈위상 71〉(←←)은 의미를 제거하고 행위를 강조한 작품이다. 붓을 사용하지 않은 채 종이와 풀을 이용해, 굴곡이 있는 평면을 만든 뒤 마카 펜으로 붉은 사각형을 그렸다. 종이는 식물성 섬유를 물에 풀었다 다시 말린 것이다. 김구림은 물에 불린 상태를 표현하며 종이의 속성을 해체한다. 〈위상 A〉(←)는 여기서 한 단계 더 나갔는데, 종이를 여러 차례 접고 구겨 비비고 난 뒤 다시 펴서는 면을 아래위로 나눠 위쪽에 녹색 물감을 칠했다. 이걸로 끝난 게 아니다. 김구림은 이 종이를 다시 촬영해 인화했다. 그러니까 〈위상 A〉는 사진 작품이다. 이런 실험성 강한 작품은 1980년대 〈돌〉 시리즈에서 뚜렷하게 개념화된다. 〈위상〉 시리즈는 일상의 흔한 사물을 오브제로 사용한 '김구림 표' 작품이기도 하다. 〈위상〉 시리즈를 보면서, 2001년 터너상 수상자이자 영국 현대미술을 대표하는 작가 마틴 크리드가 떠올랐다. 특별할 게 없는 일상의 사물과 행위를 작품 주제와 소재로 삼는다는 점에서 김구림과 닮았다. 특히 여러 차례 접었다 편 흰색의 A4 용지를 넣은 액자 작품은 〈위상 A〉와 비슷하다. 2009년 마틴 크리드가 아트선재센터에서 전시회를 열었을 때, 평자들은 "단순한 사물에 내포된 풍부한 가능성"이라고 극찬했다. 김구림은 당시 그런 평가는커녕 관심도 제대로 받지 못했다. 서구 미술을 좇아가기만 했다는 미술계 일각의 저평가는 '잘 알지도 못한' 채 이뤄졌다는 걸 알 수가 있다.
1973년 작품 〈언표 B〉(→)를 두고 김구림은 이렇게 선언했다.

화실에서의 나의 왕국적 지배는 끝났다.

나는 다만 드라마에 있어서 연출가의 역할이 그러하듯이

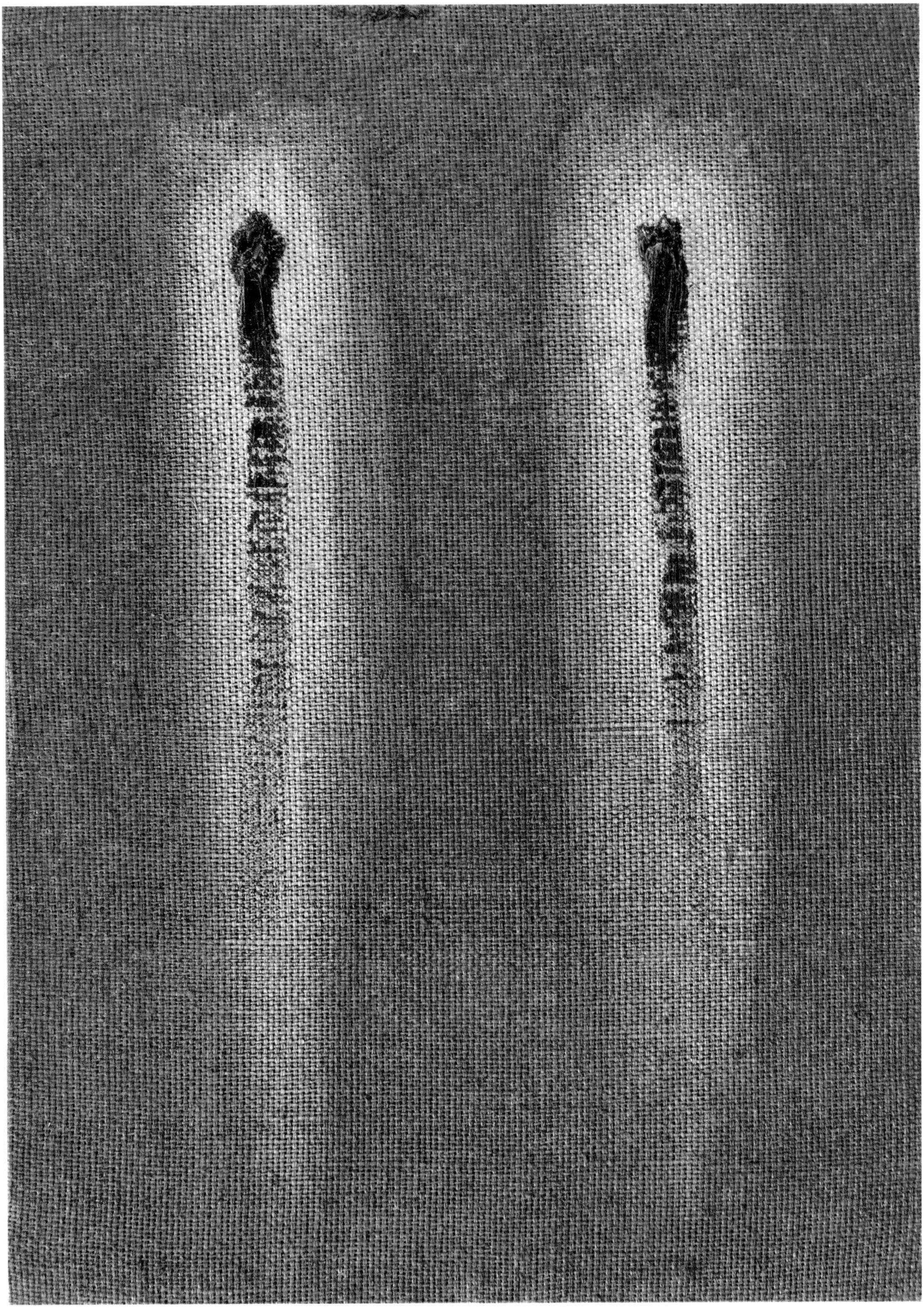

〈언표Expression B〉
캔버스에 유채,
33.5×24.6cm,
1973.

나의 이미지 표현을 위해 동원되는 모든 물질의 본래성을 더욱 두드러지게 하는 처지에서 〈언표〉란 작품을 만든 것이다.

무슨 말일까. 저 추상화에는 어떤 의미가 있을까.

유화 작품인데, 독특해 보입니다.

저 때 고민한 건 이런 거예요. 물감은 물감으로, 캔버스는 캔버스로 존재시키면서 작가의 이미지 세계를 표현할 방법은 없을까. 그것이 제 과제였죠. 작가가 튜브에 짜 놓은 물감은 작가의 뜻에 따라 하늘이라든지 수목, 인간의 피부 빛깔로 변하죠. 캔버스는 작가의 붓 자국에 따라 본래 형상이 가려지는 거고요. 그러니까 작가들이 캔버스나 물감 같은 물질 안에 있는 본연의 성질을 '자기의 것'으로 변질시키는 거죠. 전 작가가 화구를 사용할 때의 임의나 전횡을 포기하려고 했던 겁니다. 물감과 캔버스의 특질이 그대로 두드러지도록 배려한 거죠. 그러면서 또 내가 나타내려는 이미지를 공존시킨 것이기도 하고요.

김구림은 1973년 일본으로 건너간다. 그해 도쿄 시로타シロタ화랑에서 개인전(1973년 5월 21일~27일)을 열었다. 일본행은 김구림 예술의 분기점이 된다. 일본에서 일상성, 시간성에 관한 개념을 더 정교하게 다듬었다. 판화 기초도 배웠다. 곧 실험적이고 새로운 형식의 판화를 선보였다. 《도쿄국제판화비엔날레》 출품 작품은 일본 미술계에서 화제가 됐다.

일본엔 왜 가신 겁니까. 제4집단 해체 후유증도 있었겠지만, 한국에서도 알아주는 작가가 아니셨나요?

꼭 그렇지는 않았어요. '왕따'를 당했습니다. '저 새끼는 홍대도 서울대도 못 나온 게, 미대도 안 나온 새끼가 되도 안 하게 거들먹거린다'는 말을 여기저기서 들었어요. 그게

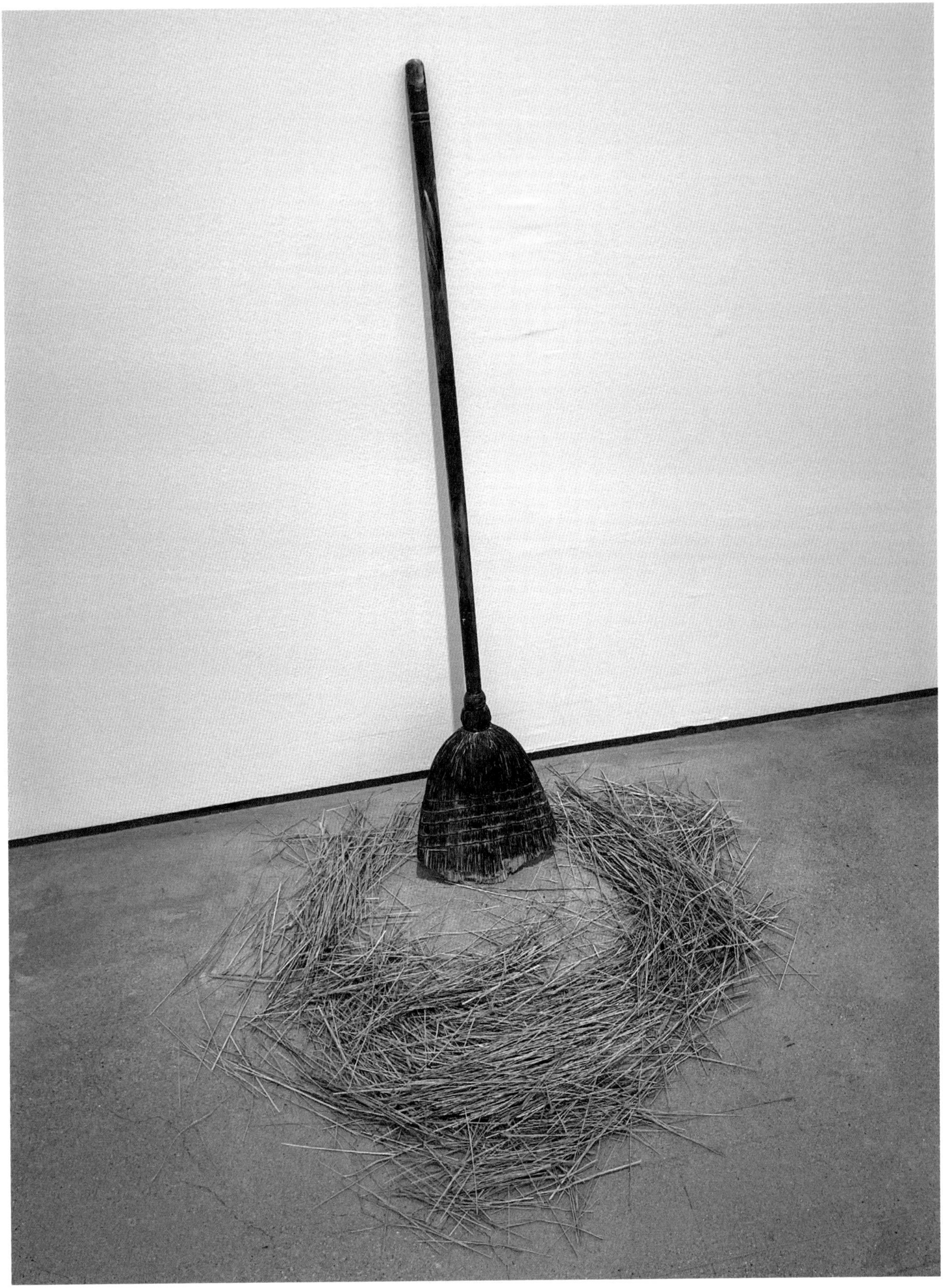

〈빗자루Broomstick〉,
설치(빗자루),
1973(사진은
2023년
국립현대미술관
전시 장면).

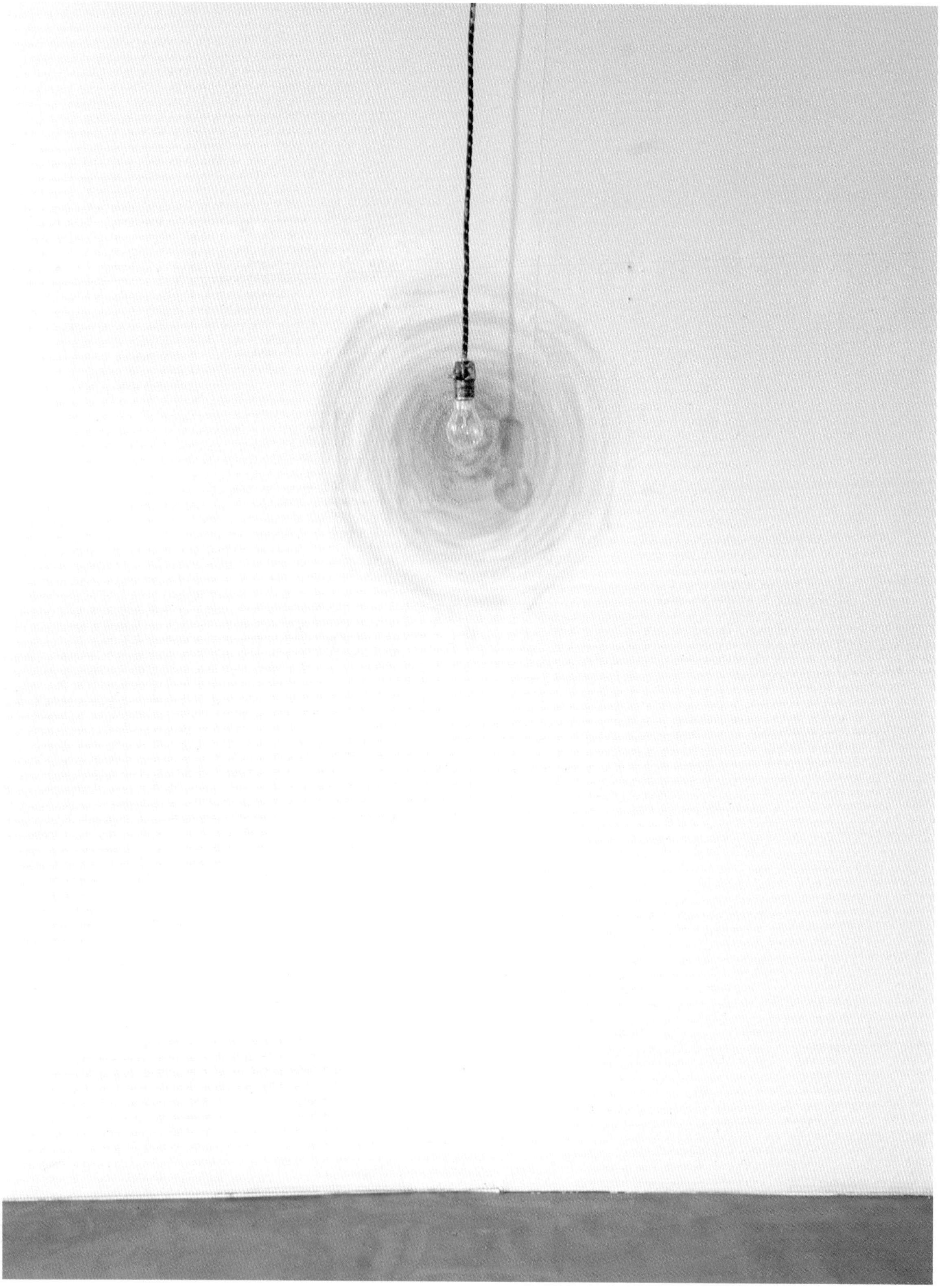

〈전구Lamp〉,
설치(전선에
투명전구, 벽면에
채색), 1973.

〈전구Lamp〉,
설치(테이블보,
나무탁자,
전구, 전선),
114×84×76cm,
1975.

〈전구Lamp〉,
종이에 석판,
35.5×51cm, 1975,
국립현대미술관
소장.

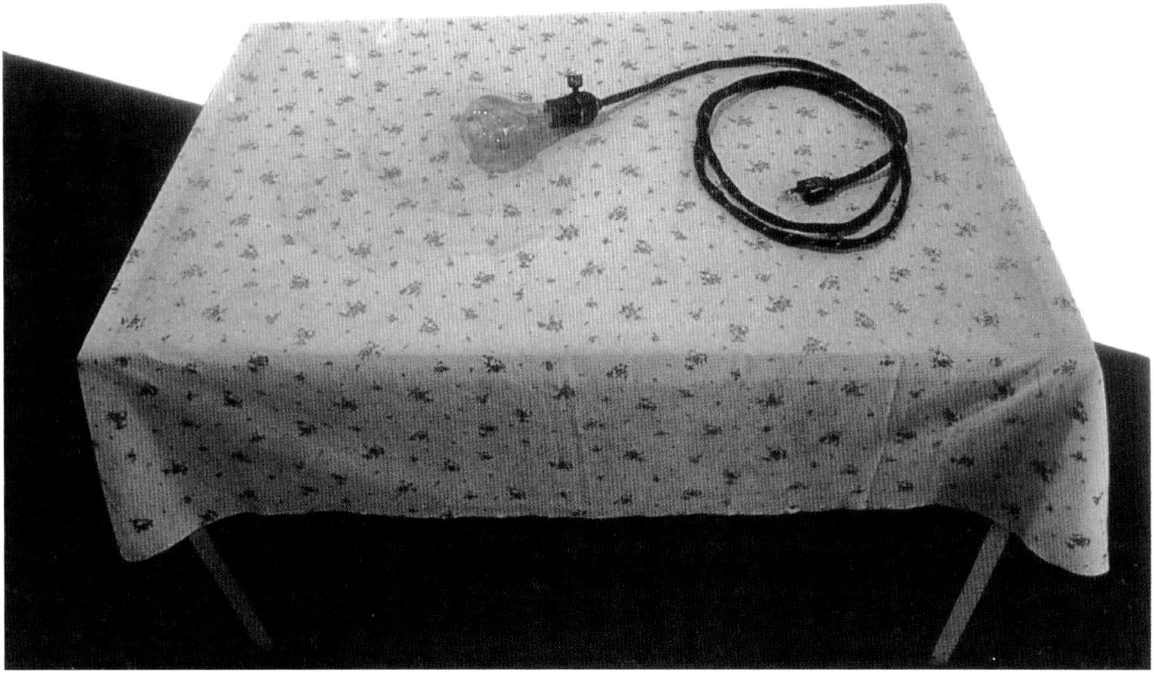

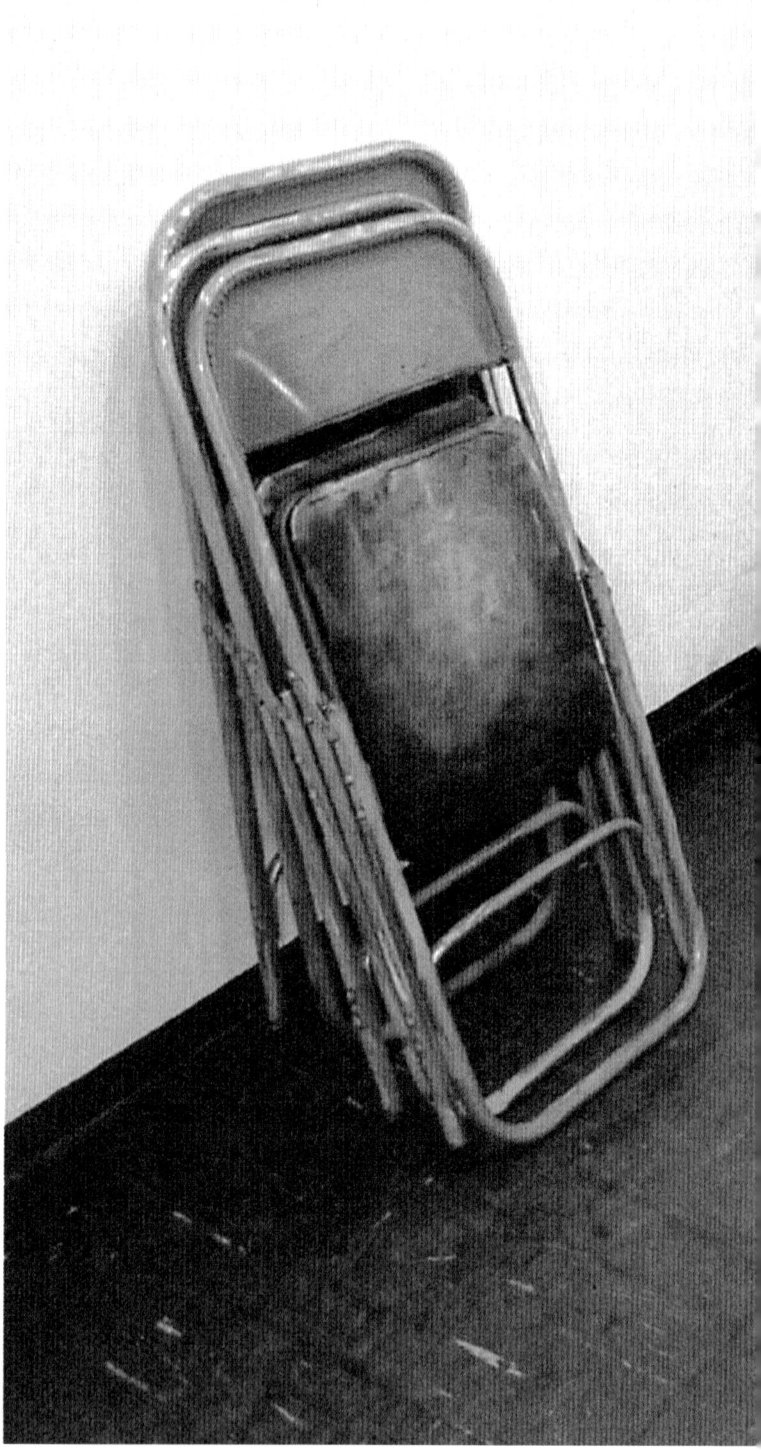

〈의자Chairs〉,
설치(철제 의자,
천), 1975.

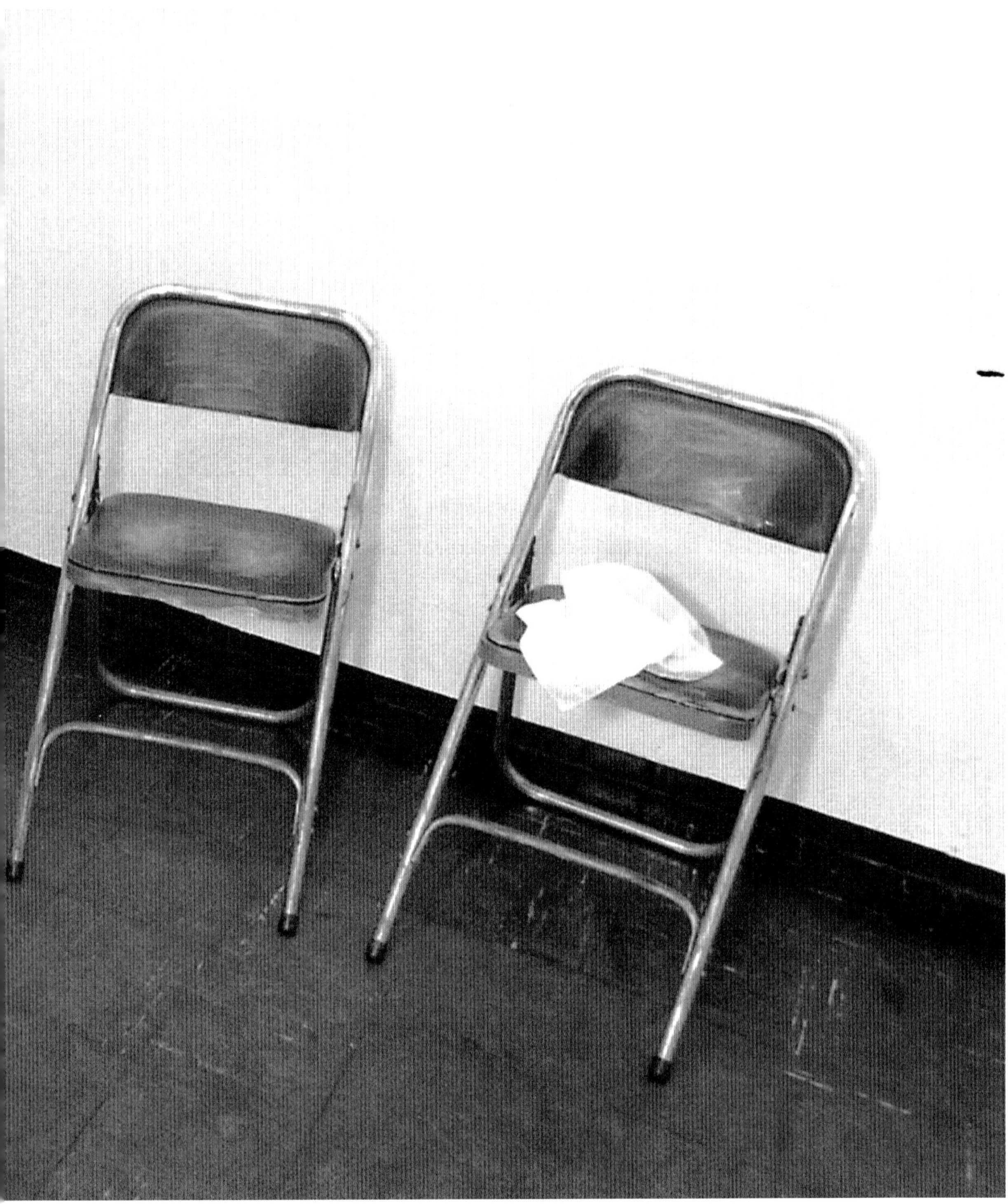

일본행 동기입니다. 나중에 미국 간 것도 그런 이유가 있었고요.

일본에 아는 분이 계셨나요?

무작정 간 거죠. 용기 내서 갔는데, 처음엔 일본말이 잘 안 되더라고요. 하네다공항에서 전철을 타고 일단은 시내로 들어갔어요. 신주쿠역에서 내려서 거리를 다니다 보니 여관이 하나 있길래 들어갔어요. 그리고 며칠을 복덕방에 들러 자취방을 구해 놓고 전시 보러 다니고, 화랑을 기웃거렸죠. 긴자에 있는 시로타화랑에 전람회 예약을 했고요. 그런데 자취방에서 어떻게 작품을 만들겠어요? 사촌 누나가 오사카에 산다는 말에 얼굴도 몰랐는데 무조건 내려가서 도와달라고 했어요. 거기서 삽도 사고 그러면서 제작했죠.

기록을 보면 1973년 도쿄 시로타화랑에서 개인전을 열고 빗자루같이 흔히 볼 수 있는 물건을 전시하셨네요. 그 후 2년 정도 그런 작업을 이어 가셨는데 어떤 의미인가요?

우선은 '일상성'입니다. 일상에 필요한 테이블, 빗자루, 걸레, 백열전구, 옷걸이, 의자 같은 생활 도구를 썼죠.(←221~225쪽) **마당에 가면 삽도 있고 곡괭이도 있잖아요? 그걸 소재로 한 겁니다. 전부 시장에서 산 거예요. 새 물건을 감쪽같이 오래된 것처럼 만들었어요. 다들 컬러가 어떠니, 구도가 어떠니 할 때죠. 저는 그런 것을 일찌감치 버렸어요. 예술이란 앉아서 심각하게 고민하는 게 아니라고 생각했어요. 내 생활, 내 자체가 예술이다. 생활을 예술화하려고 고민했던 거죠.**

〈삽〉(→)이 전시에서 가장 크게 알려졌고, 지금도 회자되는데요.

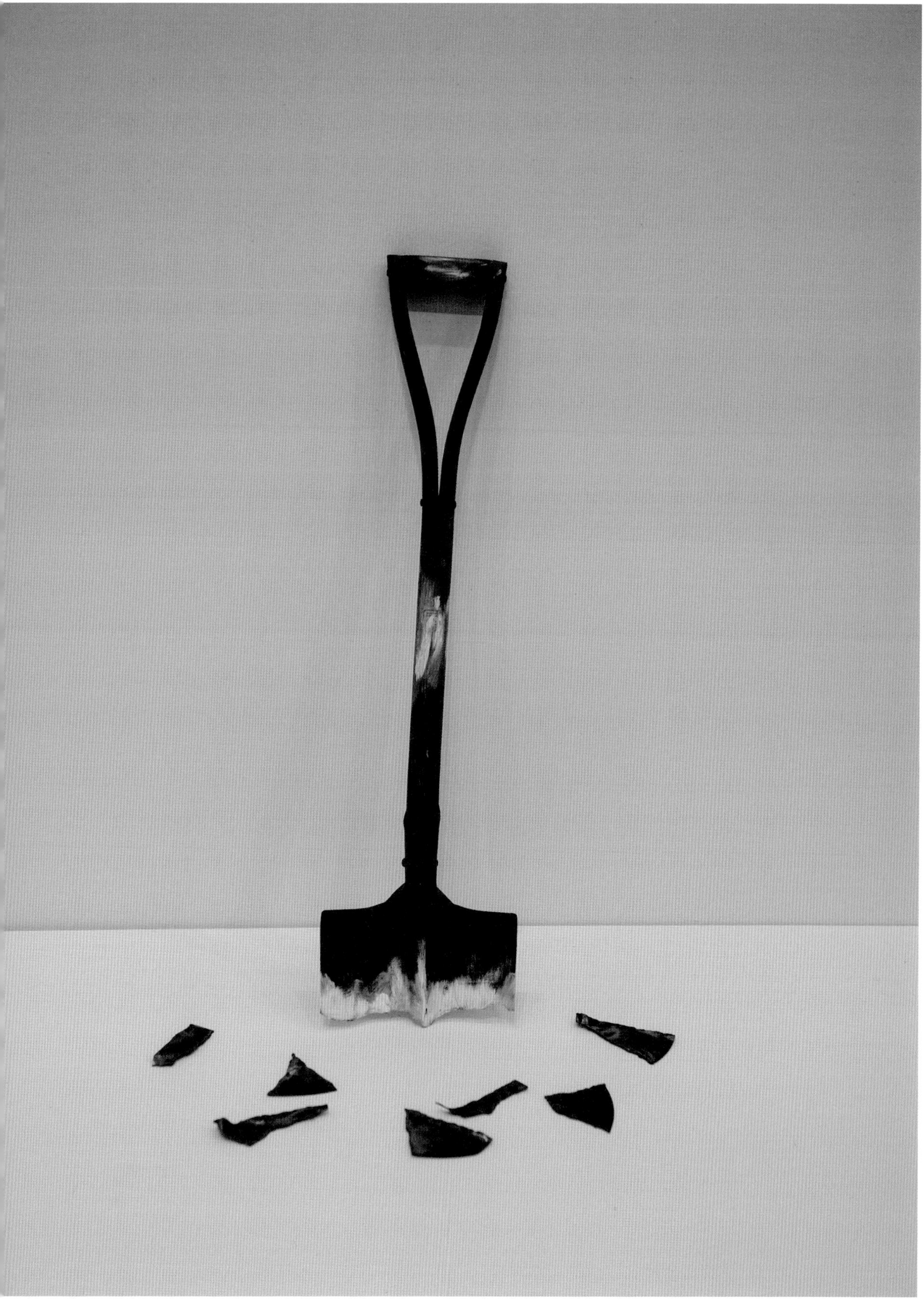

〈삽Shovel〉 설치(삽), 80×26cm, 1974.

삽에다 사포질을 했어요. 반들반들하게 기름칠도 하고요. 감쪽같이 오래된 것처럼 보이도록 한 거죠. 모양이야 시장에서 파는 거랑 똑같았죠. 그런데 자세히 보면 오래된 것처럼 보여요. 관람객들에게 그런 착각을 일으키게 한 거예요. 존재나 현실의 확실성에 의문을 제기했다고 할까요? '시간성'도 중요한 개념입니다. 시간의 흐름을 단축하고 사물을 변질시킨 거니까요. 여전히 구도가 어떻고 하는 이야기를 하던 때였는데, 떡하니 '시간성' 어쩌고 하는 개념을 가져오니까 그게 소문이 나서 난리가 난 겁니다. 인기가 많았어요.

현재 김구림이 보관하고 있는 인쇄물 형태로만 남은 이 글은 1977년 6월에 열린 견지화랑 개관 기념 전시였던 《김구림 초대전》을 위한 쓴 평문으로 추정된다. 전시를 다룬 당시 신문 기사 (『조선일보』 1977년 6월 11일)에는 이 글을 인용한 듯 유사한 표현과 개념이 등장하며 김구림을 "문제추구형의 작가"라고 말하며 작품을 평가한 이우환의 언급도 소개하고 있다.

이우환은 김구림의 이런 작품을 두고 평을 한 적이 있다.

"빗자루, 걸레, 전구, 옷걸이 등 사용 도중의 일상적인 사물의 특이한 인용 상황이 김구림의 표현 방법이다. 일상적인 사물을 시간적 혹은 상황적인 탈바꿈을 시켜 실은 설정이자 위장된 상태인데도 그것이 엄연한 현실인 양 제시하고 있다. (…) 일상성의 한 단면의 연출된 현실 혹은 관념적인 양상의 위장화를 통하여 존재의 정체와 처소를 재확인하려는 것이 김구림의 주된 작업 의도라 해도 과언은 아니리라. (…) 화랑에 솔이나 슬리퍼, 의자 등 사용 도중의 실물을 직접 옮겨 놓고 그 장소나 물건의 오랜 역사 속에 더럽혀진 것처럼 물감을 칠한다든가 문지르고 일그러뜨리고 하여 그럴싸하게 일부러 위장의 현실을 꾸며 놓는 짓을 벌였다. 필경 그렇게 되리라고는 장래를 앞당겨 시각화시킴으로 하여 거꾸로 현재가 부재의 현실로 비치고 그로 인해 과거 현재 미래라는 상식적인 시간의 경계선은 투명한 세계로 용해된다는 사건, 이것은 곧 산다는 표현 자체의 불확정성을 드러내는 증표이며 따라서 실존은 절대적인 체계의 종속물이 아니라 기실 임의의 설정이나 일부러의 연속으로 밝혀진다는 뜻으로 해석됨을 가리킨다."

이우환, 「김구림의 작업에 대하여」, 1976년 8월(김구림 보관 인쇄물).

〈삽〉 작품은 1973년 작과 1974년 작 두 개인데요. 똑같아 보입니다만.

1973년, 그러니까 처음 삽을 전시했던 개인전 마지막 날 저녁 끝날 무렵에 어느 평론가가 왔어요. "100년이 지난 후에, 가정에서 쓰면서 자연스럽게 낡은 삽과 당신 작품과 비교했을 때 어느 것이 당신 작품이고, 어느 것이 가정에서 쓴 삽인지 무엇으로 구분하겠느냐?"는 질문을 해요. 깜짝 놀랐어요. 그래서 "제작 연도와 삽 뒤쪽에 내 사인이 있지 않으냐, 그걸로 증명되지 않겠느냐?"라고 우선 답은 했어요. 그러고는 6개월 동안 앓아누웠어요. 밥도 못 먹겠더라고요. 입맛도 없고. 라면 하나만 먹고 하루를 버티고 했어요. 그때 한국에서는 김구림이 도쿄에서 죽게 됐다, 뭐 그런 소문도 돌았대요. 그 평론가가 던져 준 고민을 해결하려고 했죠. 그러다가 어느 날 퍼뜩 생각이 나서 스케치북에 새 작품 구상을 그려 놓고 도쿄에 있는 모든 화랑에 전화했어요. 혹시 전시 펑크 난 데 있으면 알려 달라고. 그날부터 시장에 가서 작품에 쓸 물건들을 사서 작업에 들어갔어요. 몇 달 있다가 도쿄 긴자에 있는 니레노기 화랑에서 취소된 전시가 있으니 대신 하겠냐고 연락이 왔어요. 소재는 그대로 일상용품이었지만 새로운 방법으로 개인전을 열었어요. 개인전이 끝나는 날 저녁 무렵, 그 평론가가 다시 나타났어요. 보더니 깜짝 놀라는 겁니다. 어떻게 자기가 던진 질문의 답을 찾았느냐고요. 저녁도 사 주더라고요. 그러더니 그만 짐 싸서 한국에 가래요. 일본에선 어느 선까지만 작가로 대우하지 위대한 작가로까지 만들어 주진 않을 거라고요. 한국으로 간 뒤에 미국 뉴욕으로 가라는 거예요. 거기선 세계적 작가가 될 수 있을 거라고요.

어떤 식으로 다시 작업하셨길래
그 평론가가 그리 놀랐나요?

1973년이랑 거의 똑같아 보이지만 전혀 다른 제작 방법으로 처리했지요. 예전 작품은 새 삽을 사다가 페이퍼로 문지르고 기름칠을 한 뒤에 오래된 것같이 때를 입혔는데,

74년도 작품에는 붓으로 때 묻은 질감을 하나하나 그려서 표현했어요. '의도적인 사물'이란 걸 보여 준 거죠. 붓으로 때를 그린 거죠. 사물 위에다 일부러 붓 터치가 보이도록 했어요. 조금 떨어져서 보면 안 보이는데, 가까이서 보면 일부러 그렸다는 표시가 딱 났지요. 나의 작위가 작품에 분명히 담긴 거죠. 바로 '내 작품'이죠. 한두 달 있다가 짐 싸서 한국으로 돌아왔어요. 해골이 다 돼 있었죠. 죽은 줄 알았는데 멀쩡하게 살아 나타나니까 모두 놀랐다고 하더라고요. 바로 미국에 가려고 했는데, 비자가 안 나왔어요. 그러고 미국에 가기까지 10년의 세월이 흘렀습니다.

그 평론가가 누구인가요?

미네무라 도시아키峰村敏明**입니다. 그때도 지금도 유명한 일본 평론가죠. 그게 인연이 돼 여러 번 만났어요. 한국에 왔을 때는 편지까지 보냈어요.**

미네무라 도시아키는 김구림의 전시 평을 여러 차례 썼다. 김구림을 형이라 부르며 애정을 표현했다. 그가 1975년 1월 김구림에게 보낸 편지가 남아 있다. 당시 미술평론가 이일이 번역했고 인쇄물로 남았다. 어느 매체에 실었는지는 기억하지 못했다.

"전번의 형의 동경에서의 첫 개인전(1973년 5월)에서 받았던 신선한 감명을 새롭게 할 수 있을 것으로 기대하고 있습니다. 신선한 감명이라고 나는 말했습니다. 그렇습니다. 형이 서울의 아파트에서 일부러 그 닳아빠진 브러시라든가 양복 걸이 또는 짐짓 깃털을 깎아 낸 빗자루 또는 헤어지고 때 묻은 천 조각 등 – 그러한 일상품이 화랑의 추상적인 공간 속에서 새삼 교묘하게 '연출하고 있던' 그 광경을 나는 말하고 있는 것입니다. 그것은 일본의 미술이 오랫동안 잊고 있었고, 그러나 언젠가는 진지하게 맞붙지 않으면 안 되었던 시간의 중층성이라는 문제에 대해 하나의 귀중한 제언을 한 것으로 생각하였던 것입니다."

미네무라 도시아키는 김구림의 시간성을 "중층하는 시간"으로 정의하면서 다음과 같이 평했다.

"'낡음을 표출하고 있었다'고 내가 쓴 것은 바로 이와 같은 의미에서입니다. 문제는 낡음 그 자체가 아니라, 장치된 낡음이 우리 속에 환기하는 새로움에의 예감이었던 것입니다. 이 새로움은 이미 단순한 낡음의 반대 개념은 아닙니다. 그것은 중층하는 시간의 부피를 꿰뚫고 기어이 나타나는 생의 깊은 각성으로서의 새로움이며 굳이 말하자면 시간의 눈뜸 그 자체라고 할 수 있을 것입니다."

미네무라는 1978년 5월에 열린 선화랑 개인전에도 「계승의 윤리」라는 서문(이일 번역)을 썼다. 김구림의 일상 오브제에 관한 작품 평들인데, 서구와는 다른 독자적 예술을 구축한 김구림을 평가하고 있다. 김구림에 관한 오해를 조금이라도 덜어 낸다는 의미로 미네무라의 글을 더 따라가 보자.

"그는 항상 사물을 현존과는 별도의 존재 양태로 묶고 있다. 때로 그는 사물을 일부러 더럽히고 낡게 하고 또 때로는 그것을 짐짓 서툴게 채색한다. 그 결과 우리는 거기에서 물체 그 자체가 아니라, 그 물체의 존재 양태가 현재로부터 과거로, 또는 자연스러운 것으로부터 인위적인 것으로 옮아가는 일종의 '어긋남'을 보게 되는 것이다. 그 어긋남은 이들 닳아빠진 사물들이 항상 자신의 흔적과 함께 제시됨으로 한층 더 명백한 것이 된다. 예컨대 때 묻은 걸레와 테이블 위의 얼룩, 또는 전구와 벽에 투영된(투영된 것이 아니라 그려진) 전구의 빛 등이 그것이다."

김구림이 1975년 백록화랑에서 열린 개인전에 출품한 〈도끼〉(→)는 1971년 선보인 〈상황〉, 〈매개항〉에 썼던 천 재료와 시로타화랑에 내놓은 삽 같은 일상 생활용품을 결합한 것이다. 단순 명료하면서도 여러 생각을 하게 만든다. 일본에서 '낡아 보이는 것'과 '낡아 보이게끔 만드는 것'의 두 단계를 거치며 깨달은 작품 세계는 더 완숙한 경지에

〈도끼Axe〉, 설치(도끼, 천), 1974.

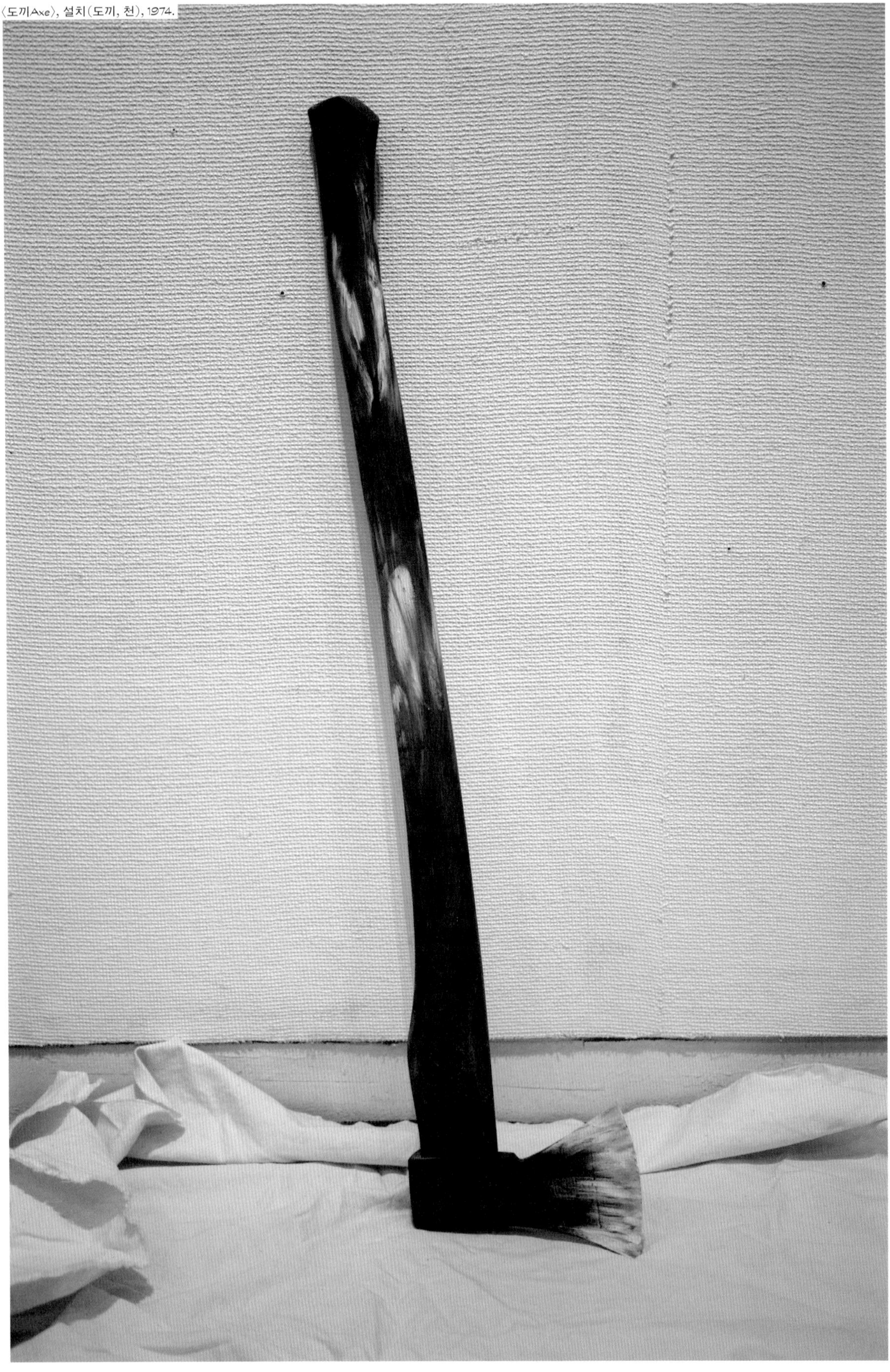

이르렀다. 작가가 도끼에 물감을 칠했다는 것 즉 '작위'를 분명하게 알아차릴 수 있게 했다.

〈도끼〉는 새 도끼를 싸 온 보자기를 펼쳐서 그 위에 세워 둔 것에 불과하다. 자세히 들여다보면 도끼날이나 자루의 닳거나 때 묻은 부분에 일부러 거칠게 물감을 발라 둔 것을 발견할 수 있다. 이는 사물이 시간의 흐름에 따라 닳거나 때가 묻는 변화의 과정을 거친다는 생각을 반영한다. 다시 말해서 시간 속에서의 상태 변화를 의식하고 이를 오브제로 제시한다는 것이다. 치밀하게 자신을 억제해 가며 사물의 존재 양태 밑에 숨은 관념을 드러내려는 태도를 읽을 수 있다.

이전 〈삽〉 같은 작품하고 개념이 합쳐진 것 같습니다.

도끼는 실제 새것에다가 오래된 것처럼 보이게 만든 겁니다. 보자기는 손을 대지 않은 깨끗한 것이죠. 보자기에는 작위를 가하지 않았어요. 그저 전람회 장소에 펼쳐 놓은 겁니다. 오래된 것과 새로운 것들이 만난 겁니다. 실제 둘 다 보면 새것이죠. 그건 하나이면서 두 개고, 두 개이면서 하나인 걸 나타내 보인 겁니다. 사물을 달리 보이려고 한 거죠.

김구림은 비디오 아트에서도 선구자다. 『공간』 1975년 3월호에 실린 「최근의 전위미술과 우리들」이라는 제목의 기사에는, 대담에 나섰던 예술가들에게 김구림이 비디오아트를 설명하는 장면이 나온다.

제가 또 한 가지 소개하고 싶은 것은 필름, 즉 비디오입니다. 비디오라고 하면 흔히 영화의 영상을 생각하기 쉬운데 얼른 알기 쉽게 말하자면 텔레비전 영상을 가지고 작품을 하는 것이라고 볼 수 있겠습니다. 이를테면 어떤 사물을 텔레비전, 영상에 비치게 함으로써 텔레비전 화면에 들어오기 전의 사물과 비교하는 작업이라고 할까요.

김구림, 「최근의 전위미술과 우리들」, 『공간』 1975년 3월.

김구림은 1974~1975년 스위스, 아르헨티나, 일본, 프랑스에서 열린 비디오 아트 전시에 여러 번 출품했다. 주로 시간성에 관한 문제를 담은 작품이다. 1970년대 초반 일상의 사물을 영상에 넣은 것도 있다.

선생님의 영상 작품은 1969년 실험 영화 〈1/24초의 의미〉가 있고, 1974년 스위스 로잔에서 열린 《제2회 국제 IMPACT ART VIDEO 74전》에 출품한 비디오 아트가 있습니다.

스위스에 출품하기 전에 일본에서 비디오 아트를 발표했을 겁니다. 1974년 스위스에 낸 작품은 〈걸레〉(→)예요. 사람의 흰 손이 걸레로 테이블을 닦는 것을 보여 주는 겁니다. 하얗고 깨끗한 천으로 큰 테이블을 계속 닦아요. 하얀 게 회색으로, 시간이 지날수록 또 시커멓게 변하고, 테이블은 다시 밝게 변하고 그런 행위들이 이어지죠. 나중에 걸레는 낡아서 떨어지기 시작합니다. 테이블엔 걸레 조각 떨어진 것만 남으면서 비디오가 끝납니다. 그게 전부예요. 시간성에 관한 문제죠. 걸레가 조각 날 정도면 최소한 몇 달을 닦아야 하는데, 그걸 몇십 분 속 행위로 축소한 거죠. 일상적인 문맥 속에 놓인 사물을 그 기성 문맥과 무관하게 만드는 것이기도 하죠.

외국에서 주로 발표하신 이유는요.

국내에선 발표할 수가 없어요. 기자재나 기술 문제 때문이었죠. 받쳐 주질 못했으니까요. 그만둔 이유도 그런 거예요. 한국에선 KBS 방송이니 어디를 가 봐도 편집기가 없어요. 드라마건 뭐고 간에 생방송을 할 때니까요. 일본에 가서 작업해야 하는데, 돈이 너무 많이 들었죠. 1970년대 중반에 몇 작품 하고, 외국에 출품하고 그러다가 당분간 접은 거죠. 뉴욕에 가서 다시 시도한 겁니다.

『공간』 1975년 3월호 대담 기사를 보니까, “금년 2월에 빠리에서 열리는 초대전에

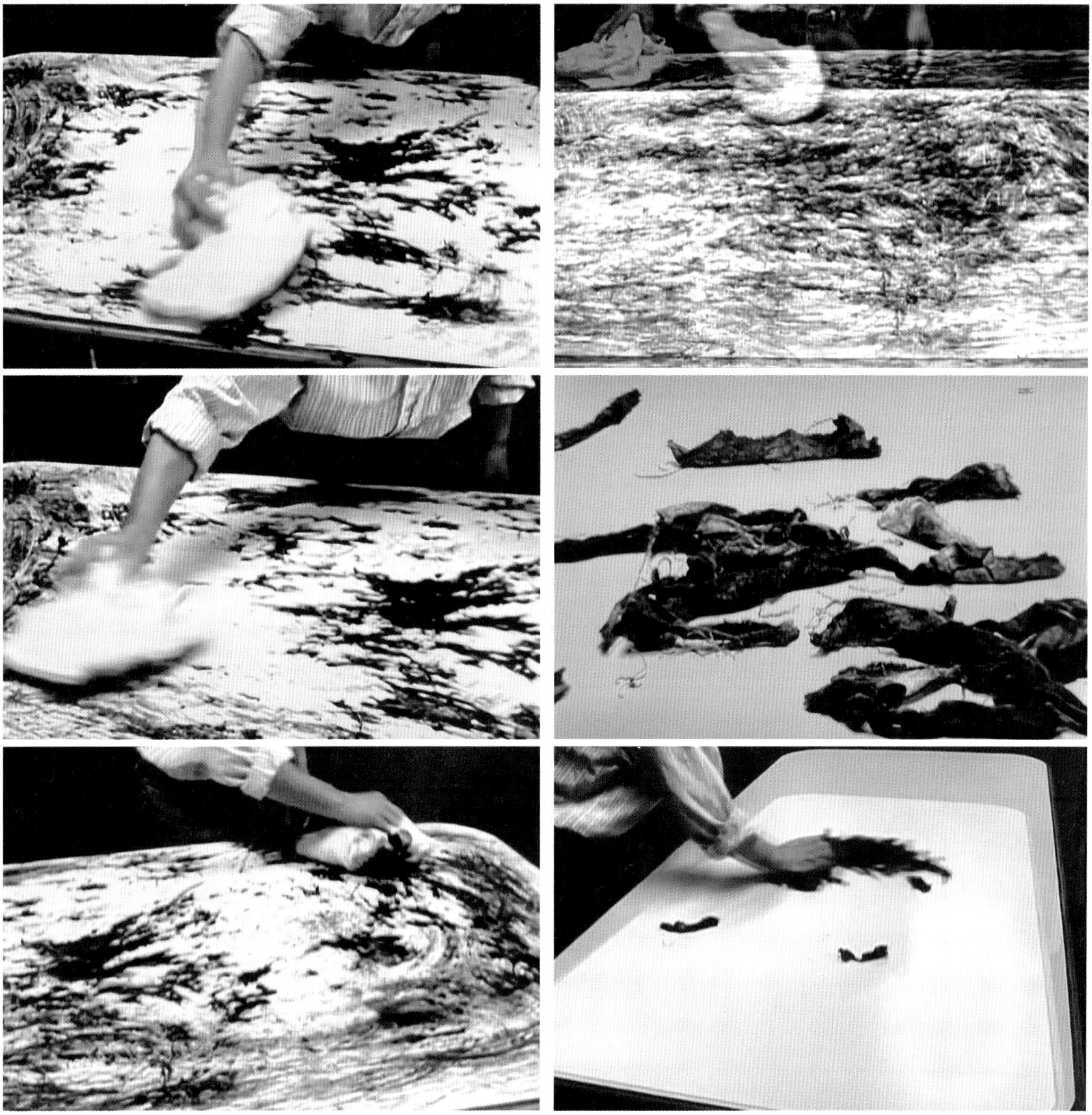

〈걸레Wiping Cloth〉,
단채널 비디오,
2분 8초, 1974.

작품을 냈습니다. 여기에는 백남준 씨도 참가하고 있습니다."는 구절이 있군요.

1975년도에 프랑스 파리에서 《세계 비디오 작가 7인》이란 전시가 열렸습니다. 평론가 이일 선생이 제 프로젝트를 불어로 번역해 주최 측에 보냈어요. 동양인으론 내가 선정됐는데, 백남준이란 사람이 독일에서 왔다고 하더라고요. 한국에 잘 알려지기 전이죠. 백 선생이 뭐 하는지 모를 때예요. 그 사람 뭐 하는 사람이냐고 하니까, 현대음악 하는 사람이라고 하더라고요. 그러고 보니까 1970년에 제가 연출했던 〈피아노 위의 정사〉 각본을 쓴 주인공이더군요. 나중에 미국 가서 뉴욕에서 만났죠. 기계와 영상을 잘 다루는구나, 생각했어요. 기계를 조작해 실제 사물을 영상 속에서 멋대로 변질 내지는 변형하는 데 뛰어났죠. 실제 사물과 변형된 사물 간의 대비 관계를 추구하는 작가였습니다.

파리에 출품한 건 어떤 작품인지 기억하시나요?

그때 받은 초청장이나 그런 것이 다 없어졌어요. 남아 있으면 좋을 텐데…. 제목은 〈전등〉(→)이었던 것으로 기억합니다. 비디오 속에 아무것도 없다가 전등 하나가 슬쩍 내려와요. 불이 천천히 꺼졌다가, 다시 천천히 들어오고. 불이 꺼지면 전등의 허상만 벽에 나타나는 영상이었습니다. 천천히 생각하고, 응시하게 만드는 것이었죠. 스위스나 아르헨티나에서 열린 비디오 아트 전시회에 초청받았을 때 당시 동양적이고 선禪적인 것들이 많았어요. 파리에서도 그것을 높이 사 초청한다고 했고요. 시간성에 관한 문제도 넣었죠. 일렉트릭 아트인 〈공간구조〉를 만들 때 광선의 작용을 유심히 봤죠. 그러니까 〈전등〉은 빛에 관한 움직임을 응용하기도 한 작품이기도 하죠.

전시장 실제 전등과 비디오 속 전등을 대비하는, 즉 설치와 비디오를

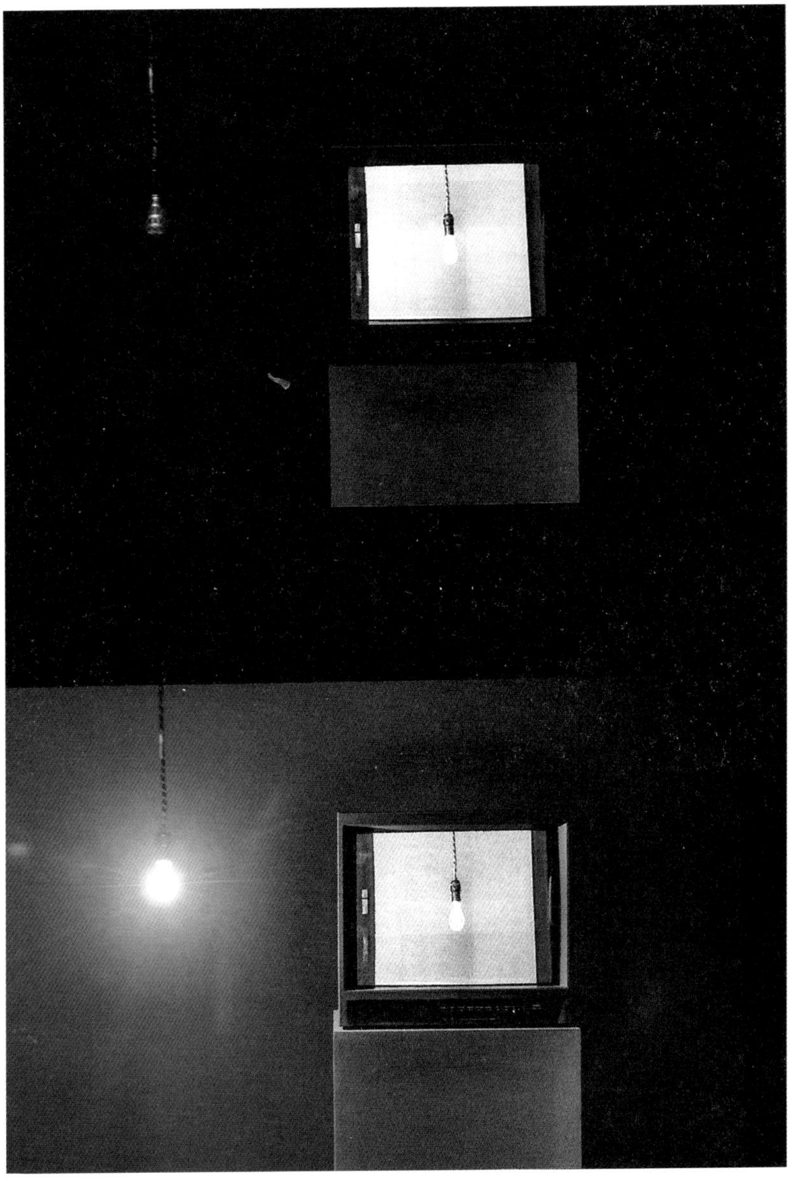

〈전등〉, 단채널
비디오, 1975.

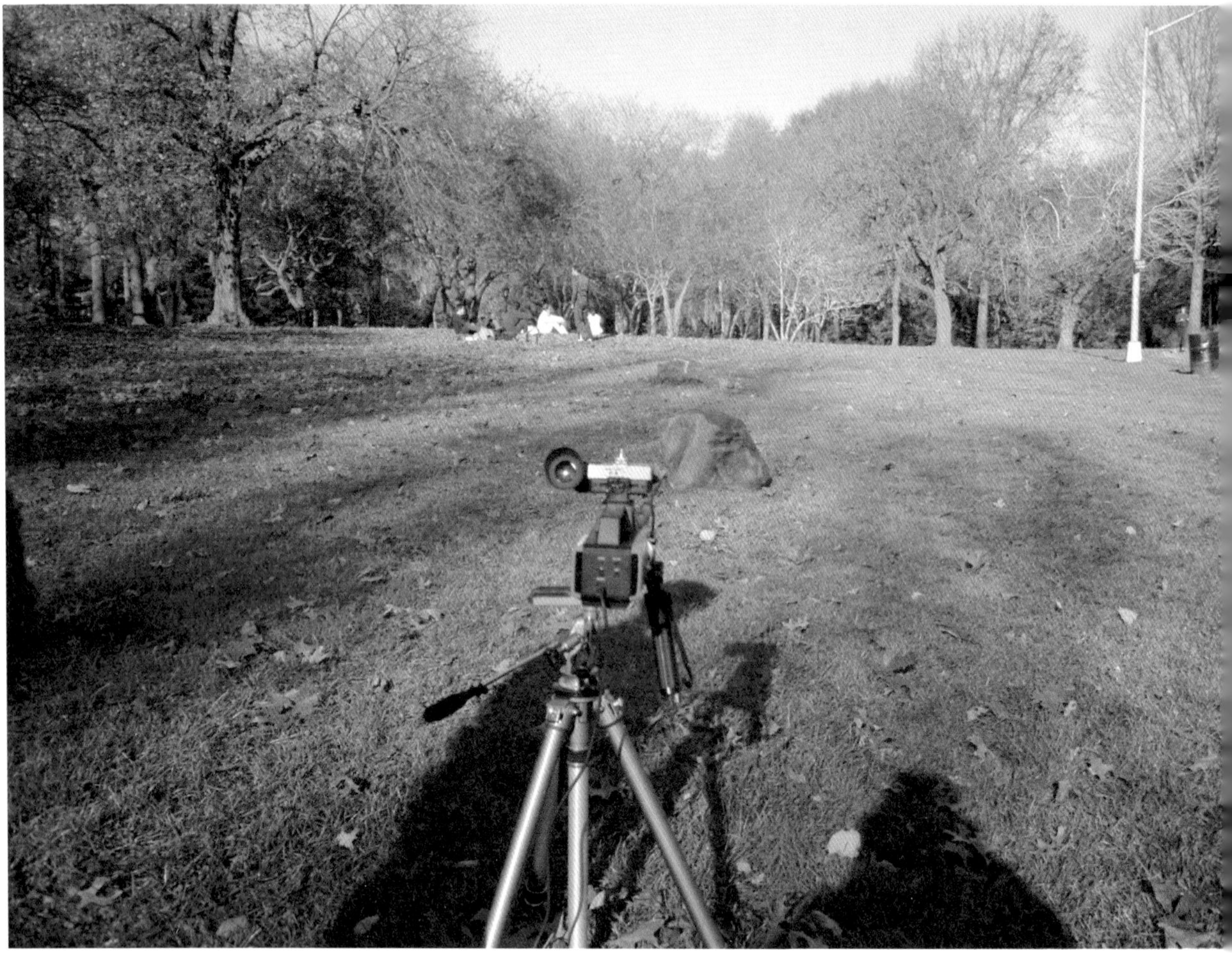

〈나뭇가지와 숲〉의 촬영 현장(뉴욕 센트럴 파크).

결합하는 〈전등〉의 아이디어는 당시로서는 독창적이다. 김구림은 『공간』 1975년 3월호의 대담에서 이렇게 설명했다.

> **꼭 어떤 장소라고 못 박을 필요는 없지만, 아무튼 전시 장소를 화랑이라고 합시다. 화랑에다 전등을 드리워 불을 켜 놓게 한 후에 그것을 비디오카메라로 찍습니다. 그런 후에 그 전등의 위치와 나란히 텔레비전을 놓고 찍어 놓은 비디오 필름을 방영케 합니다. 그러면서 이쪽 실루엣의 전등에서 불을 꺼 놓으면, 대충 이런 현상이 나타납니다. 이를테면 화랑 속의 실물 전등과 브라운관 속의 전등은 그 형태나 분위기가 똑같은 것으로 나타나지만 한쪽은 불이 켜져 있는 대신 다른 쪽은 불이 꺼져 있습니다. 여기에서도 나는 시간성을 테마로 했죠. 오브제라고 할까요. 이를테면 불이 켜져 있었던 시간을 텔레비전 영상에다 재현시킴으로써 이미 흘러가 버린 과거의 어느 시간을 토막 내어서 보자기에다 싸서 보고 싶을 때 꺼내어 볼 수 있듯이 한 것입니다.**

비용과 기술 문제 때문에 1970년대 중반 이후 비디오 작업을 접었던 김구림은 1970년대 후반부터 다시 비디오 아트를 고민한다. 실물(오브제)과 영상의 혼합은 1986년 〈나뭇가지와 숲〉으로 드러난다.(→/→→)

그렇게 어려워 보이는 작품은 아니군요. 바위 위에 모니터, 모니터 안 바위가 솟아 있고, 숲이 보이고, 또 나뭇가지가 모니터를 뚫고 나왔는데요.

모니터 화면은 센트럴 파크를 찍은 겁니다. 실제 바위 위에다 모니터를 얹었어요. 영상과 실제 오브제의 결합이죠. 센트럴 파크의 큰 바위에서 건너편 숲을 찍었던 것으로 기억해요.(←) 자료 사진엔 잘 안 보이지만, 화면 안에 사람들이 오가고 있는 모습이 담겨 있어요. 영상을 매개

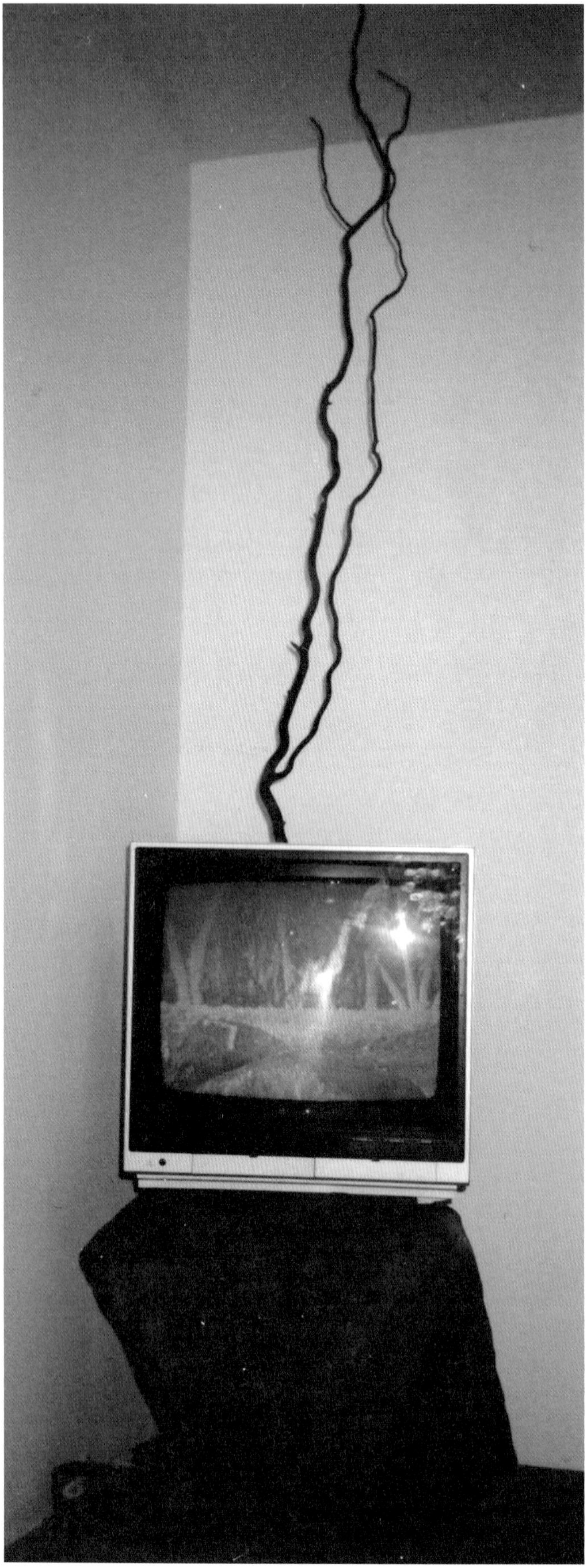

〈나뭇가지와 숲
Branch and Forest〉,
단채널 비디오,
설치, 1986.

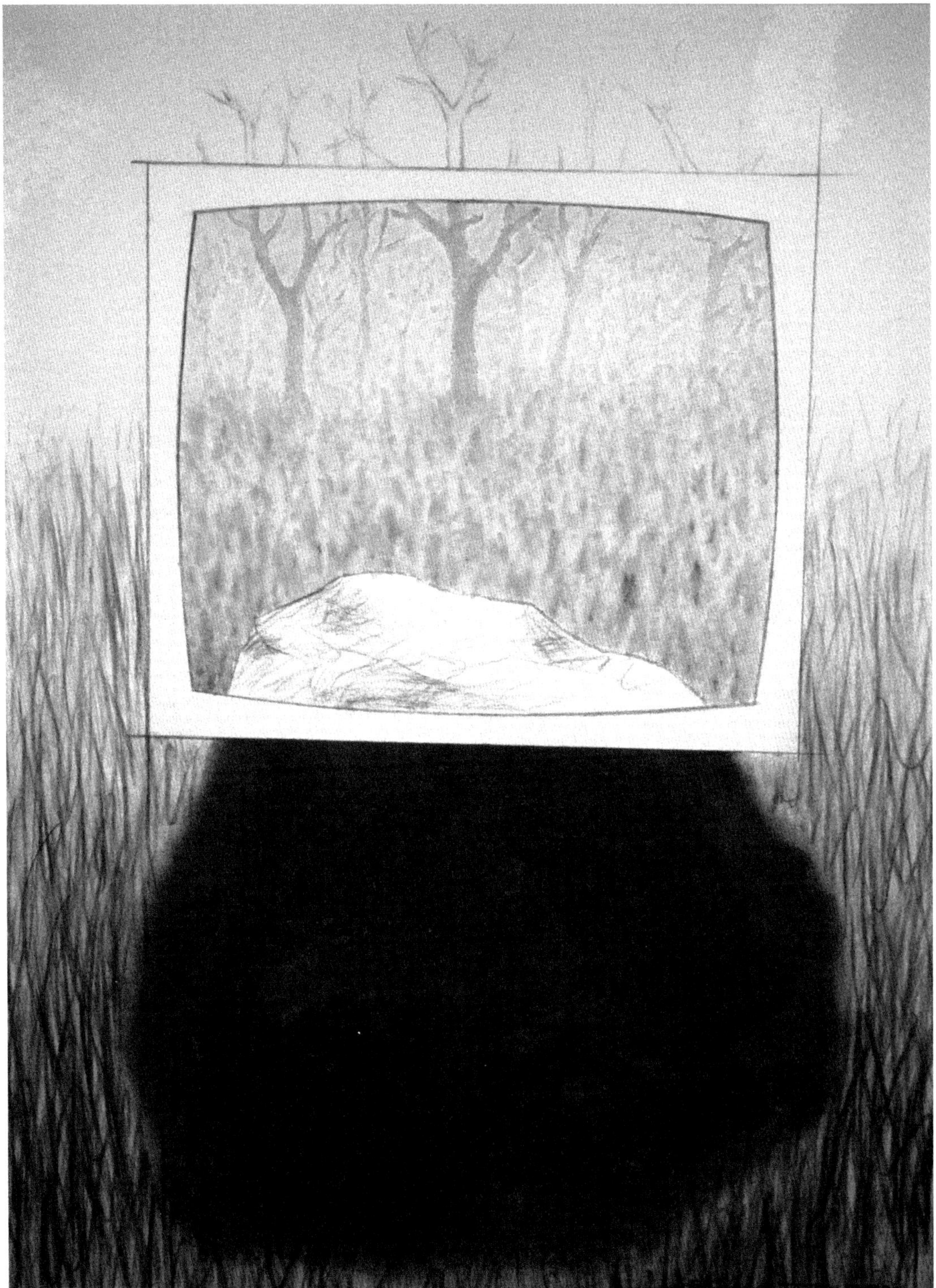

〈나뭇가지와 숲〉을
위한 드로잉.

삼아서 TV 문화와 자연과 인간관계를 표현한 것이죠.

1974~1975년 무렵에도 새로운 시도를 많이 하신 것 같습니다. 물론 단절적인 것은 아니지만요. 비디오 아트는 예전 영화의 연속선에 있다고 볼 수 있고 시간성의 문제도 예전부터 계속 해 오시던 것이죠. 걸레나 삽 같은 일상품을 작품 소재로 쓰신 것도 공통점인 듯한데 1974년 비디오 작품 〈걸레〉를 보니, 판화 작품 중에도 〈걸레〉가 있었던 기억이 납니다. 일본에서 발표한 작품이지요.

1974년 도쿄국립근대미술관에서 열린 《제9회 도쿄국제판화비엔날레》에 출품한 작품이죠. 전시장에 실제 테이블을 사다 놓고, 보자기를 얹혀 놓았어요. 보자기 위에 실크스크린으로 걸레와 물이 번진 듯한 흔적을 찍어 내고, 다시 그 위에 꽃 모양이 프린트된 걸레를 올려놨어요.(→) 일상용품에 판화 공정을 적용해 작품을 만든 거지요.

그런데 판화는 왜 또 배우신 겁니까(☺)?

옛날 이야기를 해야 하는데, 1973년부터 한국과 일본을 왔다 갔다 했어요. 한국이 판화는 황무지라 새로운 걸 개척하고 싶은 욕심이 또 발동한 거지요. 한국은 주로 목판화를 할 때인데, 동판화도 하고 싶었어요. 수입도 별로 없고, 수중에 돈도 없었는데, 설계 도면부터 만들고 돈을 이리저리 융통해 철공소 가서 쇠 롤러를 구해서 깎고 했지요. 제대로 배우고 싶었어요. 일본은 판화가 아주 유명하죠. 우키요에浮世繪**만 해도 굉장하잖아요. 반 고흐가 우키요에를 보고 따라 그린 것도 있어요. 일본인들 손재주가 대단했어요. 손재주는 불란서보다 낫다고 생각했어요. 판화연구소도 많고요. 일본 미술가협회에 문의해서 대가들이 있는 공방을 알아냈지요.**

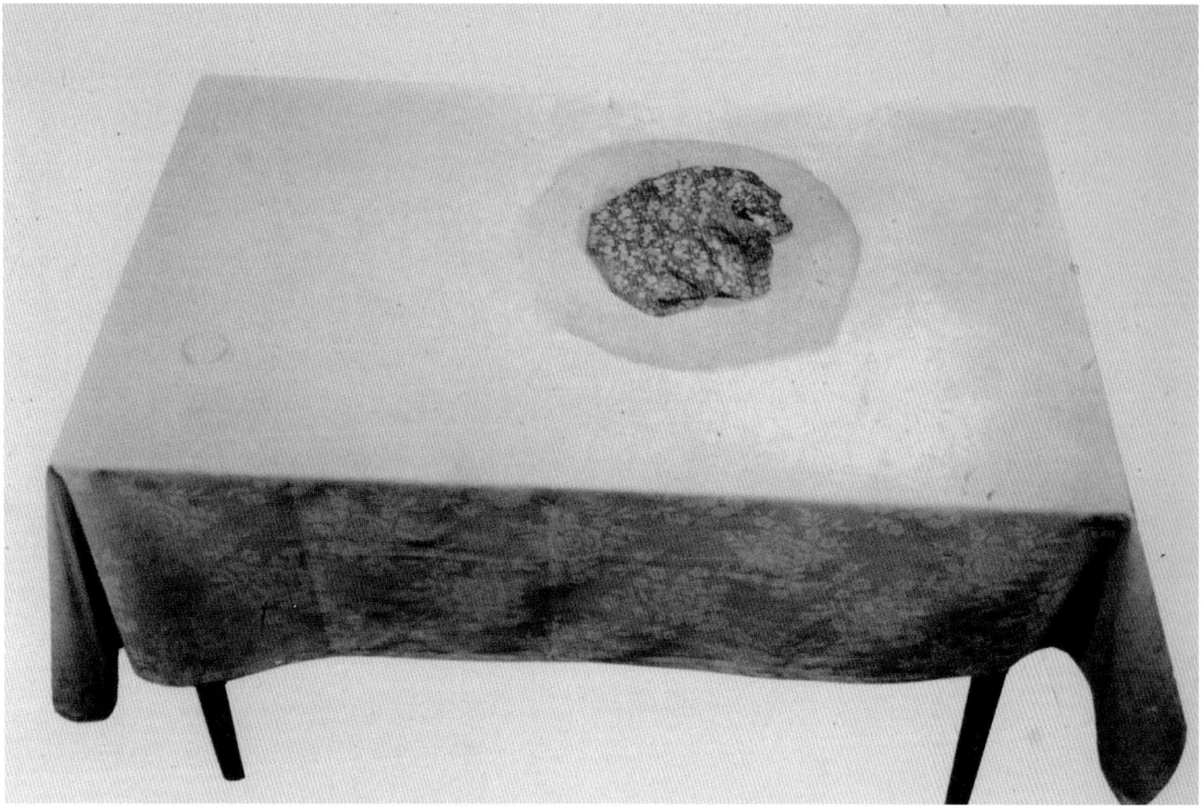

〈걸레Dustcloth〉,
테이블보에
실크스크린,
74×120×70 cm,
1974.

긴자 어딘가였어요. 거기 가서 떼를 쓰듯이 가르쳐 달라고 했죠. 물론 바로 쫓겨났습니다(☺). 문도 안 열어 주는데, 매일 가서 기다렸어요. 청소라도 하게 해 달라고 했어요. 왜 복수심에 불타는 청년이 고수를 찾아가 설거지하고 무술 배우는 식으로요(☺). 한 달을 그러면서 뭉갰더니, 측은해 보였는지 그쪽 책임자가 점심을 먹으러 가자고 하더군요. '정 그러면 일주일에 두 번만 와서 청소만 하고 가라'고 했어요. 정말 한 달 넘게 청소만 했어요. 신경질이 났죠. 그래도 종일 버티고 있으면서 신용을 얻었죠. 슬슬 곁눈질하면서 보고 수첩에 옮겨 적고 했어요. 그러다 공방의 메조틴트mezzotint(동판화의 일종)를 찍던 작가가 '한번 해볼래? 내 도구를 빌려줄 테니 조판을 해 봐'라고 하더군요. '다른 사람은 하나 가르치면 하나만 아는데. 너는 대여섯을 아는구나. 이상한 놈이네' 하면서 실력을 인정해 주더군요. 그 뒤로 여러 선생이 돌아가며 나에게 밥도 사 주고 많은 것을 베풀어 줘서 본격적으로 배웠죠. 그래서 일본판화가협회 정회원도 됐어요. 유명인이 되어 버렸는데, 일본인들 호의에 빠져들면 그냥 일본 사람이 다 되겠다고 해서, 배울 건 다 배웠으니 한국에 오려고 했어요. 그 와중에 《도쿄국제판화비엔날레》 한국 대표작가로 선정된 겁니다.

어쩌다 천, 테이블보에 찍을 생각을 하셨나요?

그 전에 삽이나 도끼, 전구니 걸레를 갖고 했던 설치미술을 판화로 할 수 있지 않을까 생각했어요. 새로운 판화 이론을 제시하자고 마음먹었죠. 판화는 여러 장 찍어 낼 수 있죠. 유화를 가질 수 없는 사람을 위해서 싸게 보급하려고 판화가 생긴 겁니다. 거기서 판화가 발달한 거예요. 대량 복제를 할 수 있는 게 판화죠. 주요 작가들은 에디션 넘버를 달아 소수만 찍지만, 복제성은 변함이 없지요. 현대 판화란 무엇인가 고민하다가 복제성은 필요 없다고 생각한 거예요.

波紋일으킨 「새로운 試圖」

내 作品은 틀림없는 版畫

「東亞비엔날레」서 展示거부당한 金丘林씨 주장

국제판화전에서 출품의뢰를받은 추천작가의출품작이 전시거부된 일이 발생, 미술계의 관심을 모으고 있다. 사건의 발단은 서양화가 金丘林씨가 동아국제판화비엔날레에낸실험작품이 同비엔날레의의도에부적합하다는 이유로 심사대상이나 도록게재에서 제외됐고 전시를할수없다는 결정이 내려진것. 이같은 사건은 판화의개념과 범주에관한문제, 비엔날레초대작가의작품예우문제등 여러측면에서 미술계의 논란을 불러일으킬 것으로 보인다. 金丘林씨는 자신의 출품작이 출품요강에 어긋나지않는 엄연한 판화작품이며 선정된 작가의 출품작이 비엔날레측에 의해 전시거부된일은 세계적으로비엔날레역사상 없었던일이라고 밝히고있다. 출품작에 대한 金씨의 주장을소개한다. 【편집자註】

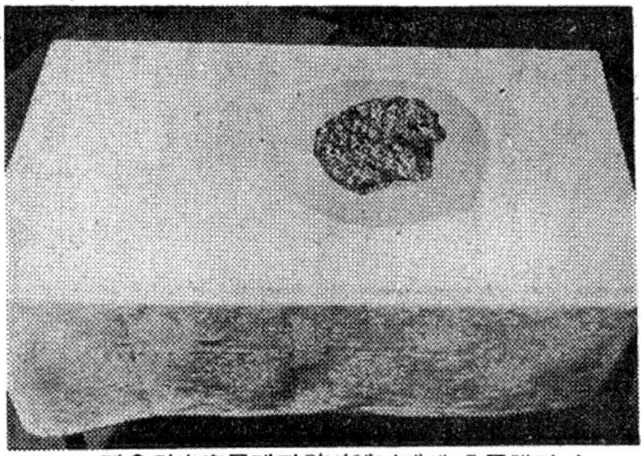

제9회東京국제판화비엔날레에 출품했던 金丘林씨의 판화작품. 이와같은 유형의 작품이 동아국제판화비엔날레에서 전시 거부 결정이 내려졌다.

選定작가作品 拒否하다니

外國선 더한것도 入賞…實驗性인정을

나는 9년만에 부활된 제3회동아국제판화비엔날레의 운영위원회에서 출품작가로 선정돼 작품「정물A」와「정물B」를 출품했다.「정물A」는 조직으로짜인 꽃모양형태가 나타난 테이블보위에 유리컵의 그늘을 스텐실판화기법으로만든지형을뜨고 도려낸 부분에만 분무기로 처리한것이고「정물B」는테이블보위에실크스크린판법을 이용해 와사귀무늬를 프린팅하고 그위에 쟁반과코피잔, 내프킨을얹었다. 이내프킨에도 같은 판법의 무늬를찍고 코피잔이 놓인흔적과 쟁반속의 스푼의흔적은 스텐실기법을 이용한작품이다.

그런데 지난4일 동비엔날레의 어느 사무직원으로부터 내작품이『심사위원회에서 판화작품이 아니기때문에 심사대상에서 제외됐다』는 전화연락을받았고 뒤이어 서면통고를 받았다.『귀하의 작품이 同판화비엔날레가 의도하는 작품성격과는 다른 작품으로 인정하여 심사와아울러 작품집게재및 전시를 하지않기로 결정했읍니다』이것이 그 내용이었다.

나는 지난날부터 전위작가니 실험작가니하는 말을 많이 들어왔고 또 그러한작품을 해온것도 사실이다. 그리고 지난74년 일본에서 열린 제9회東京국제판화비엔날레에도「테이블위에 걸레를 얹어놓은작품」과「방석을 만들어놓은 작품」을 출품해 수상후보로 논의됐으며 도록에 게재되고 전시되었다. 그리고 이작품은 지난78년11월 국립현대미술관주최의 한국현대미술20년의 동향전에 전시공개된바있다.

이번에 이와같은 작품을낸 것은 나의 작가적 의무였고 그것이 판화의 범주를 벗어날 하등의 이유가없기에 당혹한것이다.

동아국제판화비엔날레는운영위원회가 지명한 선정위원이 추천하고 운영위원회가인준한 작가에 한해 출품할수 있고 출품작은「색채나 흑백으로 된 모든 종류의판화」로 되어있었다. 실험작가로 알려진 본인의 과거작품을 참작해 선정추천됐고 인준되었을 나의 출품작을 심사는 물론, 전시하거나 도록게재를하지않겠다는 결정은 도저히납득이가지않는 일이다.

어떠한 예술작품도 시대에 따라 변할수도 있고 작가마다 주의 주장이 다를수는 얼마든지 있으며 그러한 변모속에 발전되고 예술의 역사는 이루어진다.

나는 나의 작품의 우열을 떠나서 새로운 판화작품임을 자부하며 출품했고 언제나 예술작품은 새로움을 모색하는 작업의 소산으로 알고 있다. 특히 나는 오늘날의 판화가 그제작방법과 기법이 다양하고 새로운 형태로 발전되고 있음을 정보를통해서 혹은 외국에서 목격할수 있었다.

英字를 타이핑한 책을 제본하여 대상을탄 작가, 잡지조각을 콜라지한 작품, 유리상자에 물을 담고 그위에 글씨를 띄워놓은 작품, 자갈에 얼굴을 프린팅해 전시장바닥에 깔아놓은 작품등이 권위있는 국제비엔날레에 전시되고 있음을 본인은 직접보았다.

그러나 이런작품들이 논란의 대상이 되지않았음은 물론이고 전시를 거부당한적은 더구나 없었던 것이다. 위에 열거한 작품이 판화가 아니라면 어떻게 출품되어 상을 탔겠는가?

앞으로 우리나라의 유능한 작가들이 국제무대에서 활발하게 활동할수있게 하기 위해서도 이번 동아국제판화비엔날레의 결정은 반드시 짚고넘어가야할 일이다.

「파문 일으킨 '새로운 시도' 내 작품은 틀림없는 판화」, 『경향신문』 1981년 7월 17일.

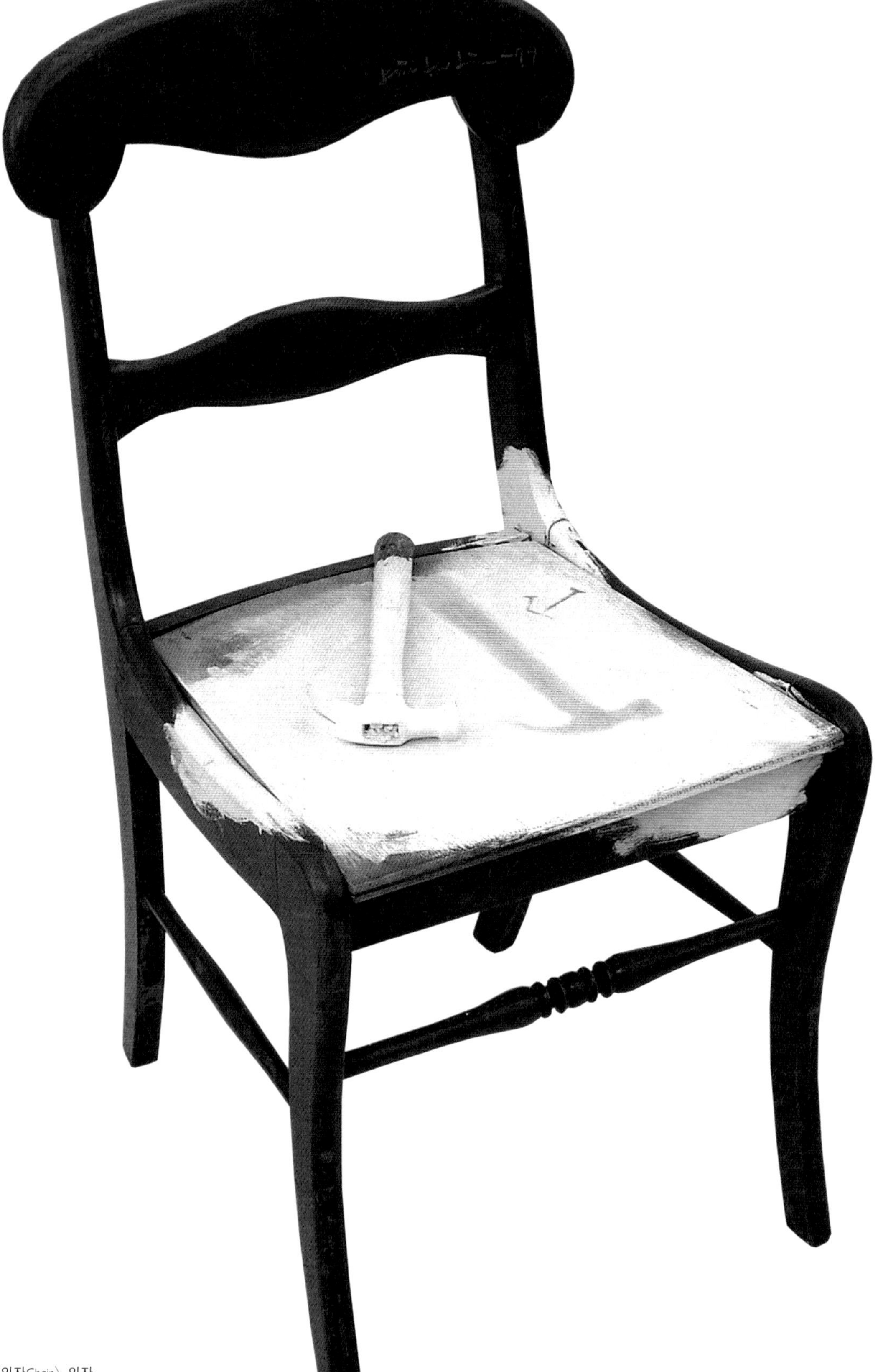

〈의자Chair〉, 의자,
망치, 혼합매체,
80×45×45cm,
1979.

유화로도, 설치미술로도, 사진으로도 할 수 없는 판화 기법을 개발하자고 생각했어요. 여러 작품을 찍어 내지 않더라도, 즉 복제성을 띠지 않더라도 판화일 수 있다는 게 제가 정립한 독창적인 현대 판화 이론이었어요. 테이블보는 꽃무늬가 짜져 있는, 공장에서 생산한 상품이죠. 거기다 내 정신을 넣은 거죠. 상품이 작품으로 변하는 극적 순간을 겪는 겁니다. 판화에 대한 복제성 관념을 타파한 거죠. 상품을 예술작품으로 둔갑시켜 놓은 거예요.

ㅇ° 〈걸레〉는 반응이 좋았다고 들었습니다.

비엔날레 발표 날인데 저녁까지 심사가 안 끝나서 다음 날로 미뤄졌다고 하더군요. 그리고 미국 대사관에서 심사위원을 모아 놓고 파티를 연다는 소문도 들렸고요. 당연히 큰 기대를 안 했죠. 아니나 다를까, 다음 날 그랑프리는 미국 작가한테 돌아갔어요. 상을 바란 건 아니지만, 좀 실망했죠. 그런데 오프닝 날 난리가 난 겁니다. 심사위원들 사이에서 어떤 한국 놈이 이상한 걸 내놓아서, 판화냐 아니냐 하는 논쟁이 크게 벌어졌다는 겁니다. 연기한 이유도 제 작품 때문이었답니다. 어느 일본 평론가는 판화 역사를 바꾸어 놓은 일을 벌였다고 말했어요. 또 다른 사람은 미국 작가가 그랑프리를 받은 것은 국력 때문이라고 위안을 해 줬습니다. 일본에서는 《도쿄국제판화비엔날레》로 더 유명해졌죠. 당시 일본엔 『계간 판화』라는 판화 잡지가 있었습니다. 거기 그랑프리는 한쪽에 흑백으로 조그맣게 실어 놓고, 내 작품을 칼라로 크게 실어서 편집을 했어요.

테이블 보 위에 사물, '걸레'를 찍어 내고 물이 번진 흔적을 표현한 판화를 보니 그가 〈의자〉를 가지고 한 작품도 떠올랐다.(←) 이 '의자'의 역사는 조작된 것 같다. 헌 의자에 손때 묻은 망치를 놓고 페인트를 칠했다. 그리고 망치를 옆쪽으로 살짝 옮겼다. 망치의 흔적, 망치의 과거가 살아났다. 저 흔적은 망치의 이데아 같아 보인다. 인간과 사물, 새것과 헌것, 과거와 미래를 정연한 기획으로 담았다. 김구림은 이 작품을 두고 이런 말을 했다.

이건 운이다. 내가 그때 떴으면 이렇게 할 기회가 안 주어졌을 수도 있다.

현장에서 시간을, 특히 과거를 압축했는데요. 망치가 의자 위에 오랫동안 있던 것처럼 누렇게 변한 듯이 표현되어 있습니다. 저 흔적은 어떻게 봐야 하는 거죠?

이 세상에서 자연적이든 인위적이든 완결된 상태에서 조금도 변화하지 않고 언제까지나 처음 모습 그대로 존재하는 사물이나 대상이 있을까요? 생성, 소멸, 변화하고 발전 또는 퇴행하기 마련입니다. 시간의 흐름은 곧 자연의 법칙이죠. 조작이죠. 제가 앞에도 말했던 건 '작위'입니다. 그건 또 창조 행위지요.

〈음과 양–선A〉(→)는 지금도 이어 오고 있는 '음과 양'이라는 제목이 처음으로 등장한 작품 같습니다.

일본에 왔다 갔다 할 때인데, 눈만 뜨면 보이는 주변 사물을 주제로 작품을 많이 했어요. 그러다가 막연히 추상적인 걸 해 보고 싶었어요. 그렇게 만든 작품이죠. 당시에는 음양 시리즈를 하려고 계획했던 건 아닙니다. 연필이나 스프레이의 대비, 선과 도형의 대비 같은 걸 염두에 두고 붙인 제목이죠.

유화로 안 그리신 이유는요?

그때는 평면을 위한 드로잉을 많이 했어요. 그러다 과연 선이란 무엇인가라는 의문을 품게 된 겁니다. 처음엔 목탄으로 선을 그어 사물 같은 걸 표현했어요. 그러다가 아주 단순한 추상적인 선으로만 표현하고 싶었어요. 내 감정을

〈음과 양Ying and Yang–선Line A〉, 캔버스 위에 연필, 스프레이, 193.9×130.3cm, 1975.

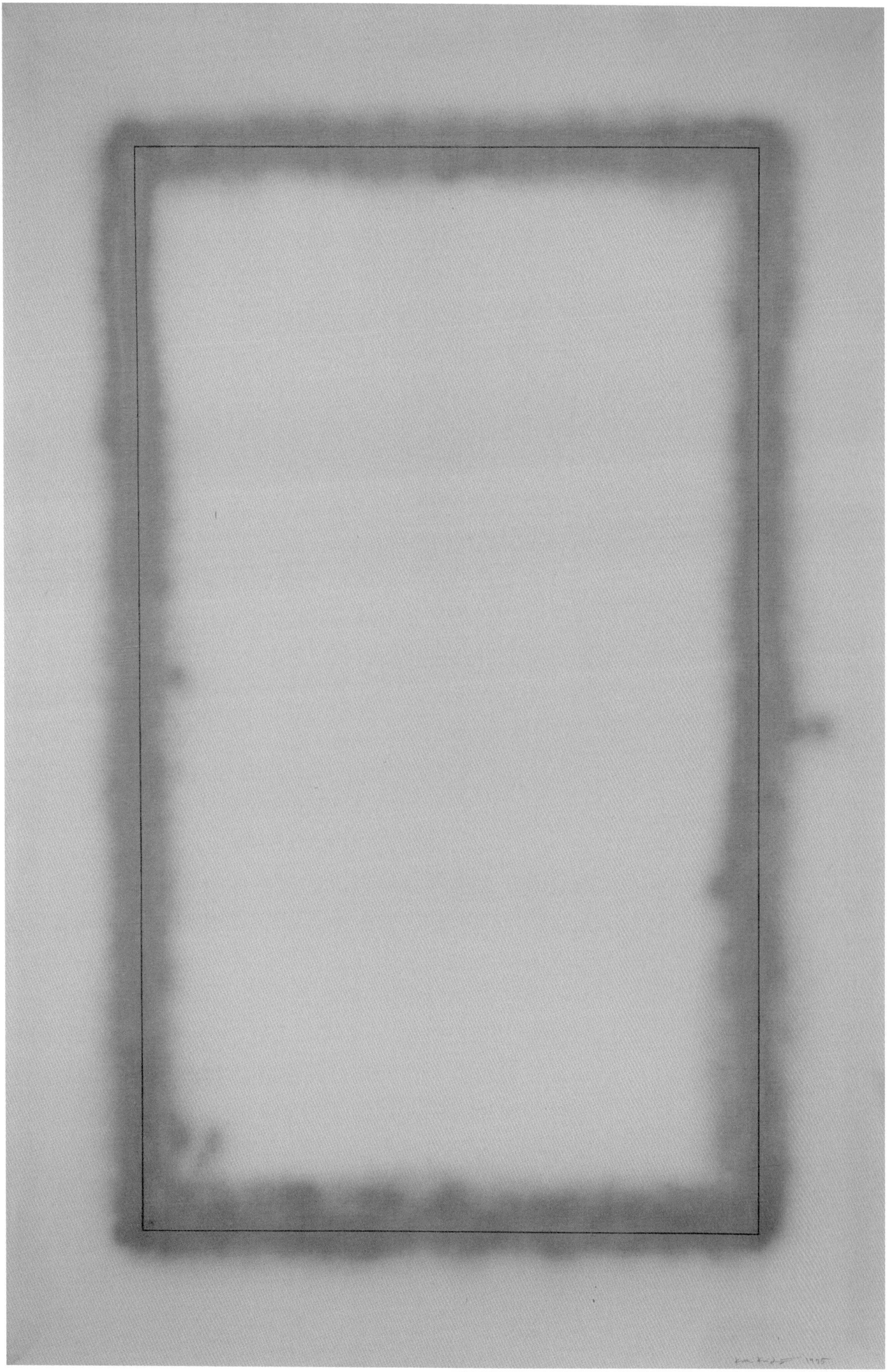
1995

화면 속에서 배제하려고 했죠. 그러다 떠올린 게 연필입니다. 스프레이는 장난처럼 한 거예요. 스프레이로 선을 만들어도 면이 생기죠. 스프레이 위에 연필을 가지고 선을 그었더니, 스프레이가 면으로 변하면서 선 자체가 사라지더라고요. 이런 작품을 여럿 했어요. 그저 하나의 드로잉에 불과한 겁니다. 단어 그대로 해석하면, 드로잉은 데생인데요. 제가 저 작품을 하면서 생각한 드로잉은, 그간 쭉 작업해 오던 것을 간단한 선이라든가 면으로 압축시킨, 간단히 말하면 이때까지 하던 자기 작품을 간단하게 생략하고 압축한 개념이었어요.

장난처럼 한 것이어서 발표를 안 하셨다고요?

내가 관심 가지던 시간성에 관한 것도 아니고요. 그때 뭔가 막혀 있을 때예요. 실험성이 벽에 부딪힌 거죠. 제 경우에는 그걸 타개하려고 고민할 때 드로잉을 많이 합니다. 또는 완전히 캔버스를 떠나서, 흙을 주물럭거리면서 작업을 하든지, 그런 습관이 있어요. 연필과 스프레이로 한 작품도 그런 연장선이에요. 종이로 만든 〈상황〉이란 작품도 있어요.

1975년이라는 이른 시기에 추상의 세계를 저렇게 간결하게 표현할 수 있나 싶어서 놀랍습니다.

동년배의 소위 원로니 대가니 하는 작가들처럼, 저런 걸 파고들었으면 많이 팔렸을 겁니다. 그걸 몰랐던 게 아닙니다. 그런데 내 세계에서 제대로 흘러나온 게 아니에요. 하나의 실험으로 한 거니까요. 또 저런 작품 내놓아서 팔리면 두려울 것 같았어요. 나중에 미국에 간 것도 1970년대 후반 이후엔 사물에 시간성의 문제를 담은 작품들이 팔리자 겁이 덜컥 나서였어요. 이러다 망하겠구나, 사람들이 내 세계를 다 알게 되면 작가로서 끝이구나, 매너리즘에 빠진 작가가 될 수밖에 없겠구나. 이걸 터는 방법으로 다른 세계에 몸을

던져야겠다고 생각한 겁니다. 홍대니 서울미대니 학벌에도 염증이 났고요. 그래서 미국으로 탈출한 겁니다. 거기서 다시 한 번 변했죠.

새로운 실험의 나날들 (2)

회화성의 거부

〈정물Still Life 7〉,
캔버스에 목탄,
아크릴,
163×96.5cm, 1977.

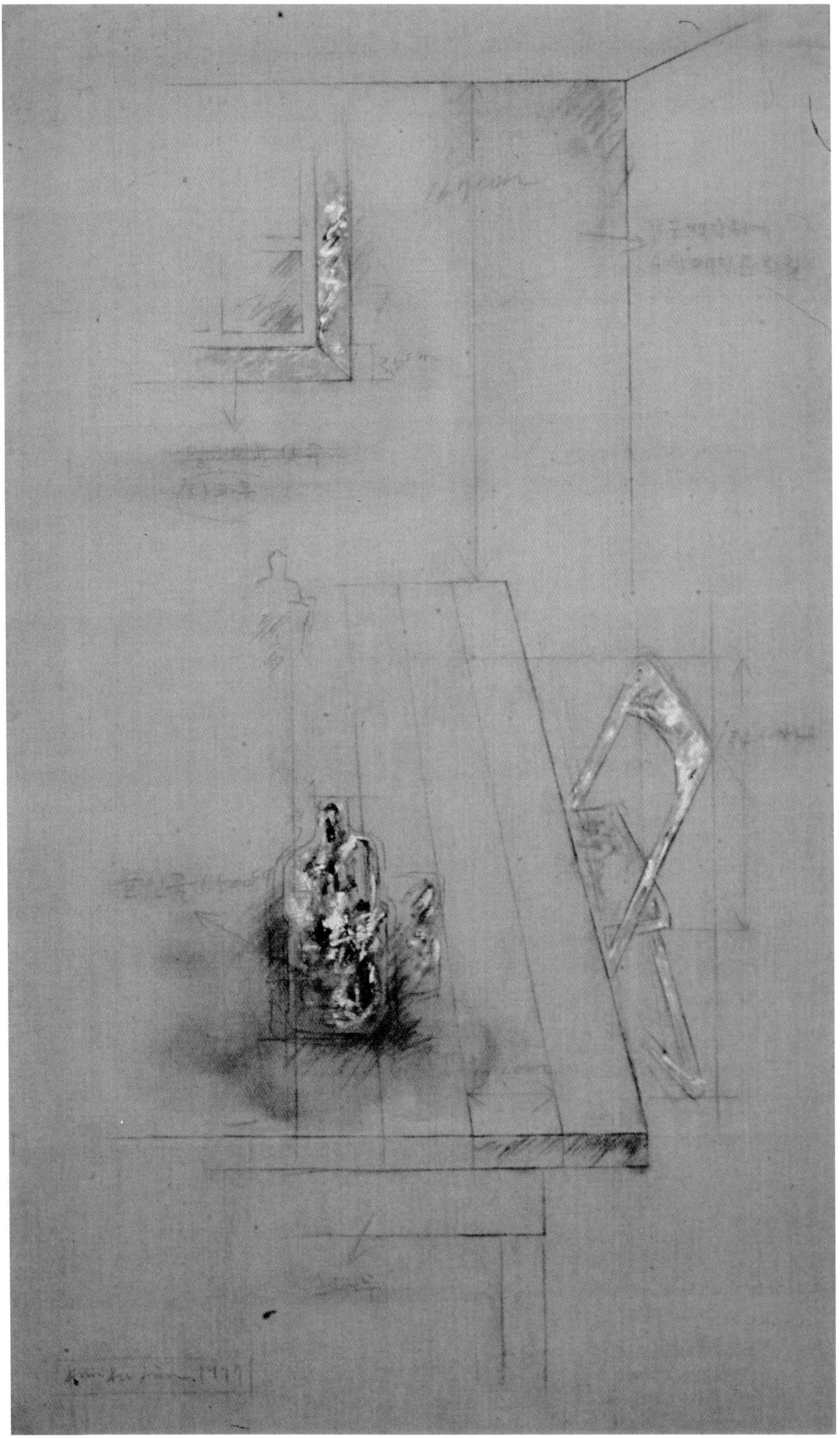

〈정물 7〉(←)은 일본에서 일상 사물을 통한 설치 미술로 성공을 거두고 평면 작업으로 다시 돌아와 내놓으신 작품인데 여기선 자를 대고 그린 듯한 설계도면 기법을 차용하셨네요.

일본에서 돌아와 다음은 어떻게 할지 많이 고민했어요. 빗자루, 전등, 테이블, 의자 같은 내 주위를 둘러싼 생활 주변 사물을 소재로 삼아 시간을 공간에 옮기려고 한 시도가 설치미술로는 성공했지요. 그런데 이걸 평면으로는 어떻게 표현해야 할지 처음엔 막막했어요. 우선 가공된 재료를 하면 안 되겠다, 가공된 캔버스도 쓰면 안 되겠다고 생각했어요. 그래서 밑칠을 하지 않은 캔버스를 우선 선택했습니다. 그 위에 그림을 그린 겁니다. 생생한 마麻를 구했습니다. 캔버스 위에 마로 된 천을 쳐 놓은 거죠. 마는 자연 모습을 담고 있으니까요. 거기다가 무엇을 그려야 할까 생각을 오래, 많이 했어요. 일단 그리다 보니까, 그림이란 존재가 나타나는

거예요. 내 체취가 화면으로 스며드는 겁니다. 이건 아니라고 생각했어요. 다른 방법으로 그려 보자, 그러던 어느 날 우연히 건축사무소에 갔다가 설계도면을 보게 되었어요. 청사진으로 구운 도면에는 기계적이고 계산적인 형상만 보일 뿐이었죠. 그 종이 도면엔 표현을 위한 의도성이나 회화적인 맛이 없었어요. 인간 체취가 전혀 나타나 있지 않았어요. 바로 이거다 싶었죠.

목탄으로 밑그림을 그리신 이유는요?

당시 의자니 커피포트 같은 사물의 여러 가지 모형을 50~60개 만들곤 했어요. 모형을 캔버스에 얹혀 놓고 생각해 봤죠. 그리고 모형을 따라 화면에 그림을 그려 보았지만 내 손이 만들어 내는 의미성이 화면에 배어 나와 이것은 안 되겠구나, 재료가 문제구나, 고민하게 되었죠. 재료가 있었다가 없어지는 게 무엇일까, 존재했다가 사라지는 게 무엇일까 하고 생각해 보니 목탄이 떠오르더라고요. 목탄을 사르르 그었다가 훅 불었더니 까만 가루가 확 날아가고 흔적만 남았어요. 그 형태를 바로 그 자리에 살짝 비켜서 또 그려 놓았다가 다른 쪽으로 옮겨서 모형을 다시 그리면서 중첩해 나간 거죠. 제일 먼저 흔적이 흐릿해지도록, 이를테면 난시 때문에 여러 개가 울렁거리며 겹쳐진 듯 보이게 했죠. 그다음 자를 놓아서 상황을 설정했습니다. 벽면과 천장 같은 상황 설정을 한 거죠. 그랬더니 화면에 어떤 의미성이 배제되면서 담담하게 어렴풋한 형상만 존재하게 된 겁니다. 사물이란 게 뭔지 그 의미를 담으려 했어요. 사물이란 건 어떤 공간 속에 영원히 뚜렷하게 존재하는 게 아니죠. 물거품처럼 나타났다가 사라지고 다시 나타났다가 사라지죠. 또 보이는 것 같으면서 보이지 않고 없는 것 같으면서 있는 것 같은 어렴풋한 그 무엇입니다. 〈정물〉 연작을 발표했을 때 미술계가 뒤집혔어요. 물론 언제나 그랬듯이, 저것도 그림이냐? 이런 반응이었죠.(☺)

그린 것도 아니고, 안 그린 것도 아닌 것 같습니다. 죄송한 말씀이지만, 대강 그린 것 같기도 하고요. 물론 선생님의 그림 실력, 재현 실력이야 잘 알지만요.

맞아요. '대강'을 의도한 거죠. 그리는 행위성, 물질감만 나타내려고 했어요. 그리려고 한 것도 아니고, 안 그리려고 한 것도 아닌 겁니다. 이것도 저것도 아닌 상태로 만든 거죠. 회화이면서 회화가 아닌 것을 노린 겁니다. 회화성을 거부한 거죠. 제 작품은 어디서부터 어디까지가 시작이고 끝인가가 분명치 않습니다. 작품의 대상은 과거와 현재가 횡적으로, 또는 종적으로 '과거-현재'의 모습을 보여 주는 겁니다. 작가가 어떤 대상에 손, 즉 붓이라는 행위를 담아 화면 속에 구현했을 때, 그 대상은 실재 사물이 아니라 회화 속 사물로 둔갑한 '즉卽'의 세계라고 볼 수 있습니다. 저는 사물 모양 그 자체를 재현한다거나, 아니면 사물에 큰 의미를 부여하려고 하지는 않았어요. 어떤 대상을 가상적으로 설정한 것일 뿐이죠. 그것이 '어떻게 되어 있다'라고 규정 짓지 않은 겁니다. 이건 이후 연작으로 제작한 '음양'에 관한 제 생각이기도 합니다. '있음'은 곧 '없음'의 상대 개념이지만 '있음과 없음'은 더불어 존재하기 때문입니다. 전 우리 조상들의 민속품도 떠올렸어요. 목기나 자기 같은 민속품을 보면, 하나같이 어떻게 보면 만들다가 그만둔 것 같으면서도 또는 그렇지도 않은, 이도 저도 아닌, 그것대로의 자신을 갖추고 있는 모양새죠. 이러한 것들이 우리 생활 속 어느 한 곳에 놓였을 때, 신기하게도 주위 사물과 서로를 다치게 하지 않고 더불어 존재하며 어떠한 것에도 잘 어울리는 것과도 마찬가지입니다. 이런 내용을 글로도 쓴 적이 있어요. 그런 면에서는 한국적인 것을 지향했다고 볼 수도 있죠.

예술 작품을 두고 보통 '완성도'를 따지곤 하는데 〈정물〉 같은 작품은 완성도의 척도에선 아예 평가의 대상이 될 수 없겠군요(☺).

하지만 완성된 것처럼 보이는 것도 완성 그 자체라고 보긴 힘들죠. 완성을 지향한 상태에서 어느 정도에서 창조와 관련된 여러 행위를 끝냈을 뿐이지, '완성'이라고 규정하긴 힘듭니다. 저는 '완성도 높은 작품' 같은 말조차 허구라고 본 거죠.

〈의자〉(→)라는 작품에선 자수까지 시도하셨던데요. 어떤 이유에서였나요?(☺)

처음에는 자수 작품으로 개인전을 하려고 마음먹고 시작했는데, 막상 해 보니까 간단하지 않았어요. 시간도 오래 걸리고요. 6개월 동안 만든 겁니다. 익숙지 않은 바늘을 사용하다 보니 뜯었다가 붙였다가 수십 번을 반복한 겁니다. 골병드는 줄 알았어요. 완성하고 나선 맥이 빠져 더는 아무것도 못하겠더라고요. 저게 처음이자 마지막 자수 작품입니다(☺).
그래도 자수에 도전한 것도 회화성에서 벗어나고 싶었기 때문이었죠. 바늘로 한 땀 한 땀 실이 얹어지면서 하나의 형태를 이뤄 가죠. 어떤 정신을 쌓아 나가는 것같이 물질을 쌓아 나간 거죠. 형태가 하나하나, 공간 속에서 어렴풋이 돋아나듯이 하나의 식물, 씨를 뿌리면 흙을 헤치면서 돋아나오는 것을 해 보고 싶었어요. 그래서 해 봤는데 〈의자〉 하나로 끝났습니다(☺).

자수는 꽤 전통적인 성격이라 최첨단을 달리신 선생님하고 잘 어울리지 않습니다.

과거를 모르면 전위를 할 수 없어요. 제가 도자기니 골동품이니 고미술을 섭렵했어요. 우리 과거, 뿌리를 모르고선 현대미술을 할 수 없다고 생각해요. 현대에서만 현대를 뽑아내고, 갈구하다 보면, 알맹이 없는 껍데기만

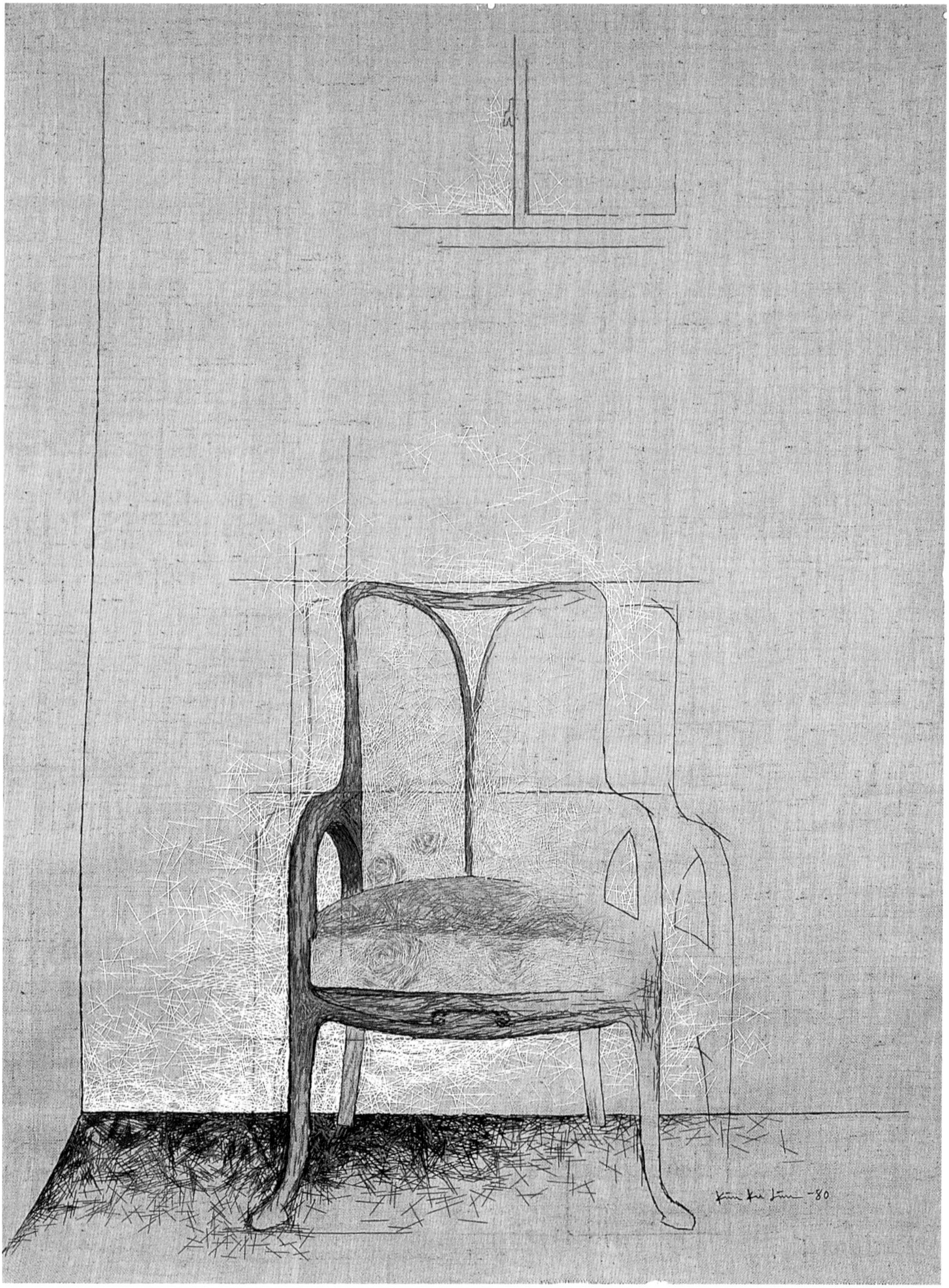

〈의자Chair〉,
캔버스에 자수,
182×140cm, 1980.

보여 주기에 십상입니다. 보기보단 제가 보수적이고, 전통적입니다(☺). 제사 음식도 잘 놓고, 축문도 제가 다 쓰죠.

자수에 이어 사진에도 도전했다. 1981년 작품 〈돌 A〉(→)는 시골의 개울가 돌들을 찍고 인화한 뒤 돌 네 개를 모서리에 얹어 놓고 다시 찍은 작품이다. 1970년대 시도했던 돌 작품과 사진을 결합한 셈이다. 진짜 돌과 가짜 돌이 합쳐지고, 최종적으로 '사진기'라는 재현 도구가 새로운 이미지를 만들어 냈다. 김구림은 사진 작업에서도, 풍경과 인물에 한정됐던 여느 사진작가와는 다른 시도를 해 나갔다.

사진 위에 사물을 놓고 다시 사진을 찍으셨는데요.

네, 두 번 찍었지요. 돌이 돌을 누르는 장면이 됐습니다. 하나의 장면이면서 하나가 아니고, 또 공간이면서 공간이 아닌 게지요. 사진을 보고 여러 생각을 하게 만들자는 취지로 만들었어요. 보통 사진은 풍경이면 풍경, 인물이면 인물을 잘 찍은 것에 만족했습니다. 어느 정도 카메라 테크닉을 익히고, 구도 잘 잡으면 사진작가 행세를 했어요. 하지만 그래선 올바른 작품이 나올 수가 없어요. 카메라로 수많은 돌을 찍었고, 수 미터 길이를 흑백으로 인화해 뽑았죠. 마룻바닥에 놓고, 실제 돌을 귀퉁이에 놓고 그걸 다시 컬러로 찍었어요. 흑백과 컬러의 대비 효과도 있는 거죠. 사진과 실제 돌을 매치한 것은 설치와 결합했다고도 볼 수 있죠. 〈돌〉 시리즈가 많이 있습니다.

사진 작업을 하신 이유는 뭘까요?

제가 그림, 흙으로 빚는 도자기, 조각, 영화, 연극까지 다 했어요. 모든 주어진 조건에서 내 세계를 펼쳐 보이려고 한 것이죠. 도전 의식 때문이죠. 사진도 마찬가지고요. 기존 사진작가는 현실에 보이는 것만 보여 주려고 했는데, 저는 방금 말했듯 의미와 철학을 부여하려고 했습니다.

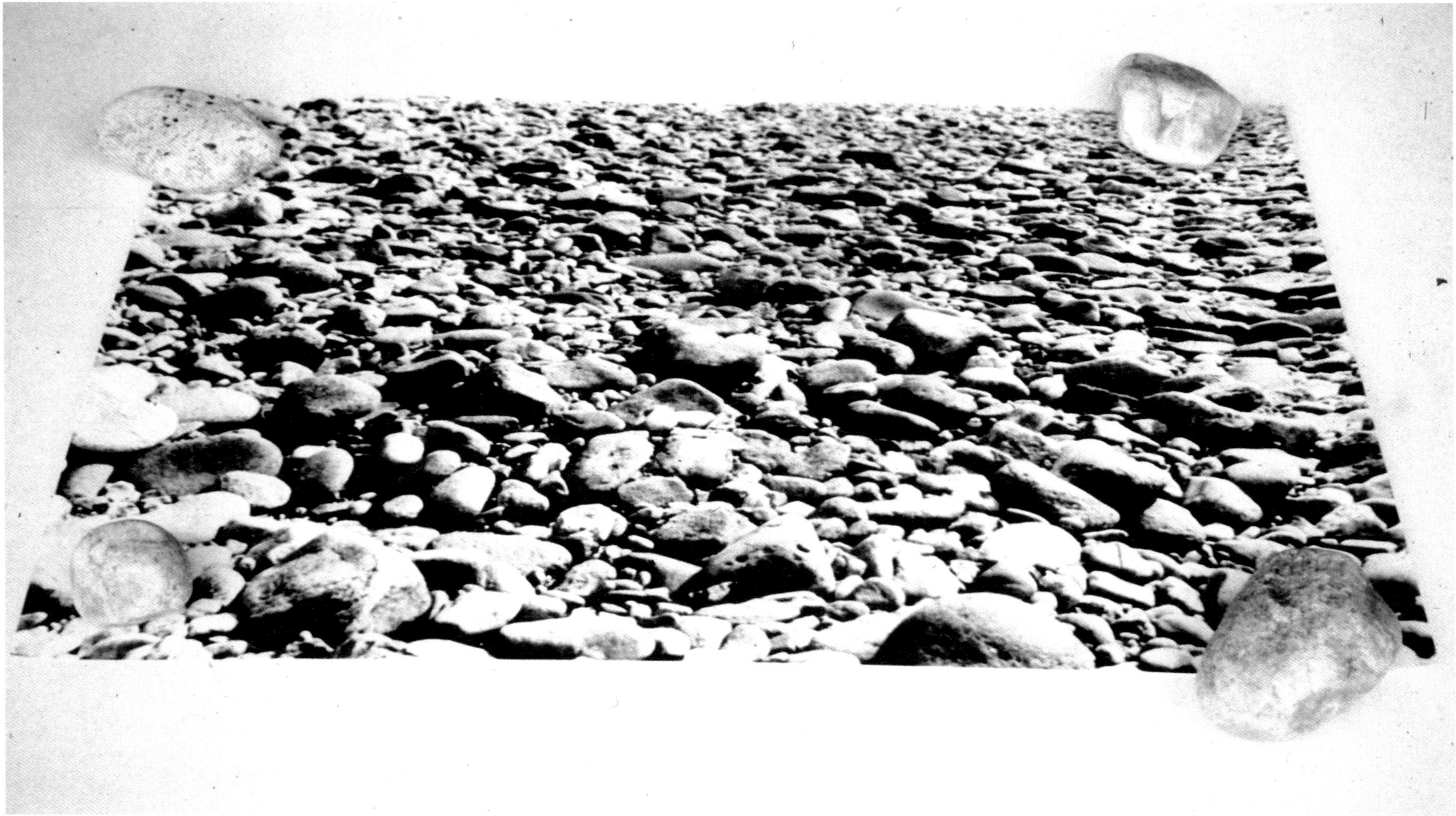

〈돌Stone A〉,
사진, 1981.

〈여인〉(→)은 재료가 수채인데, 수채화 같은 느낌이 별로 안 들어요. 연필인가요? 목탄인가요? 밑그림 자국도 많이 보입니다.

붓 터치가 드러나는 수채화가 싫었어요. 담담한 맛을 내려고 했죠. 드로잉같이 보이려고도 했고요. 연필 자국입니다. 이 수채화의 특징이죠.

여성으로 여겨지는 대상의 윤곽도 흐릿합니다. 〈정물〉 작업처럼 여기서도 그리다 만 듯한 느낌이 드네요.

상의 흔적만 남기려고 했어요. 물기로 처리했죠. 그늘을 작품 속에 넣었고요. 비슷한 수채화를 몇 개 했어요. 사람이 앉아 있고, 의자는 두 개처럼 보이는데 흔적만 있죠.(→→) **누운 여자가 나타났다가 사라지는 걸 묘사했죠. 시간성을 다룬 겁니다. 어떤 대상이 윤곽만 나타났다가 보이지는 않고 사라지는 문제를 수채화로 표현해 낸 거죠.**
전 시각적 즐거움의 충만을 위해서 예술을 하지는 않았어요. 아름다운 감흥을 일으키려고도 하지 않았고요. 그러려면 사진으로 하는 게 훨씬 효과적이죠. 전 회화성을 거부하고, 물질성을 드러내려고 했어요. 학교에서 주로 배우는 수채화는 풍경을 이쁘게 그리려는 재료로 쓰인 것인데, 그런 미술 교육에 대한 거부감 같은 것도 깔려 있죠. 이쁘고 장식적인 건 제 적성에 맞지 않습니다.

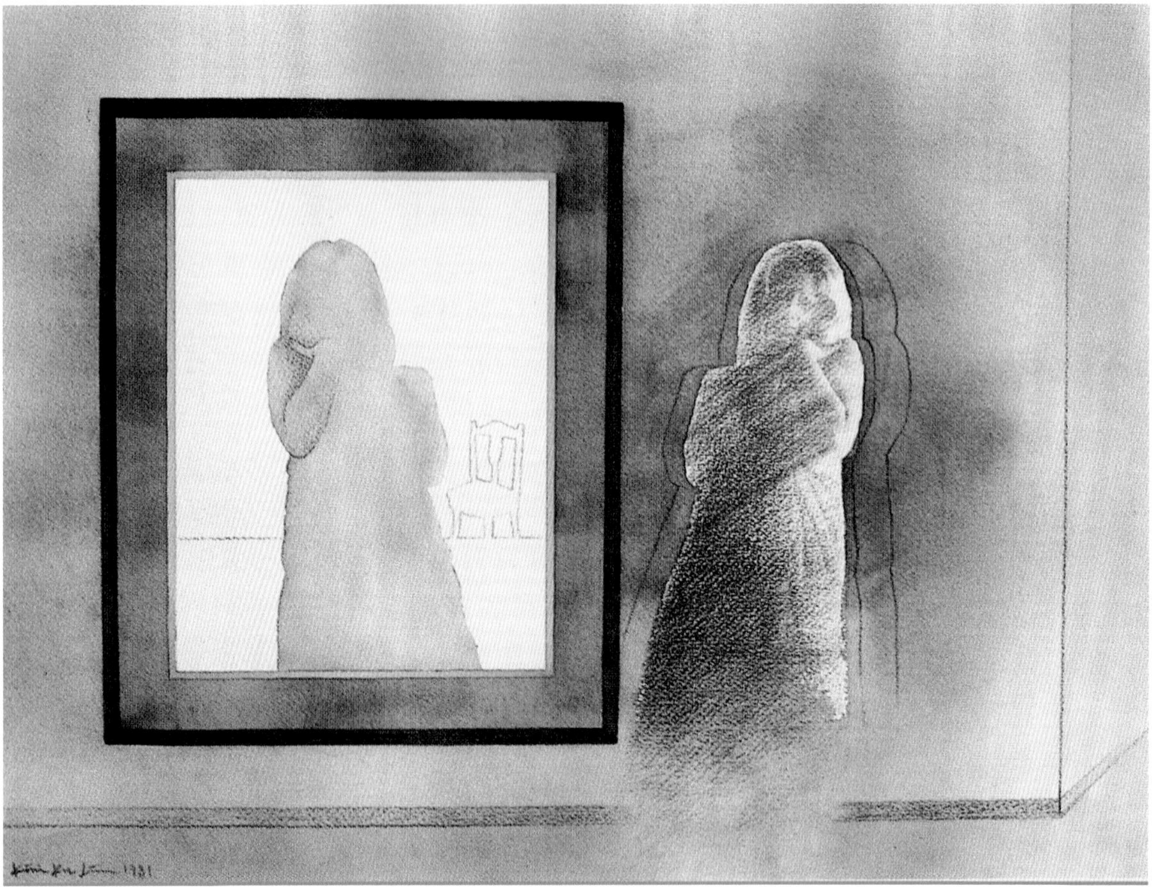

〈여인Woman〉,
종이에 수채,
57.5×76.5cm, 1981.

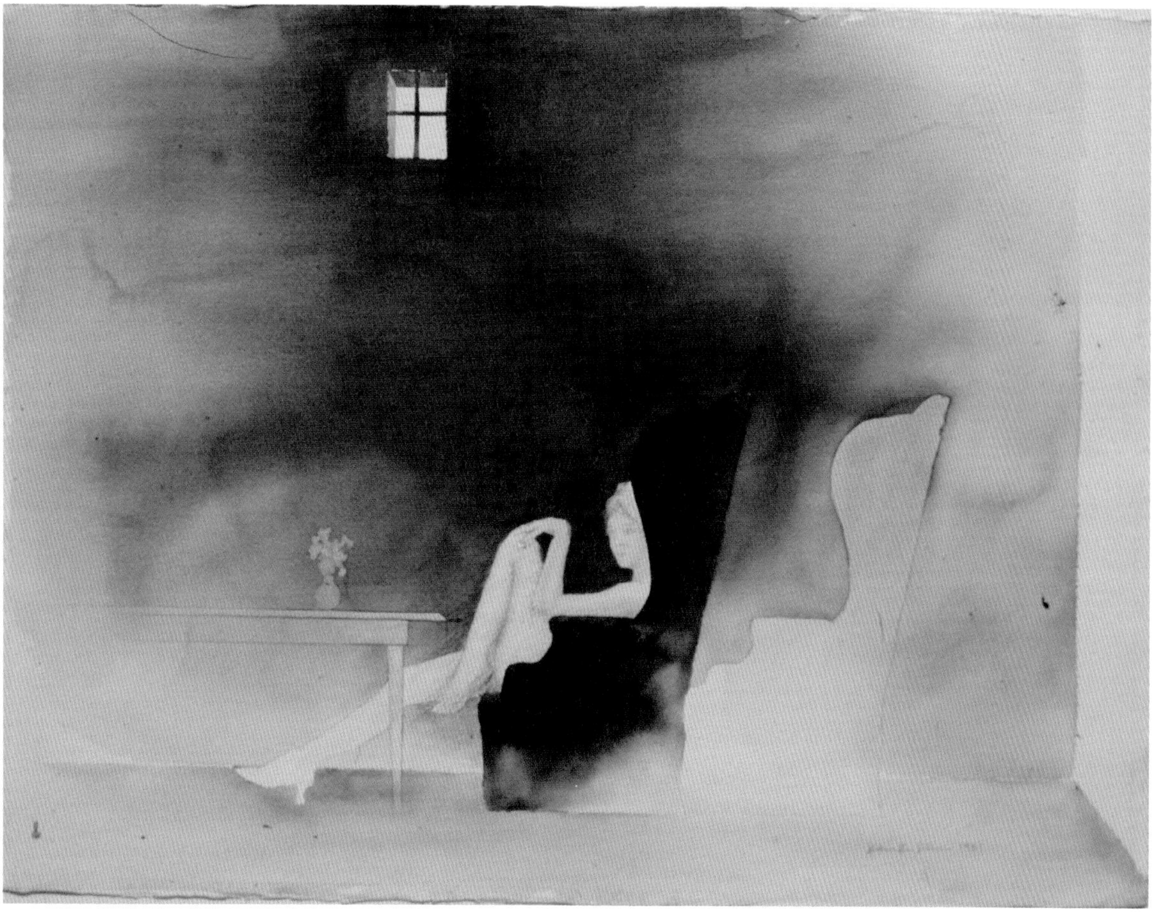

〈무제Untitled〉,
종이에 수채,
57.5×76.5cm, 1981.

음악, 시, 연극, 춤과 놀다

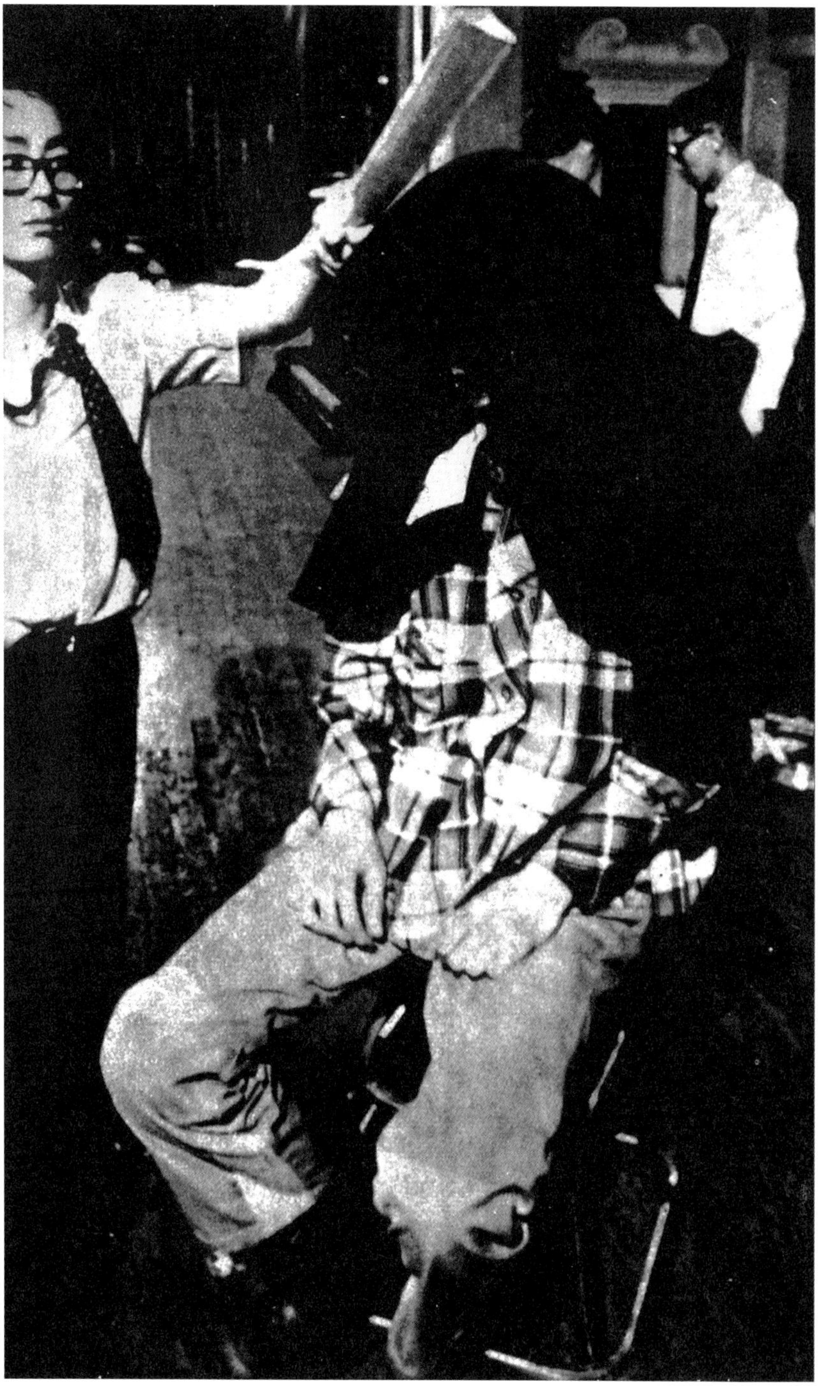

《제1회 서울
국제현대음악제》
퍼포먼스 장면,
1969.

김구림은 1969년 9월 5일 서울 명동 국립극장에서 열린 《제1회 서울 국제현대음악제》의 총연출을 맡았다. 백남준의 〈피아노 위의 정사〉도 연출했다. 카를하이츠 슈토크하우젠Karlheinz Stockhausen의 작품을 '퍼포먼스'로도 발표한다. 《제1회 서울 국제현대음악제》는 세계 음악의 흐름을 반영한 한국 최초의 현대음악 페스티벌이다. 당시 김구림은 실험음악을 발표하기 위해 작곡에 열중했다.

이때 퍼포먼스 내용은 어떤 것이었나요?

슈토크하우젠 음악 중에 군대 이동 중 군화 발걸음 소리가 '착착' 하고 높아지는 게 있었어요. 그걸 음향 효과로 해서 퍼포먼스를 벌인 겁니다. 음악 소리에 맞춰 빨랫방망이로 '탁탁탁' 머리를 때린 거죠.(←)

모델 머리를 방망이로 쳤다고요?

발은 땅을 밟고 걷는 신체 부위죠. 머리는 생각하는 것이고요. 정반대 위치에 놓이게끔 한 거예요. 머리를 탁탁

치면서 생각이 번쩍 나게끔 다른 상상을 하게 만들려는 의도였어요.

《서울 국제현대음악제》 때 센세이셔널했던 것은 선생님 작품보다, 백남준 선생의 〈피아노 위의 정사〉(→)였던 것 같은데요. 남녀가 검은 막 안에서 건반 위에 다리만 내어놓고 피아노 위에서 정사를 벌입니다. 관객들은 두 남녀의 네 개의 다리, 발이 꿈틀거리며 건반을 치는 것을 보고요. 대단히 인상적이었습니다. 악기 연주라는 게 이성적인 부분도 큰데, 욕망 그것도 남녀의 적나라한 성욕이 정사를 통해, 발끝으로 건반에 전달돼 음악을 만들어 낸다는 발상이 기발합니다. 옛날 자료 사진만 봐도, 저 건반은 어떤 소리를 냈을까 상상이 가기도 하고, 안 가기도 합니다(☺). 백남준 선생이 이 작품의 연출을 선생님에게 부탁했다고 하셨던데요.

네, 맞습니다. 박준상 선생이 독일에서 작품을 가져왔는데 연출할 사람이 없었어요. 당시 『동아일보』 문화부장 소개를 받고 절 찾아와서 맡게 되었지요.

정찬승 선생은 "현대문명의 소산인 기계와 인간의 원초적 충동에서 오는 성행위를 충돌시키며 잠재된 드라마성을 꺼내어 시적인 서정감으로써 현대를 표현하려 한 시도"라고 말했습니다. 선생님의 영화 〈문명, 여자, 돈〉이나 〈1/24초의 의미〉하고도 이어지는 것 같아요.

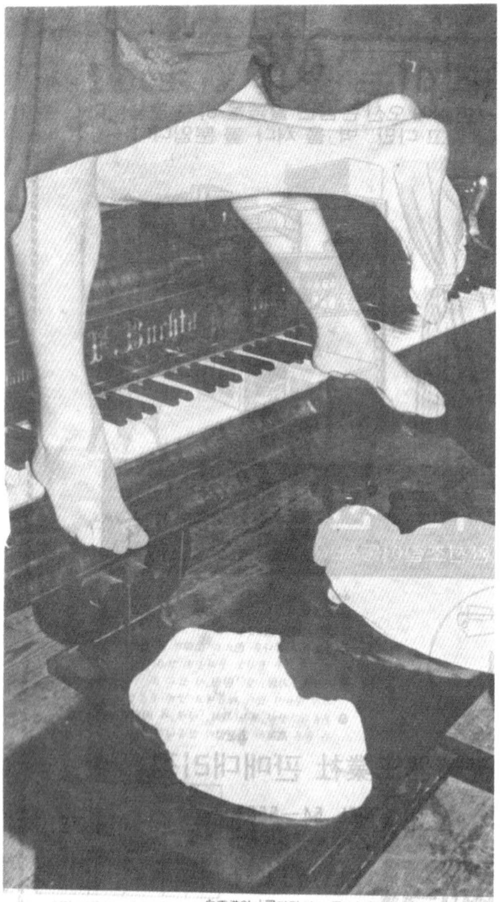

白南準의 「콤퍼지션」. 두 남녀의 애정의 진행과정을 나타내는 「해프닝」에 따라 「피아노」가 연주된다. 출연은 정찬승과 차명희. 의자위에는 남녀가 벗어놓은 속옷.

백남준, 〈피아노 위의 정사〉(당시 보도된 제목은 〈콤포지션〉), 퍼포먼스 사진, 1969, 출연 : 정찬승, 차명희.

1981년 5월 27일 서울 공간화랑 월례 시 낭독회장에서 낯선 이벤트가 벌어졌다. 시인이 시를 읽는 동안 볼륨을 최대한 올린 마이크 앞에서 김구림은 손톱을 깎았다. '탁, 탁, 탁' 손톱 깎는 소리가 공간에 울려 퍼졌다.(→)

대개 화가와 시인의 만남은 시화전일 때가 많은 것 같은데요. 혹은 화가가 시나 소설에서 영감을 받아 그림을 그리거나 하죠. 그런데 이 작품에선 시와 아주 파격적인 만남을 시도하셨습니다. 손톱 깎는 일상적인 행위인데, 1970년대 주력하셨던 '일상성'과 관계있는 행위예술인지요?

그렇죠. 그야말로 '일상'을 관객들에게 보여 준 거죠. 가장 조용하고 시적인 것과 가장 파워풀한 것과 대조하려는 의도도 있습니다. 하나의 '음과 양'입니다.

파워풀하다뇨?

음향을 이야기하는 겁니다. 저기 사진을 보면 마이크가 있긴 하지만, 원래는 플라스틱으로 된 책받침 자르는 소리를 미리 녹음했어요. 낭송회장에서 볼륨을 가장 크게 해 놓고 그걸 튼 거죠. 정말 듣기 불편하고 짜증나고, 귀가 아플 정도로 거슬리는 소리를 들려줬죠.

퍼포먼스에 참여했던 조정권은 훗날 「떠도는 몸들, 몸 둘 데를 모르고」라는 시에서 당시를 이렇게 묘사했다.☜

조정권, 「떠도는 몸들, 몸 둘 데를 모르고」, 『떠도는 몸들』, 창비, 2005.

"(…) 2. 싸웅 빠울루 비엔날레 공동출품하기로 한 / 김구림은 석달 전부터 손톱을 기르고 있었다. / 나는 염불 시를 같이 준비하고 있었다. / 쟝 끌로드 엘로아의 염불음악을 마음에 깔아놓고… / 광승狂僧의 선禪 음악을 베낀 / 존 케이지의 4분33초, / 눈 퍼붓는 날 새벽 오대산 상원사 종소리 / 잡음으로 깨부수려고, / 리허설 장소 공간사랑에서

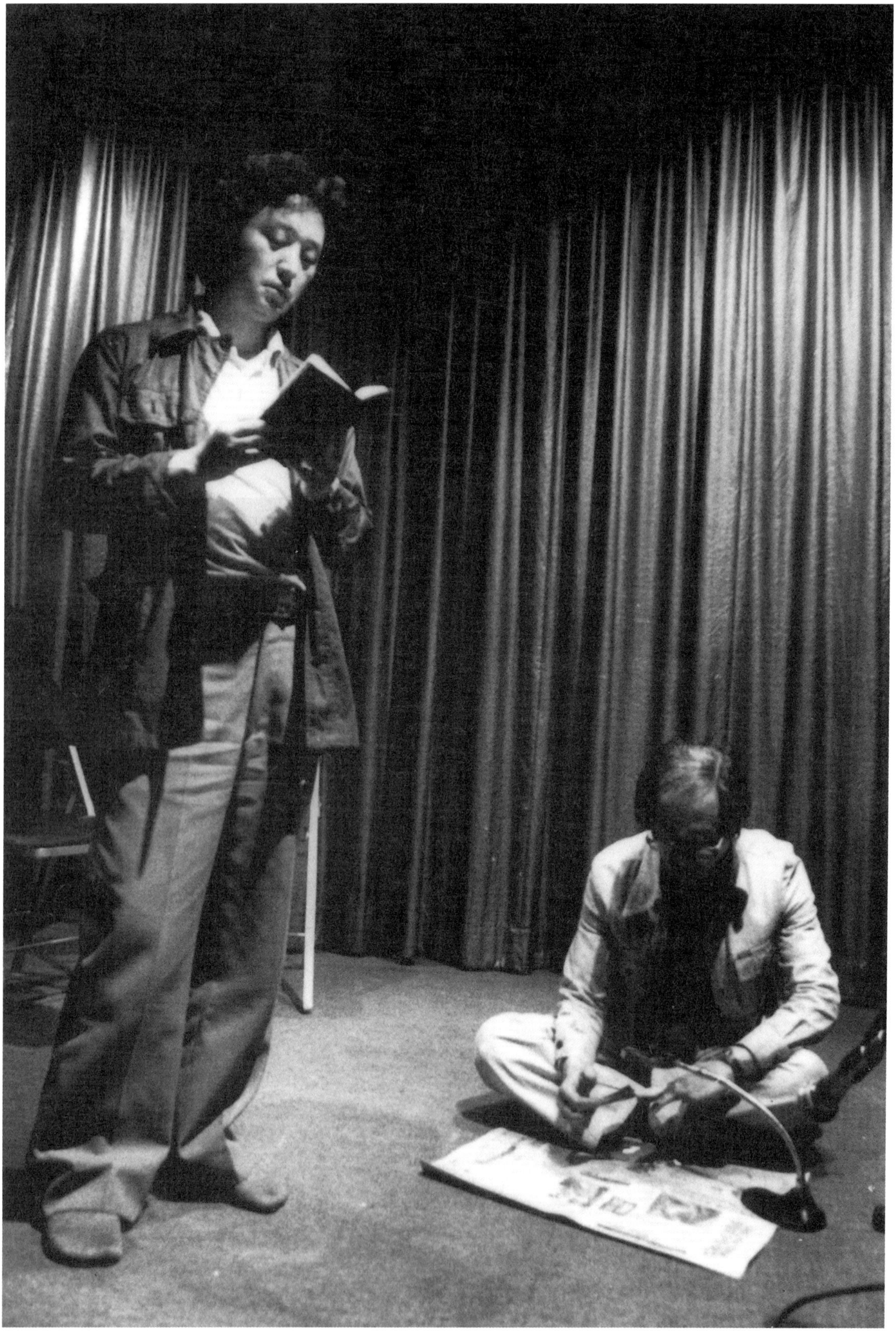

망자를 위한 / 깽판 시를 내가 웅얼웅얼대면/ 함께 / 김구림이 대짜 손톱깎이로 손톱 깎는 소리를 내고 / 녹음하기로 약속돼 있었다. / 내가 이 시대의 치매, 계집 음부 더듬는 고승 흉내를 하며 / 실어증 환자처럼 / 쌩쇼를 할 때 / 김구림은 계동 바닥을 뒤지며 / 마른 뼈 날카롭게 부러지는 언 책받침을 찾아가지고 오고 있었다. / 형님! / 나 이 벙어리짓 때려 치우고 / 내 산꼭대기에 올라가 앉아 있겠소. (…)

음악이나 연극 쪽에도 많이 참여하셨죠. 아까 말씀하신 《제1회 서울 국제현대음악제》에서 퍼포먼스를 하셨고, 그 전에 1969년엔 대구 시립종합문화회관에서 '극단 앵글362'의 연극도 연출하셨습니다. 1977년 《대한민국연극제》 출품작 〈참새와 기관차〉(→), 1978년 팬터마임 〈돼지들의 산책〉도 하셨고요. 1981년엔 세종문화회관에서 열린 창작무용 〈이상의 날개〉 의상과 무대미술, 안무도 맡으셨는데요. 그래서 어느 평론가는 '한계를 알 수 없는 작가'라고 평하기도 했습니다.

아, 제가 처음 무대미술에 손을 댄 것은 〈산하억만년〉이란 공연 무대였습니다. 1969년 명동 국립극장에서 열렸죠. 처음이라 아쉬움이 많았죠. 대구의 시뚜아송이란 극단에서 오태석 작 〈웨딩드레스〉를 연출한 적도 있고요.(→→→)

〈이상의 날개〉(→→→→→) 무대 의상은 제 수준의 어휘로는 그저 독특하다는 말밖에 안 나옵니다만(☺).

물질성을 강조했어요. 무대 막은 까만색으로 처리했어요. 흰 광목 의상을 입은 무용가들이 무대에서 움직일 때 옷이나 사람보다는, 하나의 물질이 움직이는 것처럼 보이려고

〈손톱과 시*The Poet and Nail*〉, 퍼포먼스 장면, 1981년 5월 27일, 공간사랑.

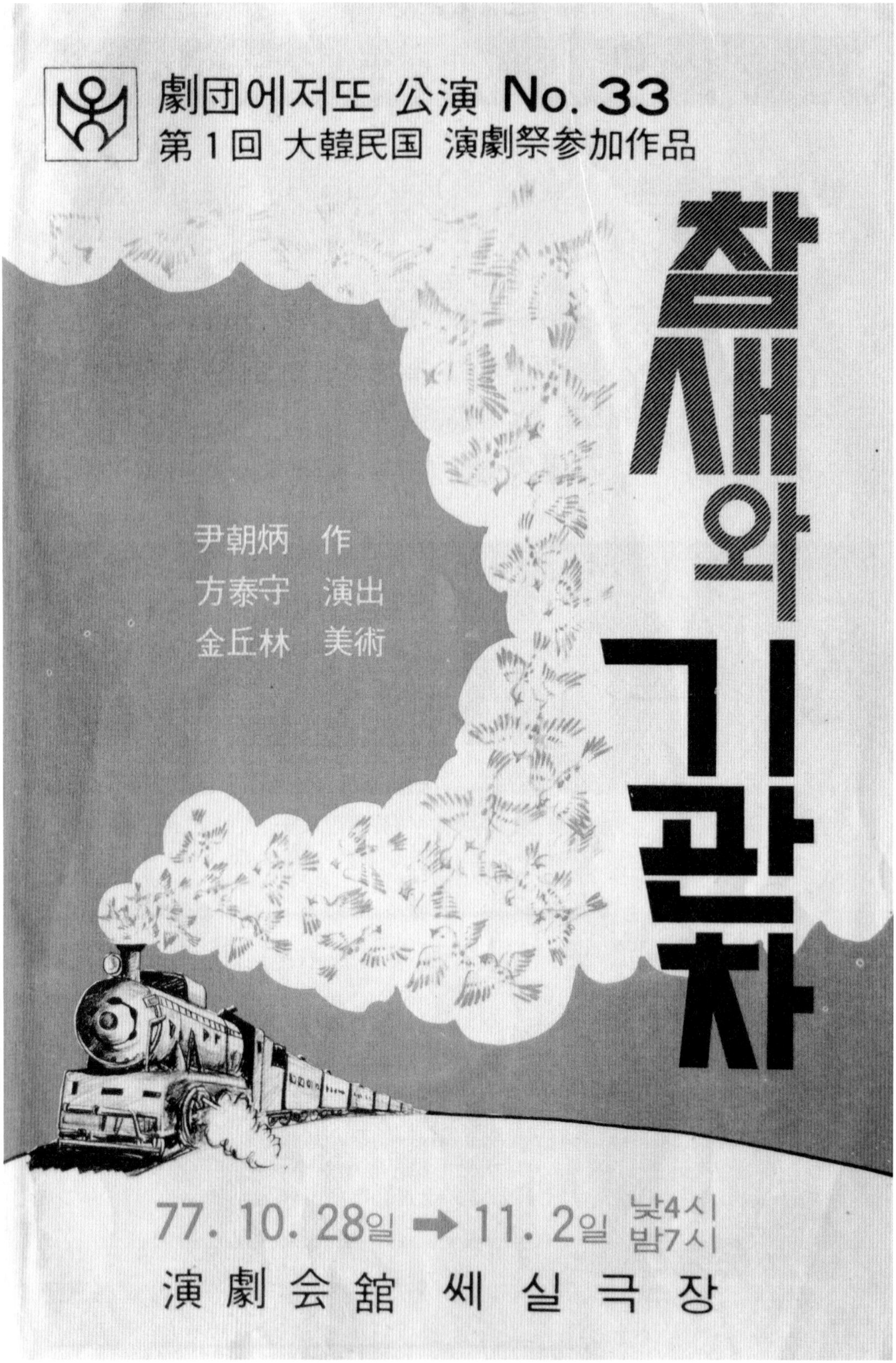

연극 〈참새와
기관차〉 팸플릿,
극단 에저또,
세실극장, 1977.

■ 劇団에저또 公演 No. 33

참새와 기관차

■ 이 연극은 아무런 선전 구호가 없는 연극이다.

■ 이 작품은 作家 尹朝炳과 演出家 方泰守의 「에저또」 10년만의 긴 대화이며 한국의 대표적 현대작가 金丘林의 美術이 더해진 작품이다.

── 올 겨울에도 참새들은
기관차를 향해 날아들 것이다 ──

作 / 尹 朝 炳
演 出 / 方 泰 守
美 術 / 金 丘 林
照 明 / 金 義 中
기획부 / 이 경 언, 계 선 희, 박 승 배, 이 재 명
제작부 / 이 은 실, 김 명 해, 정 영 숙
진행부 / 엄 경 환, 박 성 수, 이 춘 연, 성 은 재
연출부 / 오 평 국, 고 명 덕, 강 춘 애

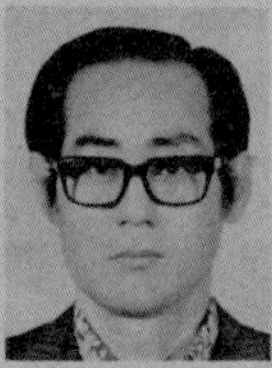
美術 / 金丘林

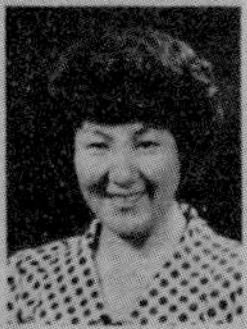
金福姫

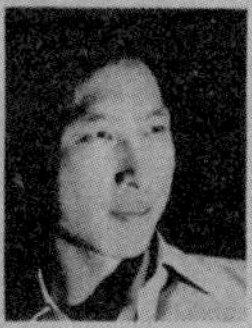
金鍾九

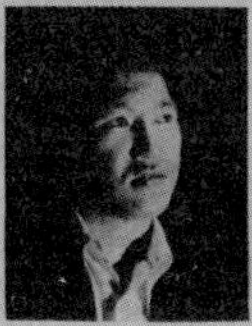
申 国

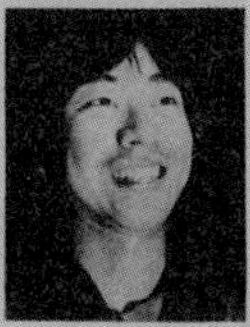
柳鎭奎

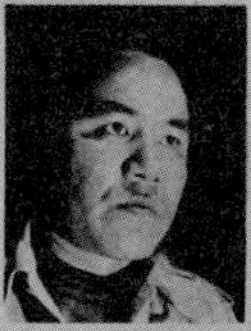
白仁哲

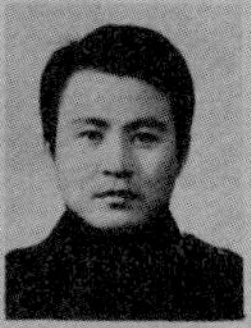
金雄哲

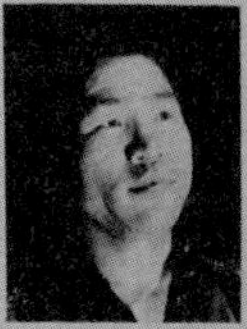
尹 錫

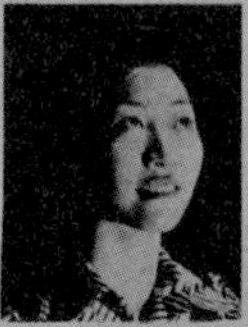
金京媛

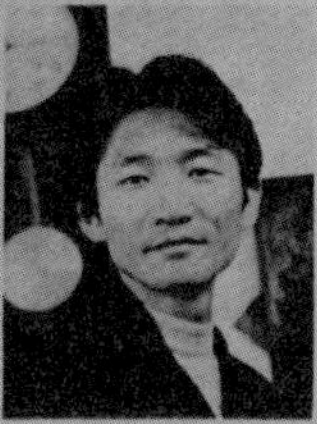
演出 / 方泰守

올 겨울엔 참새들과 이야기를

3년만에 출옥한 한 여인. 그러나 그것은 사건을 재수사하기 위한 형중지 처분일 뿐이다.

여인은 사실을 사실대로 밝혀야할 순간에서 真実인 것의 아름다움을 느낀다.

그 아름다움은 혼자만이 가질수 있는 고통이며, 외로움이며 안개같은 것이다.

그녀는 참새가 되어 현실을 본다.

모든것이 자기에게 달려드는 기관차처럼 거대하다. 그러나 참새는 기관차를 향해 달려들지 않을수 없다. 오늘도 내일도 그리고 올 겨울에도….

허수아비에 달아나고 機関車에 달려드는 人間

어느 몹씨 추운겨울. 건널목에서 차단기가 올라가기를 기다리다가, 熱気를 내뿜으며 무섭게 달려오는 機関車를 向해 쏜살같이 날아드는 참새를 본다. 털이 보드랍고, 색깔이 은은하며, 짹짹소리가 순박해서 친근하게 느껴지는 몸집이 아주 작은 참새가. 그날부터 그 건널목에서 한 女人을 만나기 시작한다.

그 女人은 십여년을 그 건널목에서 살아온, 허수아비를 보고 두려움을 느끼는, 그러면서도 機関車를 向해 날아드는, 참새같은 女人이다.

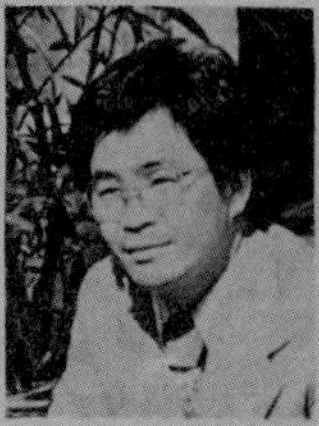
作家 / 尹朝炳

새로운 삶의 확인을

결국 우리는 또 만나게 되었다. 연극이, 미술이, 예술이, 아니 우리의 삶이 끊임없이 되풀이 하는 그 힘겨운 도전 속에 내포된 진실을 확인하는 기회와, 우리들이 추구하는 새로움과 진정한 젊음이 과연 어디로부터 오는가를 새삼 느끼게 된다.

어디에 몸을 던진다는 것… 참새떼들… 달리는 기관차… 연극… 현실… 반복… 창조… 그리고 목이타는 싱싱함 ── 한 사람의 삶의 방향을 결정짓는 것이 생활과 인습의 경암으로 불투명해지고 그 현실에서 자극을 받을 수 있는 것은 우리 내부의 정말 최소한의 연약한 부분, 그 부분의 강하고 큰 힘을 보아야 할 것이다.

오래도록 싱싱한 것은 많이 고통받았다는 것이다. 젊은 에저또에, 젊은연극에, 「참새와 기관차」에서 나는 엿보았다.

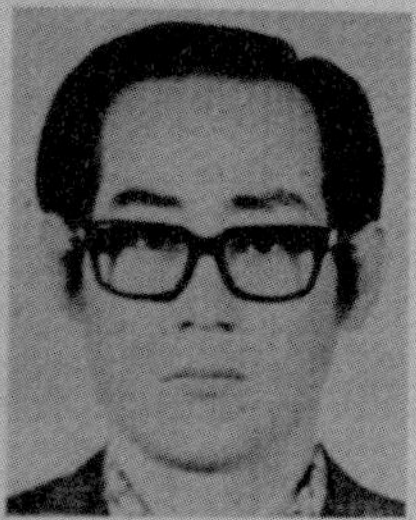
金丘林 / 美術

연극 〈웨딩드레스〉
(각본: 오태석,
연출: 김구림)
팸플릿, 시뮤아송
극단 앵글362,
대구시립종합문화회관.

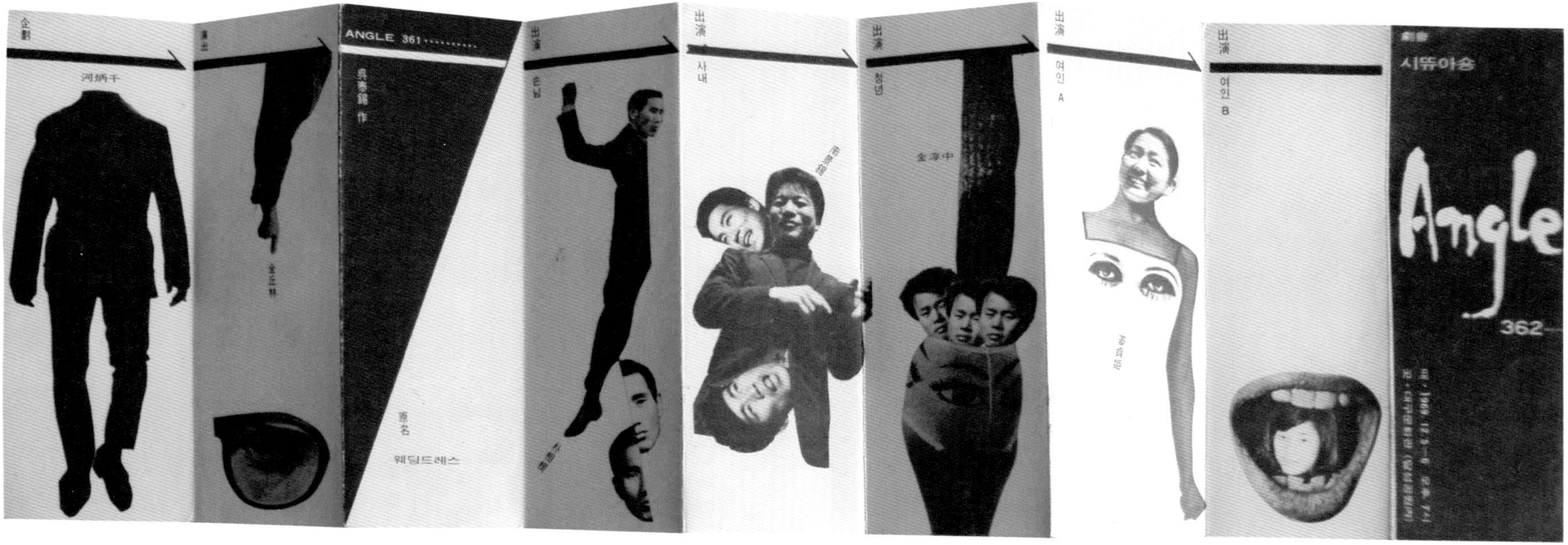

한 것입니다. 춤이 하나의 사물로 보이게 한 거죠. 제가 평면이든 입체에서 꾸준히 제기했던 일상성, 물질성 같은 걸 강조한 겁니다.

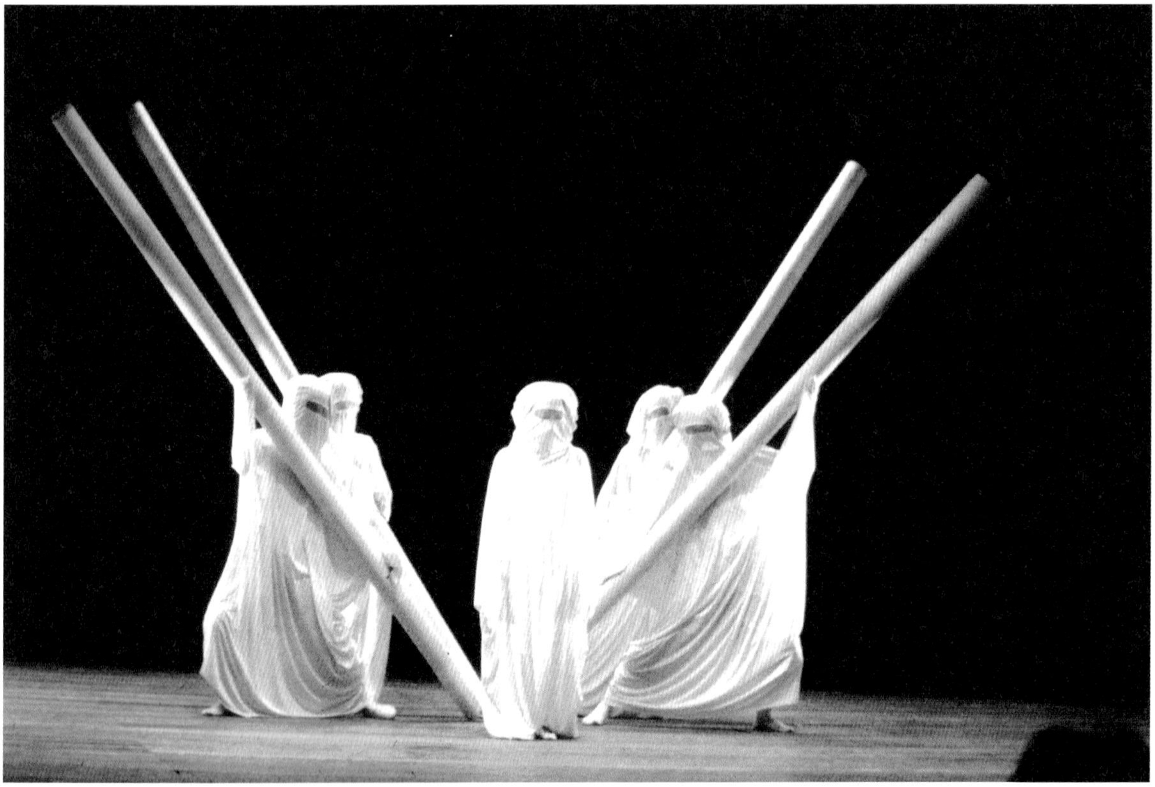

연극 〈이상의 날개
The Wing of
Lee Sang〉
세종문화회관, 1981.

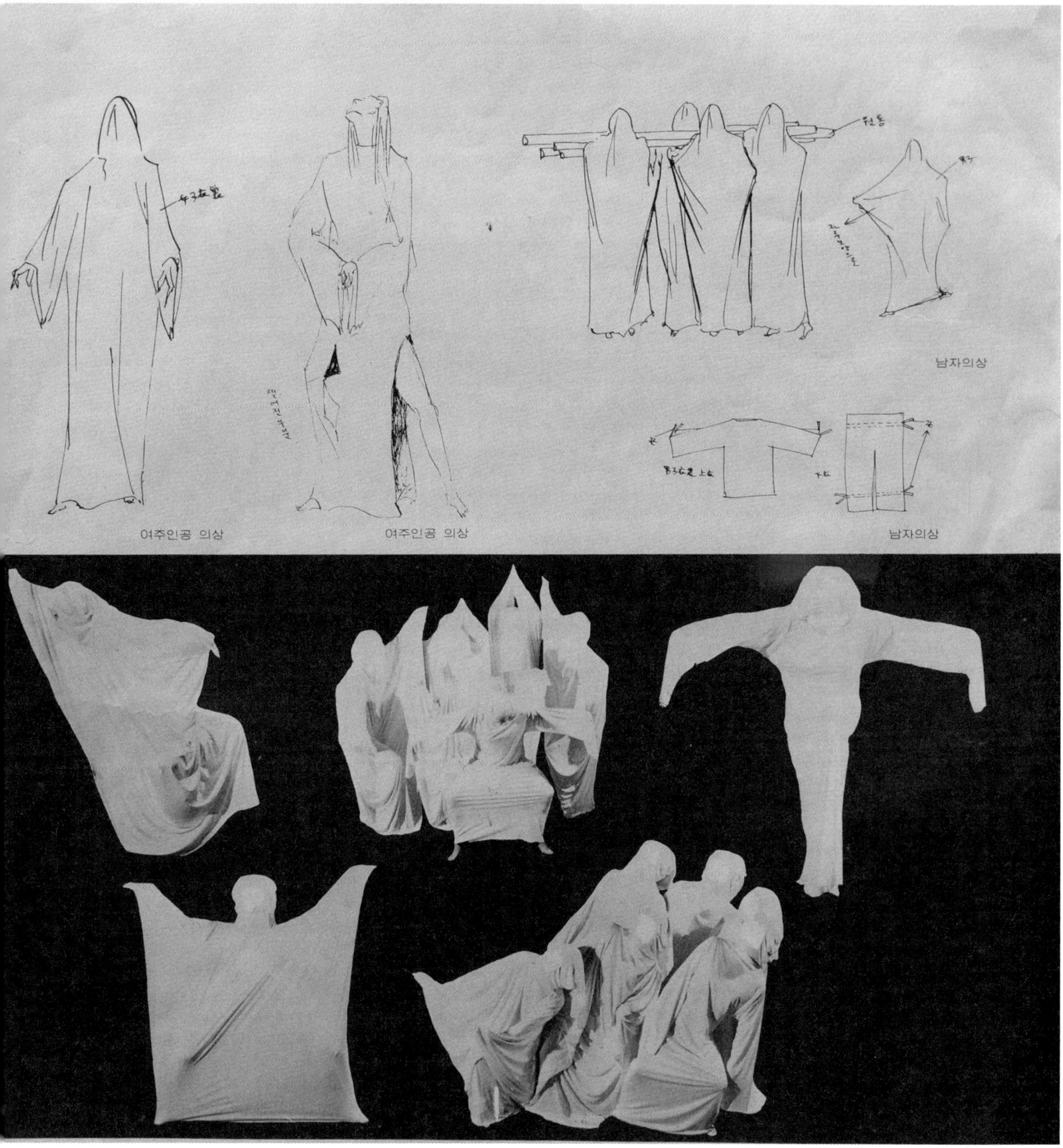

연극 〈이상의 날개
The Wing of Lee
Sang〉를 위한
드로잉(위)과
무대의상(아래),
1981.

'있음'과 '없음'은 더불어 존재한다 (1)

뉴욕에서 발견한 음과 양

〈+ = −〉,
캔버스에 아크릴,
116.8×75cm, 1985.

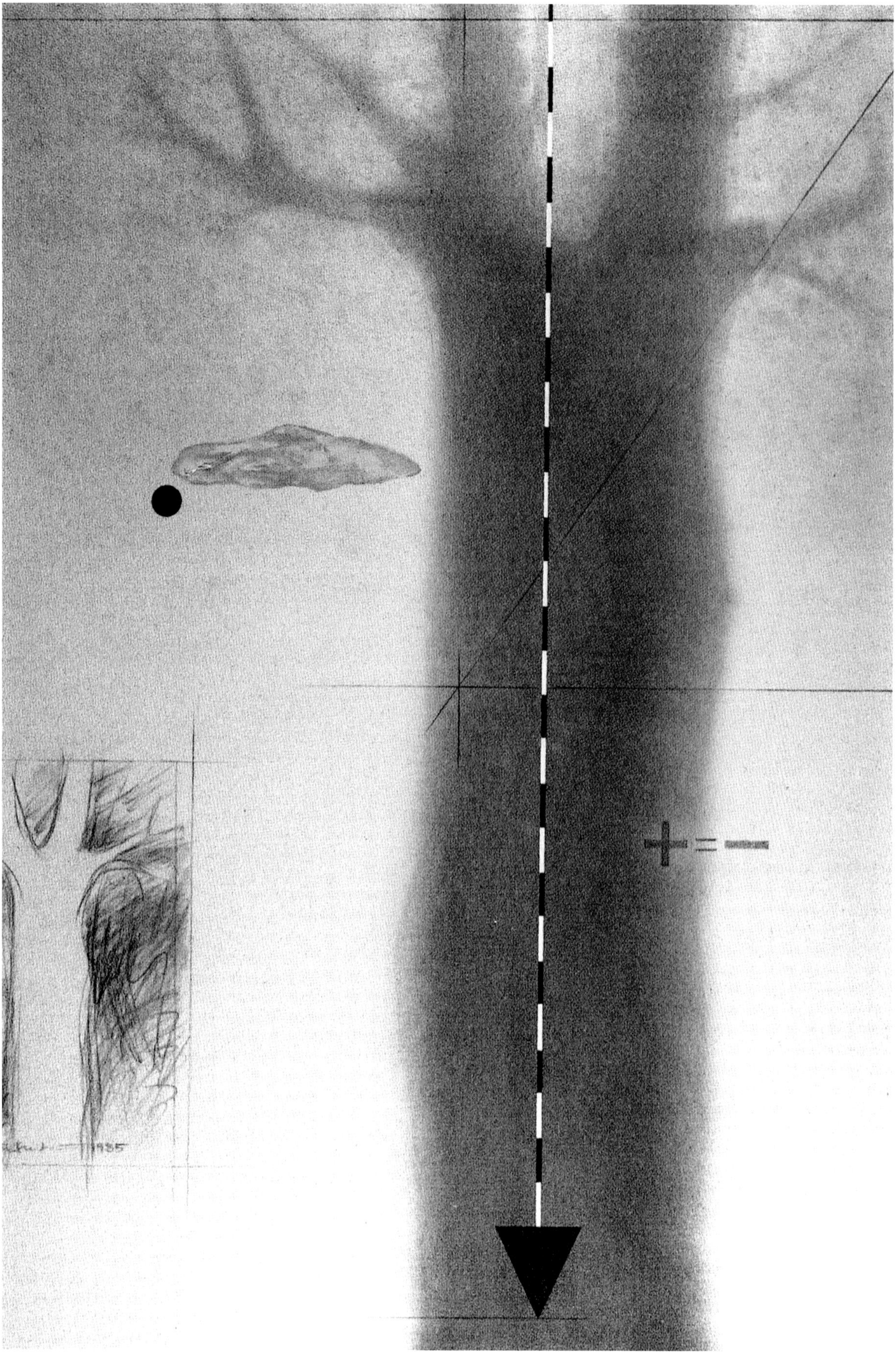

김구림은 1984년 뉴욕으로 떠났다. 학벌 중심의 한국 주류 화단을 견디기 힘들었다. 끊임없는 새로움과 변화 시도가 제대로 수용되지 않았다고 여겼다. 일본에 이어 다시 미국을 돌파구로 삼았다. 뉴욕에 가면 '세계 최고의 작가'가 될 것이라는 미네무라 도시아키의 말도 떠올랐다. 뉴욕에 도착하기 몇 달 전 파리를 거쳤다. 현대미술 중심지였던 파리는 "조상의 혼만 팔아먹고" 사는 관광지로 변했다고 생각했다. 최첨단의 현대미술이 각축하는 뉴욕으로 선회했다. 미국에 대한 비판 의식도 생겨났다.

예술이 전부 다 돈하고 연결되어 있었어요. 국력과 돈만으로 좋은 예술이 될 수도 없는데, 정신적인 것을 잊은 듯 보였어요.

한국과 일본에서는 실제와는 달리 서구적이고 미국적인 파격이란 소리를 듣던 그는 역설적으로 뉴욕에서 '동양'을 발견하고 그 세계로 빠져들기 시작했다. 하지만 뉴욕과 LA를 거친 미국에서도 변화와 실험을 향한 의지는 변함없었다.

〈+ = −〉(←←)는 뉴욕 시절 작품인데, 뉴욕을 느낄 수 없습니다. 미국 체류 때 나무를 주제로 한 작품을 많이 하셨는데요. 조금 극적인 느낌이 듭니다. 주로 공장에서 대량 생산한 일상품을 소재로 쓰시다가 자연을 소재로 하셨는데요.

세계에서 제일 큰 도시에서 살다 보니, 되레 도시 풍경을 그리는 게 아니라 자연을 그리게 되더라고요. 마천루 속에서 자연을 그리게 된 것이죠. 그래도 나무 형상은 센트럴 파크의 것입니다(☺). 형상은 나무 그림자예요. 그때 꿈을 꾼 적이 있는데 꿈속에 나무 그늘의 모습이 죽 나타나더라고요.

자연도 여럿인데, 나무를 택하신 이유는 무엇일까요?

마천루가 일종의 숲으로 환기가 된 거죠. 마천루 이전에 그곳에 나무가 있었을 테고요. 도시 이전 자연의 원형 같은 걸 떠올렸습니다.

화살표와 추를 그려 놓으셨네요.

자연과 정반대되는 것을 집어넣은 겁니다. 표현성에 대한 개념 작업을 해체하면서 동시에 표현성과 개념성을 통합해 작품 세계의 폭을 넓혀 보려고 한 겁니다. 그저 하나의 드로잉처럼 보이려고 한 거예요. 자로 구획을 해 놓고요. 그리다 지운 걸 그대로 놔뒀어요. 꿈속에 있는 듯하면서도 반쯤은 현실로 돌아와 있는 그런 상태를 표현하려고 했죠. 자로 그린 것들, 즉 냉정해 보이는 직선이나 사각의 형태를 흐릿한 나무 그림자의 형상과 대조했어요. 동양의 수묵 기법과 서양의 설계도면 작법을 한 화면에 구현했고요. 기본적으로는 서양화라 볼 수 있지만, 그 속에서 동양적인 것을 느꼈으면 하고 그린 작품입니다. 플러스(+),

마이너스(-), 이퀄(=)은 서양의 합리성이나 이성을 상징하죠. 뉴욕의 마천루 자체, 수직으로 솟아 이룬 빌딩 숲이 수식과 공식에서 비롯된 것이라는 뜻을 담았습니다.

뉴욕에는 1984년에 가셨죠? 미술학교도 들어가셨다고 들었습니다.

미국에 도착해서 뉴욕의 아트 스튜던트리그 Art Student's League**에 들어갔어요. 학력을 쌓으려는 것은 아니었고요. 그러려고 했으면** 1950~1960**년대 한국에서도 할 수 있었어요. 이 학교는 기성 화가들도 많이 다니는 학교입니다. 세계적으로 유명한 화가 중에 이 학교 출신이 많습니다. 잭슨 폴록도 여길 다녔죠. 비엔날레 같은 국제 미술전에 여러 번 참여하다 보니, 미국 미술 조류도 알고 싶어졌어요. 미국 미술학교는 뭘 가르치는지도 궁금했죠. 미국 미술인들과 교류도 하고 싶었고요. 세계 미술 중심지 뉴욕에서 초심으로 돌아가자는 마음도 생겼어요. 오히려 제가 가르쳐 준 것도 있죠(☺). 그 학교에서 판화 교수로 초청하고 싶다는 이야기도 나왔어요. 전제 조건이 '영어만 잘 한다면'이었어요. 학생들에게 가르칠 영어 실력은 안 됐어요. 어쩔 수 없었죠.**

김구림의 누드는 아름답지 않다. 예쁘게 그리지 않으려고 한다. 어떤 형상을 그릴 때 미감이나 장식을 고려하지 않는다. 김구림이 신경 쓰는 것은 개념이다. 1986년의 이 〈누드〉(→)는 좌우 대칭이지만 색감은 다르다. 밝음과 어둠을 대비했다. 빨간 형광도 넣었다. 여체의 살갗에선 고된 노동이나 짙은 병색의 기운을 느낀다. 김구림은 여체의 가랑이를 벌려 놓았다. 그것은 배설이나 출산을 상징하는 듯했다.

1981년에도 〈누드〉를 발표하셨지요. 그때는 여체의 곡선이나 얼굴 윤곽은 알아볼 수 있었는데요. 물론 표정은 지워져 있었지만요. 5년 후의 〈누드〉는 신비하고

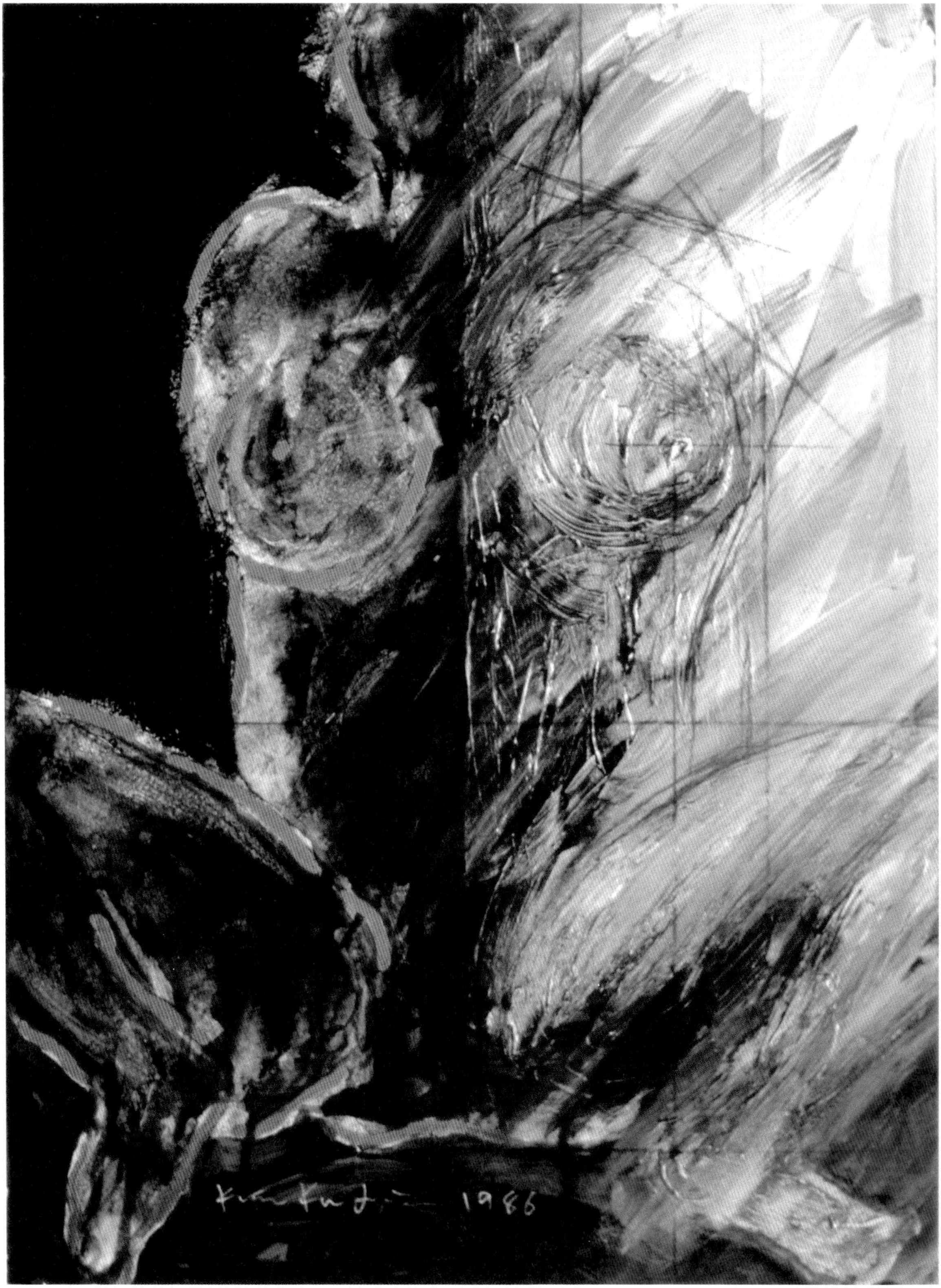

〈누드Nude〉,
캔버스에 아크릴,
61×46cm, 1986.

아름답기는커녕 형체조차 알아볼 수 없군요. 여체가 하나의 덩어리 같은 느낌이 듭니다. 거친 붓질 때문인지, 피부 속의 오장육부를 들춰 낸 느낌도 나고요.

표정을 생략한 것도, 곡선이나 색감을 잘 주지 않은 것도 인간 육체의 본질을 직시하려고 했기 때문입니다. 물질이나 물체의 느낌을 당연히 받을 겁니다. 아름다움은 변하는 거니까요. 더구나 인간의 육체라는 것은 죽고 썩어 문드러지지 않겠습니까.

좌우 색깔을 대비하신 것은 왜 그런 것인가요?

오른쪽 공간이 왼쪽 공간을 흡수하고, 빨간색으로 공간을 분리하려고 했어요. 밝음과 암흑의 세계를 대비하려는 의도도 깔았습니다.

전두환 정권 때일 테니 부동산 개발 같은 게 더 가속화될 때 같습니다. 그때 남성 사회에서 '영계'니 '룸살롱'이니 하는 퇴폐 문화도 많았는데요. 혹시 그런 것을 염두에 두신 건지요?

현대 문명에 대한 비판적인 생각은 오래전부터 있었죠. 1950년대 후반의 평면도 그렇고요. 〈1/24초의 의미〉도 허무함, 암울함 같은 걸 반영했던 거잖아요. 〈누드〉에도 그런 것들이 반영되어 있을 겁니다. 시대 상황이나 문명의 발달 영향도 있었겠죠. 회화의 역사에서 풍경화 못지않게 아름다운 것으로 꼽히는 게 누드화인데, 그런 미적인 고정관념을 타파하려고 했던 게 더 컸던 것 같아요. 아름답지 않은 누드, 되레 더 보기 불편한 누드, 형체를 알 수 없는 누드 같은 것 말이에요. 1986년의 이 작품도 실험이라고 봐야겠지요.

〈산〉(→)이라는 작품은 나무에서 연필이 나온다는 걸 보여 주는 것 같습니다. 연필의 기원, 원형은 나무라는 같은 재료라는 의미를 말하는 것 같기도 하고요. 그런데 연필이 직사각형 모양이네요.

뉴욕 마천루를 상징한 겁니다. 연필이 나무에서 나왔지만, 인공의 산물이죠. 자연과 인공의 대비를 해 놓은 것이죠. 마천루도 결국 가장 인위적이고, 인공적인 것의 집합체니까요. 저 나무는 '심상'의 나무입니다. 가상으로 만들어 낸 거죠. 곧은 선은 나무 자를 사용해서 그렸어요. 자와 연필이 문명의 산물인 동시에 나무로 만들어진 것이기 때문에 자연의 산물이지만 허상으로 표현한 나무와 대칭한 겁니다. 허상과 실상의 대비, 표현적인 것과 도상적인 것을 대비시킨 것이죠.

급작스러운 느낌이 있습니다. 일상 생활용품에서 다시 자연으로 돌아간 것이요.

저만의 예술관 때문이죠. 예술이 시대적 환경을 무시하고, 지난날을 동어반복만 한다면, 그저 쓸모없는 자기 유희일 뿐입니다. 〈산〉이란 작품은 언뜻 그저 자연의 모습으로 보일 수 있습니다만, 문명에 관한 문제의식도 넣었던 것이죠.

김구림의 〈나무〉 시리즈는 1988년 다시 변곡점을 지난다. 실제 나무를 캔버스에 옮겨 '심은' 것이다. 〈풍경과 나무〉(→→)가 그것이다.

이중삼중의 장치를 해 놓으셨군요. 실제 나뭇가지를 옮겨 놓고, 그 위에 다시 나무를 그리고요. 흰 종이를 붙이신 건가요?

흰 종이는 아닙니다. 나무를 화면에 먼저 붙였어요. 잡지에서 먼 산이 보이는 어촌 풍경을 오려서 붙였죠. 그 위에

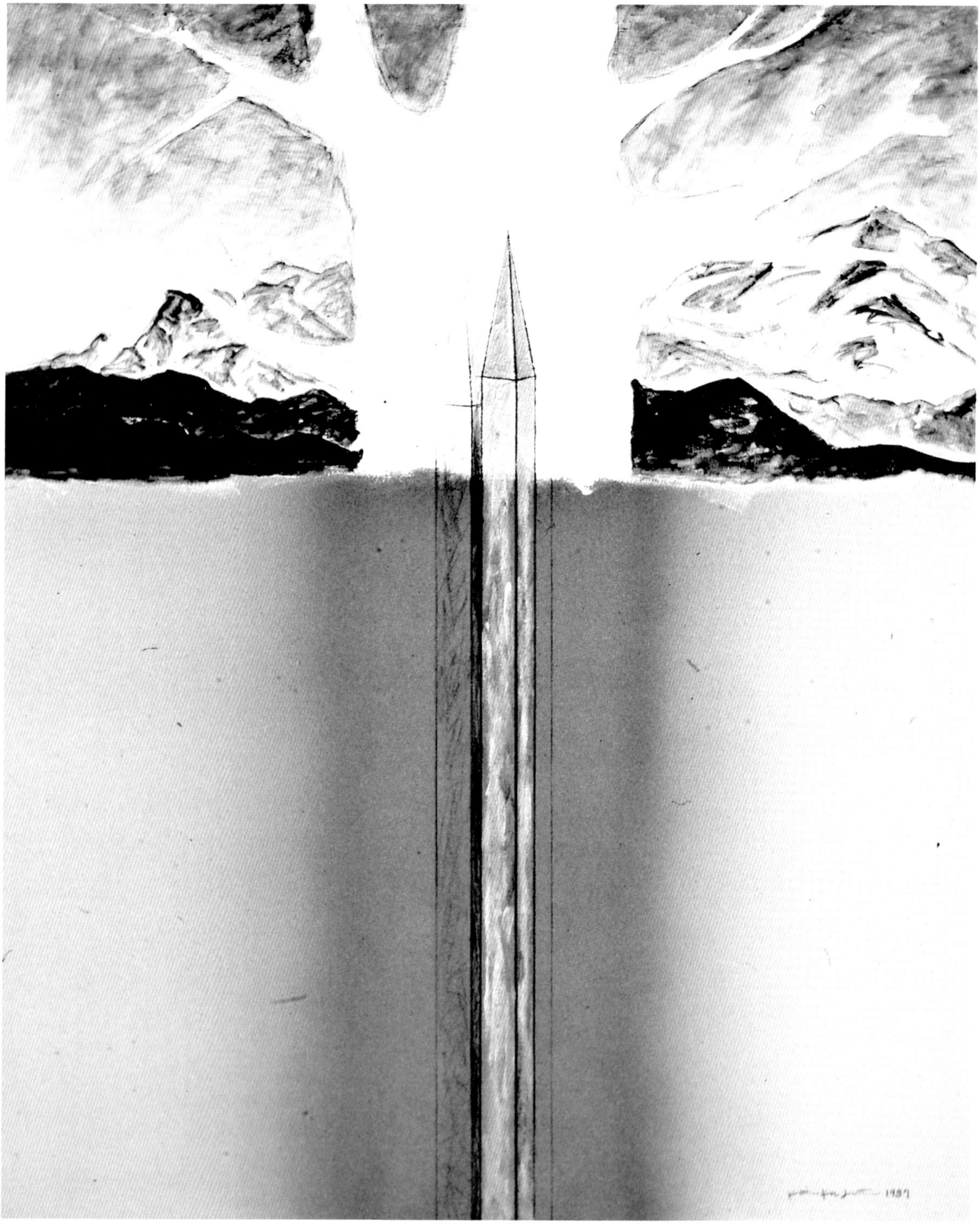

〈산Mountain〉,
캔버스에 아크릴,
173×142cm, 1987.

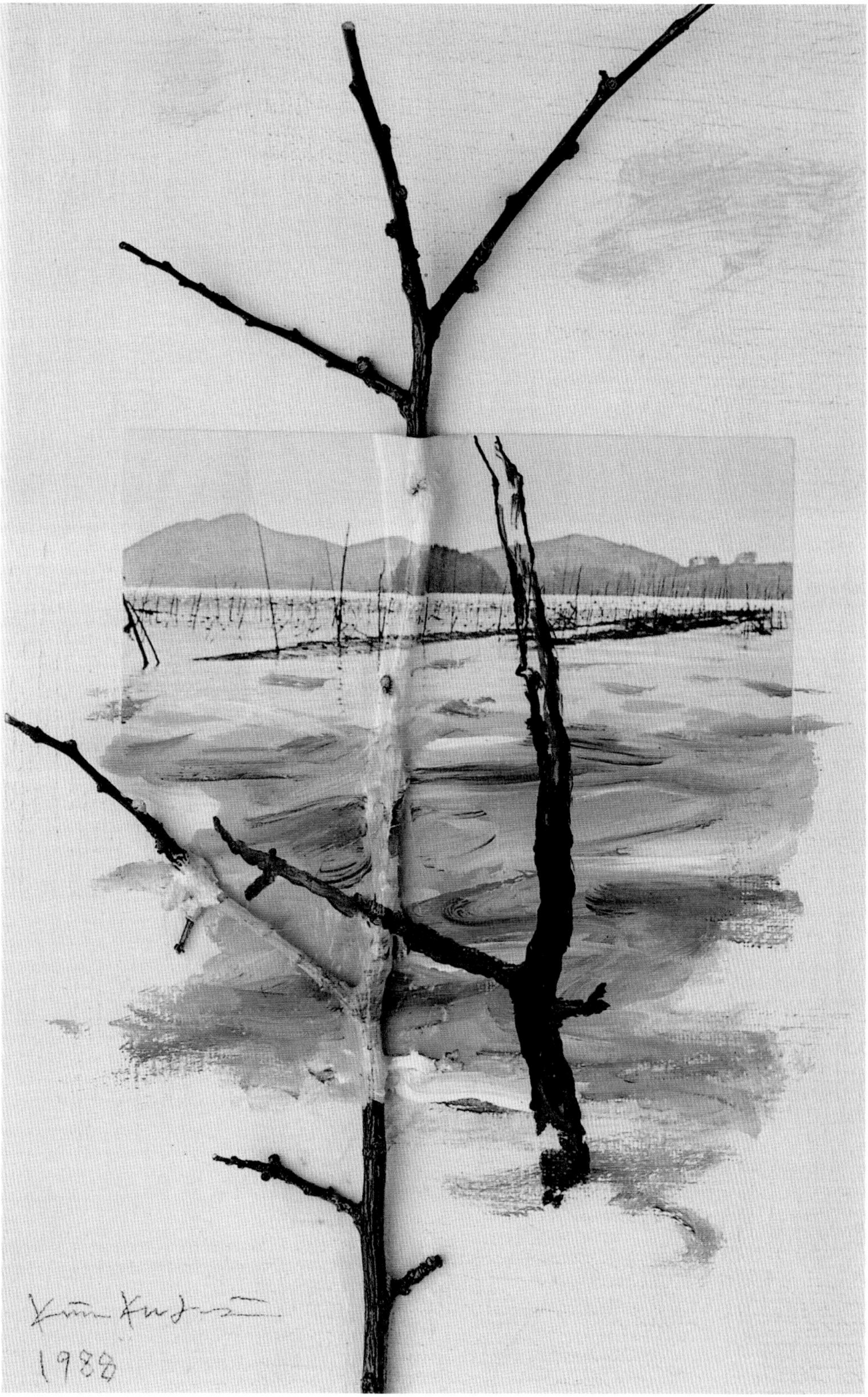

〈풍경과 나무
Landscape and tree〉, 캔버스,
종이와 나뭇가지
위에 아크릴,
25×17cm, 1988.

다시 붓질했어요. 붓질이 들어간 나무 모양이 풍경 속에 흡수되어서 사라져 버렸죠. 그 옆에다 똑같은 모양으로 가상의 나무를 그렸습니다. 실제 나무는 사라지고, 가짜 나무는 풍경 속에서 되살아 나오는 걸 이 작품에서 보여 주는 거죠. 가짜가 진짜 행세하는 걸 표현하려고 한 겁니다.

어떤 게 붓질이고, 또 실제 나무인지 헷갈리게 하신 것 같은데요. 잡지 사진이나 실제 풍경도 구별이 안 되는데요.

내 감정이나 행위가 들어간 것과 들어가지 않은 것을 대비한 거예요. 풍경은 제가 똑같이 그릴 수도 있지만, 일부러 잡지 속 풍경을 떼어 온 것이에요. 행위와 감정이 들어간 제 붓질로 만든 풍경과 잡지의 인쇄된 풍경이 화면 안에서 서로 맞물리게 구성한 겁니다. 여러 번 말씀드린 것이지만, 나뭇가지라는 자연과 잡지라는 인공의 대비도 이 안에 있습니다.

〈풍경과 나무〉에서도 '그리다 만 듯한 그림'을 시도하신 것 같습니다.

잡지에서 오린 것 말고는 다 그렇게 그렸죠. 화면은 이중삼중으로 분할되어 있어요. 진짜 나무는 풍경 밖에서도, 풍경 안에서도 존재하죠. 풍경 밖에서는 진짜 나무 형태이지만, 풍경 안에서는 진짜 나무는 흡수되어 사라집니다. 그리고 제가 붓질한 가짜 나무, 덧칠한 나무가 있는 거죠.

진짜 나무는 캔버스 풍경에서 소멸하고, 나무 그림자만 풍경에 남는다. 미술평론가 김찬동은 김구림의 이런 특징을 이렇게 읽어 냈다.

"이질적 속성을 가지는 대상들을 대립시킴으로 실재와 가상, 오브제와 이미지 등의 상관성을 통해 제3의 가상실재의 문제를 제기하고 있다. (…) 이중구조 내에서 이질적이고 대립적 요소들의 즉각적인 상충을 통해 나타나는 강한 파열 효과를 통하여 결과적으로 대립의 화해로 나타나는 새로운 세계를 구현한 것이라 할 수 있다.
1980년대 중반 이후 김구림의 작품 세계는 줄곧 실상과 허상, 유기적 사물 형상과 비유기적 기하학 형상, 표현적인 것과 이미지적인 것, 사실과 추상, 동양과 서양의 요소들이 공존되며 명암 대비를 통한 극명한 분할 관계가 〈음과 양〉 시리즈로 집약된다."☜

김찬동, 「김구림: 해체와 유목적 사유 – 현존과 흔적」, 『미술과 담론』 8호, 2000.

미술사학자 윤난지는 이 작품에서 1960~1970년대 김구림이 시도했던 '캔버스 밖으로'의 자세를 떠올린다.

"이렇게 공간적, 시간적으로 예술의 안과 밖을 넘나드는 그의 태도는 실질적으로 미술관이나 화랑 등의 제도 공간 밖으로 나아가는, 다시 말해 제도 공간 밖에서 안을 말하는 양상으로 나타난다."☜

윤난지, 「김구림의 '해체'」, 『김구림, 잘 알지도 못하면서』, 서울시립미술관, 2013, 44쪽.

이제 작품을 둘러싸고 종종 등장했던 김구림의 '음과 양' 개념에 관해 이야기해야 할 때다. 세상의 상반된 양상의 '대비'를 둘러싸고 고민해 온 김구림이 1980년대 후반부터 시작하여 지금까지도 지속하고 있는 연작의 제목이기도 하다. 그는 앞서 "다른 것 같으면서도 결국 하나라는 생각", "'있음'은 곧 '없음'의 상대성이고 있음과 없음은 더불어 존재한다."는 식으로 '음양'을 설명했다. 미술평론가 로베르타 카라소는 김구림의 음양 개념을 다음과 같이 설명했다.

"음과 양의 양면성은 하늘과 땅, 남자와 여자, 빛과 어둠처럼 존재의 일원성이 나타내는 두 가지 모습을 뜻한다. 이 전체성을 이해하지 못하고 단면만을 보게 된다면 필연적으로 모호함이 나타나기 마련인데, 예를 들어 하늘을 이해하지 못하고 땅만 생각한다면 우주는 불완전한 모습으로 확실치 못한 우주관을 제공하게 되는 것과 마찬가지이다. 그러나 전체성을 생각한다면, 그 전체성을 완벽히 이해하지 못하더라도 모든 사물의 더욱 완전한 이해에 접할 수 있게 되는 것이다. 아울러, 음과 양에는 또 다른 이면이 있으며 그 점이 바로 김구림의 예술을 지배하고 있는 면이기도 하다. 음과 양의 양면성은 서로 화합할 수

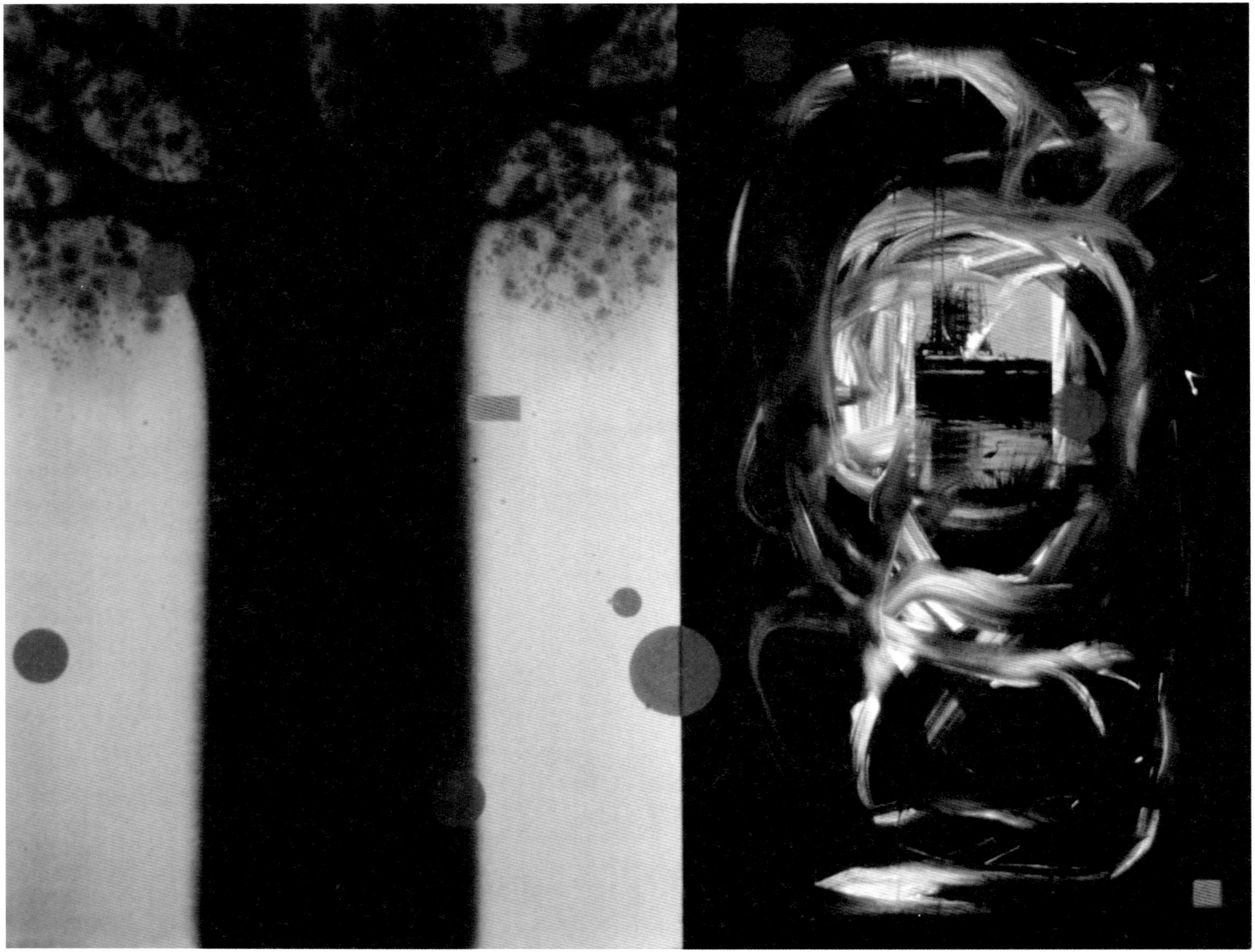

〈음과 양Ying and Yang 63〉, 캔버스와 찢은 잡지에 아크릴, 162×208cm, 1988.

있으며 둘이 화합할 때 둘의 특성을 보존하지만, 전혀 새로운 제3의 형태가 창조된다는 것이다.”☜

Roberta Carasso, “The art of Ku-Lim Kim”, Ku-Lim Kim, The Modern Museum of Art, Santa Ana, CA, 1991, p.7

김구림은 〈음과 양〉 시리즈에서 분할한 화면 구성을 선보인다. 분할(2분할 또는 3분할)된 작품은 대상이 되는 사물이나 풍경이 시간 흐름에 따른 변화를 보여 주는 연속적인 것들도 있고, 각각의 평면이 대비, 대조되는 것들도 있다. 1988년 작품 〈음과 양 63〉(←)은 후자의 경우다.

오른쪽 화면에는 화학물질 또는 핵연료 공장 같아 보이는 사진을 잡지에서 뜯어내 중앙에 붙였다. 그 위에 일종의 액션페인팅으로 붓질을 집어넣었다. 음과 양의 대비와 대조는 이중이다. 오른쪽과 왼쪽으로 나뉜 화면의 구성과 내용이 하나의 음과 양이라면, 액션페인팅의 기법과 초록색의 도안은 또 다른 음과 양이다. 김구림은 화면 여러 곳에 컴퍼스로 동그라미를 그렸다. 회색과 검은색 바탕에 녹색 동그라미로 대비 효과를 살렸다.

이 작품을 두고 김구림은 이렇게 말했다.

> **자연과 문명, 삶과 죽음, 과거와 현재, 현대와 미래, 실재와 허상, 의미와 기호 등 양 극단 요소들의 대비와 연계를 통해 하나의 작품을 구조화시켜 음양의 개념 내에서 다양하게 변용해 보았다.**

소재나 주제도 눈여겨봐야 한다. 원로 작가 중에 ‘핵 문제’를 다룬 작가는 거의 없다. 김구림은 일찌감치 전쟁과 기아, 핵무기 등의 주제를 끌어왔다.

'있음'과 '없음'은 더불어 존재한다 (2)

3분할 화면의 시도

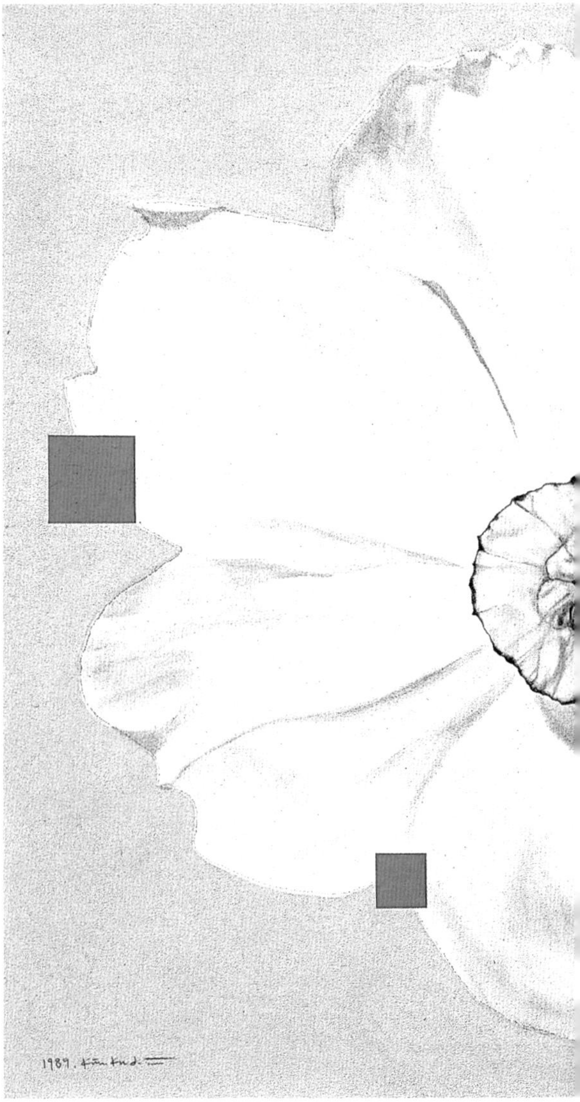

〈어머니〉,
캔버스와 찢은
잡지에 아크릴,
162×289.5cm,
1988~1989.

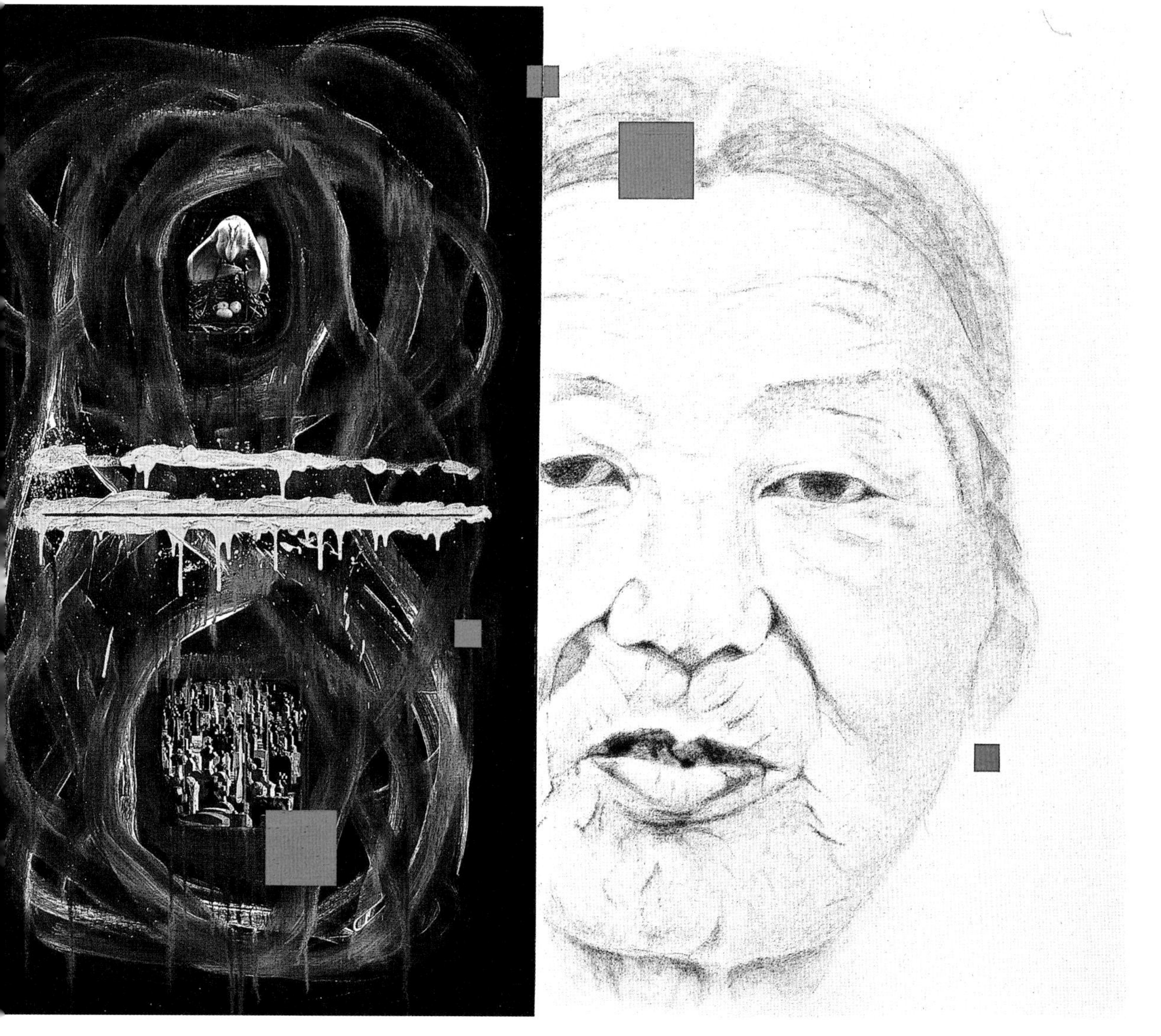

이 3분할 작품(←)에서 오른쪽은 선생님의 어머니로 보이는군요.

맞습니다. 어머니가 1970년대 후반에 돌아가셨는데, 이후 10년을 틈틈이 구상해 그린 겁니다.

많은 화가가 어머니를 그렸다. 컨스터블, 마네, 고흐, 고갱, 실레, 샤갈, 피카소, 오토 딕스, 호크니, 루시앙 프로이트 같은 이들이다. 미술사학자 줄리엣 헤슬우드는 "화가들은 왜 자신의 어머니를 그렸을까?"라고 자문하며 "어머니들은 매우 정직하게 그려졌고, 그 그림들은 어떻게 보면 거칠게 느껴질 정도로 사실적"이라고 공통점을 밝혔다. 그리고 이런 말을 했다. "화가는 늙어 가는 육신의 모습에 매혹된 나머지 비록 그 얼굴이 혈육의 것이라 해도, 자연의 냉엄한 변화를 속속들이 그려 낼 태세가 되어 있다."고. 김구림도 어머니 도순매를 그렸다. 그는 입술 주위의 깊숙한 주름으로 늙어 가는 얼굴을 사실적으로 묘사했다. 이어 꽃 한 송이를 반대편에 배치하고, 잘 알 수 없는 형태의 추상화를 가운데 넣었다.

줄리엣 헤슬우드, 『어머니를 그리다』, 최애리 옮김, 아트북스, 2010, 6쪽.

흰 꽃은 왜 그리셨어요? 가운데는 〈태양의 죽음〉이나 〈묘지〉 같은 초반기 작품이 떠오르는데요.

왼쪽은 백합입니다. 어머니 마음이 백합 같았죠. 백합의 꽃말이 '순결', '변함없는 사랑'이에요. 가운데는 음양의 문제, 삶과 죽음의 문제가 녹아 있죠. 윗부분은 학이 날개로 알을 품고 있는 모습이고, 아래는 공동묘지입니다. 저를 낳아 주신 어머니도 할머니의 뱃속에서 나왔겠지요. 그런 생각을 표현해 본 거로 기억합니다.

가운데 금색이나 녹색 사각형의 의미도 궁금합니다.

밝고 어두운 것을 기하학적 문양으로 표현한 것이죠. 금색은 제 마음속 눈물을 표현한 거고요.

어머니에 관한 어떤 기억을 작품에 반영하셨나요?

실은 집에 가족앨범이 없어요. 아무것도 없어요. 그것 때문에 가끔 울곤 했어요. 아버지, 어머니, 누나, 할머니 사진도 내 학창 시절과 군 근무 시절도 사진이 하나도 없어요. 이혼한 전처가 이혼 소송 과정에서 다 불태워 버렸어요. 참 기막힌 노릇이죠. 제 중요한 작품도 다 태워 버렸어요. 딸아이도 전처 때문에 내게 전화도 못 하고요. 제가 사실적인 그림이나 인물화도 잘 그리지만, 거의 그리지 않았어요. 이 작품은 어머니 사진이 없어서 그런 이유도 있어요. 제 가슴에서 피눈물이 나요. 죽을 때까지 어머니를 못 잊습니다. 평생을 금이야 옥이야 하면서 저를 위해 사시다가 돌아가셨어요. 내가 책을 좋아했는데, 가세가 기울고 나서 외상으로 책을 사면 어머니가 나 몰래 책값을 갚곤 했어요. 지금도 기억합니다. 한밤중에 정화수를 떠 놓고 나를 위해 빌던 모습을요.

병원에 들어가시기 전 얼굴에 좀 부기가 있을 때 모습입니다. 그나마 정정하실 때를 떠올려 그린 겁니다. 어머니가 신장염으로 오래 고생하셨는데, 그 사실을 숨기셨어요. 작품 한답시고 어머니 병도 못 챙겨 자책도 많이 했죠. 제때 입원을 못 시킨 아버지를 원망하기도 했고요. 어느 날 아버지가 느닷없이 전보를 날리셔서, 고향에 내려갔더니 앙상한 뼈마디만 남은 어머니가 저를 기다리는 겁니다. 택시 타고 대구 동산병원에 입원시켰습니다. 병원에서 돌아가셨어요. 이 세상이 다 무너지는 거 같았죠. 3년을 아무것도 하기 싫고 해서 실의에 빠져서 지냈어요. 어머니와 관련된 첫 기억은 분명하진 않는데 다섯 살 무렵이었던 것 같아요, 어느 눈바람 휘몰아치던 겨울이었어요. 경북 의성역에서 기차를 내려서 시골 외갓집으로 걸어갔던 거 같아요. 어머니가 나를 들쳐 업고 바람이 새어들지 않게 자꾸 포대기로 덮어 주던 기억은 선명해요. 아마 어린 나는 바깥세상이 궁금해서 꼬물거리며 포대기를 들추고 있었겠죠. 어머니의 따스한 체온은 지금도 느껴져요. 포대기 사이로 비치던 시골 풍경도 뚜렷합니다. 병원에서 돌아가시기 전 대소변을 보시기 어려우셨는데, 제가 등에 업고 화장실에 모시고 가곤 했어요. 내 등에, 내 두 다리에 의지하신 거죠. 저 그림엔 사실 이런 이야기들, 기억들이 녹아 있습니다.

김구림의 그림 〈어머니〉에서 브레히트의 시 「나의 어머니」가 떠올랐다.
“그녀가 죽었을 때, 사람들은 그녀를 땅속에 묻었다.
꽃이 자라고, 나비가 그 위를 날아간다.
체중이 가벼운 그녀는 땅을 거의 누르지도 않았다.
그녀가 이처럼 가볍게 되기까지 얼마나 많은 고통을 겪었을까.”

1989년 김구림은 작업실을 뉴욕에서 LA로 옮긴다. 그는 작품이란 시대, 상황, 장소에 따라 변하기 마련이라고 말한다. 변화의 DNA가

각인된 셈이다. 그는 LA에서 뉴욕과는 또 다른 작품을 선보인다. 뉴욕 시절에는 자연과 도시, 문명에 대한 문제를 제기했다면, LA로 이주한 후에는 시사성이 깊이 내포된 작품들을 잇달아 선보였다. 지속적인 문명 비판의 기조 속에 한국전쟁, 베트남전쟁, 아프리카 내전과 기아 같은 국제적인 전쟁과 죽음에 관한 문제가 작품 속에 녹아 들어갔다. 스케일이 커졌고 형식적으로도 변화가 생겼다. LA에서는 3등분 분할 작품을 본격적으로 시도했다. 대체로 대작이었다. 〈음과 양 90-L37〉(→)은 전쟁 이미지를 콜라주하고 평온한 도시의 일상과 격렬한 전쟁터의 대비를 3분할 작품에 반영한 것이다. 김구림은 3분할 작품에 관한 생각을 정리한 메모를 보여 줬다.

하나의 캔버스를 3등분으로 분할하면 어떠한 풍경이나 이미지를 붓이라는 매개체를 통하여 분할된 면마다 본래의 화상을 차츰 다른 형태로 탈바꿈시켜, 존재하는 것으로부터 재창조하는 모습을 보여 준다. 이러한 과정은 화면의 형식성을 불식시킨다. 암시적으로 그림이라는 순수한 의미와 최소한의 형태적 관련성만은 나의 손끝에 의해 실상이라는 대상과 그림이라는 문제를 확고하게 검증한다. 또한 화면의 소재의 의미성과 전연 걸맞지 않은 선이나 원, 면 등을 이미지 속에 등장시켜 전체를 하나로 묶어 존재케 하여 의미와 무의미, 음과 양의 세계를 열어 보인다.

활동 무대를 뉴욕에서 LA로 옮기셨는데요.

캘리포니아 산타애나 현대미술관에서 개인전 초대를 받았습니다. 이 미술관이 동양 사람을 초청한 건 제가 처음입니다. 이름은 기억나지 않지만, 미국에서 활동하는 다른 일본인 작가와 경합이 붙었다고 들었어요. 보통 외국 미술관에서는 2~3년 전에 전시 스케줄을 잡아요. 서울시립미술관 회고전 때는 7월 전시를 1월에 연락받았지요. 아쉬운 부분입니다. 여하튼 미술관 측과 이야기를 해 보니까 큰 작품이 필요하다고 그러더군요. 뉴욕은 물가가 비싸요. 내 생활비로는 큰 스튜디오를 못 찾겠더라고요. LA 쪽을

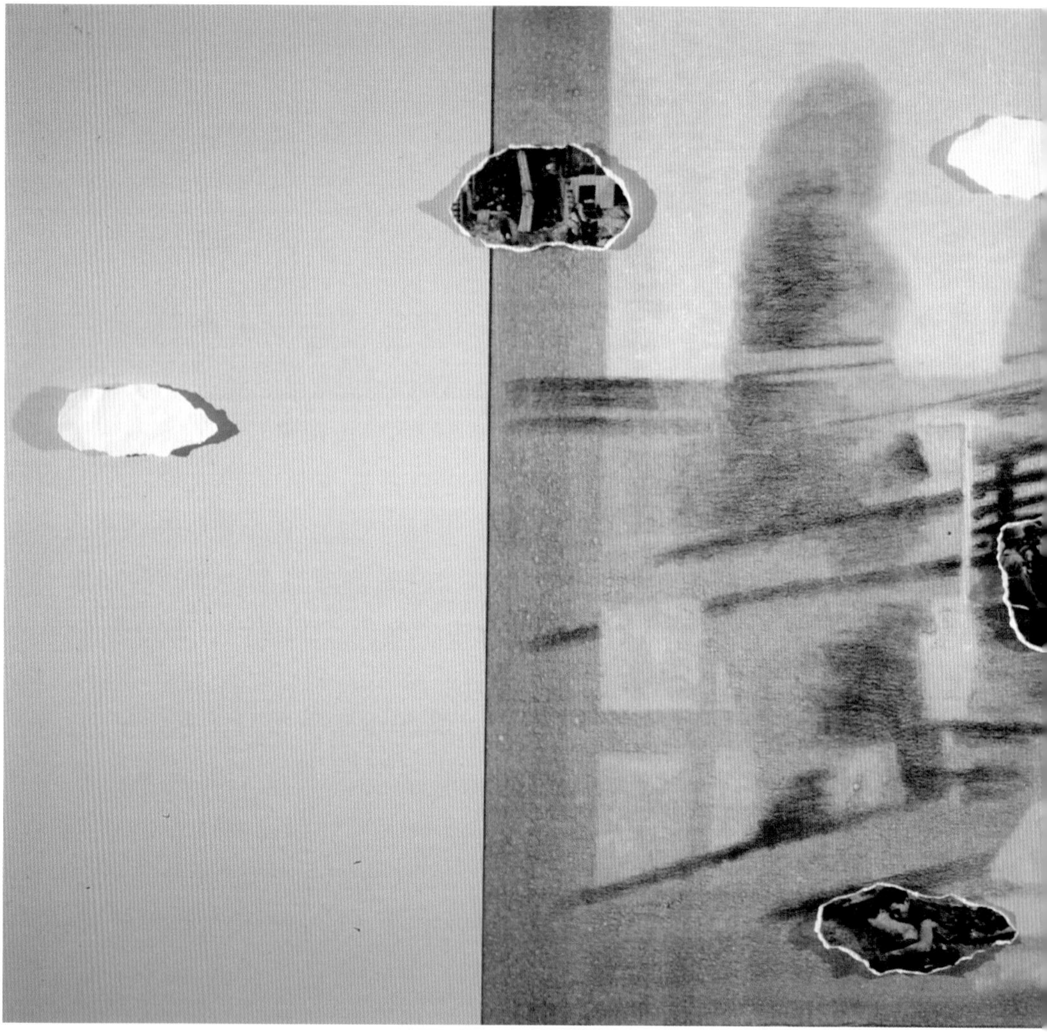

〈음과 양Ying and Yang 90-L37〉, 캔버스에 혼합매체, 112×274cm, 1990.

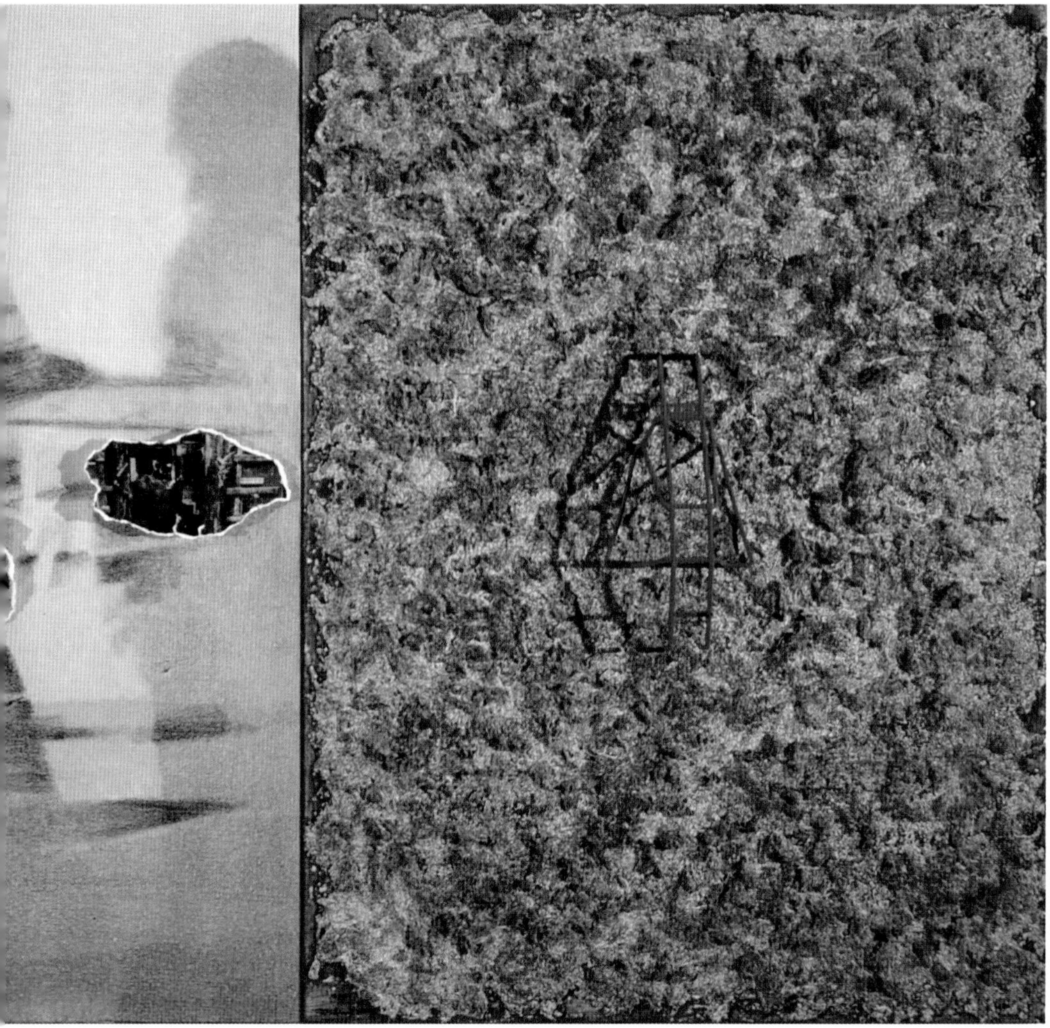

알아보니까 뉴욕의 딱 절반 값이었어요. 뉴욕에서 만들어서 LA의 산타애나미술관으로 보내면 운송비만 해도 만만치 않았죠. 그래서 LA로 간 겁니다. 짐은 뉴욕의 지인한테 맡기고, 잠시 거주지를 옮긴 거죠.
작가들을 위한 아티스트 스튜디오가 있었어요. 천장도 높고요. 그 공간에 들어가게 됐어요. 거기 들어가는 게 무척 힘들어요. 거기 갔더니 미술관 쪽에서 평론가 한 명을 정해 놓았더군요. 로베르타 카라소라고 꽤 실력 있는 여성 평론가였어요. 그리고 미술관에선 2, 3개월마다 한 번씩 그 평론가를 제 작업실에 보내서 상황을 살피게 하더군요. 이것저것 자꾸 질문하고, 내 생활 모습을 스케치를 해 갔어요. 산타애나미술관 전시의 서문을 썼죠. 보통 전시는 몇 개월씩 하는데 제 전시 전에 그곳에서 세계적인 작가 데이비드 호크니가 큰 전시를 했죠. 1989년도였을 겁니다.

〈음과 양 90-L 29〉(→→)는 대작이네요. 3분할 화면인데, 각각의 화면이 독립적으로 보입니다.

세 화면의 소재가 달라요. 왼쪽 화면은 『라이프』지 보도 사진을 오려 붙인 겁니다. 드문드문 공간을 두면서 붙여 나갔어요. 가운데 화면은 저승 같기도 하고, 물속에 어른거리는 것 같기도 한 모습을 그렸어요. 자세히 보면, 가운데 부처 형상이 나타납니다. 부처 가슴에 동그란 금색의 볼록렌즈 모양의 반구를 잘라 놓은 오브제를 붙였어요. 실제 작품을 보면 유리구슬 같아 보여요. 부처의 둘레는 평면적으로 보이지만, 가운데를 보면 입체죠. 오른쪽에는 수묵화 같은 시도를 했어요. 뫼 산山과 내 천川을 제 나름대로 형상화한 겁니다.

오른쪽 화면은 상당한 힘이 느껴집니다. 선화禪畵 같기도 하고 서예의 대가가 거침없이 획을 그은 듯합니다. 왼쪽 화면의 추상화나, 가운데 반추상 같은 것들만 하셨으면 인기가 있으셨을 텐데요(☺).

그런가요?(☺). 그림 파는 데는 지금도 그때도 별 관심 없었으니까요. '뮤지엄 작가'를 목표로 한 것이죠. 제 자부심의 근거이기도 하고요. 국내외 유수의 미술관들이 제 작품을 소장하고 있으니까요. 저 때는 미국에 있다 보니까 한국적인 것, 동양적인 것을 고민하다 아주 직접적인 표현 양식이라 할 수 있는 서예 기법을 차용한 겁니다. 3분할 화면은, 제 분할 작품들이 다 그렇듯이 연계가 되어 있어요. 각각 하나의 화면이지만, 일종의 스토리 라인이 이어지는 것이지요. 암울한 현실과 수행과 열반, 또 산과 내를 형상화한 것은 미국에 있을 때 느꼈던 고향에 대한 그리움이라고 할 수 있지만, 보도 사진이 나타내는 암울하고 비참한 현실과 견주어 보면, 이상향이라고 볼 수도 있어요.

이 작품 말고도 불상 오브제를 자주 쓰셨는데요?

다른 작품에선, 낚싯줄 같은 거로 불상을 얽어매기도 했어요. 세상의 고뇌, 생로병사의 숙명이 불상에 얽힌 것이죠. 그 작품도 『라이프』지 보도 사진을 찢어서 오브제로 사용했어요. 데모하는 사진을 사용했습니다. 불교 사상과 이 세상의 혼란함, 불 지르고 각목으로 때리고, 사람이 피 터져 죽어 가는 세상을 대비시킨 겁니다. 시사 잡지에서 다루는 사진은 LA에 있을 때 세상에서 벌어진 중요하고 심각한 사건을 찍은 것들이죠. 굶주림에 허덕이는 흑인 아이들, 사람의 뼈다귀, 미국 야구장의 관객, 자연의 동물 같은 것을 담았어요. 아프리카에서는 기아로 사람이 죽어 나는데, 지구 다른 한쪽에서는 스포츠, 도박이 유행하고 있습니다. 이런 세상, 저런 세상이 있는 거죠. 그게 음과 양이고요. 같은 지구상에서 상반된 일들이 벌어집니다.

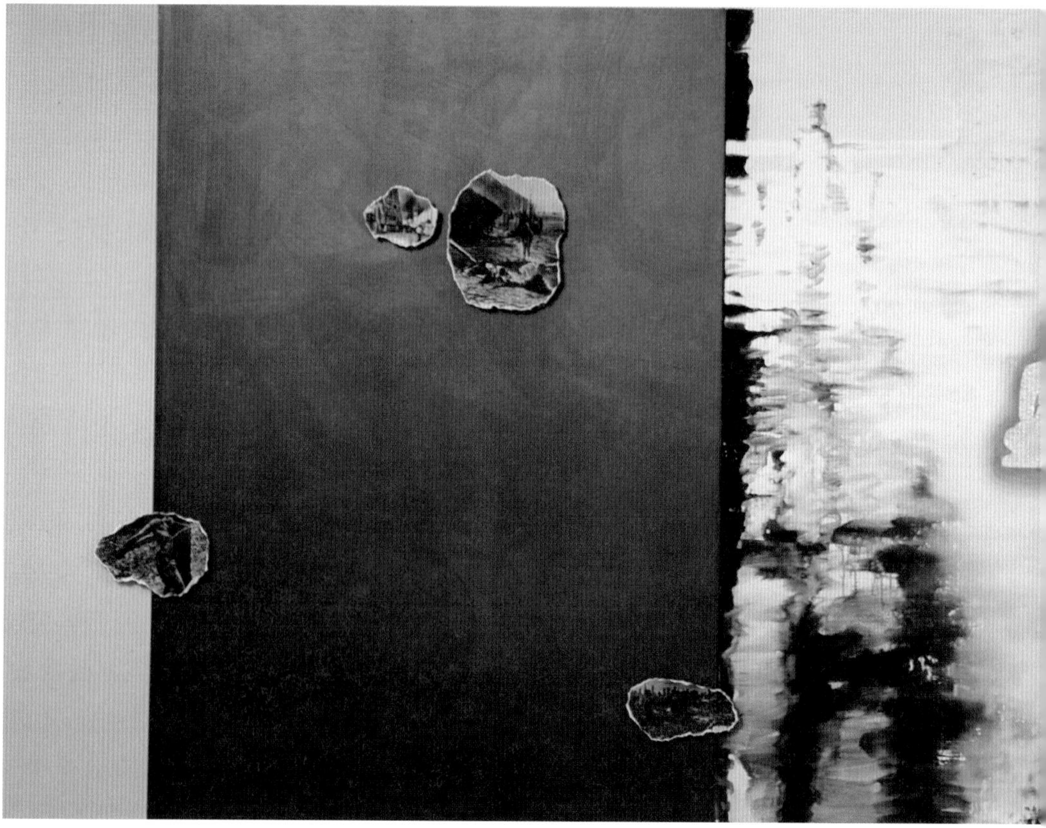

〈음과 양Yin and Yang 90-L 29〉, 캔버스에 아크릴, 사진, 183×521cm, 1990.

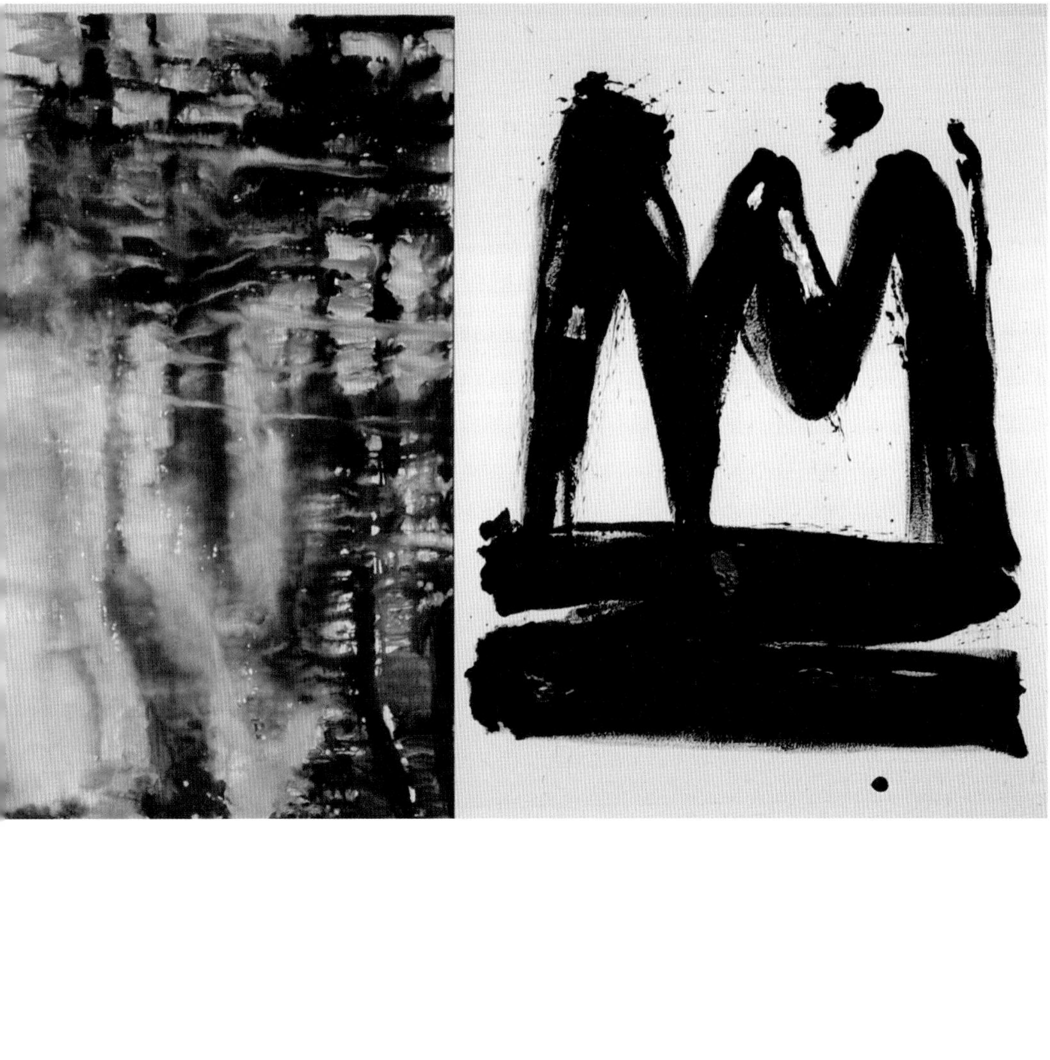

그러면서 김구림은 2012년 전시 때 작성한 작가노트를 건넸다.

> **죽음과 탄생, 생성과 소멸, 희로애락, 선과 악, 자연과 문명. 종교 그리고 인간의 삶의 흔적. 이 모든 것이 하나의 덧없는 짧은 인생의 여로에 지나지 않는다. 이는 우주가 존재하는 날까지 영원히 지속할 것이다. 암흑 속에서 한 줄기 빛으로 서서히 나타나는 반가사유상의 얼굴에는 자연과 현대. 인류문명의 숨 가쁜 삶의 흔적들이 많은 영상과 겹쳐 파노라마처럼 빠르게 스쳐 간다. 이 세상에 인간들이 태어나 죽을 때까지 욕망을 버리지 못하고 탐욕에 눈이 어두워 고통 속에서 방황하다가 사라지는 우리 인생, 삶의 한 단면을 이 작품 속에 드러내 보이고자 했다. 우리는 무엇이며 어디로 가는가? 과거와 미래가 교차하는 현재. 내가 존재한다는 것은 무엇을 의미하는가? 이 모두는 음과 양의 조화에 지나지 않을까?**

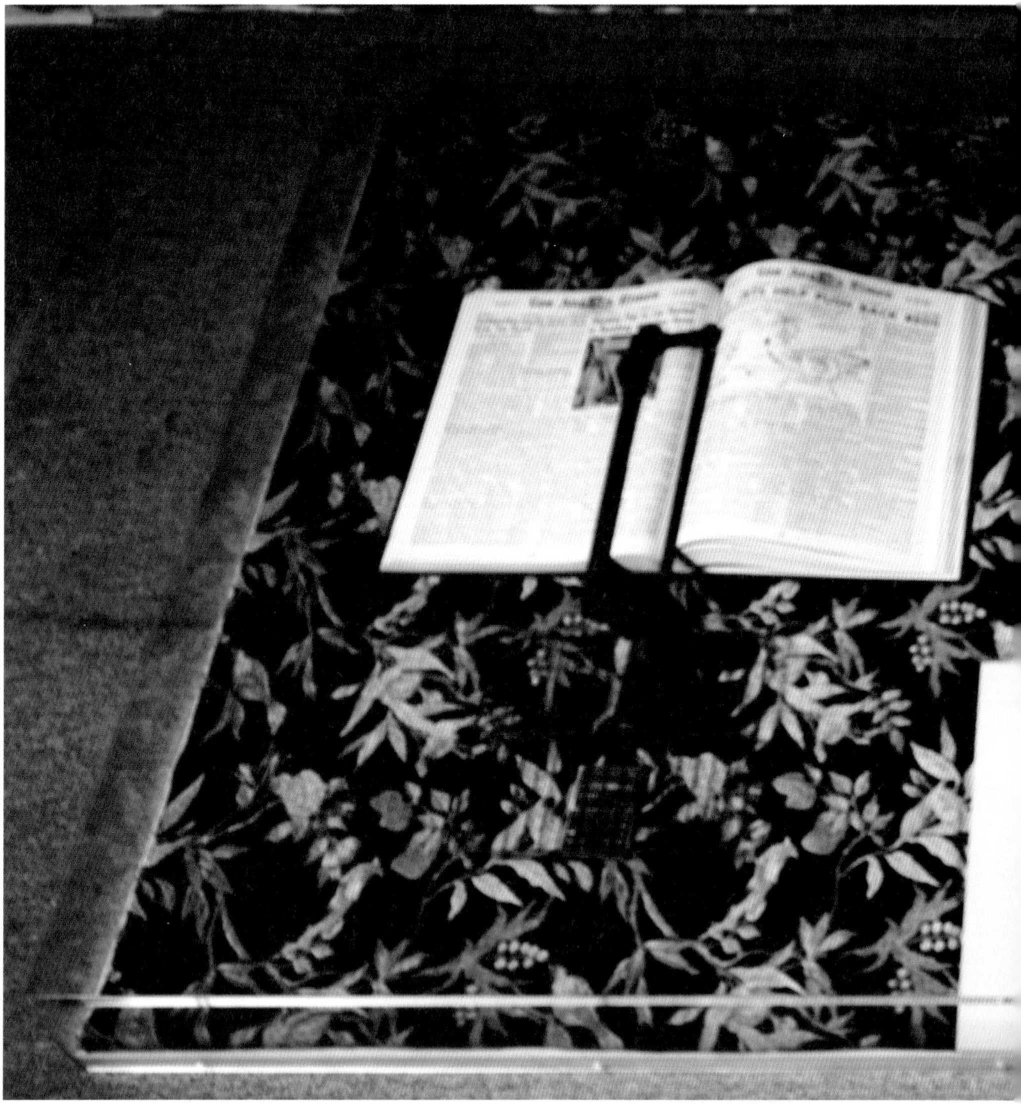

평면과 입체의 결합

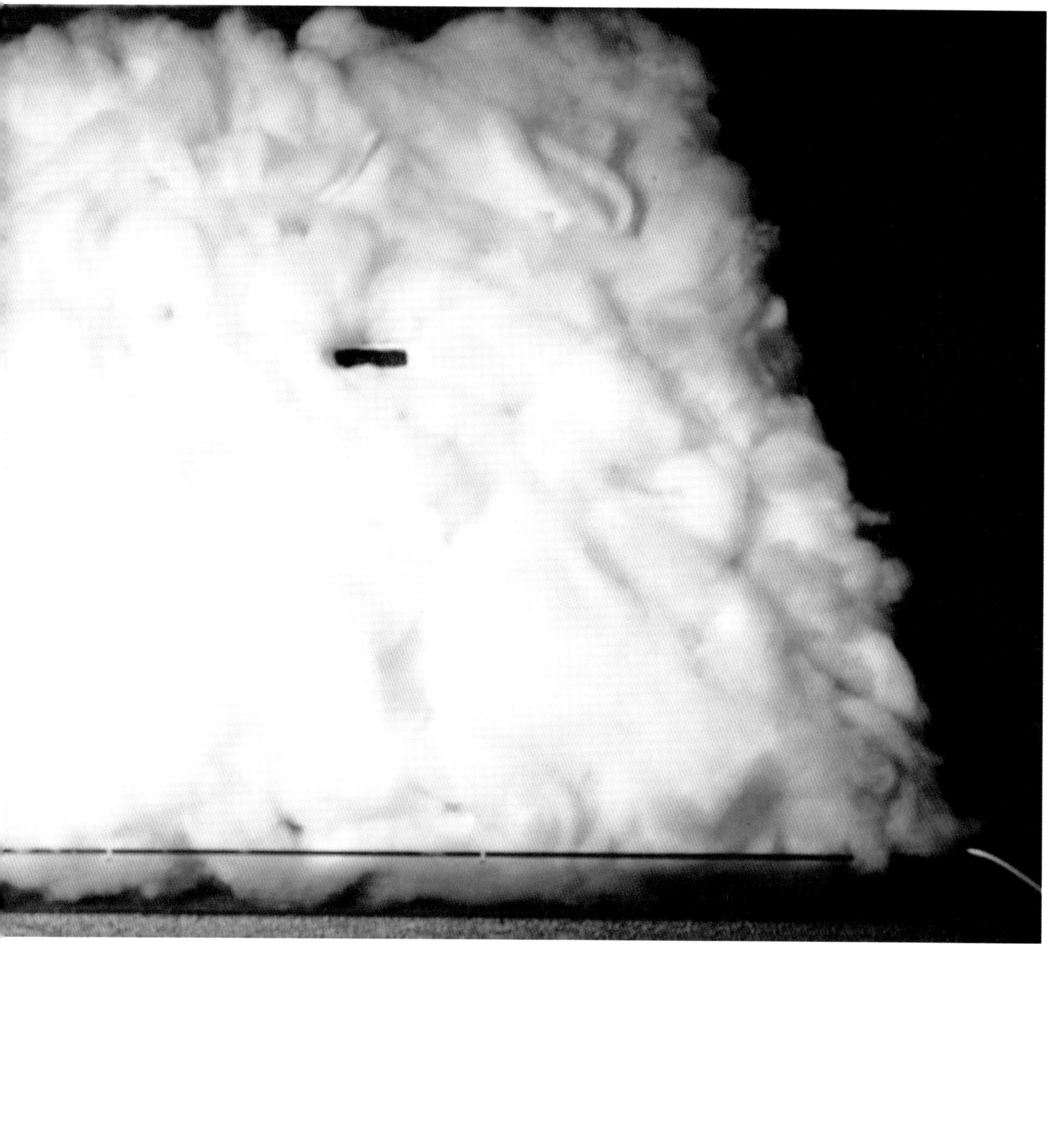

〈음과 양Yin and Yang 90-L34〉, 플렉시글래스 박스, 솜, 책, 톱, 전기 부품, 천, 23×198×237cm, 1990.

유리 상자에 오브제를 넣은 〈음과 양 90-L 34〉(←)는 형식 측면에서 평면과 입체를 결합한 작품이다. 김구림은 계속 새로운 재료를 작품에 활용했다. 특수 아크릴 수지인 플렉시글래스 박스 오른쪽에 솜을 채워 넣었다. 왼쪽 화면은 꽃무늬 천을 깔고 『라이프』 합본호를 올렸다. 아프리카 내전과 기아 같은 국제적인 문제에 이어 한반도 문제를 상징화한 작품이다. 합본호는 한국전쟁을 다룬 페이지를 펼쳐 놓았다. 「일본 놈Jap이 빨갱이를 몰아내는 것을 돕다」 같은 제목이 달려 있다. 한국전쟁 당시 미군 물자를 조달한, 일본의 전쟁 특수를 읽어 낼 수 있다.

김구림은 고서적 가게에서 이 합본호를 찾았다. 상징적인 오브제도 배치했다. 책 위에는 옛날 톱을 하나 놓았는데, 38선을 상징하는 오브제다. "미국과 소련이 38선을 쇠톱으로 긁어 놓듯이 분단한 것을 고발한 것"이라고 말한다. 쇠톱 아래엔 계산기가 놓여 있다. 미국이 계산적으로 분단 상황을 만든 것을 뜻한다. 바닥의 꽃무늬는 그저 장식이 아니다. 한국의 자생 식물, 분단으로 파괴된 것들을 상징한다. 솜은 다시 뭉게구름으로 이어진다. 솜뭉치 속엔 빨간 시계가 들어 있다.

솜 더미에는 시간의 흐름, 지속되는 분단의 의미를 담았다.

LA의 공립 미술관에서 열린 김구림의 전시회에 출품한 작품이다. 상대가 누구든지 권위에 무릎 꿇지 않겠다는 김구림의 성격이 드러난 작품이다. 단순히 '애국'만을 상징한다고 보긴 힘들다. 세계의 기아 문제에 관한 관심은 2000년대 귀국 후에도 이어졌다. LA 시절 김구림이 몰두했던 시사성이 강한 작품을 볼 때마다, '이쁜 꽃 그림'은 그리지 않겠다는 청년 때부터 지켜 온 그의 신념을 확인한다. 폭탄이 아프리카 어린이들이 사는 초가집 위로 떨어지는 그림을 누가 사겠는가, 하는 생각도 들었다. 그는 다음과 같이 설명했다.

> **1980~1990년대 남아프리카공화국, 수단, 콩고 같은 데서 내전이 일어났어요. 권력자들은 사람들이 죽어 나가도 개의치 않았죠. 정권 다툼, 권력 싸움이 끊이지 않았다. 그런 것들을 비판한 작품들이죠.**

야자수와 신문, 잡지로 제작한 〈음과 양 90-L35〉(→)는 미국 체류 시절의 유일한 설치미술이다. 이 작품 또한 시사 문제에 천착했던 김구림의 LA 시절을 잘 보여 준다. 신문과 잡지는 크고 작은 사건과 자본주의, 배금주의를 상징하는 광고들을 압축한 매체다. 신문 잡지 위에 자연의 상징인 야자수를 올렸다. 미국 사회의 물질문명을 비판한 작품이다. '돈'에 구애받지 않는 작품 성향도 드러나 있다. 김구림은 1992년 5월 18일 자 『미주 중앙일보』와의 인터뷰에서 이렇게 말했다.

> **늘 실험하는 자세로 극과 극을 연결하려고 합니다. 대작은 작품 하나에 수개월이 걸리고 또 잘 팔리지도 않지만 상업적인 쪽에 관심을 둔다면 예술가의 생명이 끝납니다.**

「늘 실험하는 자세로 극과 극 연결 – 시카고 국제미술전람회 출품 화가 김구림」, 『미주 중앙일보』 1992년 5월 18일.

1991년 10월 LA 라카갤러리에서 김구림은 백남준, 임충섭과 함께 《3인의 제언Tree Suggetions》전을 열었다. 이때 출품한 작품이 〈음과 양 91-L13〉이다.(→→→→)

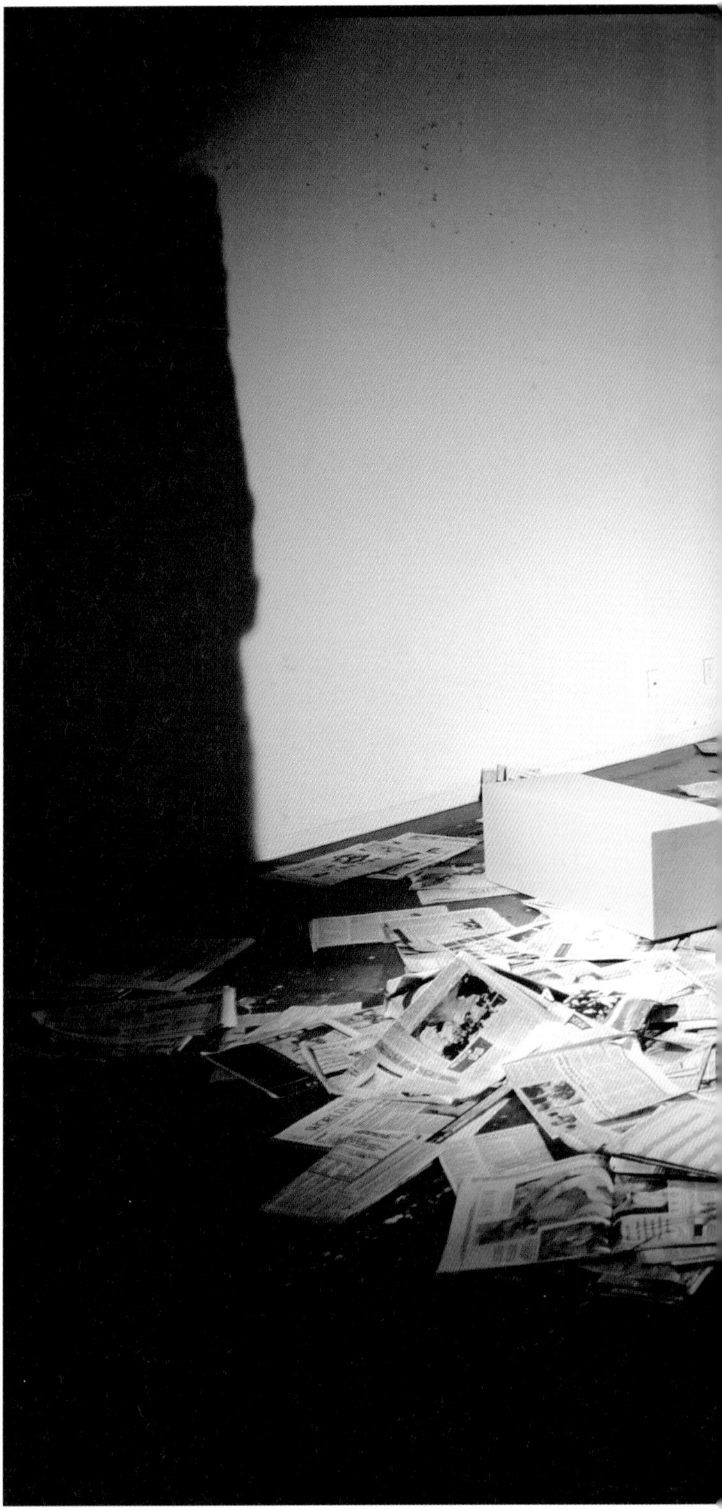

〈음과 양Yin and Yang 90-L35,
신문, 잡지, 야자수,
216×835×835cm,
1990.

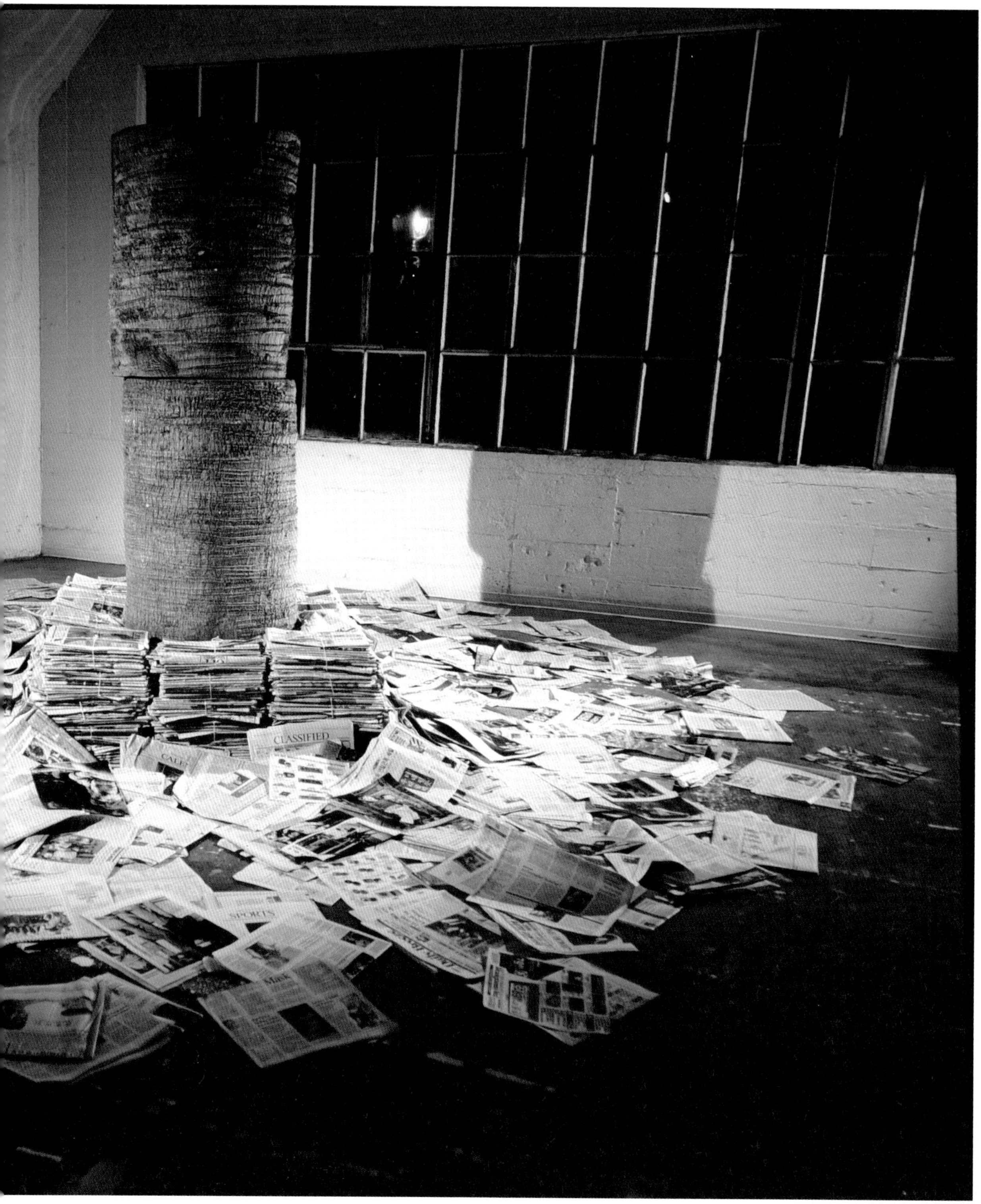
CLASSIFIED
SPORTS

왼쪽 화면엔 불이 난 건물을 그리고, 낚싯대를 오른쪽 화면 쪽으로 걸쳐 놓으셨네요.(→)

거대한 미국 땅의 빌딩은 현대를 상징하는 것 중 하나죠. 창문에서 불이 올라오는 걸 아크릴로 그린 거고, 오른쪽은 그저 아무 형태도 없이 주황색으로 칠한 거예요. 그리고 깨알같이 영어로 'fire'라고 적어 놨어요. 도록으로 보면 잘 안 보여요. 그리고 낚싯대 끝에 양동이를 가져다 놓았어요. 평면과 설치를 융합한 작품인데, 인식의 차이 문제를 다룬 겁니다. 불과 물이라는 이미지를 대비시키고, 무채색과 주황색도 대비시키고 한 거죠. 낚싯대와 양동이도 이 화재 상황에서 긴장감, 생각을 불러일으키려고 가져다 놓은 거고요.

3인전을 하게 된 경위는 뭔가요?

1992년에는 백남준 선생 권유로 캘리포니아 헌팅턴비치 찰스위트처지갤러리에서 《단절 또는 불연속》이라는 2인전을 하기도 했고요. 라카갤러리 주인이 한국인이었는데, 미국에서 활동하는 한국 작가 중 가장 전위적인 세 사람을 고르자고 해서 저렇게 모인 거죠. 백 선생은 잘 아시다시피,

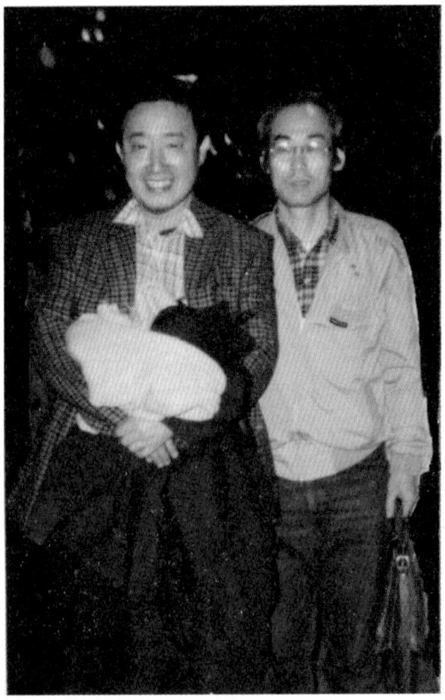

뉴욕에서 백남준과 함께.

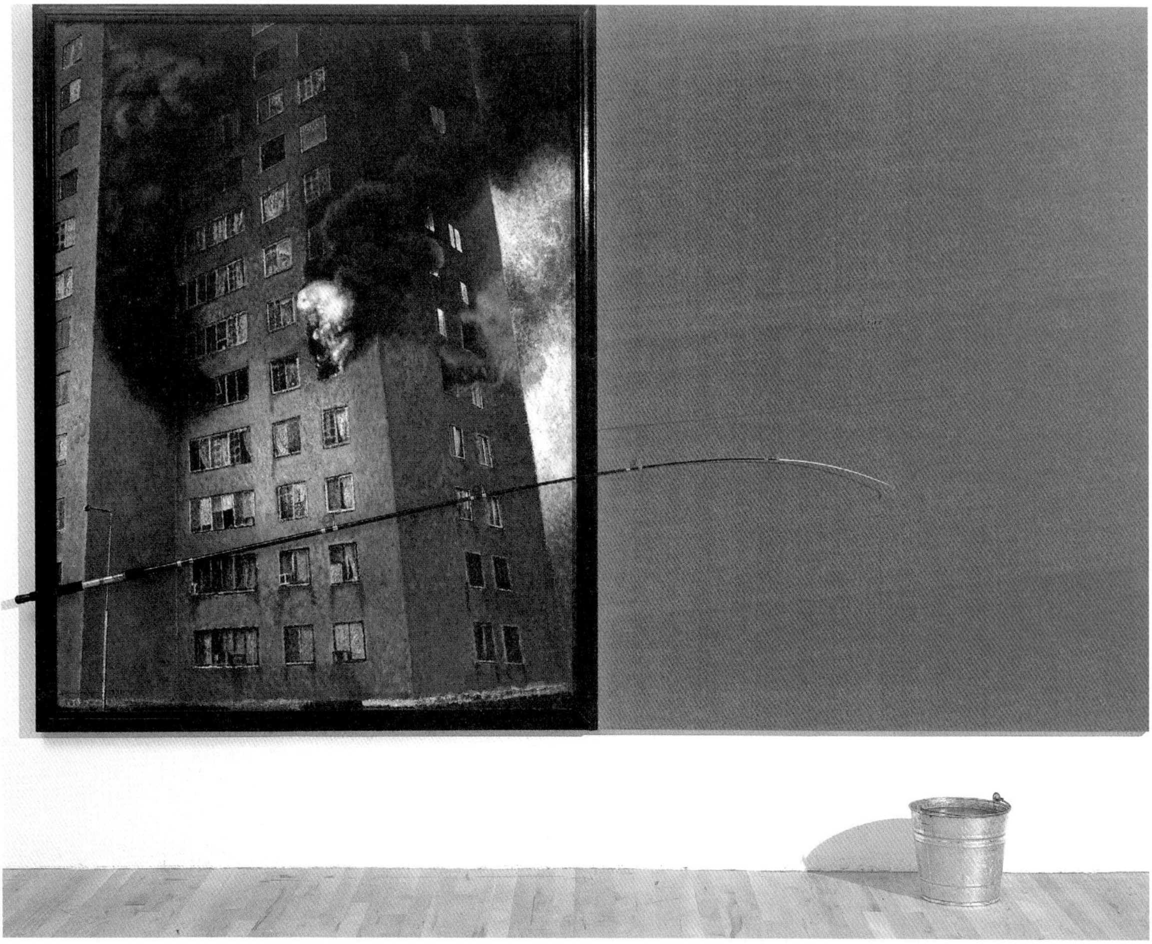

〈음과 양Ying
and Yang 91-
L13〉, 캔버스에
혼합매체, 양동이,
330×213cm, 1991.

비디오 작업으로 유명했고, 임 선생은 설치 작가였죠. 저는 설치와 평면을 다 하던 작가였어요.

미국에서 백남준 선생과는 자주 만나셨다면서요.

뉴욕에서 자주 어울렸죠. 1969년 《서울 국제현대음악제》 때 백 선생의 〈피아노 위의 정사〉를 제가 연출한 인연도 있고요. 1975년 초인가, 프랑스 파리에서 열린 《세계비디오 작가 7인전》에 함께 비디오 작품을 출품했어요. 1980년대 중후반 뉴욕에 있을 때 매년 크리스마스이브가 되면, 조각가 존배John Bae 집에서 몇몇이 모여 밤샘하며 크리스마스이브를 보냈어요.

생각나는 에피소드는 없으세요?

한번은 길을 가다가 "김 선생, 김 선생" 하고 뒤에서 절 부르는 소리가 들렸어요. 백 선생이 절 만나고 싶었다면서 소호에 있는 자기 화실로 데려갔어요. 가니까 붓하고 물감을 사다 놨더라고요. "웬 물감하고 붓을 사서 놓았냐?"라고 물었죠. 이것 때문에 이리로 데리고 왔다면서 "데생도 안 해 봤고, 그림도 그려 보지도 않았는데 요즘은 어쩐지 물감으로 그림을 그려 보고 싶은 욕망이 생겼다."라고 했어요. "김 선생 생각은 어떠냐, 어떻게 했으면 좋겠냐?"고 묻더군요. "선생님이 작품 하는데 제가 뭐라 하겠습니까, 할 말이 없어요."라고 해도 계속 묻길래 "데생 재주가 없으면 물감을 떡칠하듯 발라 보시죠." 하고 헤어졌는데 나중에 TV에서 보니까 물감을 모자에도 처바르고, 거기다 한글 글씨도 쓰고 했더라고요.

김구림은 미국에서 동양이나 한국으로 회귀하는 작품을 여럿 선보였다. 석양 무렵, 고향 언덕길 너머로 느릿느릿 걸어가는 소들의 모습을 직접 그린 〈음과 양 98-S 182〉(→)가 그중 하나다. 한편 이 작품은 김구림을 두고 종종 나오는 '그림을 잘 못 그리니까 실험미술을

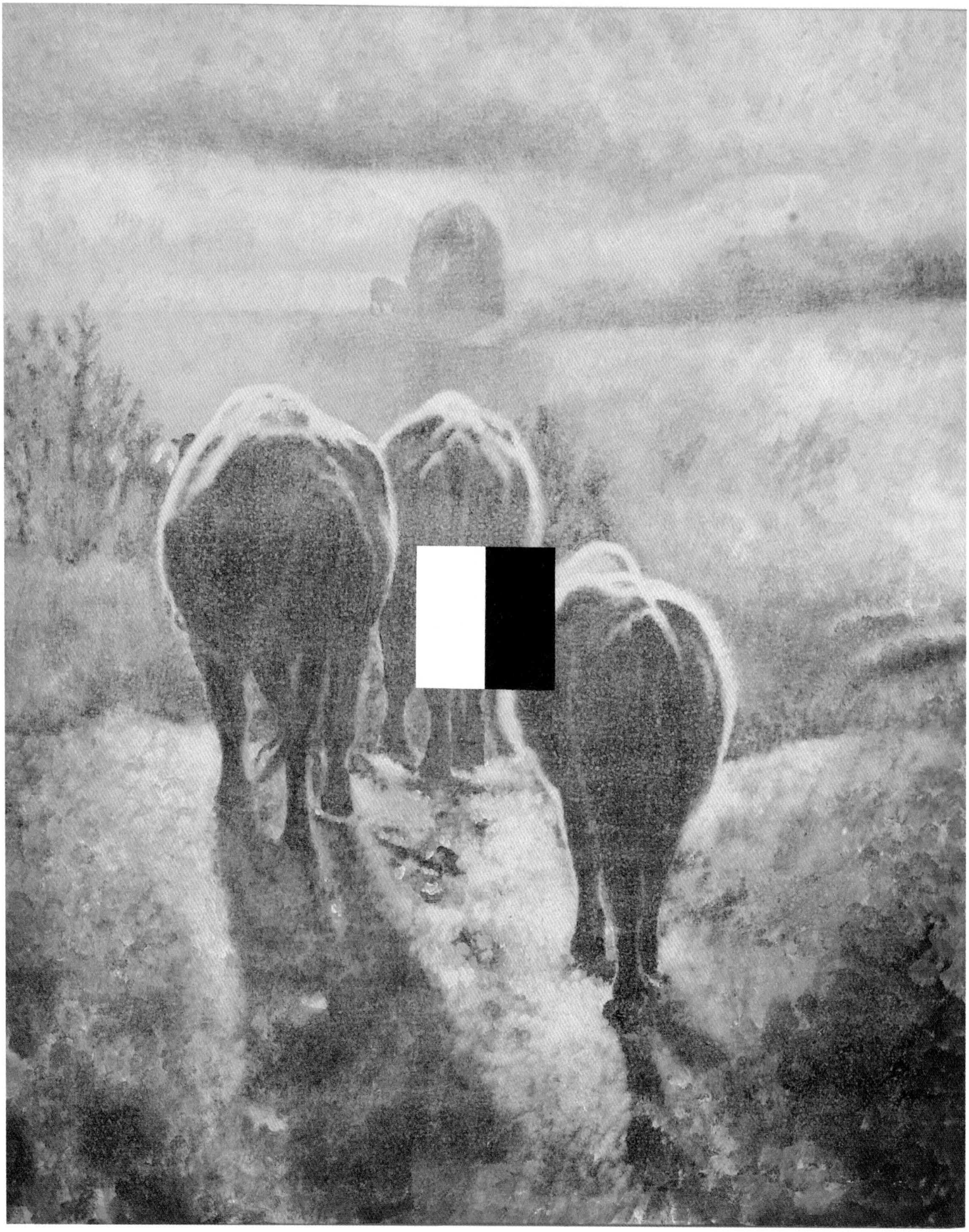

〈음과 양Yin and
Yang 98-S 182〉,
캔버스에 아크릴,
173×142cm, 1998.

한다'는 일각의 오해와 편견을 씻어 내는 자료로 소개할 만하다. 앞서 본 〈어머니〉 같은 작품에서도 그랬듯, 김구림은 탁월한 드로잉 실력과 사실주의적 재현 능력, 묘사력을 갖고 있다. 앞서 나온 〈음과 양 91-L13〉의 왼쪽 화면 속 불타는 건물도 아크릴로 직접 그린 것이다. 이 작품을 처음 봤을 때, 김구림이 신문이나 잡지 이미지로 워낙 콜라주를 많이 해 처음엔 잡지 사진을 오려서 확대한 줄 알았다. 실제로 그런 작품도 많은데, 저 작품은 손으로 직접 극사실주의적으로 묘사한 것이다. 저런 재현적인 그림만을 골라 그렸다면, 그는 꽤 잘 팔리는 작가로 대접받았을 것이다. 가운데 흑백의 음양 이미지를 넣지 않은 그림이라면 더더욱.

우리를
둘러싸고
있는
불가사의한
세계

다시
한국에서

〈카페*Café*〉,
설치(영상,
조명, 각종 폐품,
그라피티 등),
장흥 토탈미술관,
1997.

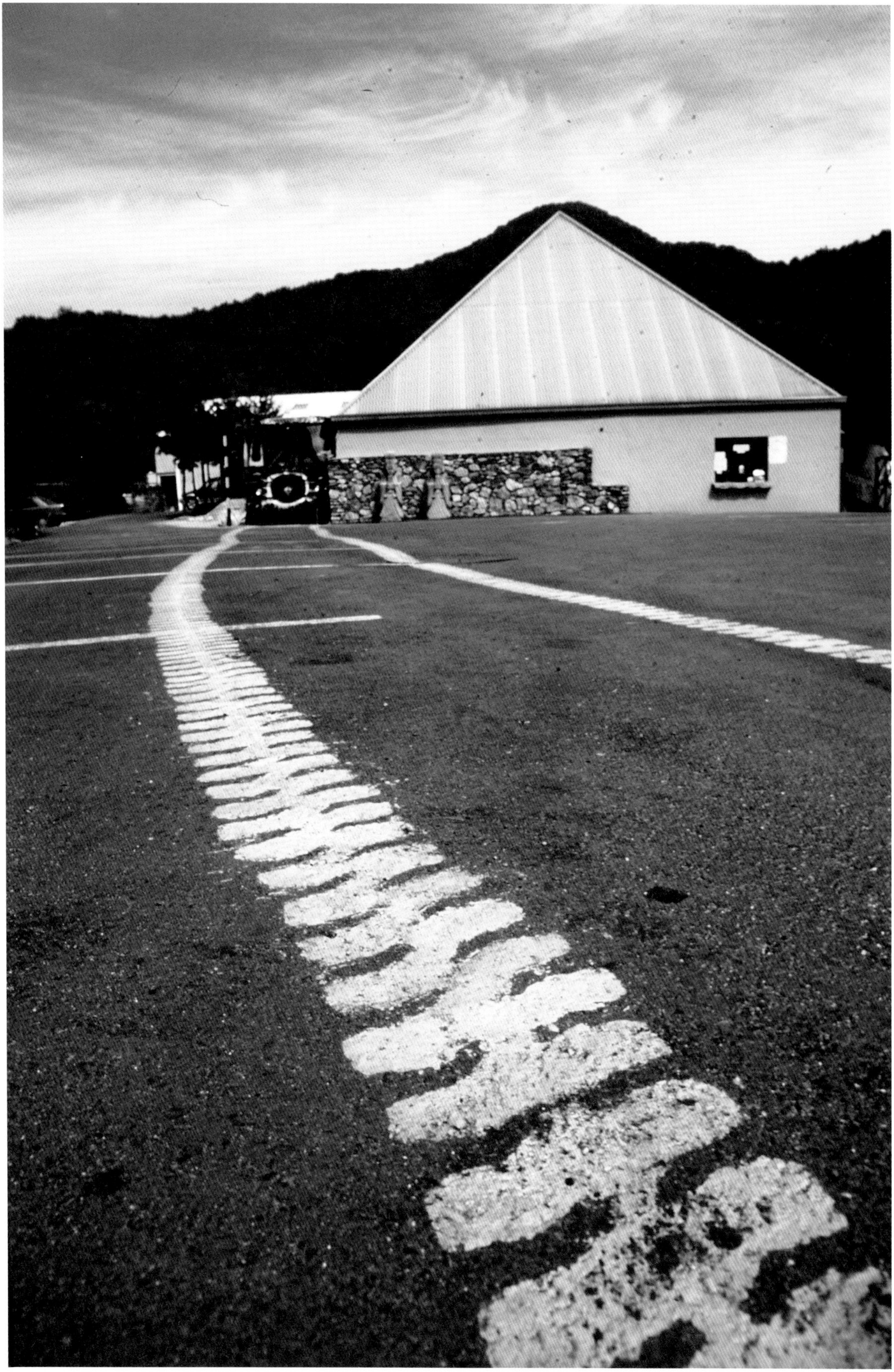

김구림은 2000년 영구 귀국한다. 1990년대 중반 이후 한국을 오가며 몇 가지 중요한 설치 작업을 했다. 그중 하나가, 1997년 장흥 토탈미술관 지상과 지하에 만든 〈카페〉다. 현대미술사에서 거의 조명되지 않았는데, 한국에서 그라피티라는 말조차 생소하던 때 본격적인 그라피티 아트를 선보인 셈이다. 설치와 벽화를 겸한 보기 드문 작품이기도 하다.

설치 작업 〈카페〉는 미술관 지하실 쪽 노란색 타이어 자국으로 시작한다.(←) 이 자국은 지하실의 지상 입구 옆에 세워 둔 폐차로 이어진다. 80여 평의 지하실. 그는 이곳에 녹슨, LPG 가스통과 드럼통을 갖다 놓았다.(→) 지구 종말을 소재로 한 영화에서 인간들이 모여 사는 음침한 공간을 옮겨 놓은 듯하다. 가운데 천장에는 여섯 대의 모니터를 달고, 자신의 비디오 아트를 상영했다.(→→) 지하 공간 내 벽면은 김구림이 직접 파도와 배기관을 사실적으로 재현해 그려 넣었다. 〈카페〉에는 환경주의적 요소도 들어가 있다. 중고 버스를 하나 사 와 뉴욕의 그라피티 미술을 재현했다.

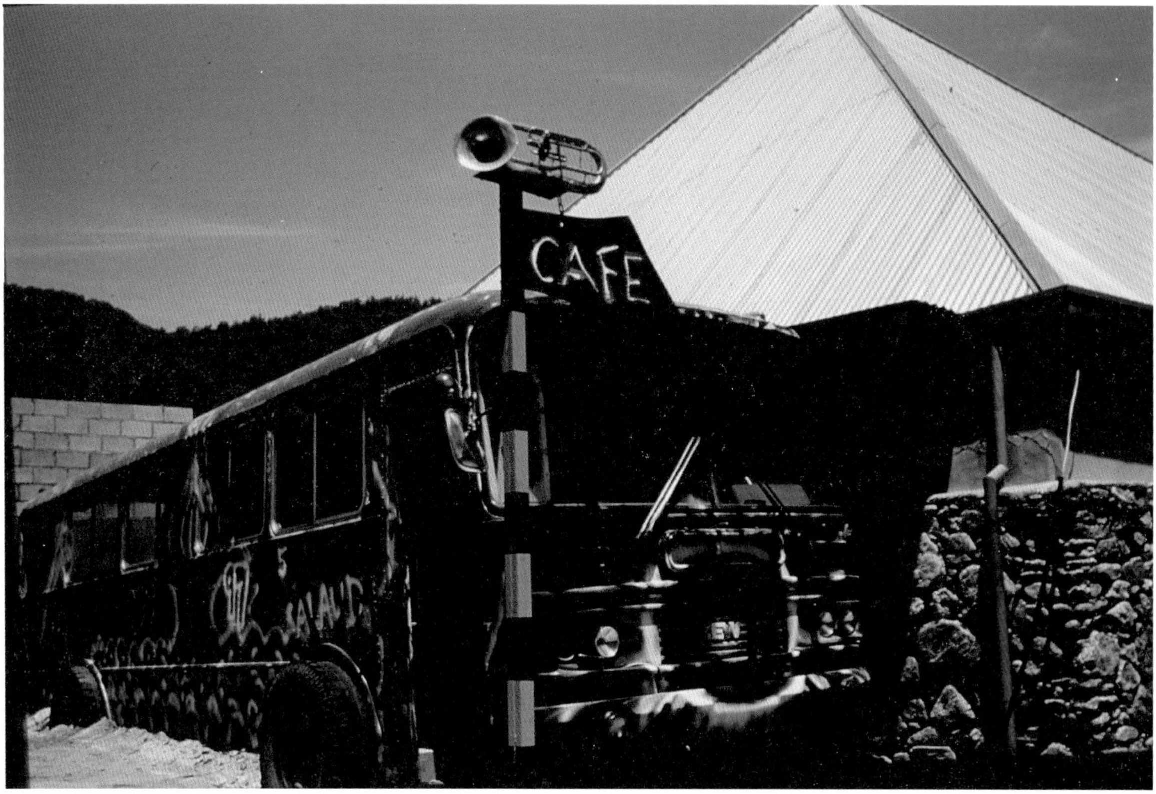
CAFE

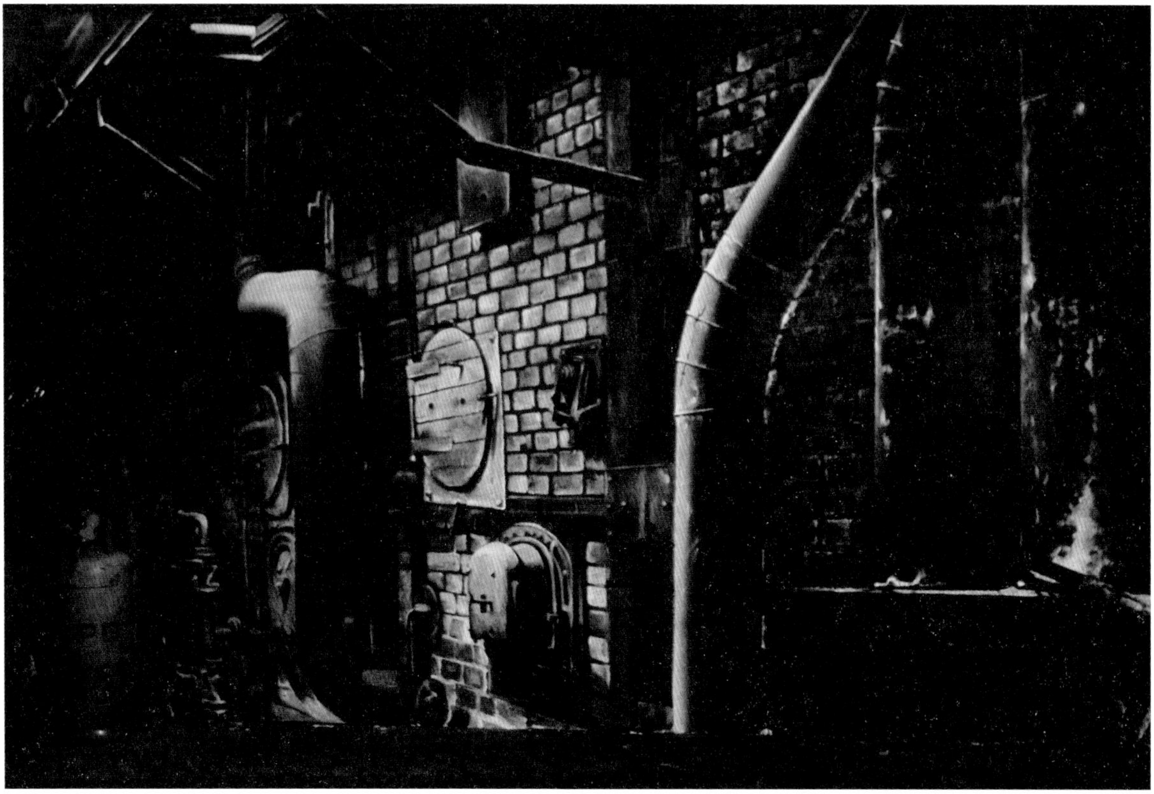

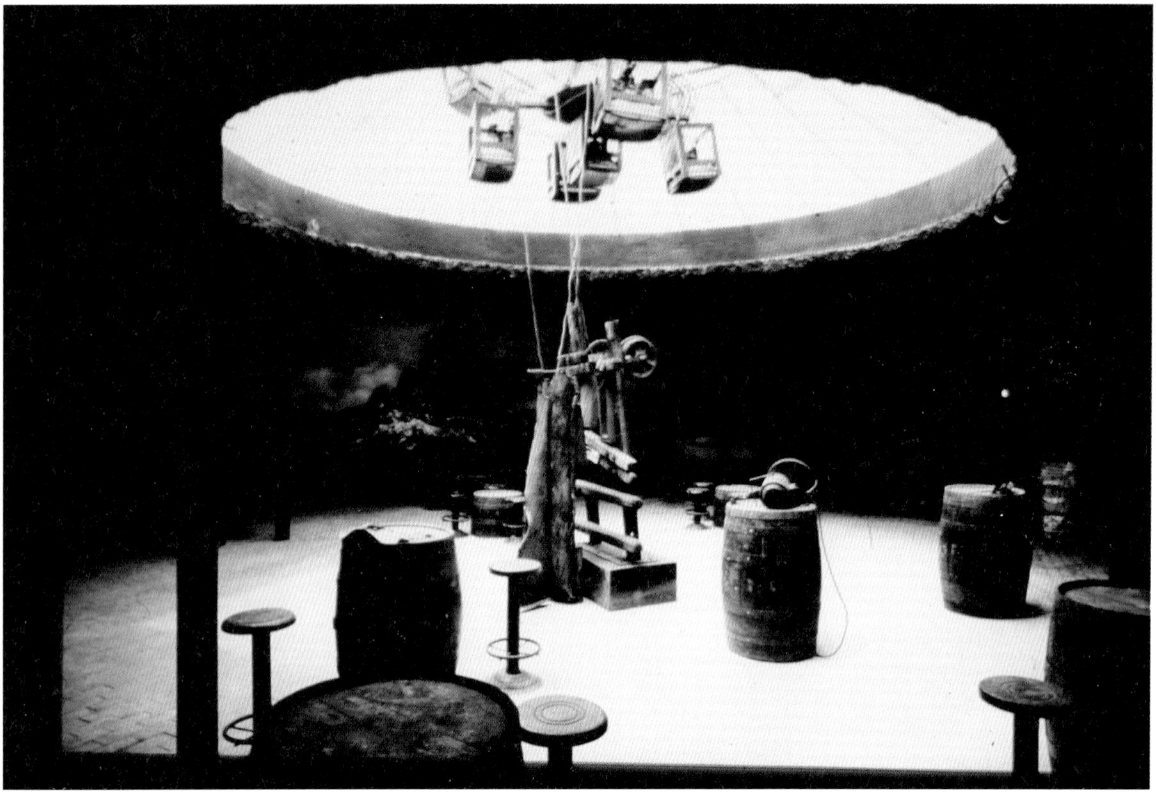

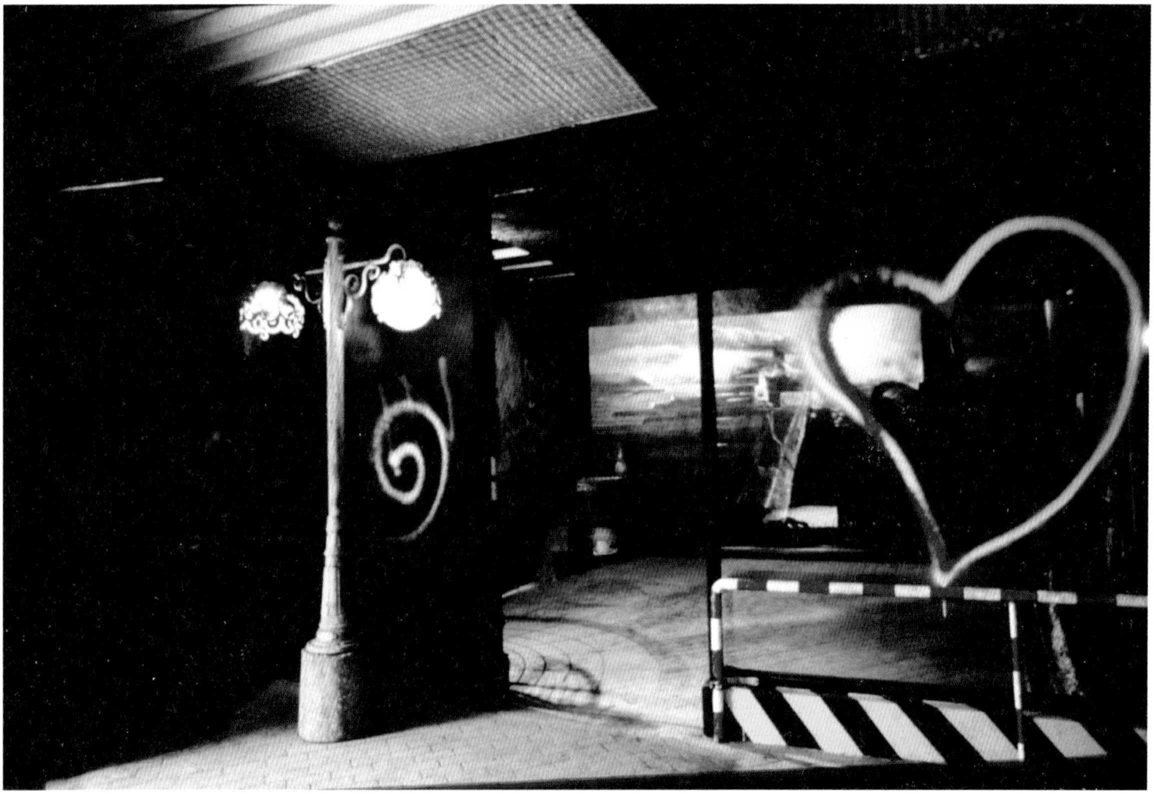

'카페'라면서 왠지 음침한 기운이 감돕니다.

그 시대에 맞는 새로움을 표현하고 싶었어요. 환경에 관한 제 생각을 반영했어요. 〈카페〉를 설치한 곳은 장흥 유원지 초입 토탈미술관 안이었죠. 미국 생활을 하다 아주 오랜만에 왔는데, 횟집, 당구장, 러브호텔, 고깃집이 넘쳐나더군요. 환경을 지키자, 이런 게 아니라 우리를 둘러싸고 있는 것을 환기해 보자는 차원이었습니다.

환경에 관심이 많으셨나요?

어렸을 때 산천은 참 아름다웠죠. 세월이 흐르면서 편리한 세상이 되었지만, 우리 주변 환경은 삭막해지고, 인심도 흉흉해졌죠. 산업이 발전하면서 산천은 공해로 오염되고, 사회는 금전 만능주의로 치닫고요. 그런 게 안타까웠어요. 인간은 이기적 욕구만 가득 차 있고, 그런 욕망이 환경에 미치는 악영향에는 전혀 관심이 없죠. 반성의 의미로 만든 것이기도 합니다.

환경이란 콘셉트와는 어울리지 않는 공간인 듯한데요.

1960~1970년대 일상의 사물을 갖고 작품을 했었지요. 1950년대 공장의 폐자재 같은 걸 오브제로 활용했습니다. 〈카페〉는 그런 폐품, 중고품으로 새로운 공간을 구성한 것입니다. '환경보호'라는 협소한 의미가 아니라 우리를 둘러싼 환경, 그 '환경적인 오브제'라고 할 수 있죠. 낡은 것들에서 여러 가지를 느꼈으면 하는 바람이었어요. 공장 이미지도 만들고, 거기에 자연의 모습도 담았죠. 벽면 파도가 몰아치는 해변의 풍경이 그것입니다. 일상을 낯설게 만들려는 의미도 있고요.

그라피티 아트를 하신 이유는요. 거의 한국 최초인 듯싶은데요.

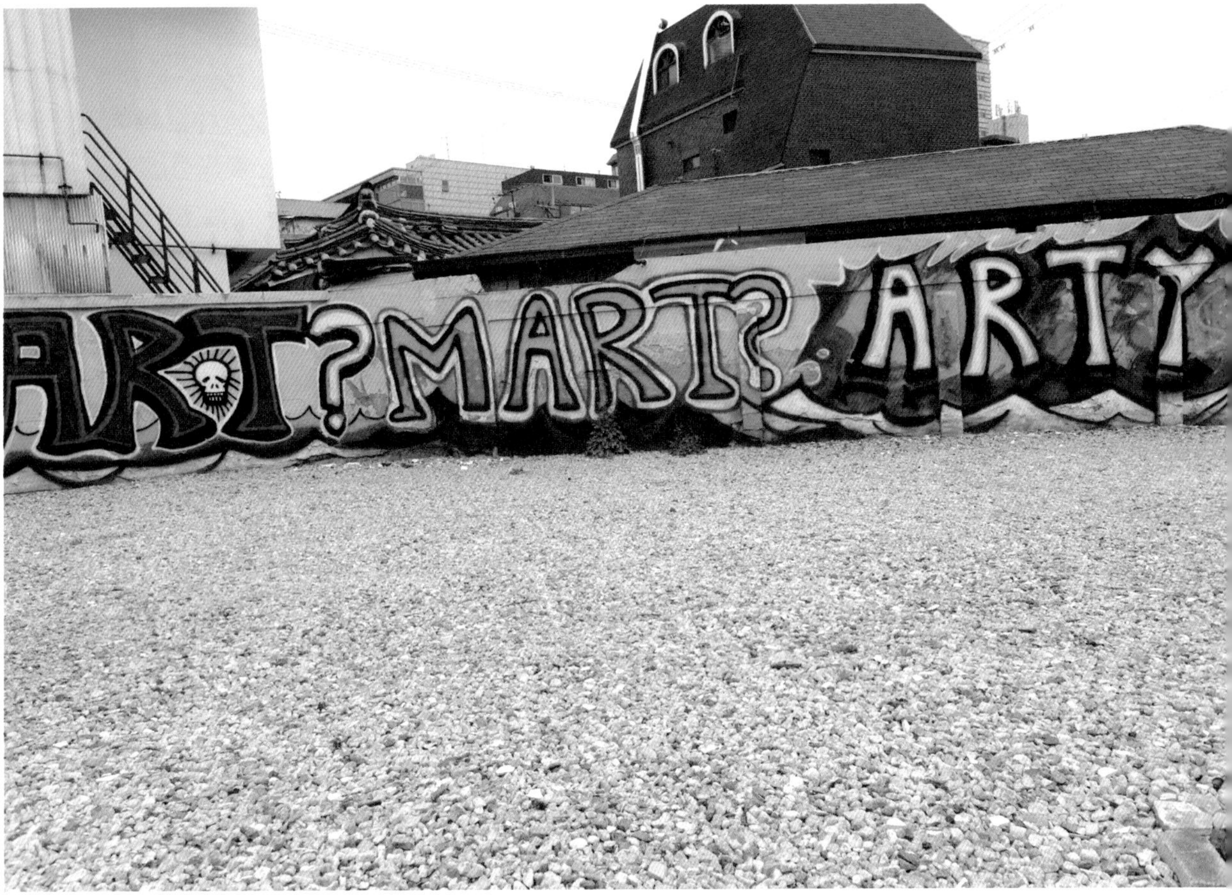

〈성북동 그라피티
아트〉, 2016.

그렇죠. 당시에 한국엔 그라피티가 없었어요. 뉴욕에 있으면서 그라피티를 접했죠. 장 미셸 바스키아 Jean Michel Basquia**가 살아 있을 때죠. 아는 사람이 바스키아가 지하철 안에 종이 재질 위에다 그려 놓은 걸 뜯어 모으기도 했어요. 아, 그때는 바스키아가 유명하지 않을 때니까, 먼저 줍는 놈이 임자죠. 그걸로 나중에 돈 좀 벌었나 모르겠네요. 나는 그런 짓 안 했으면 했는데. 살다 보니 그런 일도 있었어요. 장흥이란 곳에 뉴욕의 하위문화를 한번 재현해 보고 싶은 욕망도 있었죠. 미국 뉴욕 문화를 한국 그것도 장흥의 한 귀퉁이에다 도입한 거죠. 그런데 저 〈카페〉가 없어져 버렸어요. 안타까워요. 그 뒤로는 성북동에서 그라피티를 해 보기도 했어요.**(←)

네온(→)으로 만든 작품도 있지요?

그것도 아마 한국 최초일 거예요. 1990**년에 잠깐 한국에 들어왔을 때 한 거예요. 잘 기억은 안 나는데, 청담동의 어느 건물주가 자기네 건물에 들어간 화랑 벽면에 설치해 달라고 해서 만든 겁니다.** 1990**년이니까 네온은 그저 상업용 선전 매체일 뿐이었죠. 아마 그때 최초다 싶어서, 작품 값 안 받고 설계를 해 줬던 기억이 납니다. 전부 다 그려서요. 센티미터 단위로까지 설계도를 만들어 준 거죠. 그러고 다시 미국으로 들어갔어요.**

경주에 설치한 〈음과 양 98 – 소나무〉(→→)도 화제가 된 작품입니다.

하하. 그래요. 저도 참 재미있고, 뿌듯했어요. 1998**년에 만들었으니 한참 지났죠.** 2005**년 여름인가 「무쇠 나무에 생명의 열매 열렸다」라는 기사가 몇 군데 나왔어요. 경주 세계문화엑스포 때 아사달 조각공원에 설치한 건데, 새 둥지가 들어서서 화제가 됐지요. 가짜 소나무에 그것도 철제에 둥지를 틀다니, 화제가 될 만했지요. 새가 착각한 건지**(☺)**. 새가 나무와 철을 구분 못 하는 건 아닐까 하는**

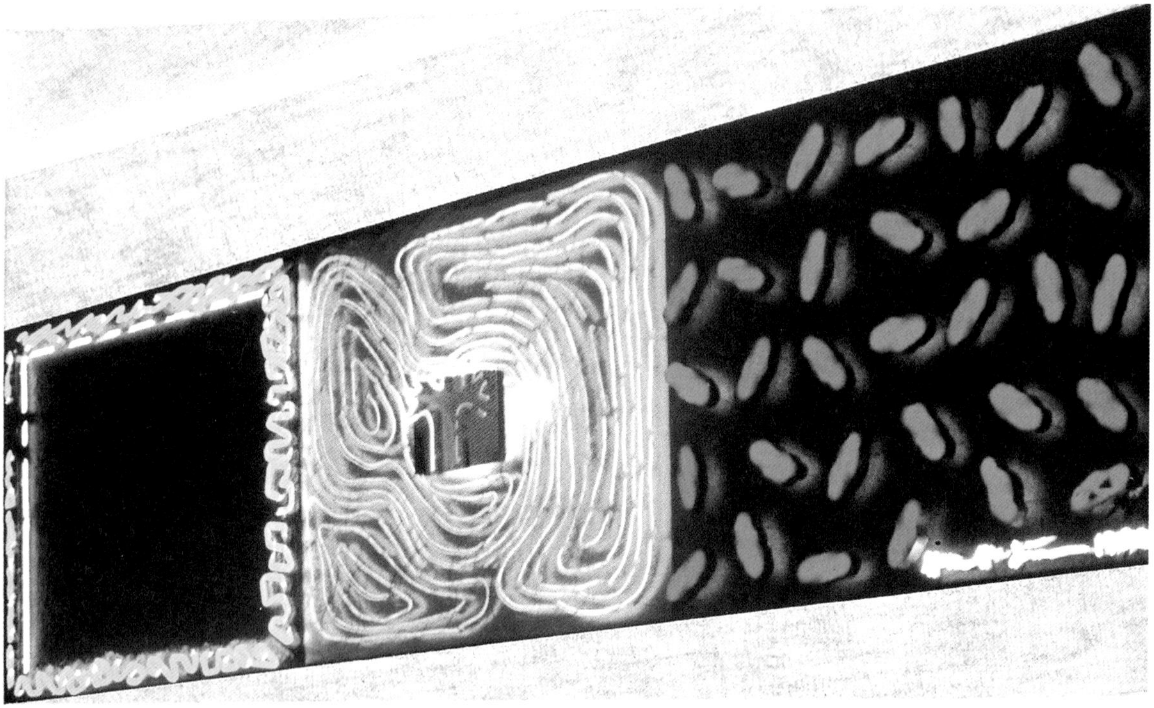

〈음과 양Ying and
Yang 90-L33〉,
네온, 1990.

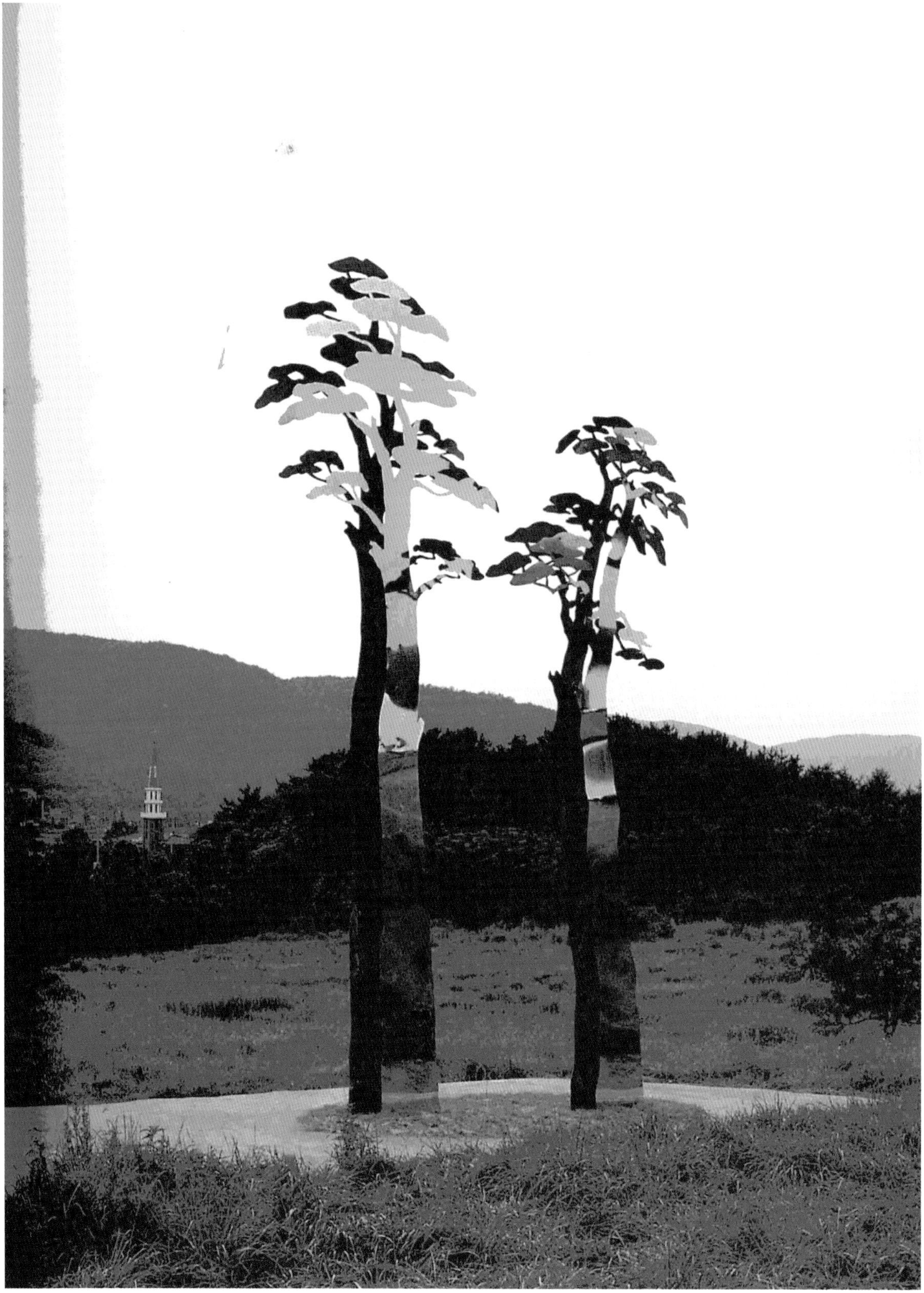

〈음과 양Ying and Yang 98 – 소나무〉, 스테인리스 스틸, 철판, 1998.

생각도 했어요. 저게 높이가 9미터나 되요. 폭은 2미터고. 야외 설치다 보니, 원래 구상한 크기대로 했어요. 경주 남산의 소나무를 형상화한 거지요. 한쪽은 스테인리스 스틸이고, 한쪽은 불투명 철판으로 만들었어요. 두 물질이 대조, 대비되는 거죠. 그래서 〈음과 양〉이란 제목을 붙였고요. 풀밭에 저 멀리 보이는 산이라는 자연과 만들어진 소나무, 즉 물질의 대비 효과도 있지요.

이 작품은 스테인리스 스틸 면이 거울처럼 맑아 주변의 사물과 풍경이 투명하게 비칠수록 소나무의 이미지가 사라짐으로써 "존재와 비존재, 나타남과 감추어짐, 허와 실이 이루는 불가사의한 세계의 한 풍경을 상징적으로 드러내고 있다."는 평가를 받았다.

임두빈, 「불가사의한 세계로의 초대: 김구림의 작품」, 『주간경향』 2003년 11월 13일.

스테인리스 스틸과 철판을 대비한 것은 위의 평가가 말한 의도도 있었어요. 거울처럼 반짝거리는 스테인리스 때문에 진짜 소나무가 가짜 소나무 속에 들어가 버리는 거죠. 인공과 자연을 한데 어우러지게 녹여 낸 거죠. 그게 제가 하는 〈음과 양〉 시리즈의 한 측면이기도 하고요. 임두빈 교수가 평한 것 중 '있음과 없음' '나타남과 감추어짐' 같은 주제는 오래전부터 해 오던 겁니다.

〈오륙도〉(→)는 부산시립미술관 개관 10주년 기념 《아트 인 부산 2008》전에 내신 작품이죠? 선생님 작품 중에 가장 명쾌한 것 같습니다. 저 같은 문외한이 봐도 오륙도인 줄 알겠습니다(☺). 미니멀해서 더 큰 느낌이 있는데요.

네, 그렇죠. 오륙도를 추상화하는 것보다 오히려 있는 그대로 보여 주려고 했어요. 한정된 실내 공간에 넣는 문제도 고려했고요. 그렇지만 여러 문제의식을 녹여 넣었지요. 예를 들어, 철판과 물, 철판과 돌의 관계를 고려해서 만든 거죠. 돌과 물은 자연이고, 쇠라는 건 인공이죠. 테두리

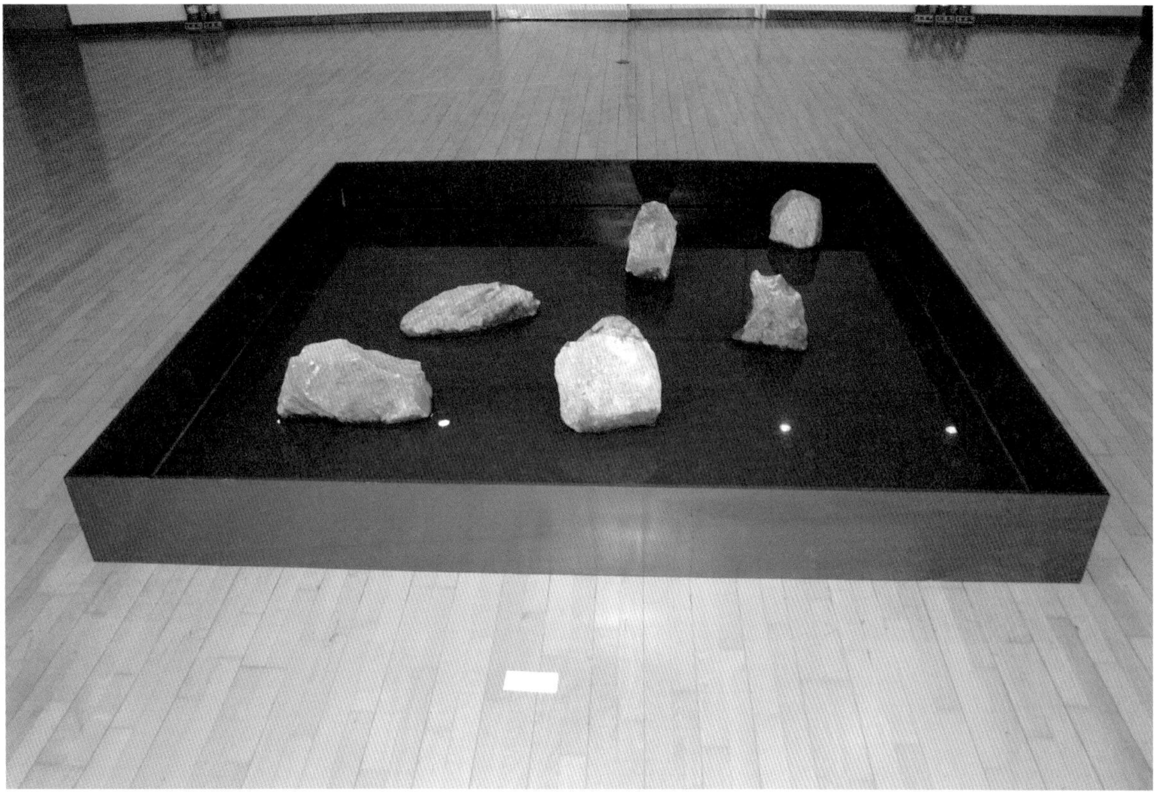

〈오륙도Oryukdo〉,
설치, 2008,
부산시립미술관
소장.

안에 오륙도를 가둬 놓았어요. 독도 문제도 떠올린 거죠. 독도에 철망을 쳐 놓았으면 하는데, 작품에서라도 오륙도를 보호하고 싶은 그런 의미도 녹였어요. 일본이 오륙도 갖고 아직 시비는 안 걸지만, 가까이 대마도도 있고 해서 그런 걱정이 들었어요.

작품 재료의 물질성은 오래전부터 선생님께서 고민해 오신 거네요.

항상 그 시대의 물질을 보여 주려고 했었죠. 1950년대 후반이나 1960~1970년대 폐공장 자재를 작품 속에 넣고 했던 것도 그 시대 자본주의나 물질주의란 무엇인가에 관한 고민이었고요.

가로 세로 2.9미터면 그다지 큰 것 같지는 않습니다.

원래는 더 크게 만들고 싶었어요. 미술관 쪽과 이야기를 나눴는데, 예산 문제가 있었죠. 또 크게 하면 기중기로 돌이나 철판을 옮겨야 했는데, 운동장도 아니고, 그런 어려운 점이 있어서 저 크기로 할 수밖에 없었습니다.

저게 마지막으로 발표한 설치 작품이죠?

네. 아이디어는 너무 많아요. 돈에 꼭 얽매이는 건 아닙니다. 〈오륙도〉도 제작비 말고는 받은 게 없어요. 그리고 전시가 끝나고 부산시립미술관에 기증했고요. 그래도 돈 때문에 하고 싶은 걸 못 하고 있어서 속상할 때가 많아요. 노트에 설치 구상을 스케치해 놓은 것만 수십 개입니다.

김구림은 이후에도 구상한 스케치를 구현했다. 파격과 도발이라는 전위의 기조를 이어 갔다. 2013년 서울시립미술관《잘 알지도 못하면서》전에 내놓은 설치 작품 〈음과 양–석가+마리아〉(→)가 한 예다. 부처의 볼은 발그레하게 물들었다. '부처님 손바닥'에 놓인 건 성모마리아다. 부처와 성모마리아를 남과 여, 음과 양으로 대비한

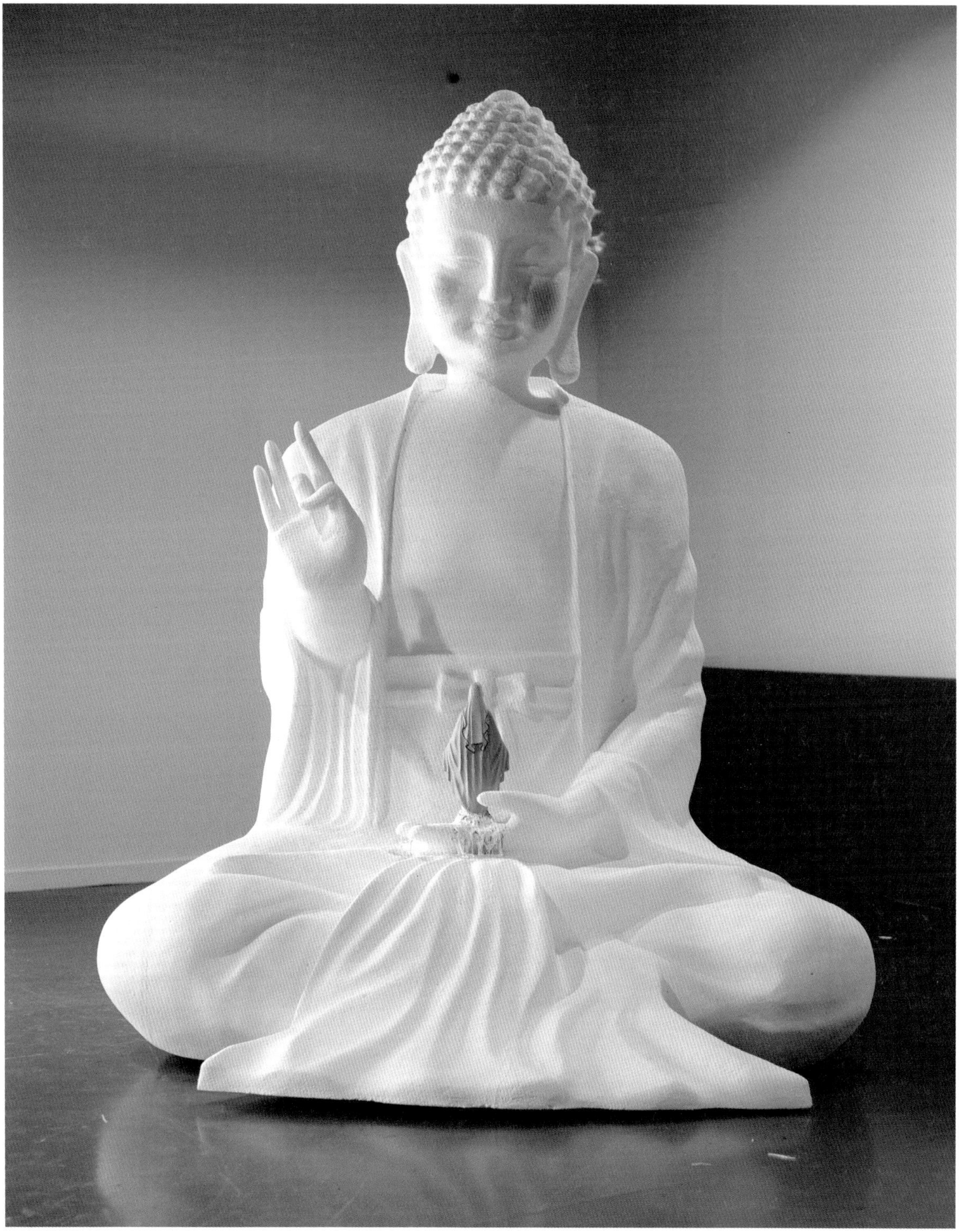

〈음과 양Ying and
Yang - 석가 + 마리아
Buddaha + Mary〉,
혼합매체,
280×203×213m,
2012.

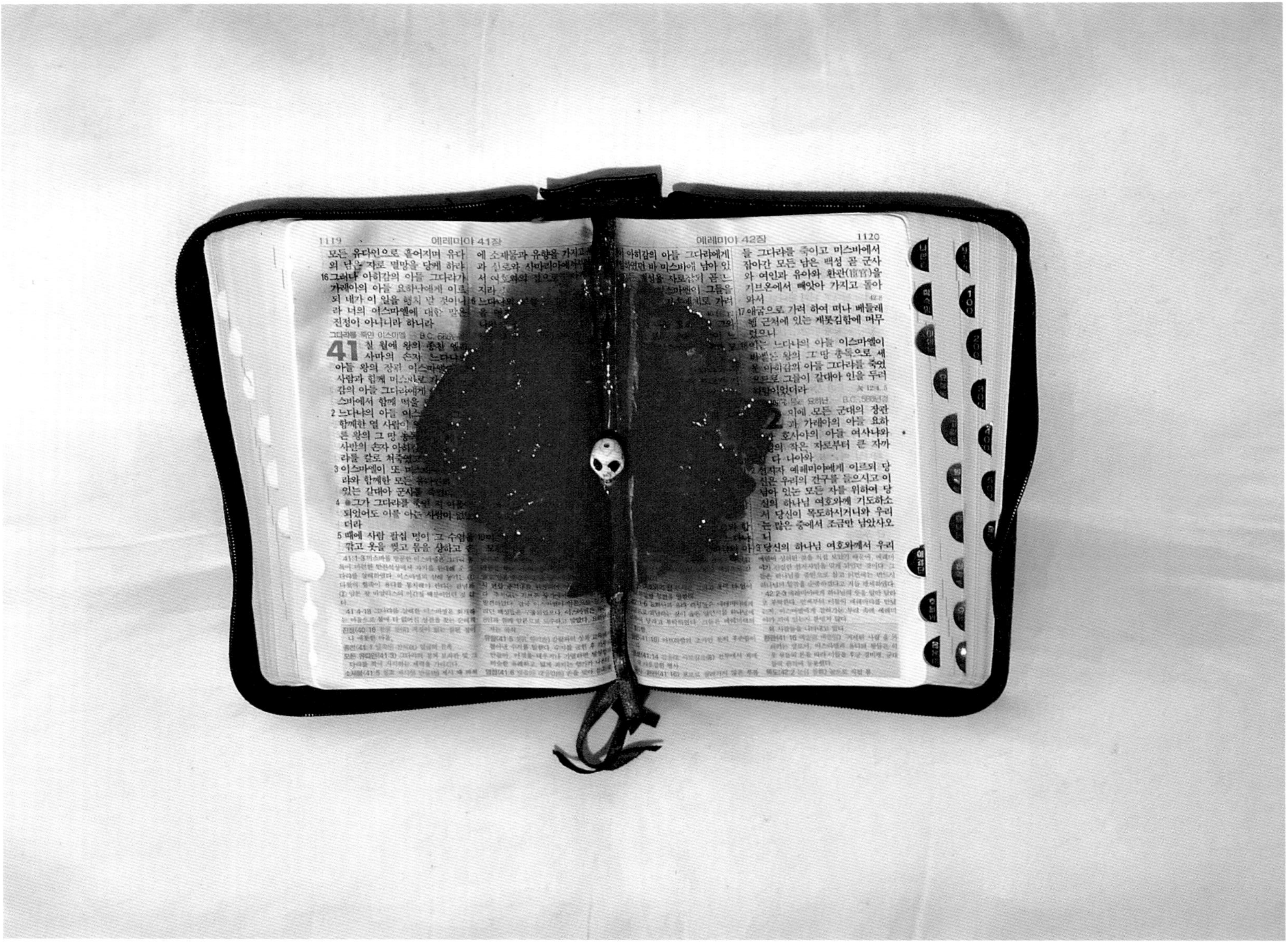

〈음과 양Ying and Yang 21-S 75〉,
성서 등 오브제,
88×60×80cm,
2021.

것이다. 기독교계나 불교계에서 항의하는 일은 없었지만, 신성 모독 논란이 일 만한 작품이었다. 2021년 작품 〈음과 양 21-S 75〉(←)는 이스마엘의 살인 행각을 기록한 『구약성서』 「예레미야」 41장에 해골을 올리고 피를 상징하는 붉은 물감을 뿌렸다.

전위라는 건 스타일 문제가 아니라 도발을 감행하는 용기와 욕먹을 각오를 감당하는 배짱이라는 생각이 든다. 김구림의 표현 대상은 종교나 핵전쟁 같은 역사와 시대 문제부터 빗자루 같은 일상, 나무와 바위 같은 자연까지 아우른다. 이 작품 연보를 생각하면서 다시 〈오륙도〉를 들여다보면, 김구림이라는 세계는 더 넓어지고, 깊어지는 듯하다.

나가며

김구림은 올해(2023년) 8월 24일 국립현대미술관 서울관에서 개인전을 열었다.(2024년 2월 12일까지) 4월에 시작된 광주비엔날레에도 초청받았다. 미국 『뉴욕타임스』가 2022년 6월 15일(현지 시간) 김구림의 예술과 생애를 「한국 멀티미디어 창시자, 마스트리히트에 오다A Founding Father of Korean Multimedia Comes to Maastricht」라는 제목을 달아 보도했다. 2020년 영국 테이트모던 초청에 이어 독일 베를린의 DNA갤러리 전시도 개최했다.

네덜란드 마스트리히트에서 열리는 테파프 TEFAF(The European Fine Art Fair)와 뉴욕 구겐하임미술관에서 열리는 《아방가르드: 1960~70년대 한국의 실험미술》전에 김구림의 출품 소식을 알리는 기사다.

한국 원로 작가 중 2010년대와 2020년대에 김구림만큼 조명을 많이 받은 작가는 드물다. 그런데도 자족할 줄 모른다. 불화하길 마다하지 않는다. 여전히 싸움닭 같은 면모를 보인다. 불같은 성격에 상처받은 이들도 있다.

모두 전시와 작품 때문에 생긴 일이다. 김구림의 몰입과 열정은 오래 관계를 맺어 온 나 같은 사람도 질리게 할 때가 있다. 김구림은 심장에 문제가 생겨 올해 8월 초 다시 병원에 입원했다. 내게 전화를 걸어 "심장에 기계 장치를 달았다."고 했다. 의사의 만류에도 곧 퇴원했다. 국립현대미술관 개인전 준비 때문이다. 맡겨둘 사람도 없고, 있다 한들

제 손으로 직접 해야 직성이 풀리는 성격 탓이다. “전시보다 건강을 챙기시라.”는 말은 흘려듣는 듯했다.

김구림은 10여 분 통화하는 동안 내내 작품 이야기만 했다. 1970년 당시 경복궁 현대미술관(국립현대미술관 전시) 때 진행한 광목 설치 작품 〈현상에서 흔적으로 D〉와 얼음 설치 작품 〈현상에서 흔적으로〉를 다시 하려 했지만, 미술관 측이 받아들이지 않았다며 화내고 속상해했다. 속으로 삭이지 않았다. 끝내 그 속상함과 분노를 터뜨렸다. 8월 25일 기자회견에서

> **당시에는 작품이 설치됐다가 철거됐지만 40년이 지난 지금은 설치 자체를 못 했다. 국립현대미술관이 이런 곳인 줄 미리 알았다면 전시회를 하지 않았을 것**

이라고 했다.

> **이번 전시에 아방가르드적인 작품은 하나도 없다. 고리타분한 작품만 늘어놓았다.**

고도 했다.

국립현대미술관과 자신의 개인전을 함께 비판하는 이 회견으로 김구림은 아방가르드적인 작품(?) 하나를 결국 출품했다는 생각이 들었다.

미술관을 광목으로 두르는 이 작품은 재연한 적이 없어 애착이 컸을 것이다. 국립현대미술관 서울관에서 해야 의미 있는 작품이다. 미술관이나 큐레이터도 사정이 있을 듯도 했다. 통화 때 느낀 김구림의 분노와 속상함, 아쉬움에서 ‘미술관 여러 사람 힘들게 하셨겠구나’는 생각이 들면서도 그 열정과 몰입의 의미도 다시 들여다보았다.

김구림이 1991년 미국 산타애나 현대미술관 개인전 때 로베르타 카라소와 진행한 인터뷰에서 한 말도 떠올랐다.

> **작가는 자신의 신념과 사명감으로 정직한 작품을 창조할 뿐이며, 개인으로서의 인간은 결국 망각 속으로 사라질 뿐이다. 진정한 예술은 스스로 독립적인 존재로 남아 한 시대의 증언을 마련해 줄 것이며, 나아가서 오래전에 사라진 그 작가의 독특하고 개인적인 숨결을 간직해 줄 것이다.**

김구림은 늘 '독립적인 존재로 남는 예술'을 생각했던 것 같다. 자신에게 부여한 지상명령 때문에 또 늘 불화를 겪었던 것 같기도 하다. 그 예술 정신과 작품도 다시 새겨 본다.

내가 늘 떠올리는 작품은 2006년도에 만든 〈음과 양 6-S 65〉(→)다. '김구림'의 예술 생애를 압축해 보여주는 상징적인 작품이라고 생각한다. 뼈다귀 하나가 고무장갑에서 떨어져 두 동강 나 있고, 어지러이 널브러진 오장육부 파편들에는 피고름이 얼룩졌으며, 사람 얼굴과 손은 절단된 채 상하좌우로 흩어진, 엽기적이고 잔인한 내용의 작품을 처음 본 순간 놀랐던 기억은 생생하다. 이렇게 '그로테스크'한 작품은 거의 본 적이 없기 때문이다. 2006년 제작이라 이태 전 세상을 떠들썩하게 했던 유영철 연쇄살인 사건을 모티프로 삼은 게 아닐까 생각했다. 김구림은 〈핵폭탄〉이란 부제를 붙였다고 했다.

저 오장육부의 파편들은, 김구림의 극단의 사적 취향이 아니라, 시대에 대한 고민과 성찰을 담아내려는 일관된 작품관과 예술 태도를 반영한 오브제다. 김구림은 1990년대 미국 LA 체류 시절 폭탄 같은 전쟁의 도구와 기아라는 전쟁의 참상을 보도 사진 콜라주와 무형의 색채 또는 실루엣으로 음양의 이미지를 대비했다. 전쟁과 기아를 고발하는 간접적인 은유와 비유의 방식은 2000년대 이후 직접적이면서 과격한 직유의 방식으로 바뀌었다. 김구림의 변화라기보다, 시대의 변화다. 그는 항상 시대와 현실의 변화에 몸을 내맡기며 따라간다. 2016년에도 보트와 해골 오브제로 시리아 난민 문제를 환기한 작품을 내놓았다. 전쟁의 세기 핵폭탄은 순식간에 문명을 파괴하는 어리석고 잔인한 도구가 될 수 있다. 〈핵폭탄〉에는 그런 우려와 경고가 들어 있다.

저 두 동강 난 뼈다귀는 인간의 파멸을 암시하는 오브제다. 저 뼈다귀를 보면서, 스탠리 큐브릭Stanley Kubrick의 영화 〈2001년 스페이스 오디세이〉의 오프닝을 떠올렸다. 원시인들이 던진 뼈 한 토막이 우주선으로 연결되는 장면 말이다. 그 영화 속 뼈의 귀결이 김구림의 뼈가 아닐까 하는 생각이 들었다. 〈핵폭탄〉은 김구림이 만으로 칠순을 맞던 해에 만든 작품이다. 1950년대 권위와 제도, 관습에 끊임없이 도전하던 미술적 패기를 그대로 간직하고 있다. 〈핵폭탄〉은 김구림의 작가적 태도를 가감 없이 드러내고, 그가 한국 현대미술계에서 자신을 어떻게 자리매김하는지를 보여 주는 작품이다.

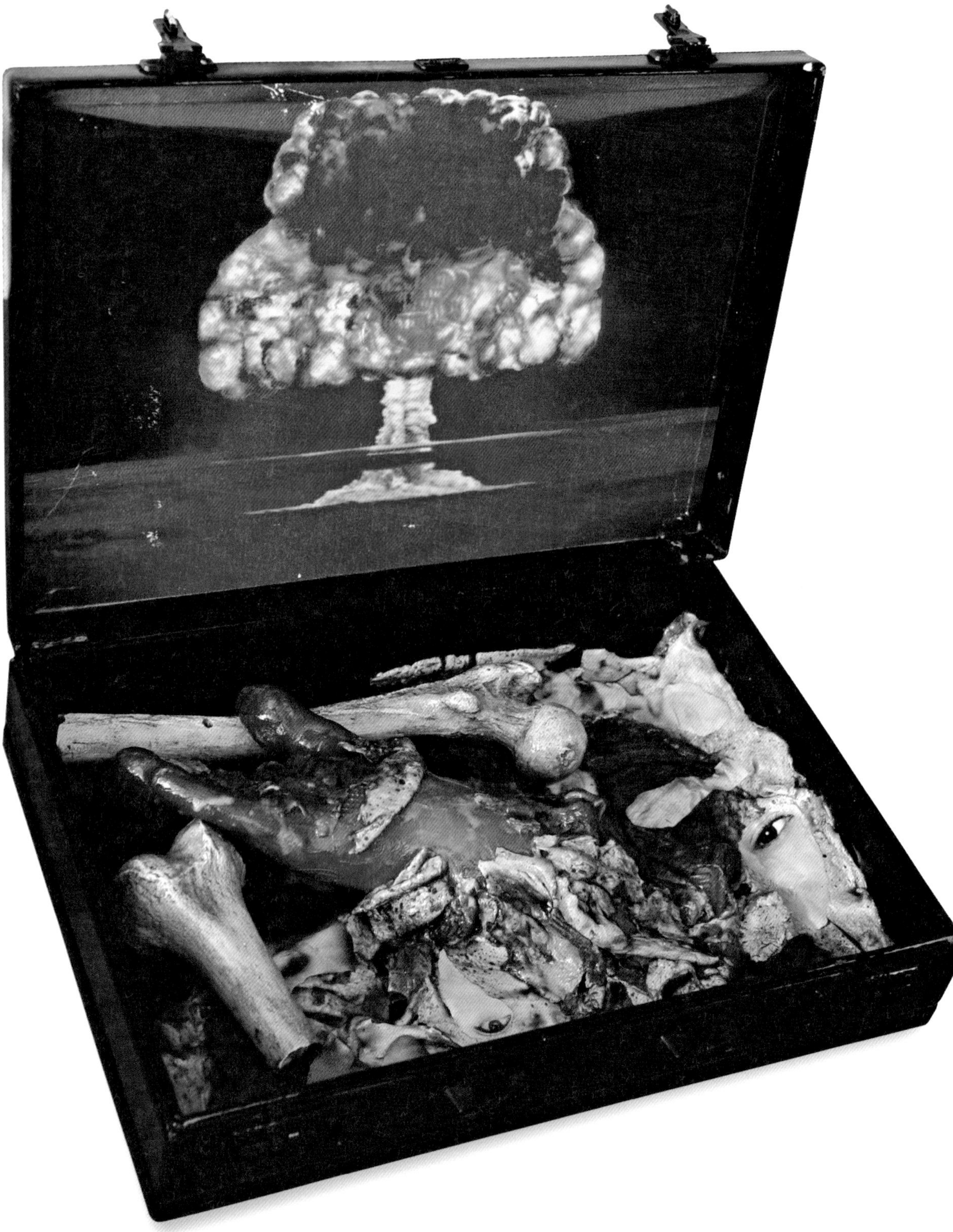

〈음과 양Yin and Yang
6-S 65〉, 혼합매체,
가방, 46×33×11cm,
2006.

김구림이 '꽃 그림'과 '장식품' 대신 선택한 것이 바로 〈핵폭탄〉이다. 김구림이 예쁘지 않은 것을 작품화하는 것은, 세상과 현실이 예쁘지 않기 때문이다. 김구림은 그로테스크한 자신의 작품 경향을 두고

기존의 예술적 가치 판단을 의도적으로 거부하고 있다.

라고 말했다. 주류 미술과 시장 미술을 의도적으로 거부한다는 말이다. 계속 비주류로 남겠다는 의지의 말이기도 하다.

김구림의 저 말을 들으며 두 사람의 말이 떠올랐다. 서경식은 『고뇌의 원근법』에서 "한국의 근대미술은 왜 예쁘기만 한가."라는 문제를 제기했다. 그는 예술지상주의적인 모더니즘이 지배한 근대미술의 현실 결여를 비판했다. 그 문제의식은 지금-여기로 이어졌다. "조선 민족이 살아온 근대는 '예쁜' 것이 아니었을뿐더러, 현대도 우리의 삶은 '예쁘지' 않다."고 했다. 서경식은 "추한 현실 속에서 발버둥 치는 인간이 창작하는 미술은 추한 것이 당연하다."며 "추한 진실을 직시해서 그릴 때 '추'가 '미'로 승화되는 예술적 순간이 생긴다."고도 했다. 나는 서경식이 느낀 '예술적 순간'을 김구림의 작품에서 종종 느낀다. 추한 현실, 일그러진 현실에 대한 직시가 2000년대 이후 〈음과 양〉 시리즈에선 더 또렷해졌기 때문이다. "부패한 사회에서, 예술이 만약 진실하다면, 예술은 부패를 반영해야 한다."는 에른스트 피셔의 말에 부합하는 작가도 김구림일 것이다.

서경식, 『고뇌의 원근법』, 박소현 옮김, 돌베개, 2009년 6~12쪽.

김구림은 문명이 발전할수록 뒤틀리고 파편화되는 불완전한 인간의 모습을 담아내는 작가다. 패션 잡지나 포르노 잡지에서 오리거나 인터넷에서 뽑아낸 성형미인을 재조립해 인쇄하고, 그 위에 강렬한 붓질을 더해 자기만의 이미지로 만들곤 한다. 세상 어느 곳에도 존재하지 않는 인간상을 만들어 낸 것은, 현대의 혼탁한 인간상과 기술 발전의 한계를 보여 주려는 시도다. 그는 같은 의미로 식스팩을 가진 근육질의 남성 사진도 비판적으로 사용한다. 오늘날 '섹시'니 '몸짱'이니 '꿀벅지'니 하는 것들에 대한 문제의식을 녹였다. 남녀의 신체 부위를 괴기스럽게 콜라주한 작품들은 '음과 양'의 반영물이라는 점에서, 세간의 오해와 달리, 그는 지독히도 일관된 작가다.(→)

김구림은 수년 전 이런 작품 경향에 관한 생각을 「뉴미디어 현대사회가 빚어낸 모순」이란 글로 쓴 적이 있다. 2000년대 이후 컴퓨터를 이용한 구상적인 상 위에 얼룩지고 둔탁한 색채 덩어리를 마음대로 휘둘러

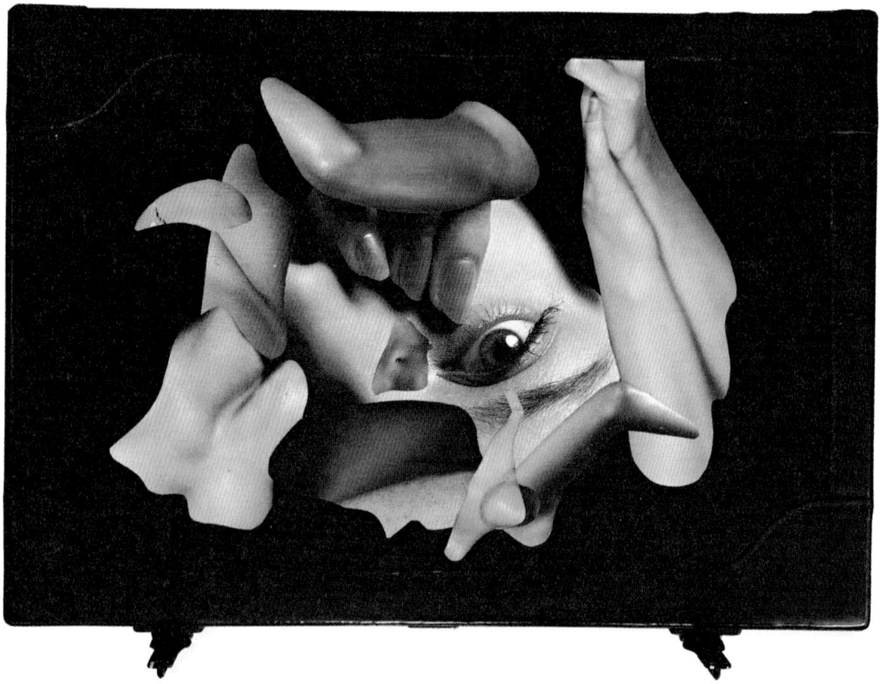

〈음과 양Yin and Yang 6-S 65〉의 가방 뚜껑에 표현한 이미지. 혼합매체, 가방, 46×33×11cm, 2006.

추상적인 병치와 화면의 긴장감을 조성한다는 설명이었다. 그는

> **섹스와 포르노**, **욕망과 허무**, **몰개성**, **타락의 병폐 문제를 상징화했다**.

고 말했다.

프랑수아 베르나르는 카이사르, 타키투스의 저작에 나오는 라틴어 '디베르수스*diversus*'의 개념을 설명한다.☜ '디베르수스'는 요즘처럼 '다양한'이나 '여럿의' 뜻이 아니었다. '대립하는' '일치하지 않는' '모순되는'이라는 의미였다. 즉 베르나르는 문화다양성의 개념을 좀 더 확고한 토대 위에 재정립하려면 '디베르수스'의 어원 즉 고정된 결과나 상태, 신사적이고 온화한 함의보다는 투쟁 속에서 생겨나는 운동이라는 의미를 살리는 게 중요하다고 했다.

프랑수아 드 베르나르, 「'문화다양성' 개념의 재정립을 위하여」, 김창민 외 편역, 『세계화 시대의 문화 논리』, 한울아카데미, 2005.

나는 김구림이 라틴어 고전적 의미의, 또 베르나르가 살리려는 그 의미의 '디베르수스'의 함의를 가진 예술가라고 본다. 그는 스스로가 투쟁의 시대, 권위, 제도, 주류에 대립하고, 불일치했으며, 모순을 일으켰다. 그의 작품 세계가 담은 것도 모순, 대립, 불일치를 통한 음양의 문제의식이었다. 작가의 태도나 미학적 내용으로서 모순, 대립, 불일치가 '김구림 아방가르드'의 진수라고 생각한다.

김종길은 김구림을 '미학적 혁명가'라고 명명한 적이 있다. 그 호칭만큼 김구림을 더 잘 설명해 주는 말은 없다고 본다. 혁명은 모순과 대립에서 나오는 것이기 때문이다. 혁명은 성공 아니면 실패다. 김구림은 자신은 미학의 혁명을 지금 성공이라고 여기지 않는 듯하다. 자신이 죽고, 잊히더라도 남겨야 하는 '독립적 예술'에 대한 의지만 남은 듯하다.

나무 둥지에 가부좌를 튼 퍼포먼스 '도'에서 벌였던 인정투쟁의 목적은 결국 저 의지의 실현인 듯하다. 그 실현과 완성을 위해 김구림은 지금도 늙고 병들어 가는 육신을 부여잡고 작품에 매달린다.

한 작가를 오래 파고들었다. 괜히 시작했다는 생각에 후회한 적이 한두 번이 아니다. 책을 쓰면서 늘 무지에 부딪혔다. '김구림'을 공부하면서 시야가 넓어지고 나름의 관점이 생긴 건 분명하다. 나만의 퍼스펙티브를 담으려 했다. 글을 맺으며 드는 생각은 한 가지다.

책이 김구림에 관한 나름 쓸 만한 참고 자료가 되면 좋겠다.

부록

김구림 + 김종길 대담

김종길(대담 당시 경기도미술관 학예실장)은 김구림을 '사건의 조직자', '미의 수행자'로 규정한다. 평생을 주류와 싸워 온 비주류 김구림의 예술 세계를 '김구림학'으로 압축했다. 김구림과 김종길의 대담은 2012년 12월 9일 일요일 오후 평창동 김구림 자택에서 진행됐다.

선생님 댁에 올 때면, 오디오 기기가 항상 부럽습니다. 음악은 언제부터 좋아하셨나요. 그러고 보면 1981년 5월 27일 시 낭독회 〈손톱과 시〉 퍼포먼스나, 앞서 1970년 《제1회 서울국제현대음악제》에서도 소리를 이용한 작품을 선보였는데요.

외동으로 태어나서 굉장히 금이야 옥이야 자랐어요. 어릴 때부터 유성기로 음악을 들었죠. 아버님이 재산이 많았어요. 고조할아버지 때부터 유명한 한의사

집안이었어요. 할아버지 때까지 한의업을 했는데, 아버지 때부터 워낙 돈이 많아서 안 한 거죠. 이런 말씀 죄송하지만, 아버지는 쓰기만 했지 돈을 벌어 본 적이 없어요. 사업을 하다가 망하기만 했죠. 여하튼, 아버지가 시조창을 무척 좋아했어요. 부산에서 무슨 창 대회가 있다 하면 거기 번개같이 쫓아가요. 시조도 잘하셨죠. 그러니까 풍류를 아시던 분이죠. 금강산에서 기생 수십 명 데리고 사진 찍은 것도 있었으니까요. 어머니가 얼마나 고생이 많았겠어요. 그런 분위기에서 자라다 보니 음악을 좋아한 거예요.

그림을 시작하게 된 계기는요?

초등학교 입학할 때가 일제시대예요. 1학년 때인가 그래요. 미술 시간이 아니라 '도화' 시간이라고 불렀죠. 선생님이 칠판 앞에 필통 같은 걸 그리라고 해요. 아이들은 다 정면을 보고 그리려고 했죠. 난 창가 자리로 가서 필통 옆을 그렸어요. 삐딱하게 그린 거죠. 나중에 선생이 나보고 제일 잘 그렸다고 한 거야. 나도 모르게 구도 같은 걸 생각한 거죠. 그때부터 구도를 남들과 다르게 잡으려고 한 거 같아요. 2학년이 되고 그림 잘 그린다고 전교에 소문이 나서 환경미화를 도맡았어요. 일고여덟 살 때인데, 다들 '네가 안 그렸지?' 그러는 겁니다. 그 정도로 잘 그렸던 모양이에요. 중학교에 가니 물감하고 무슨 하얀 천 같은 걸 주고 그림을 시키더군요. 그때 캔버스를 처음 본 거예요. 르네상스 명화를 베껴 오라고 하는 거야. 그때 유화를 처음 만져 본 거죠. 집에서 그려 갖다 줬더니 선생들이 난리가 난 겁니다. 교무실에 걸어 놓고요. 그러고 나서 6·25가 났어요. 엉망이 된 거죠. '우리 시대'가 없어진 겁니다.

전쟁 때 기억나세요?

고향이 경북 상주인데, 대구로 피난 갔어요. 중학교,

고등학교는 전쟁 때문에 엉망이었어요. 이야깃거리가 없어요. 기억나는 것도 없고.

작가로 살아야겠다고 결심한 건 언젠가요?

사업이나 정치나 이런 건 싫었어요. 한의사 집안이라 그런지, 의사가 되고 싶었던 거 같아요. 외과 의사가 되고 싶었어요. 개구리 해부가 재미있었죠. 친구 하나가 닭의 목이 볼록 튀어나와 아무래도 소화 기능이 이상한 거 같다길래 면도칼, 실바늘, 아까징끼(머큐롬)를 가져가서 수술 한답시고 닭 목 부분을 자르고 다시 실로 꿰매 놓은 적도 있어요. 그러다 과학자가 되어야지 했어요. 어렸을 때니까 변덕이 많이 났죠. 집에 있는 기계란 기계는 다 버려 놓은 거죠. 해체하고 조립하고 그런 걸 좋아했어요. 요즘도 병원에 가면 기계를 만지작거리다 간호사한테 혼나곤 해요(☺). 관절이 안 좋아서 간 병원이었는데, 최신 기계가 많더라고요. 한때는 소설가가 되고 싶었어요. 그런데 소설은 우리말로 쓰니까 나라 안에서만 유명해지는 거죠. 어려서부터 꿈이 컸어요(☺). 세계적 작가가 되는 길이 뭘까 생각하다 떠오른 게 영화감독이에요. 집안에서 극장도 하고 했으니까요. 동시 녹음이 안 되던 때인데, 변사를 보다가 영화감독이 하고 싶어졌죠. 그런데, 영화라는 게 여러 사람이 협업을 해야 하니까, 성가신 것 같더라고요. 그것도 때려치웠죠. 혼자서 간섭 받지 않고 내 마음대로 할 수도 있고 또한 해외에 보냈을 때에 번역도 필요 없고 작가가 작품과 함께 가지 않아도 되는 것이 예술 중에 화가 말고는 없더라고요. 그래서 미술 쪽에 발을 들인 거죠. 그래서 미술 대학에 들어갔어요. 잘 그린다고 교수한테 칭찬을 많이 받았어요. 상도 많이 받았죠.

계속 다니지 않은 걸로 아는데요.

불만투성이었어요. 궁금한 건 많은데, 질문만 하면 어려운 질문 한다고 '이놈의 새끼' 하고 소리를 지르고 혼을 내는 거예요. 대구에 피난을 와 있을 때이니까, 거기 미국 공보관에 자주 들렀어요. 공보관에서 세계적인 대가들의 전람회를 자주 했는데, 다 복제품을 갖다 놓고 한 거예요. 거기서 반 고흐 그림을 처음 본 거야. 그런데 구도도 엉망이고, 사실적이지도 않은데 왜 저리 유명한 거지? 여러 화가들에 대해 궁금증이 일었죠. 교수라는 사람들이 일본에서 공부하고 왔는데, 그런 질문에 답을 못 하는 겁니다. '도화' 선생이었던 거죠. 그래서 돈 주고 배울 필요 없다, 때려치운 거죠. 그리고 스승을 찾으러 다녔어요. 어느 유명화가 집에 그림을 갖고 갔다가, 퇴짜 맞은 적도 있고, 충격과 분노 때문에 더 이를 악물고 열심히 했었죠. 혼자 헌책방을 많이 돌아다녔어요. 그러다 『라이프』니 『타임』지를 봤어요. 미군 부대에서 흘러나온 게 깔려 있더라고요. 잡지 속 아트란을 보고 얼마나 충격을 받았던지 지금도 기억이 생생해요. 외국은 이렇게 첨단의 새로운 것들을 하는데, 우리는 고작해야 인상파니 하며 야외에서 화가입네 하고 앉아서 풍경이나 그리고 있으니 뭐하는 짓인가 싶었어요. 그때부터 미쳐 가지고 그걸 사서 공부한 겁니다. 독학이었죠. 무용가 머스 커닝햄Merce Cunningham이니 현대음악가 존 케이지John Cage니 하는 작가들도 그때 알게 된 겁니다.

1958년에 데뷔를 하셨는데요.

제 본명이 김종배입니다. 대학교 때려치우고 화실에서 선생님한테 배웠어요. 백낙종 선생이라고 대구화단의 향토화가였어요. 그분을 자주 찾아뵈었지요. 그런데 대구화단에 김종배가 또 있는 거예요. 한문 글자도 나와 똑같았어요. 난 신경 안 썼는데, 백 선생님이 나보고 이름을 양보하라고 했어요. 훨씬 선배고, 같은 서양화를

하니까. 또 더 좋은 이름으로 나중에 화단에서 성장하고, 유명해지라고 하시더라고요. 솔깃해서 '선생님이 지어 주십쇼' 했죠. 백 선생님이 일곱 가지 이름을 지어 오셨는데, 그 안에서 끌린 게 김지향인데, 선생님은 '김구림이 좋겠네' 하더라고요. 그날 이후 김종배란 이름을 지웠어요. 데뷔도 김구림으로 했고요.

그분이 선생님을 잉태시켰네요.

그렇죠. 나중에 서울에 올라오셨는데, 돌아가신 것도 몰랐어요. 제가 미국에 있을 때 돌아가셨더라고요. 1970년대 내가 조금 잘나갈 때 우리나라 작가들과 일본 작가들하고 교류전이 있었는데, 제가 백 선생님이 명단에 안 들어가면 나도 출품하지 못하겠다고 해서 같이 출품한 적이 있는데 다른 화가들이 저보고 '당돌한 놈' 하면서도, 백 선생은 좋은 제자 둬서 좋겠다는 말도 있었죠.

선생님이 데뷔하신 1958년은 한국 미술사에서도 중요한 해죠. 현대미술이 그때부터 출범했다는 설이 많으니까요.

〈월야〉, 〈고목의 구도〉 같은 작품을 내놓았는데, 조감하는 구도는 아무도 안 하던 거였죠. 다들 인상파 흉내 내고, 풍경 그릴 때니까, 제 스스로 현대미술의 출발점에 놓여 있다고 봐요.

이제 주제별로 선생님 이야기를 듣고 싶습니다. 최근 '수행성'이란 개념이 미술에서 등장하고 있습니다. 선생님이 선구적으로 하신 거랑 비슷합니다. 예를 들면, 얼음을 녹이는 〈현상에서 흔적으로〉 같은 작품은 고정된 조각이나 회화가 아니잖아요. 시간이 지나면서 변화, 소멸하고요. 선생님한테는 시간성도 대단히 중요한 개념입니다. 최초의 대지미술로 기록되는 한강 둑 작품도 마찬가지고요. 봄이 되면 잔디가 올라와 '작품'이 없어지는 거죠. 삽이나 의자, 망치에 흔적을 남기신 것은 시간성의 의미를 확 압축해 변화시킨 겁니다. 얼음이나 잔디는 서서히 자연의 변화에 맡기신 거고요. 시간성은 왜 고민하신 거죠?

제가 시간성을 담아 제작한 작품은 현재 사물을 감쪽같이 변질시켜서 오래된 것처럼 보이게 하는 의도성을 가진 것과, 그대로 자연에 던져 내동이치고 스스로 시간의 흐름에 따라 변모하게끔 하는 두 가지라고 볼 수 있어요. 그런데 두 가지 다 자연현상이라고 봐요. 이 시간에도 난 늙어 가고 있어요. 만물은 변하죠. 많은 시간이 흘러갔을 때 전혀 다른 모습으로 나타나요. 2000년하고 2010년하고는 전혀 다른 모습으로 나타나듯이요. 모든 유행도 모든 사물도 과학도 그렇습니다. 그러니까 시간성은 자연현상이라고 봐요. 자연에 맡길 수도 있는 것이고, 의도적인 것일 수도 있다고 생각해요.

시간성을 미학적인 개념으로 볼 때, 시간 자체를 창조로 보시는 건가요? 왜냐면 예술가의 창조적 행위란 게 있잖아요. 붓을 가지고 뭔가를 그리는 것이요. 그런데 선생님은 아주 짧은 순간에 '삽'에다 시간성을 압축시키잖아요. 긴 시간 동안 있어야 할 현상을 예술가가 의도를 갖고 개입해 새 삽을 헌 삽으로 바꾸는 게 있고, 대지미술이나 얼음 작품처럼, 작가의 일정한 행위 뒤에 스스로 변화하는 게 있고요. 이때 시간이란 것은 창조적 행위이기도 하고, 자연이 스스로 발생시키는 것이니까. 시간 자체가 창조적인 것이기도 하죠.

시간이란 것은 피부로 느낄 수도 없고, 눈에 보이지도 않아요. 많은 세월이 흐르고 과거를 뒤돌아보고 현재랑 비교했을 때, 이렇게 흘렀구나, 하고 느껴지는 것일 뿐이죠. 삽 같은 건 상상으로 만드는 거였어요. 시간이란 문제를 눈에 보이도록 만드는 겁니다. 시간을 공간으로 끄집어내는 거죠. 느끼지도 못하고, 만질 수도 없고, 보이지 않는 걸 끄집어내서 누구든 볼 수 있게 하는 게 예술가의 일이라고 생각하는 거예요.

선생님은 일종의 야인 기질을 갖고 계십니다. 천성이나 평소 말씀, 또 작품에도 그런 게 드러나는데요. 고정관념이나 제도, 기성의 틀을 깨 나가시는 것도 김구림이라는 예술가의 삶에서 드러나는 미학적 태도, 예술적 태도라고 생각합니다. 이 작가는 왜 끊임없이 기성의 질서를 깨부수면서 항상 새로운 걸 시도하는가, 대체 그 이유는 무엇인가가 궁금합니다.

간단해요. 이건 어려운 미학적, 철학적 문제가 아닙니다. 인간이 사회 속에서 삶을 영위해야 되잖아요. 세월의 변화를 따른 거죠. 1950년대는 전쟁 후유증 때문에 허덕였죠. 50년대 말에 부자들만 흑백텔레비전을 가졌고, 이후 컬러텔레비전 나오고 컴퓨터가 나오면서 엄청난 변화가 생겼죠. 살아 나가면서 변화 속에서 살다 보니까,

자연히 내 사고도 변한 거예요. 50년대 사고하고 60년대 사고하고 다르듯이 그렇게 변해 온 거죠. 사고가 변하니까 머릿속 상상력이나 영감도 달라집니다. 자연스레 작품이 변하는 겁니다. 그렇게 자연에 맡겨 왔어요. 내가 이렇게 변해야겠다고 생각한 적은 없어요. 다른 사람들은 내가 일부러 변하는 걸로 착각하는데 말이죠. 점 찍고 선 긋고 하는 걸 1960년대부터 수십 년이 지난 2000년대에 와서도 그때의 사고방식을 갖고 고집하고 있어요. 그건 거짓말이야. 비행기 타고 컬러텔레비전 놓고 현대문명을 다 누리면서, 3D 영화 보면서도 60년대 사고에 머물러 있어요. 그게 작품에선 거짓말하고 있다는 거야.

선생님 같은 경우에는 끊임없이 시대가 변화하고, 상황이 변화하고, 현실이 변화하는 그 안에서 끊임없이 변화하는 무언가를 예술적 태도를 받아들이고, 그게 새로운 미술로 나타난 거군요.

제 경험을 하나 말씀드릴게요. 미국 체류 시절 뉴욕에 있다가 LA로 갔어요. 큰 전람회가 하나 있었는데, LA에서 제작한 걸 출품했어요. 오프닝 날 가서 내 작품 앞에서 깜짝 놀란 거예요. 누구 작품이야 하고요. 이럴 수가 있나. 도대체가 내가 제작한 거 맞아? 깜짝 놀랐어요. 이렇게 변할 수가 있나 하고요. 화실에서 제작할 때는 생각도 못했는데, 완전히 캘리포니아적인 게 떡 걸려 있더라고요. 지리적 조건이나 환경이 이렇게 작품을 변하게 하는구나 하고 느꼈죠. 사실 남들은 나보고 툭하면 왜 이렇게 변했느냐 하는데, 나 자신은 못 느낄 때가 많아요.

항상 현재가 매우 중요하군요.

전 현재를 무시할 수 없는 사람이에요. 현재에 생을 영위하고

작업하는 거죠. 예술도 현재성에서 나옵니다. 꿈속에서 나오는 것도, 멀리 있는 것도 아닙니다. 현실에서 나오는 게 제 예술입니다. 그런 저보고 엉뚱하다고 하는 사람들이 많죠. 하나만 고집하는 게 엉뚱한 거예요.

30~40년 동안 점만 찍고 선만 긋는 분들도 계시죠.

평생을 '물방울'만 하는 사람도 있죠. 누가 옳은 건가요. 사실 알고 보면요.

예술이라는 것은 누구한테 배우거나 가르침을 받은 게 중요한 게 아니라, 현실 안에서 지금 상황을 직시하면서 무엇인가를 깨뜨려 나가는 게 중요한 거군요.

전 가끔씩 복잡한 강남 같은 데 가서 젊은이들이 많이 다니는 커피 집에 들어가요. 커피 한잔 마시면서 창밖으로 지나다니는 여자들을 죽 지켜봐요. 예쁜 여자가 많아요. 그런데 나중에 착각이 일어나요. 공장에서 빼낸 마네킹이 지나는 걸로 보여요. 한참 있다 보면, 전부 다 성형미인들인 거죠. 이것이 뭐냐, 이게 현실이구나, 하는 거죠. 제가 〈화성인 바이러스〉라는 텔레비전 프로도 잘 봐요. 현실을 잘 보여 주는 창과도 같아요. 그 프로를 좋아하진 않지만, 놓치지 않고 보려고 하죠. 작품을 위해서요. 아하 내가 모르는 세상이 있구나, 아 세상은 이렇게 변하는 구나, 이런 걸 볼 때마다 느껴요. 컴퓨터, 미디어의 시대잖아요. 텔레비전으로 더 너른 세상을 방안에서도 볼 수 있죠.

선생님을 보면 17, 18세기 실학의 시대에 책을 읽는 데 미치고, 수집하는 데 미치고,

글을 쓰는 데 미쳤던 다산 정약용 같은 분이 떠오릅니다. 수집벽 같은 게 있잖아요. 뭔가에 꽂혀 있는 느낌, 광기 같기도 하고, 바보스럽기도 하고요. 그런 것이 선생님 예술 세계에서 창조를 뒷받침한 에너지인가요?

글쎄요. 그건 잘 모르겠네요. 어릴 때부터 외동으로 자라서 고집이 세, 내 하고 싶은 대로 해 왔죠. 그런 고집이 있고, 남한테 간섭 받는 거 싫어하고요. 군대 있을 때 탈영을 두 번이나 했어요. 그런 성격들이 작품에도 반영되는 것 같아요. 따라하는 거 싫어하고요. 이런 게 제 에너지 같군요. 세상이 좁잖아요. 나도 모르게 내가 하는 걸 똑같이 하는 사람이 지구상에 있을 거라고요. 전 외국 상황을 자주 빨리 체크하는 편이에요. 저랑 비슷한 거 하는 작가가 있고, 작품 연도가 저보다 앞서면 바로 때려치워요.

선생님 작품엔 〈현상에서 흔적으로〉 시리즈처럼, 소멸, 시간성 같은 동양적 개념이 많은데요.

맞아요. 옛날에 국내 화가들과 외국에 자주 작품을 출품했는데, 제 작품이 가장 동양적이라는 평가를 받았어요. 그런데 한국에선 나보고 너무 서양적이라고 하니 아이로니컬하죠.

동양적인 건 의식하고 하신 건가요?

아니에요. 뭐든지 자연스럽게 그때그때 생각나는 대로 손 가는 대로 하는 거예요. 제 걸 보고, 작품이라고 하든 장난이라고 하든 신경 안 쓴다고 마음먹죠. 내가 하고 싶은 대로 할 뿐이다, 그런 거죠. 뭘 끙끙 앓으면서 해 본

적이 없어요. 전 작품을 할 때 의미를 부여하려고 하지 않아요. 그건 어떤 상태에서 지극히 의도적이 될 수가 있죠. 단 한 가지 신경 쓰는 게 있죠. 논리성은 갖고 있어야 한다는 겁니다. 작품을 하기 전에 논리성에 관한 생각을 많이 해요. 작품의 의도성이 아니라요. 남들이 물었을 때 뭐라고 답해야 할지 생각하는 거죠.

선생님 작품은 카오스와 코스모스, 질서와 혼돈이 있는데, 음과 양을 구분할 수 없는 것 같습니다. 음양은 하나다, '카오스모스'인 거죠.

결국은 하나다. 하늘과 땅도 하나고, 시작이라는 것도 끝이고, 끝은 시작이고, 그것은 연속된다고 봐요.

구분하는 게 아니라 하나의 개념으로 본다는 거죠.

바로 그겁니다. 다른 사람은 둘로 보지만 나는 밤과 낮도 하나로 봐요.

서울대 문리대 앞에서 하셨던 〈콘돔과 카바마인〉에서 카바마인을 학생들한테 나눠 줬던 게 흥미로웠습니다. 학생들한테 나눠 주고 나면, 예술가로서의 행위, 퍼포먼스는 끝이 나지만, 작품은 지속되는 거죠. 카바마인을 나눠 받은 학생들이 그걸 버릴 수도 있고, 물에 타 마실 수도 있고 뭘 하든 말이죠. 그것도 의도하신 건가요?

'의도성'에 관한 질문은 아니죠? 전 작가가 의도적으로 몸을 갖고 행해 온 걸 타파하자고 생각했어요. 진정한 퍼포먼스가

아니죠. 자신도 모르게 스스로 행하는 게 진정한 퍼포먼스라고 여겼어요. 각자 다른 사람들이 하도록 한 거죠, 작가 자신이 등장하는 게 아니라요. 물론, 새로운 퍼포먼스를 창조해 내자는 의도는 있는 거죠.

결국 선생님께서는 사건을 '조직'하신 거네요. 그러니까 콘돔과 카바마인을 나눠 주는 사건을 조직하고, 그것들을 나눠 주면서 행위는 끝났지만, 그걸 받은 어떤 놈은 웃고, 어떤 놈은 물에 타 마셨을 테고요. 예술에서 특히 현대미술에서 사건이란 게 중요한 거 같아요. 뒤샹이 변기를 드러낸 것도 사건이고, 말레비치가 절대평면 회화를 갖다 놓은 것도 사건이고요. 김구림은 한마디로 뭐냐 하면 사건을 조직하는 사람인 거죠. 사건으로서의 예술은 현대미술에서도 중요한 개념이죠. 그게 뭐냐면 새로움에 관한 것이죠. 선생님은 그런 수행을 해 오신 거고요. 제4집단에서 '기성문화에 대한 장례식'을 치르는 것도 그렇고, 늘 '사건의 조직자'로서 살아오지 않았나 하는 생각이 듭니다. 그러다 실제 사건에 연루돼 재판을 받기도 하셨고요. 대지미술, 보디페인팅도 하나의 사건이었죠. 사건을 만드니까 기자들이 따라다니는 거죠. 도대체 어떤 사건이 벌어질까 하면서 『선데이서울』이니 『주간경향』이니 하는 주간지 기자들이 쫓아다니면서 기사화한 거죠. 언론사 기자들에겐, 가십거리일 수 있지만, 현대 미술가는 새로운 사건을 조직할 수 있어야 한다고 봅니다. 그게 중요한 것이죠.

40~50년간 사건을 조직해 온 작가로서, 사건이 뭡니까? 예술에서, 미학적 의미에서 사건이 무엇이냐는 질문을 드립니다.

'사건의 조직자' 같은 걸 의식하고 산 건 아닙니다. 김 선생 말을 듣고 보니 그런 것 같군요. 제가 할 말까지 다 정리해 주셨는데, 그리 알겠습니다(☺). 제가 말씀드릴 수 있는 건, 제가 사건을 억지로 만들려고 한 것은 아니라는 겁니다. 당대 시대상에 따라 필요하다고 생각한 걸 했을 뿐이죠. 그게 오늘날 사건이 되었을 뿐이죠. 김 선생 같은 해석도 나오고요. 제4집단 때도 당대에 꼭 필요한 예술행위라고 여겼어요. 타락한 기성문화를 타파해야겠다는 생각으로 '장례식'도 치르고 한 겁니다. 억지로 사건을 만들려고 한 게 아니죠. 지금도 마찬가지죠. 시대성을 파악하고, 거기에 순응해야 한다고 봐요. 그래야 그 시대에 가장 알맞은 작품이 나오는 겁니다. 아까 말씀드렸듯이 시대성이라는 것은 항상 현재를 말하는 거지요. 과거가 아니라요. 지금이라는 현재성, 그것이 시대를 이야기하는 것이라고 봅니다.

선생님께서 항상 새로운 시대에 맞게, 그 순간에 맞게 새 작품을 내놓으셨잖아요. 그 작품이 당대의 어떤 미학적 언어, 미학적 목소리를 내길 바라는 거라고 봅니다.

2000년대 들어서 한 작품 중엔, 얼굴을 비틀고 뒤틀어서 그걸 꼴라주하는 것들이 많아요. 눈이 한쪽으로 돌아가 있고요. 눈 하나, 가슴 한쪽, 다리 하나 그 자체만 볼 때는 굉장한 미인의 신체 부위죠. 콜라주 해서, 눈 한쪽이 볼에 붙어 있다든가 하는 식으로 다른 쪽에서 튀어나오게 만드는 거죠. 성형에 대한 고발이 들어가는 거죠. 컴퓨터란 문명이

꼭 좋은 건 아니죠. 설치 작품을 보면, 컴퓨터 칩 같은 걸 많이 쓰죠. 현대의 시대상을 반영하는 겁니다.

현실의 사건에는 정치적 사건, 살인 사건, 폭력 사건도 있을 수 있다고 봅니다. 미학적 사건은 그 사건을 통해 이 시대에 이야기하려는 게 뭐냐는 거죠.

예를 들어, 제 작품은 인간의 모습을 드러냅니다. 그런데 그 인간은 아름답지가 않죠. 기형적이고 파괴적입니다. 칩이 인간의 뇌 속에 들어가 붙어 있죠. 인간이 기계화되어 가는 걸 담은 겁니다. 요즘 컴퓨터다, 스마트폰이다, 그걸 지혜롭게 사용하지 못하고, 종속돼 끌려가고 말죠. 자기 의지대로 사는 게 아닙니다. 커피숍이나 길거리 나가 보면, 다들 스마트폰 속에 빠져 있어요. 자기 의지대로 사는 게 아닌 거죠. 심지어 연인들도 데이트하면서 각자 스마트폰을 들여다보고 있어요. 요즘 미라는 것도 순수한 자연 미는 찾을 수 없어요. 다들 만들어진 미인 거죠. 그런 이야기를 하는 겁니다.

현대인의 부정적 속성, 문명이나 기계화에 이끌려 가는 세태 풍자, 비판인 거군요.

아내한테 이런 말을 한 적이 있어요. 나는 작품을 하려면 시골에서 살아선 안 된다고요. 첨예한 현대 도시에 있어야 작품이 나옵니다. 현재성을 가장 극적으로, 적나라하게 드러내는 게 바로 도시니까요. 뉴욕에 간 것도 그런 이유가 큽니다.

현실을 지극히 반영한다는 점에서 리얼리티라는 것이 중요한 것인가요? 선생님 작품에서요.

중요하죠. 내 작품은 거의 다가 현실을 넣은 겁니다. 다른 사람들은 그런 게 없어요. 달도 밝다는 식이죠. 선이나 점이나 긋고, 물방울 그리는 데 리얼리티는 없죠.

선생님의 작품은 형식적으로 보면 다양합니다만, 사실 주종목이 없다는 말도 있습니다.

미술 형식에 얽매여선 안 됩니다. 형식은 만들어 나가는 것이죠. 애초에 형식 그 자체가 있던 게 아닙니다. 시대에 따라 형식은 바뀌고요.

그래서 형식주의자들에 대한 태도가 완강하시군요.

그렇죠. 미학관도 항상 바뀌잖아요. 데이미언 허스트 같은 사람을 봐요. 그 사람이 세계적으로 뜬 건 아무도 다루지 않은 문제를 다뤘기 때문이죠. 즉 창조라는 것 자체를 내동댕이친 사람입니다. 허스트한테는 창조라는 게 없어요. 알약 같은 걸 진열장에 넣어서 작품을 만듭니다. 이미 있는 걸 빌려서 하는 겁니다. 상어 작품도 마찬가지지요. 예술에서 순수한 창조 그 자체는 없다고 생각해요. 허스트 이 사람 참 대단하구나, 생각했어요. 나도 저기에는 못 미쳤구나, 언제부터인지 나도 모르게 창조에 얽매였구나, 하는 생각을 하게 됐어요. 내가 고리타분해서 버리지 못한 것이 아닌가 하는 생각도 들고요. 새로운 것하고, 창조하고는 다른 겁니다. 나는 창조라는 걸 바탕에 깔아 놓고 새로운 걸 만든 것인데, 허스트는 그걸 깔아 놓지도 않았어요. 창조성 자체에 의문을 던지는 거죠.

선생님과 데이미언 허스트의 교집합이 있는 것 같아요. 바로 현실로부터 뭔가를 갖고 오는 게 동일하죠. 기계로 물감을 떨어뜨려 자연에 맡겨 만드는 작품이 손으로 한 건 아니지만, 그 발상 자체는 데이미언 허스트의 것이잖아요.

그 허스트의 발상 자체가 '과거의 창조'라고 하는 것과는 달라요. 형식이 다르다는 거죠. 허스트의 작품은 열 사람, 스무 사람이 참여한 거예요. 다 달라요. 앵포르멜적인 게 있는가 하면, 디자인적인 게 있죠. 나비를 채집해 전시하기도 했고요. 일관성이 하나도 없죠.

선생님 연배의 비슷한 선후배 작가 분들은 한국전쟁, 박정희 유신을 겪어야 했던 세대였지요. 반공이데올로기를 무시할 수 없잖아요. 국가 통치 이념이었으니까요. 실험미술 하신 분들 중에도 철저한 반공주의자가 있었는데요. 물론 선생님은 반공을 작품화하시지 않았습니다만.

나는 좌파든, 우파든, 공산주의건 반공주의건 절대 그런 데 휘둘리지 않아요. 난 아방가르드지만, 보수적인 사람이기도 합니다.

예술이란 것은 미학에서 이데올로기를 찾아야 하는 거죠. 정치적인 걸로 이데올로기를 말할 건 없다는 거죠. 박정희의 반공이데올로기, 즉 정부가 조장하는 이데올로기의 논리에 예술가들이 동조해야 하는가 하는 걸 여쭙는 겁니다.

전 반대예요. 어느 쪽이든 정치적 이데올로기에 동조하면

예술가에서 벗어난다고 생각해요. 예술가의 길은 따로 있습니다.

어떤 길인가요?

자기 임무를 다하는 거죠. 전 작품에 정치성 특히 정파성을 띤 것은, 진정한 예술이 아니라고 봅니다.

제4집단 활동은 어떻게 봐야 합니까?

기성문화의 장례식은, 예술 속에서의 장례식이었어요. 제4집단 활동은 정치적인 것은 아닙니다. 타파나 변화는 미학 안에서 존재해야 한다는 걸 주장한 운동이었죠.

그렇다면 제4집단 같은 미학적 사건들, 굉장히 새로운 작업들이 현실에도 영향을 미치기를 바라세요?

전 미학 안에서만 생각합니다. 하고 싶은 것, 생각 난 것을 표현할 뿐이고요. 그것이 예술이든 아니든, 내 할 일을 하다가 일생을 마감하겠다는 마음으로 살아왔어요. 대단하게 그걸 미화시켜서 영원히 남기를 바라고, 빛나기를 바라려고 애쓴 적은 없어요.

미학적 영웅주의를 안 좋아하시는군요. 많은 예술가들은 창조성이나 영웅주의를 바라죠.

고흐나 고갱 같은 사람들이 그런 걸 바랐다면, 굶주리면서 그림을 그리지 않았겠죠. 밥 한 끼 제대로 못 먹으면서요. 영웅적인 게 있다면 평생 고생하면서 그렇겠냐고요. 그런데 현실이란 게 또 살다 보니까 밥은 먹어야겠더라고요.

인간이니까, 작품을 하려고 하니까 돈이 있어야 하더라고요. 그건 어쩔 수 없다고 봐요. 하지만 그건 작품을 하기 위한 방편이지, 그것이 사상이나 미학관은 아니라는 거야.

선생님은 평생 '음양'을 하나의 중요한 미학적 태도로 삼아 오셨습니다. 전쟁 이후 한국 사회는 분단국가 분단체제라서 남북이 사상적, 이데올로기적으로 다른 국가를 형성해 살고 있죠. 분단체제에서 예술가로 산다는 게, 은연중에 정치적으로 살았다고 생각지는 않으신가요. 그러니까, 선생님처럼 식민지 시절 학교에 들어가서 해방 이후 전쟁 독재를 경험한 세대로서, 가능한 이야기일지 모르겠지만, 음양을 하나의 세계로 지향하려는, 즉 분단체제에 사는 예술가의 태도로 봐도 되지 않겠느냐는 거죠. 큰 관점으로 봤을 때, 음양이 분단을 넘어서려는 것과도 관련되어 있지 않나요. 예를 들면, 하나의 통일된 조국을 상상하는 것인데, 음양합일론 같은 거죠.

솔직히 그 부분은 생각해 본 적이 없어요. 정치인이 할 일이라고 보는 거죠. 통일은 따라가면 된다고 봐요. 내가 통일하고 싶다고 되는 것도 아니고요. 작품 안에도 그런 부분을 반영한 적은 없어요. 전 특히 국내 상황과 관련해서는 정치적인 색채를 띠는 것은 싫어해요. 핵폭탄이니 아프리카 내전 같은 걸 작품으로 만든 적은 있지만, 제가 항상 해 오던 문명 비판의 관점이었죠. 분단 상황 관련해 미국의 개입을 비판하는 오브제도 만든 적이 있고요. 그건 한국에서 이야기하는 반미의 관점 이런 게 아닙니다. 분단 상황에 관한 슬픔, 아픔, 회환 같은 거죠.

제4집단은 사회적, 정치적인 파장 안에서 해체가 됐습니다. 제4집단도 나름의 미학적 정치성은 갖고 있었을 텐데요.

그렇죠. 미학적 정치성은 있죠. 그건 사실이에요. 기성 문화 타파라는 게, 무너뜨리는 것이니까 미학적인 정치성은 갖고 있죠. 제가 그걸 부정한다 하더라도, 그런 정치성은 내포가 되어 있습니다.

선생님은 전위적이고, 새로운 것을 해 왔기 때문에 근원적인 것을 가질 수밖에 없는 듯한데요.

저절로 묻어 있는 거예요. 고정적인 것을 자꾸 깨뜨려 나가야 하니까요. 처음부터 붙어 있는 거라고.

미학적으로 보면, 미학의 혁명가라고 봅니다(☺).

그럴 수도 있죠. 미학적인 면에선 혁명을 부르짖었으니까요. 그게 바로 새로움이고요.

최근 한국 미술계를 보면, 미학적 정치성, 미학적 혁명을 버리는 젊은 친구들이 나와요. 완전히 시장 안에 들어가서 파는 데만 혈안이 된 것이죠. 예술이 가져야 할 기본적 태도를 버리고요. 최근에 자본주의가 심화되면서 자본에 종속된 젊은 작가들이 나오거든요.

그런 친구들을 신경 쓸 필요는 없다고 봐요. 진정으로 말하면, 그건 예술가가 아닙니다. 그건 장사꾼이죠.

화랑도 장사꾼이고, 다 돈 벌려고 하는 거죠. 자본주의 시대니까요. 무슨 손가락으로 그림을 그린다는 작가의 10호짜리가 10억인데도 줄을 선다는데, 그게 어떻게 예술이 될 수 있어요. 발가락으로 하면 더 비싸겠네? 돈에 미치는 건 싫어요. 그렇다고, 내가 돈을 거부하는 사람도 아냐. 가장으로서, 인간으로서 도리는 해야 하니까.

단색조 모노크롬 작가들은 어떻게 보시는지요. 형식이 안 바뀌는데요.

시대를 잘못 인식하고, 또 망각하고 있어요. 이 시대에 존재하지 않는 인간처럼 행동해요.

그 정신이 1960년대 머물러 있고요. 지금 한국 현대미술사에 매우 중요한 기둥처럼 되어 있잖아요.

그 평가는 50~60년 뒤 역사가들한테 맡겨야죠. 살아 있을 때 발버둥 쳐 봤자죠. 그건 나중에 다시 정리해야 하니까 소용없어요.

우리 같은 세대가 그 반대편에 있는 다양한 활동을 발굴하고, 균형을 맞추어 놓지 않으면 안 되겠군요. 그리고 선생님은 자신의 실험미술, 개념미술은 어떻게 보세요?

그건 제3자한테 맡겨요. 나는 나를 규정하지 않아요. 보는 사람이 뭐라고 하면 그런 거죠. A라는 사람이 개념미술로 보면 개념미술이고, B라는 사람이 실험미술로 보면, 실험미술이고요.

작가일 뿐이라는 것이군요. 규정되면, 얽매이는 거니까요. 새롭게 하려면 나를 규정해선 안 되게끔 하는 게 또한 하나의 씨알이군요. 뭔가를 잉태할지 모르지만 거기서 새로운 걸 잉태시키는 거라고 해야 할까요. 또 그게 작가이고요.

파괴하고 새롭게 알을 까고, 새롭게 파괴하고 해야 하는 거죠.

그게 바로 김구림의 예술이네요. 아까 〈화성인 바이러스〉 이야기하셨잖아요. 거기 나오는 사람들은 소위 비주류잖아요. 이 사회의 꼴통일 수 있고, 가장 엉성하고, 기이하고, 낯선 사람들인데요.

굉장히 기이하고 특이한 걸로 보지만, 그게 현실일지 몰라요. 본능일지도 모르고요. 어떤 여자아이는 어찌나 식탐이 강한지 엄청난 양을 먹고 살을 빼고 하더라고요. 아무리 봐도 신기한 거야. 한참 보다 보면, 인간의 탈을 쓰고 있는데 인간인가 하는 의문이 들 때가 있어요. 그러면 앞으로 인간은 어떻게 변모해 갈 것인가, 저들보다 더 희한한 사람이 나타나지 않을까 하는 생각이 들어요. 동물이 인간화되고, 인간은 동물화되는 현상이 나오지 않을까 하는 생각이 뇌리에 스쳐요.

〈화성인 바이러스〉의 핵심이 뭐냐면, 주류가 아니고 비주류, 즉 왕따가 나오는 거거든요. 이 사회에 적응이 안 된 인간이거든요. 그저 이들을 화성인이라고 뒤집어씌우는데요. 선생님께서 왜 이 프로그램을 재밌게 보실까 잠깐 생각해 봤는데, 그간 한국 미술계의 비주류로서 주류와 싸워 오셨잖아요. 본능적인 쾌감 같은 걸 느끼시지 않으셨을까요. 한국 미술계에서 학생이나 젊은 작가를 만나면, 다 주류로 잘나가려고만 해요.

쾌감을 느끼는 건 아닙니다. 현재 세상을 보고 있는 거예요. 제가 일상생활 속에서 잘 못 봤던 어두운 면을 보는 거죠.

선생님의 작품 이야기로 다시 돌아가죠. 선생님의 작품에는 흔적, 그림자, 행위, 소멸 같은 게 보여요. 보이지 않는, 즉 비가시적인 것들이죠. 그리고 한편 가시적인 삽, 얼음, 망치, 편지 같은 게 있어요. 연극도 하셨고요. 음양의 이치로 볼 수도 있습니다. 가시적인 것들과 비가시적인 것이 동일하게 존재하는 거죠. 가시적이거나 비가시적인 게 선생님의 작품에 계속 등장하는 요소 같아요. 시간성 개념도 결국 긴 시간을 압축해서 응축하는 것인데, 그것도 가시적인 것과 비가시적인 것의 균형을 맞추려고 한 건 아닌가요?

균형을 맞추려고 한 건 아닙니다. 동양화를 그릴 때, 화면을 딱 펼치고는 어떻게 처리할 것인가를 고민하는 걸 생각해 보죠. 예를 들면, 소정 변관식 선생처럼 빗자루 쓸 듯 싹싹 쓸어 볼까, 아니면 붓으로 톡톡 찍어 볼까 고민하는 거죠. 이런 것은 그때그때 상황에 따라 변해요. 가시적이고 비가시적인 것의 차이는 순서가 있을 뿐, 의도한 건 아닙니다. 삽과 얼음 같은 재료에 따라 그때그때 변하는 것일 뿐입니다.

선생님의 작품은 작품 자체도 고정되어 있지 않고요. 뭐라 할까요. 탄생 과정부터 그 이후에도 미술사에 고정된 개념으로 드러나는 게 아니라, 유동적이고, 새로운 해석을 해야만 가능한 거죠. 또 항상 새로운 것을 가져가야 하기 때문에 고정된 걸 깨야 하고, 반미학적 태도를 가질 수밖에 없는 것 같고요.

그렇죠. 현재에 충실할 뿐이죠.

대구에서 서울로, 일본 도쿄로 갔다가 미국 뉴욕을 거쳐 LA로 가셨습니다. 중간에 프랑스 파리도 가셨고요. 계속 이주하셨지요. 노마딕한, 즉 유목민적인 삶을 사셨는데요. 그런 삶이 선생님의 작품에 어떤 영향을 끼쳤는지요?

많이 미치죠. 뉴욕에서 캘리포니아로 왔을 때 깜짝 놀랐듯이 그렇게 영향을 주더라고요. 대구에선 큰 고기는 큰물에서 놀아야 한다고 생각해서 서울로 왔던 거죠. 일본에 가기 전에 미국에 가고 싶었지만, 일본이 현대미술이 한국보다 우위였으니까 먼저 갔어요. 그다음 파리로 갔죠. 1년도 못 돼서 짐을 쌌어요. 거기는 조상 팔아먹는 곳이 되었더라고요. 그래서 뉴욕으로 간 거예요. 거기서 새로운 걸 많이 봤어요. 1980년대 중반인데, 독일의 신표현주의가 굉장히 유행하고 있었어요. 대대적 전람회도 많이 열렸죠. 안젤름 키퍼 같은 사람들이 뉴욕을 휩쓸고 있었고요.

뉴욕에선 무엇을 배우셨지요?

새로운 걸 보면서 더 새로운 걸 만들겠다는 의도로

뉴욕에 간 겁니다. 그 사람들한테 뭔가 배우겠다는 생각은 아니었어요. 한국에선 뭔가 깜깜한 터널 같은 곳에 있는 느낌이었으니까요. 뉴욕에서는 화랑가를 수시로 돌아다니고, 새로운 이론을 발견하기도 하고요. 그런 게 직관적으로 영향을 끼쳤을 수는 있죠.

파리는 조상들 팔아먹는 곳이라 다시 미국으로 떠났다는 말이 인상적입니다. 일종의 미학적 수행이네요. 선생님은 미의 수행자라고 할 수 있고요. 수행의 현장에 가서 자기의 미술 세계를 확장하는.

한국에서 해외 잡지를 많이 봤는데, 줄리언 슈나벨 Julian Schnabel**이 대단하다고 엄청 떠들더라고요. 이해가 잘 안 갔어요. 유대인이라고 띄우는 건가 싶기도 하고. 이름은 기억 안 나는데,** 1970**년대 미국에 여행 갔다가 어느 미술관에 들어갔는데, 거대한 작품이 내 앞에 딱 걸려 있는 거예요. 바다의 수평선을 표현한 슈나벨의 작품이었어요. 아무리 해석하고, 분석해도 이해가 안 돼. 그래서 다른 방으로 넘어가면서 고개를 돌려 슈나벨 작품을 힐끔 쳐다보다가 놀라서 발걸음을 정지해 버렸어요. 천천히 뒤돌아서서 작품 앞으로 걸어가서 그 작품을 다시 본 거야. 가까이서 볼 때는 접시 쟁반 깨진 것이 뭉쳐진 물질감만이 사람을 확 엄습했어요. 작품이 안 된 거지. 그런데 고개를 돌려 멀리서 다시 보니까, 물질감은 온데간데없고 바다의 형상만 쫙 펼쳐져 있는 거예요. 다시 앞으로 가까이 다가가면서 어느 지점의 선을 넘어서니까 바다는 사라지고 물질감만 엄습하고요. 그래서 과연 대단한 작가구나, 세계적 작가구나 하고 생각했어요. 그 이후로는 잡지만 보고 판단하지 않았어요. 실제로 작품을 봐야 판단할 수 있다는 걸 배운 거죠.**

선생님의 유목적 삶에 관한 부분은 더 깊이 들어갈 필요가 있을 듯합니다. 정신적 미의 수행이든 여행의 삶이 창조와 발산을 한 것이라고 볼 수 있겠군요. 미라는 것을요.

미는 아름답다는 뜻이 아닙니다. 그건 동양에서 만든 것일 뿐이죠.

미가 뭔가요?

미라는 건 흔히 말하듯 아름다운 미가 아니라, 하나의 예술로 승화된 자체를 미라고 생각해요.

미술가시잖아요?

그건 틀 속에 넣기 위해 만든 언어일 뿐이죠.

그 명명조차 깨부숴야 한다, 이런 건가요?

깨부수고 뭐고, 그대로 존재하는 겁니다. 영원히 존재하도록 놔두고, 그 밖에서 내 할 일을 하는 게 미라는 것이죠.

미라는 문자를 없앨 수도 없지만 존재하는 대로 두고, 우리가 새로 창조하는 미는 고정될 수도 확정할 수도 없다, 이런 말씀으로 들립니다. 미의 밖에서 새로운 걸 찾는 것이 바로 미라는 것이고요. 예전 여기에 왔을 때, 그런 이야기를 해 주셨어요. 여기 거실에서도 음을 듣는 중요한 포인트가 있다면서요. 거기서 들으면 황홀하다고 하셨죠. 아까 슈나벨도 미를 느끼는 지점이 있는 것이잖아요. 그 포인트는 뭘까 생각해 보게 됩니다. 선생님께서 1970년대 일본에 가셔서 6개월간 고민하시다가 삽에다 물감을 그려 놓으신 거잖아요. 멀리서 보면 안 보이고 가까이 가면 물감이 보이는데요. 일종의 리얼리티를 판단하는 지점이고, 그 지점이 중요한 미적 포인트 같아요. 미라고 하는 것의 개념이 발생하는 포인트를 선생님께서 은연중에 시도하신 거죠.

내가 시도하려고 한 게 아니라, 저절로 시도가 된 거죠.

관념과 실재의 넘나듦이 있는 거네요.

과거와 현재를 넘나드는 것이죠. 내가 제작하는 과거라는 건 미래지향적입니다. 〈삽〉 같은 작품은 현재의 시간을 과거로 되돌려 놓았잖아요. 미래지향적이라고 볼 수 있죠. 그게 시간성의 핵심 요소기도 하고요.

〈삽〉 같은 작품은 어떤 인위적인 행위를 가해서 전시장에 벌렸던 것이고요. 한강 뚝섬의 〈현장에서 흔적으로〉같이 잔디에 불 질렀던 것을 두고 사람들은 최초의 대지미술이다 뭐다 이야기하지만, 선생님과의 대화를 종합해 보면, 퍼포먼스이기도 하면서, 중요한 자연미술 개념도 있는 거 같아요. 지금 지그재그로 빗금 그어서 태운 그 당시 사진만 남아 있지만, 실제로 프로세스잖아요. 그 과정을 거쳐 완전히 새로운 풀이 나오고요. 사실 사진이 두 개가 있어야죠. 완전히 없어져 버린 이후의 사진 말입니다.

그건 못 찍었어요. 〈현상에서 흔적으로〉는 잔디하고, 얼음 작품이 있는데 둘 다 비슷해요. 얼음은 기화돼 없어지죠. 잔디도 태웠던 자리가 사라지고요.

시간이 지난 뒤에 불 지른 흔적은 사라졌지만 사건은 존재하잖아요. 얼음이 증발되고 없지만 트레이싱 페이퍼가 남아서 꼬들꼬들한 형태로 존재하고요. 얼음이 있었다는 사건의 존재성을 증거하는 거잖아요. 이 맥락을 뭐라고 풀어야 할지 모르겠지만, 사람들은 누구나 과거, 역사를 갖고 있죠. 식민지, 6·25, 전두환, 박정희, 노무현도 있었던 거고요. 누구나 그 시대와 현실을 살아가지만, 지금 현실에서 보면 지나간 과거는 보이지 않고, 누군가의 기억에 존재하거나 신문에 기록된 기사로 존재하는 거 말고는 아무 것도 없는 거잖아요. 사진으로밖에 없고요. 뭔가 단순한 거 같지만, 대지미술 〈현상에서 흔적으로〉가 전해 주는 맥락이 다양한 것 같아요.

현장은 없어졌지만 사건은 영원히 남는 거지요.

오늘 제 나름의 결론이 생겼습니다. 예술가는 일종의 자기 예술의 창조주잖아요. 그런 맥락에서 김구림이라는 한 작가가 스스로 '구림학'을 만든 것이라고 봐요. 김구림의 미학적 세계가 완결점에 와 있다는 생각이 듭니다.
오늘 장시간 대화 고맙습니다.

김 선생도 수고 많았습니다. 기억력이 많이 떨어져서, 이야기를 제대로 못한 것 같아 죄송합니다.

김종길
미술평론가이자 다석철학 연구자이다. 현재 경기북부어린이박물관장으로 있다.
1968년 전남 신안에서 태어났다. 목포 문화패 갯돌 산하 미술패 대반동과 서울시립대 극예술연구회에서 활동했다. 경기도미술관 DMZ아트프로젝트 전시 예술감독, 경기문화재단 전문위원을 역임했다.
민중미술을 연구하면서 유라시아의 인류학적 상상계가 펼친 철학적 구조를 통합하는 연구를 진행 중이다.
월간미술대상 장려상, 김복진미술이론상, 올해의 큐레이터상 등을 수상했다.
《경기천년도큐페스타: 경기 아카이브_지금,》(2018), 《시점時點·시점視點 1980년대 소집단 미술운동 아카이브》(2019~2020) 등을 기획했고, 저서로 『포스트 민중미술 샤먼/리얼리즘』(2013), 『한국현대미술연대기 1987~2017』(2018)이, 공저로 『민중미술, 역사를 듣는다2 - 소집단 활동을 중심으로』(2021), 『한국미술 1900~2020』(2021)이 있다.

金丘林 그 不可解의 藝術

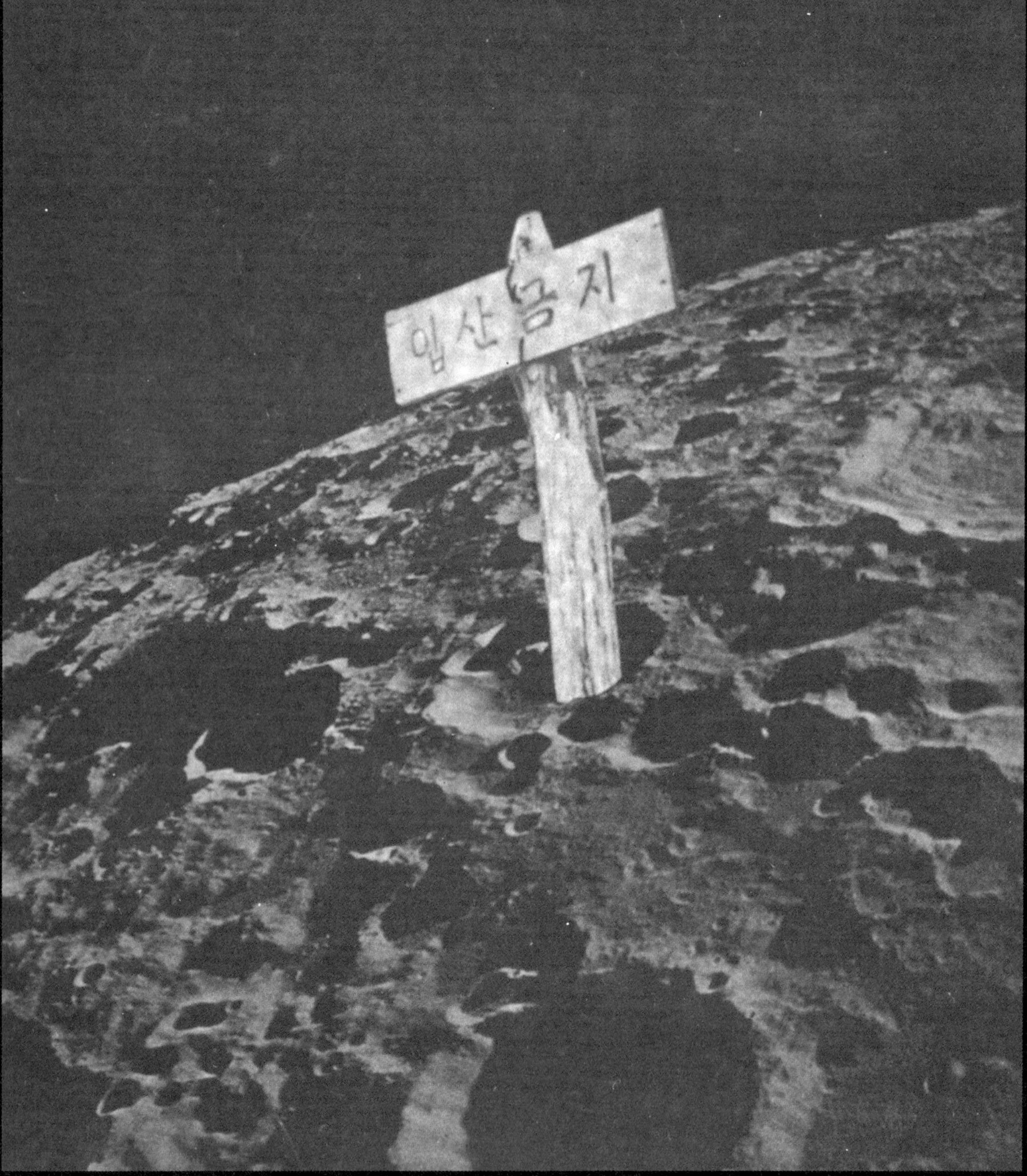

「김구림 그 불가해의 예술」, 『공간 SPACE』 통권 제42호, 1970년 5월호 72~75쪽.

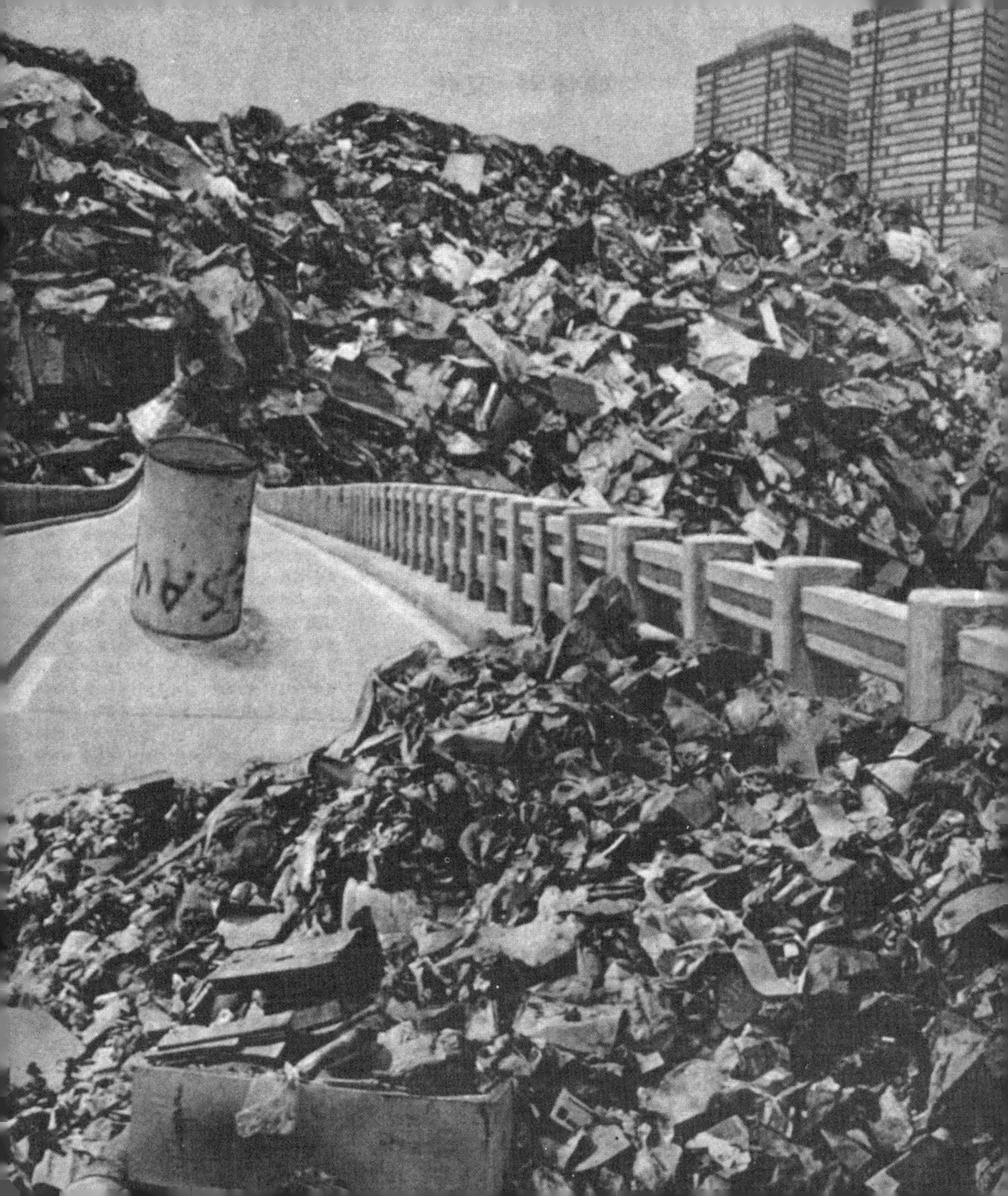

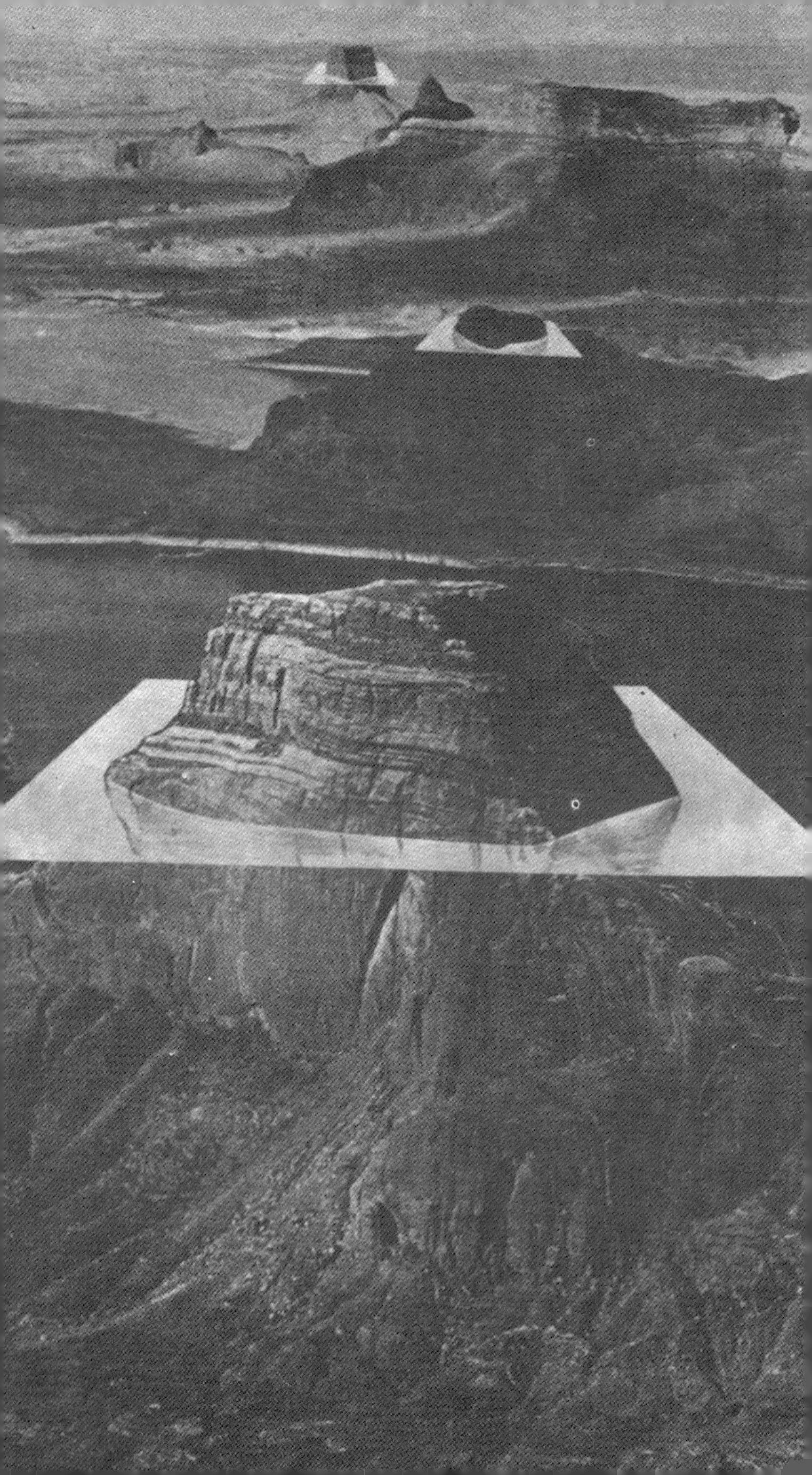

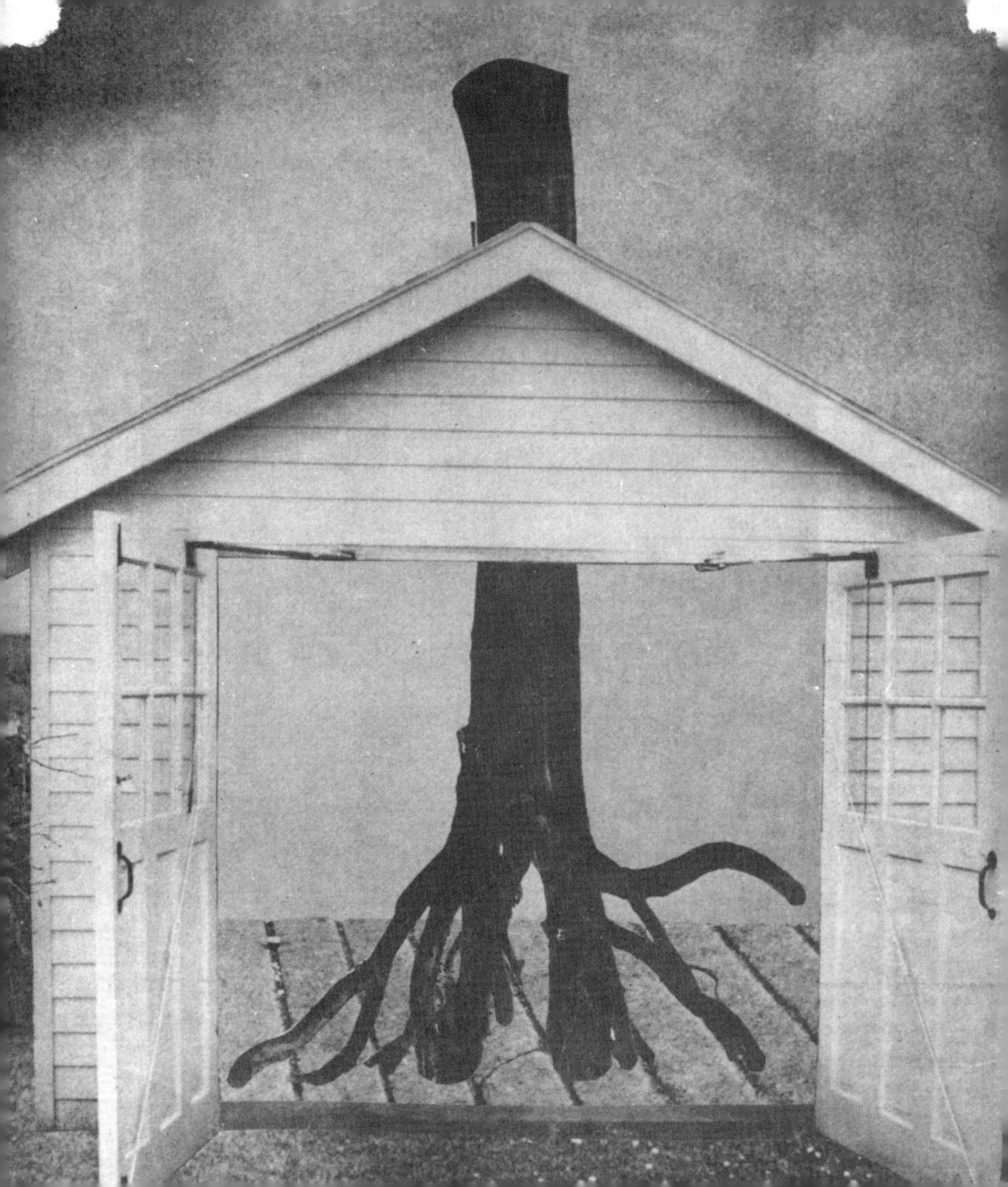

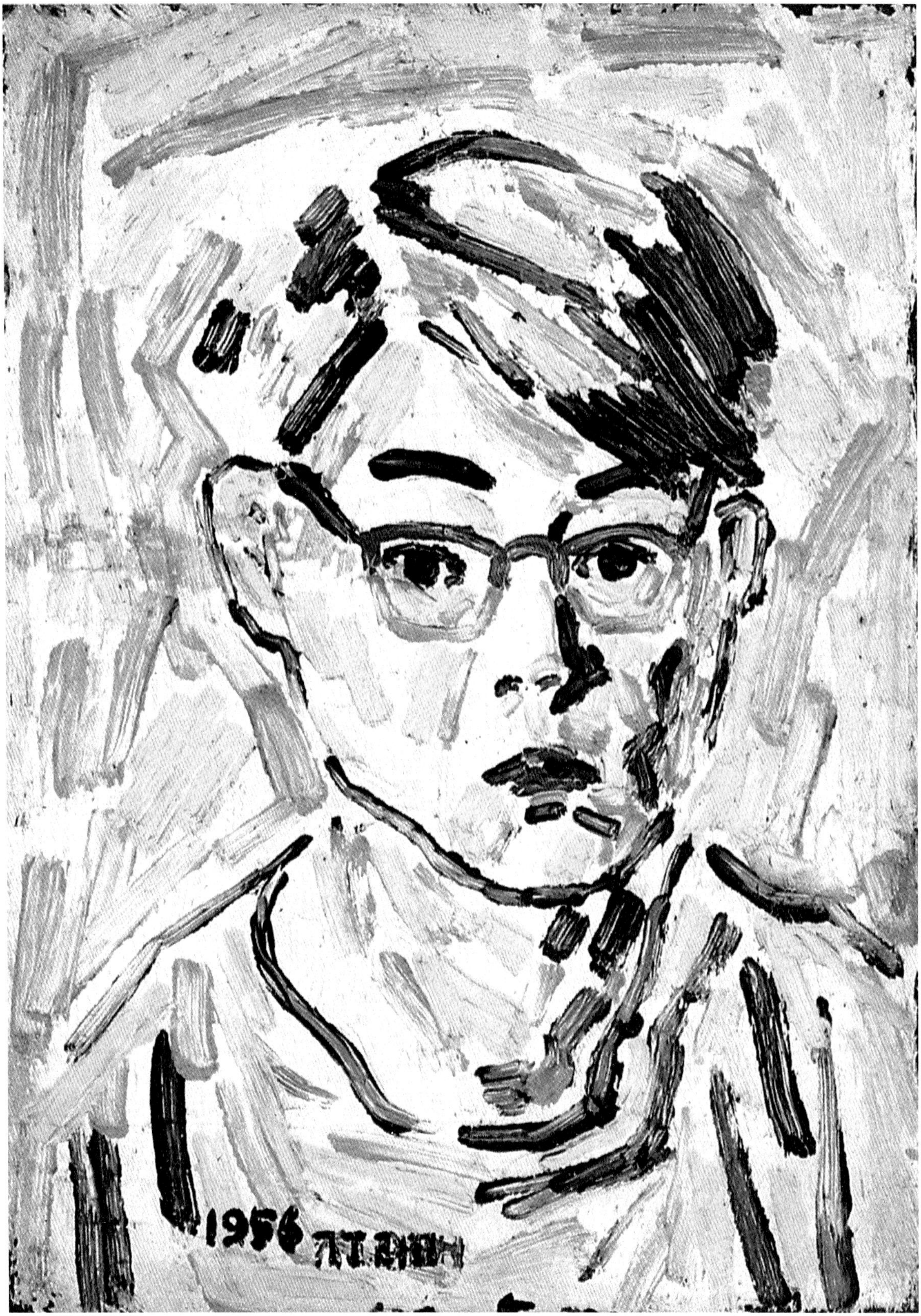

〈자화상Self-portrait〉,
캔버스에 유채,
33.4×24.2cm,
1956.

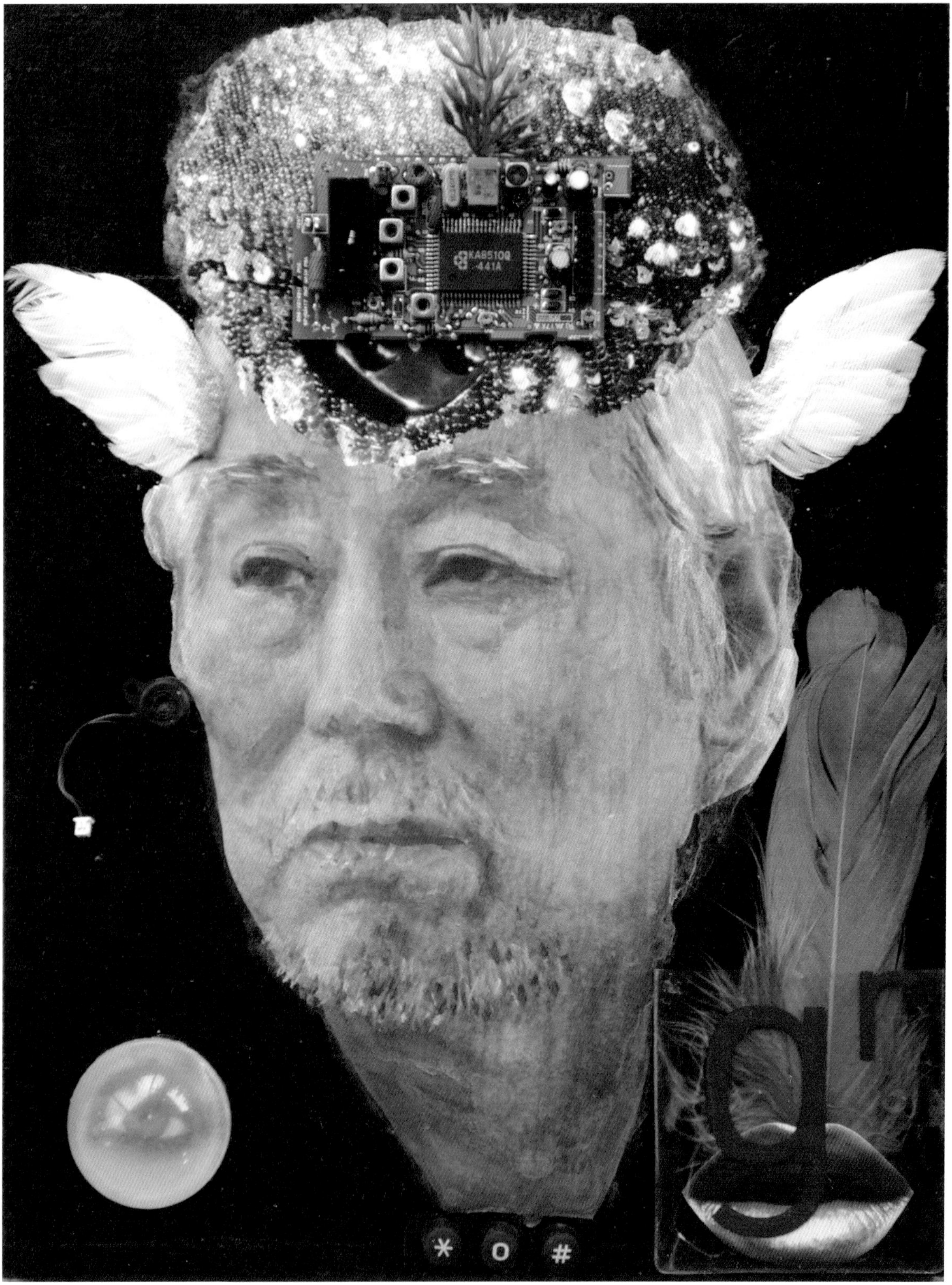

〈자화상Self-portrait 10-S.7〉, 나무 패널에 혼합매체, 30×23cm, 2010.

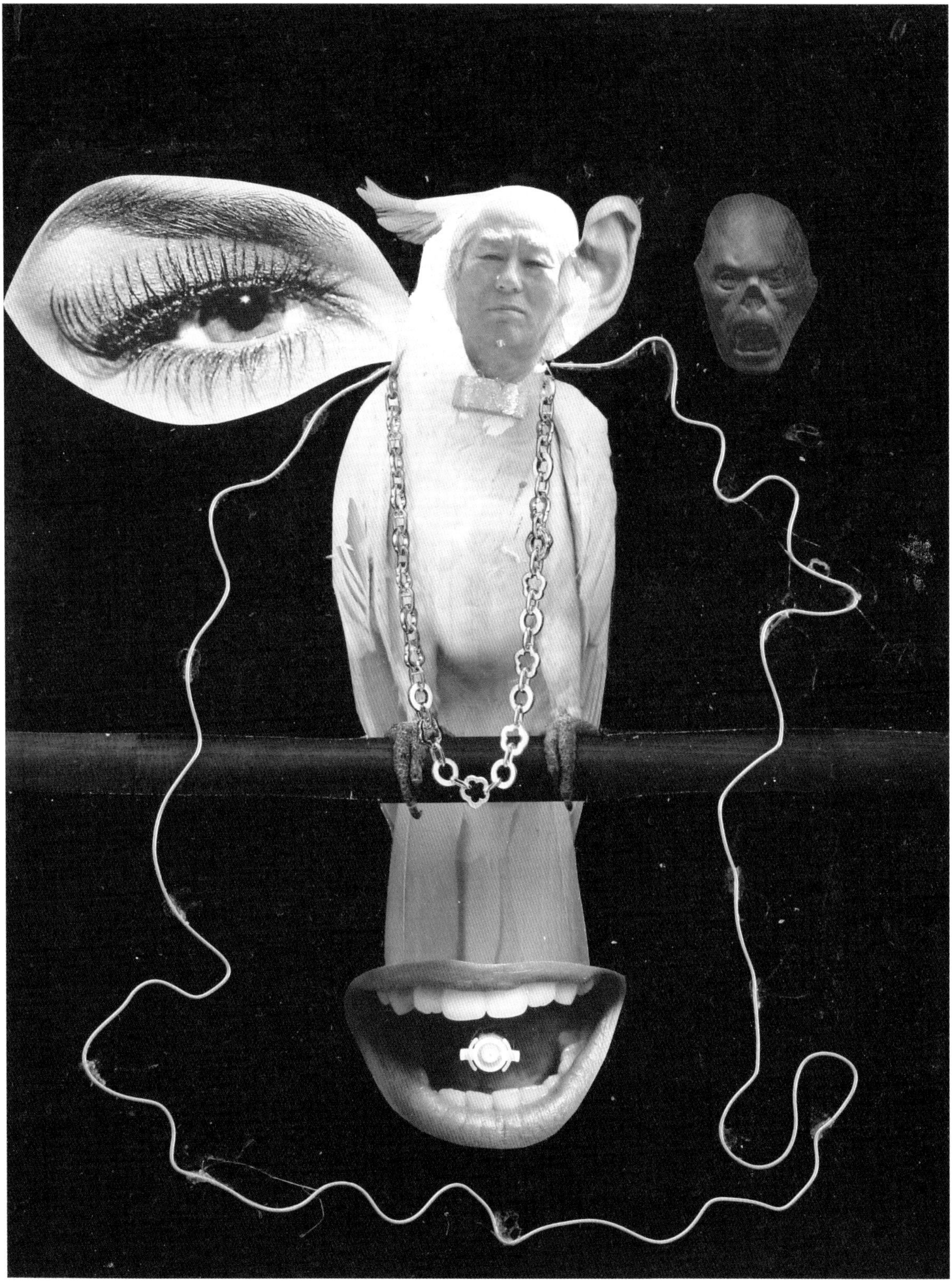

〈자화상Self-portrait
10-S.4〉, 나무 패널에
혼합매체, 30×23cm,
2010.

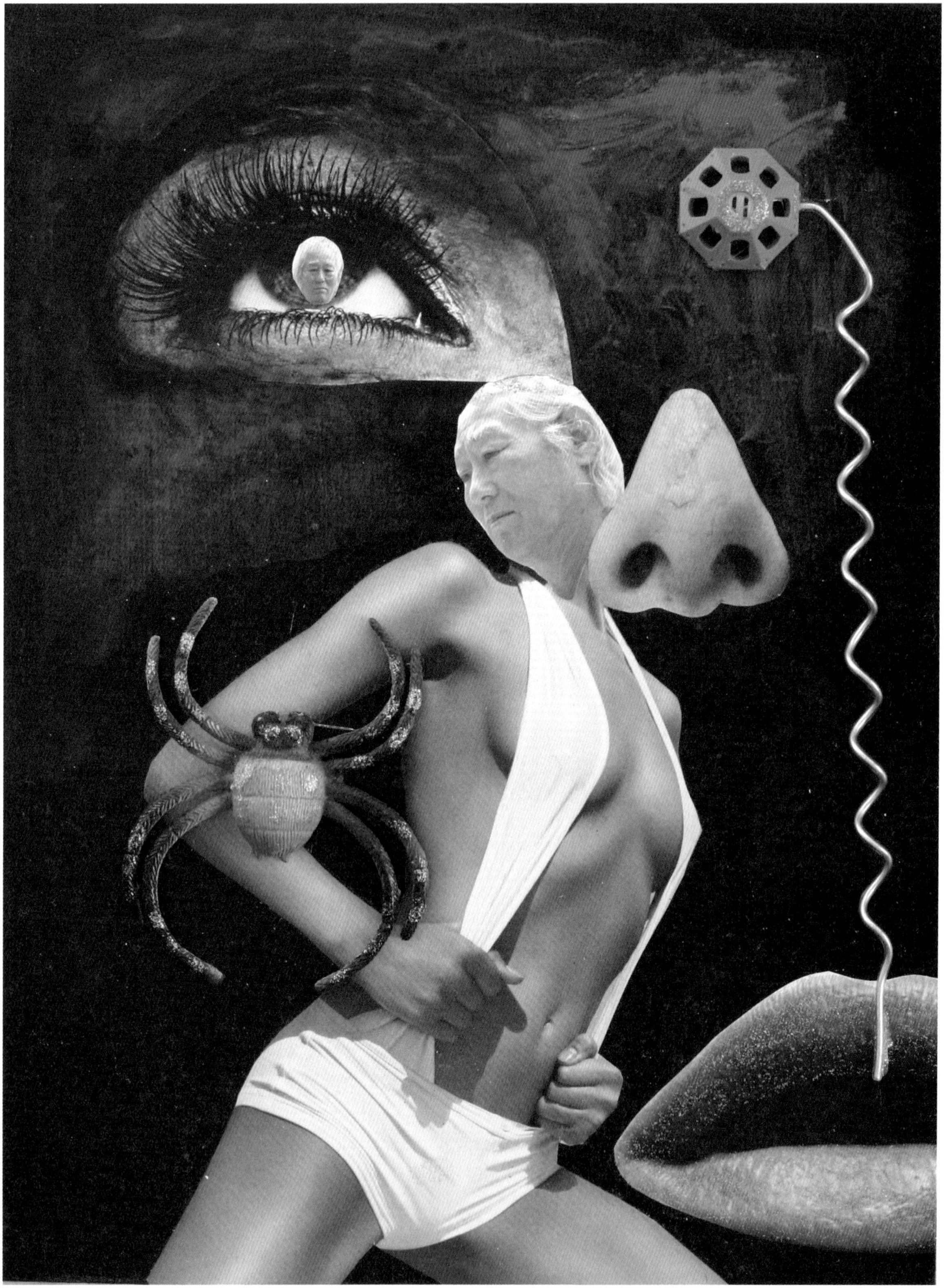

〈자화상Self-portrait 10-S.6〉, 나무 패널에 혼합매체, 30×23cm, 2010.

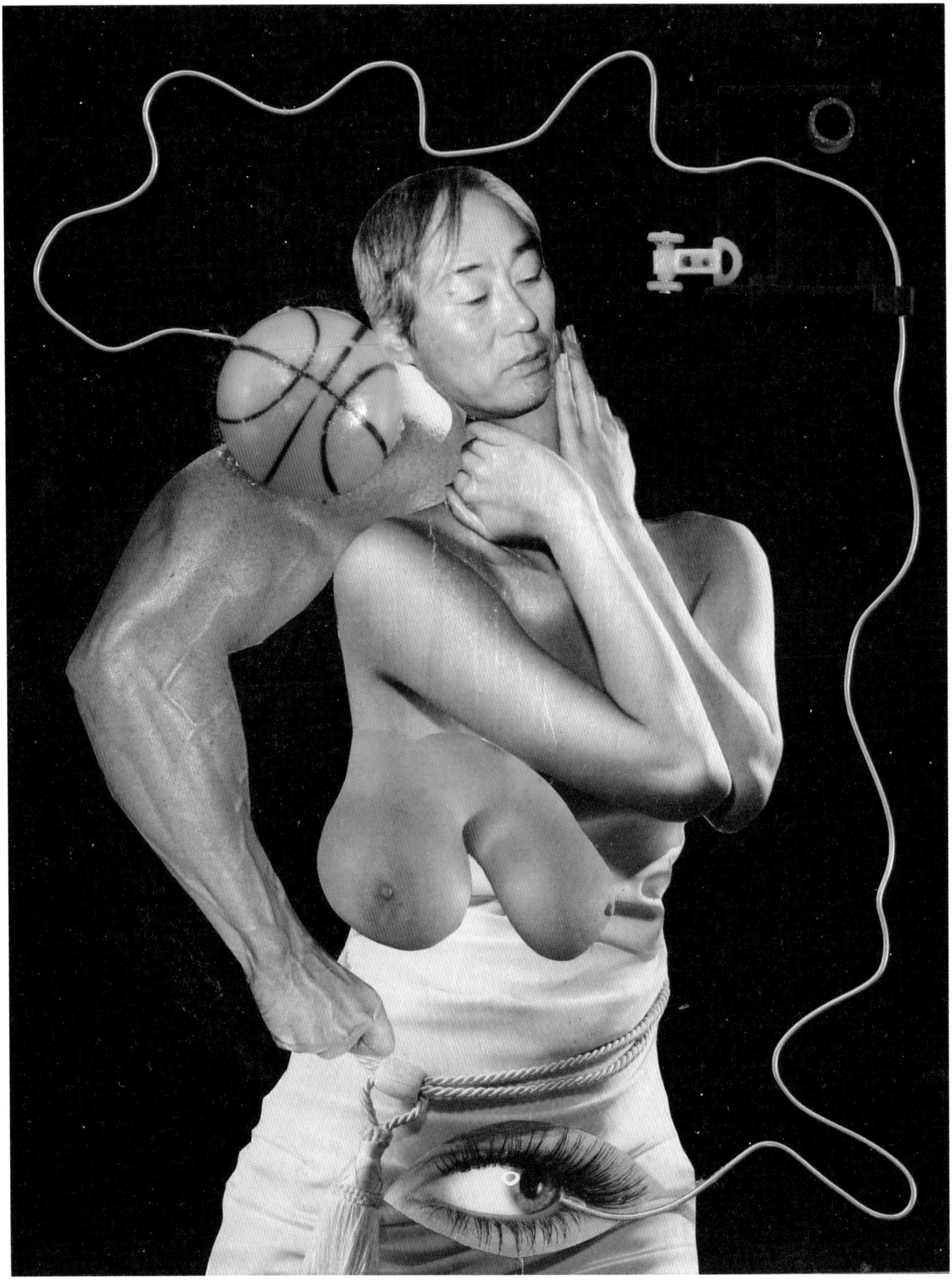

〈자화상Self-portrait
10-S.2〉, 나무 패널에
혼합매체, 30×23cm,
2010.

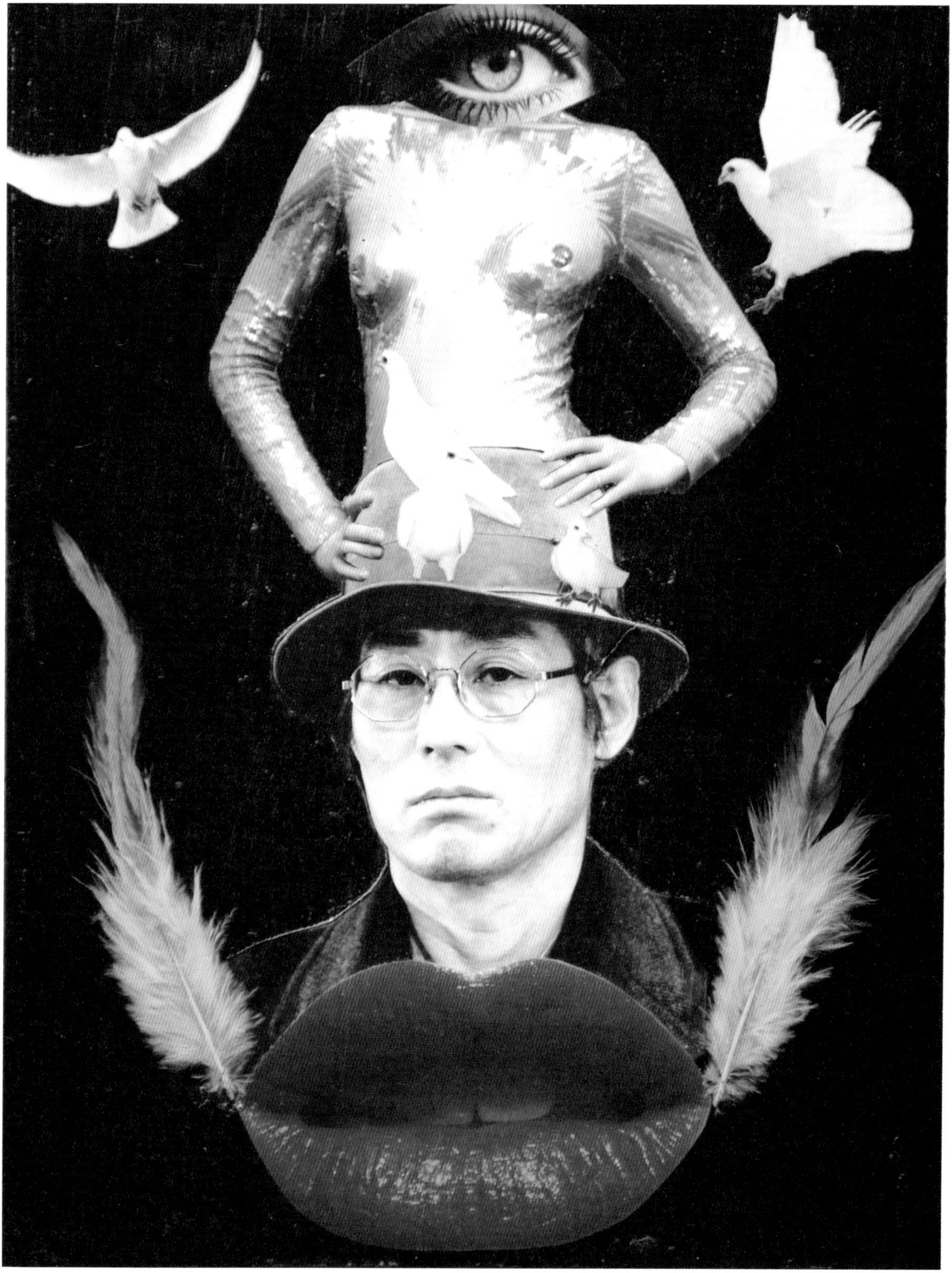

〈자화상Self-portrait
10-S.10〉, 나무 패널에
혼합매체, 30×23cm,
2010.

김구림
金丘林
Kim Kulim

주요 개인전과 단체전 및 퍼포먼스, 연출

○ 1936년 경북 상주에서 출생
○ 아트 스튜던트 리그 오브 뉴욕 수학

● 1965년
○ 《신작가협회창립전》(신문회관, 서울)

● 1968년
○ 《회화68》(신문회관, 서울)
○ 조선호텔 지하 보석상 인테리어 작업

● 1969년
○ 《한국청년작가 11인》(Solidaridad 화랑, 마닐라)
○ 한국 최초의 일렉트릭 아트 〈공간구조69〉 발표
○ 한국 최초의 실험영화 〈1/24초의 의미〉(16mm) 제작
○ 영상 퍼포먼스 〈무제〉 (아카데미음악실, 서울) 발표
○ 한국 최초의 메일 아트 〈매스미디어의 유물〉 발표
○ 실험영화 〈문명·여자·돈〉(8mm) 제작
○ 〈보디페인팅〉 발표(동양방송TBC TV 방영, 서울)
○ 연극 〈산하억만년〉 무대미술 담당(국립극장, 서울).
○ 연극 〈웨딩드레스〉 연출(극단 시뮤아숑 앵글362, 시립종합문화회관, 대구)

● 1973년
○ 《한국현대미술 1957~1972 추상–상황 및 조형과 반조형》(명동화랑, 서울)
○ 《제12회 상파울루비엔날레》(상파울루)
○ 《김구림 설치작품전》(시로타화랑, 도쿄)
○ 《서울–현대미술 13인전》(시그넘갤러리, 교토)

● 1974년
○ 《제9회 도쿄국제판화비엔날레》(도쿄국립근대미술관, 도쿄)
○ 《시그니파잉–언어·사물/태도의 표명과 함께》(교토시미술관, 교토)
○ 《개인전》(갤러리16, 교토)
○ 《개인전》(니레노기화랑, 도쿄)
○ 《제2회 국제 임팩트 아트 비디오–74》(장식미술관, 로잔): 〈걸레〉 출품
○ 《제1회 서울비엔날레》(경복궁 국립현대미술관, 서울)

● 1977년
○ 《한국현대미술의 단면》(도쿄센트럴미술관, 도쿄)
○ 《개인전》(가네코아트갤러리, 도쿄)
○ 대한민국연극제 출품작 〈참새와 기관차〉(극단 에저또)에 무대미술로 참여(쎄실극장, 서울)

● 1978년
○ 《개인전》(선화랑, 서울)
○ 판토마임 〈돼지들의 산책〉(극단 에저또)에 참여(공간사랑 소극장, 서울)
○ 《제4회 인도국제트리엔날레》(뉴델리)
○ 《서울국제판화교류전》(덕수궁 국립현대미술관, 서울)
○ 《한국현대미술 20년의 동향》(덕수궁 국립현대미술관, 서울)

● 1979년
○ 『공간』 1979년 2월호 특집 〈서울의 도시계획: 꿈의 스케치〉에 「地下 2층에 교통 수단을」 기고
○ 《드로잉, 판화, 조각, 회화》(공간미술관, 부산)

● 1958년

○ 《제1회 개인전》(공보관화랑, 대구)

● 1962년

○ 《자선개인전》(미국문화원 U.S.I.S화랑, 대구)

● 1964년

○ 《제2회 개인전》(공보관화랑, 부산)

● 1970년

○ 《70年·AG전: 환원과 확장의 역학》(국립중앙공보관, 서울): 〈현상에서 흔적으로〉(얼음 작품)발표.

○ 《제10회 한국미술협회전》: 퍼포먼스 〈도道〉 발표

○ 《제1회 서울국제현대음악제》: 백남준의 〈피아노 위의 정사〉 연출 (국립극장, 서울)

○ 대지미술 및 퍼포먼스 〈현상에서 흔적으로 – 불과 잔디에 의한 이벤트〉 발표(살곶이다리 뚝방, 서울)

○ 퍼포먼스 〈콘돔과 카바마인〉(서울대 문리대 정문 앞, 서울)

○ 퍼포먼스 〈육교 위에서의 해프닝〉 (신세계백화점 앞 육교, 서울)

○ 제4집단 결성식(을지로 소림다방)

○ 퍼포먼스 〈가두극〉 총괄 연출(명동 입구 뉴서울 비어홀 앞, 서울)

○ 퍼포먼스 〈기성 문화예술과 기존 체제의 장례식 및 전국 결성대회〉 (사직공원에서 제2한강교까지 가두 시위 중 태평로 근처에서 중단)

○ 《무체無體》(중앙공보관, 서울)

○ 제4집단 해체 선언

○ 〈김구림, 그 불가해의 예술〉 지상 발표(『공간』 1970년 5월호)

● 1971년

○ 《제7회 파리비엔날레》(뱅센 숲 프로랄 드 파리 공원, 파리)

○ 《71年·AG전: 현실과 실현》(경복궁 국립현대미술관, 서울)

● 1972년

○ 《72, AG판화전》(국립중앙공보관, 서울)

○ 《72年·AG전: 탈관념의 세계》(경복궁 국립현대미술관, 서울)

● 1975년

○ 《제4회 Open Encounter on Video》(아트앤드커뮤니케이션센터, 부에노스아이레스)

○ 《에콜 드 서울》(덕수궁 국립현대미술관, 서울)

○ 《제3회 앙데팡당》(덕수궁 국립현대미술관, 서울)

● 1976년

○ 《제5회 Open Encounter on Video》 (국제문화원, 앤트워프)

○ 《제7회 카뉴 국제회화제》(그리말디 성 박물관, 카뉴 쉬르 메르)

○ 《몬테카를로 국제 회화제》 (몬테카를로)

○ 『경향신문』 연재 이정환의 소설 『유리별대합실』 삽화 담당

● 1980년

○ 《아시아 현대미술전》 (후쿠오카미술관, 후쿠오카)

● 1981년

○ 퍼포먼스 〈손톱과 시〉(공간사랑, 서울)

○ 창작 무용 〈이상의 날개〉 연출 및 안무 의상과 무대미술 담당 (세종문화회관, 서울)

○ 《한국 드로잉전》(브루클린미술관, 뉴욕)

○ 《제16회 상파울루비엔날레》 (상파울루)

○ 구림 판화공방 개설(신영동, 서울)

○ 《서울국제판화비엔날레》 (덕수궁미술관, 서울)

● 1982년

○ 이어령 에세이집 『말』(문학세계사)의 삽화 담당

○ 전위 연극 〈통막살〉(무세중 연출)에 참여(문예진흥원 문예회관 극장, 서울)

○ 〈최은희의 춤〉 연출 및 무대미술 담당(문예회관 대극장, 서울)

○ 《한국현대미술의 위상》(교토시미술관, 교토)

● 1983년

○ 《한국현대미술전: 70년대 후반 하나의 양상》(도쿄도미술관, 도쿄)

● 1984년

○ 《개인전》(아마노갤러리, 오사카)

○ 《제8회 브리티시 국제판화비엔날레》

○ 《개인전》(Riverdale갤러리, 뉴욕)

● 1988년

○ 《한국현대미술의 모더니즘 1970~1979》(국립현대미술관, 과천)

○ 《한국현대미술제》(국립현대미술관, 과천)

● 1989년

○ 《KOREAN CONTEMPORARY OF ART》(버겐카운티미술관, 뉴저지)

○ 《L.A 아트페어》(LA컨벤션센터, LA)

● 1990년

○ 《침묵의 대화, 서구와 일본의 정물화》(시즈오카현립미술관, 시즈오카)

● 1996년

○ 《한국모더니즘의 전개 근대의 초극》(금호미술관, 서울)

● 1997년

○ 〈카페〉 그래피티 및 설치(토탈야외미술관, 장흥)

● 1999년

○ 《한국현대미술전》(The Edwin A Ulrich Museum of Alliance, 캔사스)

● 2003년

○ 《드로잉의 새로운 지평》(국립현대미술관 덕수궁, 서울)

○ 《아트북 아트》(국립현대미술관, 과천)

● 2004년

○ 《1950년대 격동기의 한국미술》(예술의전당 한가람미술관, 서울)

● 2005년

○ 《2005 서울미술대전》(서울시립미술관, 서울)

● 1985년
○ 《판화 6인전》(갤러리Q, 도쿄)
○ 《미국 우수작가 선발전》(뉴욕 링컨센터, 뉴욕)

● 1986년
○ 《개인전》(갤러리뉴욕, 뉴욕)
○ 《뿌리에서 현실로》(루이스 아브론스 아트센터, 뉴욕)
○ 《개인전》(돌로레스안갤러리, 뉴욕)
○ 《ARTISTIC LICENSE》(갤러리뉴욕, 뉴욕)

● 1987년
○ 《오늘의 미술가 6인》(뉴저지예술센터, 뉴저지)
○ 《김구림 개인전》(현대갤러리, 서울)

● 1991년
○ 《개인전》(The Modern Museum of Art, 캘리포니아)
○ Art Lecture Series Presents (칼스테이트 유니버시티, 캘리포니아)
○ 《김구림, 백남준, 임충섭 3인전》(LACA갤러리, LA)

● 1992년
○ 《김구림, 백남준 2인전: Discontinuities》(찰스위트처지갤러리, 캘리포니아)
○ 《한국현대미술전》(시모노세키 시립미술관 외 일본 3개 도시 순회)

● 1993년
○ 《한국현대판화 40년》(국립현대미술관, 과천)

● 2000년
○ 《현존과 흔적》(개인전/한국문화예술진흥원, 서울)

● 2001년
○ 《한국 현대미술과 전개: 전환과 역동의 시대》(국립현대미술관, 과천)

● 2002년
○ 《김구림의 작은 회화전》(개인전/문예진흥원 마로니에미술관, 서울)

● 2006년
○ 《한국미술 100년 2부: 전통, 인간, 예술, 현실》(국립현대미술관, 과천)

● 2007년
○ 《이인성 미술상 수상작가 초대전》(대구문화예술회관, 대구)
○ 《한국의 행위미술 1967~2007》(국립현대미술관, 과천)

● 2008년
○ 《한국현대판화 1958~2008》(국립현대미술관, 과천)
○ 《한국드로잉 100년 1870~1970》(소마미술관, 서울)
○ 《NOW JUMP 백남준아트센터 개관전》(백남준아트센터, 용인)

● 2009년
○ 《PERFORMING THE CITY: 1960년대~1970년대 도시공간의 예술행동주의》(뮌헨, 밀라노, 파리 등 순회)

● 2010년
○ 《1970~80년대 한국의 역사적 개념미술: 팔방미인》(경기도미술관, 안산)
○ 《타이완 국제실험영화제》: 〈1/24초의 의미〉 출품

● 2011년
○ 《Art Edition》(국제에디션아트페어, 서울)

● 2015년
○ 《거대한 초생달: 1960년대 예술과 선동 – 일본, 한국, 타이완》(모리미술관, 도쿄)
○ 《TATE FILM *embeddedness*》(테이트모던, 런던)
○ 국립아시아문화전당 개관기념 〈생성에서 소멸로〉 퍼포먼스(국립아시아문화전당, 광주)
○ 《Lille 3000 페스티벌 '르네상스'》(프랑스, 릴)

● 2016년
○ 〈현상에서 흔적으로: 불과 잔디에 의한 이벤트〉 퍼포먼스 재연(국립현대미술관. 과천)
○ 〈도〉 퍼포먼스 재연(국립현대미술관, 과천)
○ 《뉴 테이트 모던 개관기념 소장품전》(테이트모던, 런던)
○ 《POSTWAR: ART BETWEEN THE PACIFIC AND THE ATLANTIC 1945~1965》(하우스데어쿤스트, 뮌헨)
○ 《실험영화 국제 네트워크 포럼: 갤럭시 67》(국립아시아문화전당, 광주)
○ 《삶과 죽음의 흔적》(개인전/아라리오갤러리, 서울)
○ 제4집단 〈기성문화의 장례식〉 퍼포먼스 재연(마로니에공원, 서울)
○ 《2016 부산비엔날레: 혼혈하는 지구, 다중지성의 공론장》(부산시립미술관, 부산)

● 2017년
○ '대구미술관 포럼 앙그리와 63미전' 강연(대구미술관, 대구)
○ 《신소장품 2013~2016 삼라만상: 김환기에서 양푸둥까지》(국립현대미술관, 서울)
○ 《REHEARSALS from the Korean Avant-Garde Performance Archive》(주영한국문화원, 런던)
○ 《아시아 디바: 진심을 그대에게》(서울시립북서울미술관, 서울)

● 2021년
○ 《몸 짓 말 *corpus gestus vox*》(경기도미술관, 안산)
○ 《김구림: 음과 양》(가나아트센터, 서울)
○ 《육필원고와 삽화》(영인문학관. 서울)

● 2022년
○ 《매체에 재조명, 동아시아 영상예술의 부상》(베이징 민생현대미술관, 베이징)
○ 《한중 문화교류의 해 및 한중수교 30주년 기념전 공감: 한국현대미술을 바라보다》(주중한국문화원, 베이징)

● 2012년

○ 《RES(V)OLUTION 1960~2013》(DNA 베를린갤러리, 베를린)

○ 《김구림의 여정》(개인전/갤러리화이트블럭, 파주)

○ 《A Bigger Splash: Painting after Performance》(테이트모던, 런던)

● 2013년

○ 《잘 알지도 못하면서》(개인전/서울시립미술관, 서울)

● 2014년

○ 《2014 기억 공작소: 김구림》(봉산문화회관, 대구)

○ 《사라진 아름다움》(플레이스막, 서울)

○ 《그는 아방가르드다: Works from 50's~90's》(개인전 Part1/아라리오갤러리, 천안)

○ 《진한 장미》(개인전 Part2/아라리오갤러리, 서울)

● 2018년

○ 《저항과 도전의 이단아들》(대구미술관, 대구)

○ 《제64회 오버하우젠 국제단편영화제》 공식 초청(오버하우젠, 독일)

○ 골드스미스대학 특강 및 아티스트 토크 "김구림, 혼돈의 시간 가로지르기"(골드스미스대학, 런던)

● 2019년

○ 《광장: 미술과 사회 1900~2019》(국립현대미술관, 과천)

○ 《한국 비디오 아트 7090: 시간 이미지 장치》(국립현대미술관, 과천)

○ 《세상에 눈뜨다: 아시아 미술과 사회 1960s~1990s》(도쿄국립근대미술관, 도쿄; 국립현대미술관, 과천; 싱가포르국립미술관, 싱가포르)

● 2020년

○ 《판화. 판화. 판화》(국립현대미술관, 과천)

○ 《컬렉션 오픈 해킹 채굴》(서울시립미술관, 서울)

● 2023년

○ 《한국실험미술 1960~70년대》(국립현대미술관, 서울/솔로몬 R. 구겐하임미술관, 뉴욕)

○ 《김구림》(국립현대미술관, 서울)
- 연계 공연(영화, 무용, 음악, 연극)(국립현대미술관 MMCA 다원공간, 서울)
- 〈MMCA 작가와의 대화: 김구림 예술로 본 한국의 전위예술〉

● 저서

○ 『서양판화가 100인과 판화감상』(미진사, 2014)

○ 『판화 collection: 보는 법에서 수집까지』(서문당, 2009)

찾아보기

강국진 146
고호 141, 146
구사마 야요이 38, 86
김강석 52, 184, 189
김수영 11
김종길 341, 342~371
김지하 10, 160
김차섭 93~94, 98, 137, 196

니키 드 생팔 86

다카마쓰 지로 124
데이미언 허스트 38, 46, 357~358
데이비드 호크니 86, 294, 300

레이 존슨 101
로버트 와츠 101
로베르타 카라소 118~119, 177, 289, 300, 336

마르셀 뒤샹 56, 199, 200, 354
마틴 크리드 101, 218
머스 커닝햄 346
문신규 22
문정숙 162
미네무라 도시아키 130~131, 280

박래부 11
박서보 56
박준상 267
반 고흐 31, 242, 294, 346
방태수(방저거) 133, 136~137, 141, 146, 208
백낙종 346~347
백남준 36, 236, 267, 309~314

서경식 339
석야정 146
성능경 42
손일광 146, 154, 162
스탠리 큐브릭 337
신디 셔먼 86
신진 101, 125
심상용 11, 33~34

에드워드 호퍼 41
에릭 앤더슨 101
오광수 116
오태석 271
유준상 56
윤난지 289
이건용 42
이브 클랭 86
이숙경 86
이일 193, 196~197, 230, 236
이자경 146
이호재 23~24
임두빈 328
임중웅 146
임충섭 309

잭슨 폴록 86, 282
전유성 146
정강자 80, 146, 154
정찬승 67, 69, 73~74, 80, 110, 133, 136~137, 141, 146, 154, 208, 215, 267, 280
제프 쿤스 38
조정권 269~271
존배 314
존 케이지 108, 269, 346
줄리언 슈나벨 366
지그문트 프로이트 14

최열 53

카른하이츠 슈토크하우젠 266
크리스토 124~125, 140

파블로 피카소 41~42, 294
프랑수아 베르나르 341
프랭크 스텔라 46

한대수 215
허버트 리드 199, 201

T.S 엘리엇 201

김구림, 끝장과 앞장의 예술

초판 1쇄 발행	2024년 1월 25일

지은이	김종목
편집	최재혁 정진라 박현정
디자인	이기준
제작	세걸음
펴낸이	박현정
펴낸곳	연립서가
출판등록	제2022-000024호 (2020년 1월 17일)
주소	경기도 양평군 서종면 북한강로 648번길 4, 4층
전자우편	yeonrip@naver.com
페이스북	facebook.com/yeonripseoga
인스타그램	instagram.com/yeonrip_seoga

ISBN 979-11-93598-00-9 03600
값 45,000원